El valor de la atención

 Planeta

El valor de la atención

Por qué nos la robaron y cómo recuperarla

Johann Hari

Traducción de Juanjo Estrella

Obra editada en colaboración con Editorial Planeta – España

Título original: *Stolen Focus: Why You Can't Pay Attention*

© 2022, Johann Hari

© 2023, Traducción del inglés: Juan José Estrella González

© 2023, Edicions 62, S.A. – Barcelona, España

Derechos reservados

© 2023, Editorial Planeta Mexicana, S.A. de C.V.
Bajo el sello editorial PLANETA M.R.
Avenida Presidente Masarik núm. 111,
Piso 2, Polanco V Sección, Miguel Hidalgo
C.P. 11560, Ciudad de México
www.planetadelibros.com.mx

Primera edición impresa en España: enero de 2023
ISBN: 978-84-1100-129-8

Primera edición en formato epub en México: mayo de 2023
ISBN: 978-607-39-0006-5

Primera edición impresa en México: mayo de 2023
ISBN: 978-607-39-0000-3

Impreso en los talleres de Impresora Tauro, S.A. de C.V.
Av. Año de Juárez 343, colonia Granjas San Antonio, Ciudad de México
Impreso en México –*Printed in Mexico*

A mis abuelas, Amy McRae y Lydia Hari

Publico los audios de todas las personas a las que cito en este libro en la página web para que, a medida que leáis el libro, podáis seguir nuestras conversaciones. Disponible en <www.stolenfocusbook.com/audio>.

Índice

«Walking in Memphis»

Cuando tenía nueve años, mi ahijado desarrolló una obsesión breve pero intensa y algo enfermiza por Elvis Presley. Le daba por cantar «El rock de la cárcel» a voz en grito, imitando aquellos gorgoritos graves y aquellos movimientos de pelvis de El Rey. No era consciente de que ese estilo había acabado convertido en una parodia y lo interpretaba con esa sinceridad enternecedora del preadolescente que se cree que es lo más. Durante las breves pausas que dejaba entre una repetición y la siguiente, exigía saberlo todo («¡Todo! ¡Todo!») sobre Elvis, de modo que yo iba contándole en líneas generales aquella historia a la vez inspiradora, triste y algo tonta.

Elvis nació en una de las localidades más pobres del estado de Misisipi, un lugar muy, muy remoto, le decía. Llegó al mundo en compañía de su hermano gemelo, que falleció a los pocos minutos. Cuando era pequeño, su madre le decía que si le cantaba a la luna todas las noches, su hermano oiría su voz, por lo que él no paraba de cantar. Comenzó a hacerlo en público justo cuando la televisión empezaba a popularizarse, por lo que, de la noche a la mañana, se hizo mucho más famoso que nadie antes que él. Fuera donde fuese, la gente gritaba, hasta que su mundo se convirtió en una olla de gritos. Se retiró a un refugio creado por él mismo, donde veneraba sus cosas, ya que no podía disfrutar de su libertad perdida. A su madre le compró un palacio y le puso de nombre Graceland.

Me saltaba algunas cosas: el descenso a las adicciones, su época de sudor y muecas en Las Vegas, su muerte a los cuarenta y dos años. Cada vez que mi ahijado, al que llamaré Adam (he modificado ciertos detalles para que no se lo identifique), me preguntaba cómo terminaba la historia, yo despistaba y lo convencía para que cantáramos a dúo «Blue Moon». «*You saw me standing alone* —coreaba él con su vocecilla— *without a dream in my heart. Without a love of my own.*»

Un día, Adam me miró fijamente y, muy serio, me preguntó: «Johann, ¿me llevarás a Graceland algún día?». Sin pensármelo mucho, le dije que sí. «¿Me lo prometes? ¿Me lo prometes de verdad?» Asentí. Y ya no volví a pensar en ello hasta que todo se torció.

Diez años después, Adam se encontraba perdido. Había abandonado los estudios a los quince años y se pasaba casi todas las horas del día en casa, ausente, pasando de pantalla en pantalla, del móvil —con sus visitas interminables a WhatsApp y a Facebook—, al iPad, en el que alternaba YouTube con porno. En ciertos momentos, aún veía en él rastros del niño alegre que cantaba «Viva Las Vegas», pero era como si esa persona se hubiera descompuesto en fragmentos desconectados entre sí. Le costaba mantener un tema de conversación más allá de unos pocos minutos, y o bien regresaba a alguna de sus pantallas o bien cambiaba de asunto. Parecía moverse a la velocidad de Snapchat, habitar en un lugar en el que no podía alcanzarle nada que se estuviera quieto o fuera serio. Era inteligente, buena persona, amable, pero parecía como si su mente no pudiera fijar nada.

En el decenio que había llevado a Adam a convertirse en un hombre, ese tipo de fragmentación parecía habernos ocurrido a muchos de nosotros. Estar vivos a principios del siglo XXI equivalía a la sensación de que nuestra capacidad para prestar atención —para concentrarnos— se iba desmoronando y resquebrajando. Yo mismo notaba que a mí también me ocurría; me compraba montones de libros y los contemplaba con el rabillo del ojo, sintiéndome culpable, mientras enviaba el último tuit (o eso me decía a mí mismo). Seguía leyendo bastante, pero con el paso de los años, cada vez me parecía más que intentaba subir por una escalera mecánica en bajada. Acababa de cumplir los cuarenta años, y siempre que me encontraba con gente de mi generación, nos lamentábamos de nuestra pérdida de concentración, como si se tratara de una amiga que hubiera desaparecido un día en el mar y ya nadie hubiera vuelto a verla nunca más.

Y entonces, una noche, mientras estábamos echados en un gran sofá, cada uno enfrascado en su pantalla, que gritaba sin cesar, miré a Adam y me invadió un temor inconcreto. «No podemos vivir así», me dije a mí mismo.

—Adam —susurré—. Vámonos a Graceland.

—¿Qué?

Le recordé la promesa que le había hecho hacía tantos años. Él ya ni se acordaba de aquellos días de «Blue Moon», ni de mi promesa, pero me di cuenta de que la idea de romper con aquella rutina que lo anestesiaba despertaba algo en su interior. Alzó la vista, me miró y me preguntó si lo decía en serio.

—Sí —respondí—. Pero con una condición. Yo pagaré un viaje de más de seis mil kilómetros. Iremos a Memphis y a Nueva Orleans. Iremos por todo el Sur, por donde tú quieras. Pero no podré hacerlo si, cuando lleguemos a los sitios, no vas a hacer nada más que mirar el móvil. Tienes que prometerme que lo tendrás desconectado de día, que te conectarás solo por la noche. Debemos regresar a la realidad. Debemos volver a conectar con algo que nos importe.

Él me juró que lo haría y, a las pocas semanas, despegamos de Heathrow rumbo a la tierra del Delta blues.

Cuando llegas a las puertas de Graceland, ya no hay un ser humano que trabaje enseñándote el lugar. Ahora te entregan un iPad y te introduces unos auriculares pequeños en los oídos, y el iPad te va explicando lo que tienes que hacer: gira a la izquierda, gira a la derecha, sigue recto. En cada sala, el iPad, con la voz de algún actor que cayó en el olvido, te explica en qué habitación te encuentras, y en la pantalla aparece una imagen de ella. Así que Adam y yo íbamos paseándonos por Graceland solos, mirando el iPad. Estábamos rodeados de canadienses y coreanos, de personas de todas las nacionalidades que, con gesto inexpresivo, bajaban la mirada y no veían nada de lo que les rodeaba. Nadie se concentraba mucho tiempo en nada salvo en las pantallas. Yo los observaba mientras caminábamos y cada vez me sentía más tenso. De vez en cuando una persona apartaba la mirada de su iPad y a mí regresaba un atisbo de esperanza, e intentaba establecer contacto visual con ella, encogerme de hombros, decir: «Eh, somos los únicos que estamos mirando, somos los únicos que han recorrido miles de kilómetros y hemos decidido contemplar directamente las cosas que tenemos delante»; pero cada vez que ocurría, me daba cuenta de que si dejaban de mirar aquel iPad era solo porque querían sacar su móvil para hacerse un selfi.

Al llegar a la Jungle Room —el espacio preferido de Elvis en su mansión—, el iPad seguía parloteando cuando un hombre de mediana edad que estaba a mi lado se volvió para decirle algo a su mujer. Frente a nosotros, veía las grandes plantas de plástico que Elvis había comprado para convertir la habitación en su propia jungla artificial. Aquellas plantas falsas seguían ahí, tristes y alicaídas. «Cariño, esto es asombroso, mira.» Agitó un poco el iPad en dirección a ella y empezó a pasar el dedo por la pantalla. «Si lo deslizas hacia la izquierda, se ve la parte izquierda de la Jungle Room. Y si lo deslizas hacia la derecha, aparece la zona derecha.» Su mujer se fijó, sonrió y empezó a pasar el dedo sobre su iPad.

Estuve un rato observándolos. Se dedicaban a deslizar la imagen a un lado y a otro, estudiando los diferentes ángulos de la habitación. Me adelanté un poco. «Pero señor —dije—, también puede verlo como se hacía antiguamente: se llama "volver la cabeza". Porque es que estamos aquí. Estamos en la Jungle Room. No hace falta que lo vea en la pantalla. Lo puede ver sin intermediarios. Está aquí. Mire.» Moví la mano y las hojas verdes falsas crujieron ligeramente. La pareja retrocedió unos pasos. «¡Miren! —añadí en un tono más alto del que pretendía—. ¿No la ven? Estamos aquí. Estamos aquí de verdad. No hace falta pantalla. Estamos en la Jungle Room.» El hombre y la mujer salieron a toda prisa de la habitación, volviéndose a mirarme con cara de «quién es ese chalado», y me di cuenta de que el corazón me latía con fuerza. Me volví hacia Adam con ganas de reírme, de compartir con él lo irónico de la situación, de liberar mi enfado, pero él estaba en un rincón, con el móvil escondido debajo de la chaqueta, revisando el Snapchat.

Había incumplido su promesa en todas y cada una de las etapas del viaje. Cuando el avión aterrizó en Nueva Orleans hacía dos semanas, sacó el móvil al momento, cuando aún no nos habíamos levantado de nuestros asientos. «Me prometiste que no lo harías», le recordé. Y él me dijo: «Quería decir que no haría llamadas. No puedo no usar Snapchat ni enviar mensajes, evidentemente». Eso lo dijo con una mezcla de sinceridad e incredulidad, como si le hubiera pedido que estuviera diez días sin respirar. Ahora, en la Jungle Room, lo veía consultar el móvil en silencio. A su alrededor pululaban personas que también mantenían la vista fija en sus pantallas. Me sentía tan solo como si me encontrara en un maizal de Iowa, a muchos kilómetros de otro ser humano. Me acerqué a Adam y le arrebaté el móvil.

«¡No podemos vivir así! —le dije—. ¡No sabes estar presente! ¡Te estás perdiendo tu vida! Tienes miedo de perderte algo... ¡Por eso te pasas el rato consultando la pantalla! ¡Y al hacerlo sí que te lo pierdes! ¡Te pierdes la única vida que tienes! No ves las cosas que tienes delante, las cosas que deseabas ver desde que eras un niño. De toda esta gente, nadie ve nada. ¡Mírala!»

Me expresaba en voz bastante alta, pero el aislamiento de la gente, que seguía con sus iPad, hacía que la mayoría ni siquiera se diera cuenta. Adam recuperó su móvil de un manotazo y me dijo (no sin cierta razón) que me estaba comportando como un loco y se alejó, pasó por delante de la tumba de Elvis y salió a la calle.

Yo me pasé horas paseándome indiferente entre los distintos Rolls-Royce de Elvis, que se muestran en el museo contiguo, y al final volví a encontrarme con Adam, cuando ya anochecía, en el Heartbreak Hotel, que quedaba al otro lado de la calle, y que era donde nos alojábamos.

Estaba sentado junto a la piscina, construida en forma de guitarra gigante, y mientras Elvis cantaba en bucle las veinticuatro horas del día para acompañar la escena, se veía triste. Al sentarme a su lado me di cuenta de que, como ocurre con los enfados más estridentes, mi indignación con él, que se había ido manifestando a lo largo del viaje, era, en realidad, indignación conmigo mismo. Su incapacidad para concentrarse, sus constantes distracciones, la imposibilidad de los visitantes de Graceland para ver el lugar al que se habían desplazado, eran cosas que yo notaba que empezaban a surgir en mí. Me estaba fragmentando como ellos. Yo también estaba perdiendo mi capacidad para estar presente. Y no lo soportaba.

—Ya sé que hay algo que va mal —me dijo Adam en voz baja, sujetando el móvil con fuerza—. Pero no tengo ni idea de cómo solucionarlo.

Y dicho esto siguió enviando mensajes.

Me había llevado lejos a Adam para huir de nuestra incapacidad para concentrarnos, y lo que descubrí fue que no había escapatoria porque ese problema estaba en todas partes. He viajado por todo el mundo investigando para la elaboración de este libro, y casi no hay excepción. Incluso cuando me tomaba un tiempo libre, dejaba de investigar y me desplazaba a algunos de los lugares conocidos por ser los más apartados y tranquilos del mundo, allí me lo encontraba, esperándome.

Una tarde, me había desplazado hasta la Laguna Azul de Islandia, un lago enorme, de calma infinita y aguas geotermales que burbujean a la temperatura de una bañera de agua caliente aunque a tu alrededor no pare de nevar. Mientras veía caer los copos y disolverse al momento en el vapor que ascendía, me percaté de que estaba rodeado de gente que blandía sus palos de selfi. Habían metido los móviles en unas carcasas impermeables y se dedicaban a posar sin parar y a subir las imágenes. Algunos lo transmitían en directo por Instagram. Yo me preguntaba si el lema de nuestra era debería ser: «Intenté vivir pero me distraje». Ese pensamiento se vio interrumpido por un alemán cachas que parecía *influencer* y que en ese momento se dirigió a cámara de su teléfono a gritos: «¡Aquí estoy, en la Laguna Azul, viviendo la vida a tope!».

En otra ocasión, fui a París a contemplar *La Gioconda* y descubrí que actualmente se encuentra siempre oculta tras una melé de personas de todas partes del mundo que se agolpan para llegar delante y que, cuando lo consiguen, se colocan de espaldas al momento, se hacen un selfi y se abren paso a codazos para alejarse de allí. El día de mi visita, me pasé más de una hora observando a la multitud. Nadie, ni una sola persona, se dedicó a admirar *La Gioconda* más allá de unos segundos. Su sonrisa ha dejado de resultar enigmática. Es como si nos mirase desde su atalaya de la Italia del siglo XVI y nos preguntara: «¿Por qué ya no me miráis como antes?».

Todo ello parecía corresponderse con una idea mucho más amplia que llevaba varios años calando en mí, una idea que iba mucho más allá de las malas costumbres de los turistas. Parecía como si a nuestra civilización le hubieran echado polvos pica-pica y nos pasáramos la vida sacudiendo y retorciendo la mente, incapaces de prestar atención sencillamente a las cosas que importan. Las actividades que exigen formas de concentración más prolongada —como la lectura de un libro— llevan años en caída libre. Después de mi viaje con Adam, leí el trabajo de un prominente científico especializado en la fuerza de voluntad en el mundo, el profesor Roy Baumeister, que investiga desde la Universidad de Queensland, Australia, y decidí ir a entrevistarlo. Llevaba más de treinta años estudiando la ciencia de la fuerza de voluntad y la autodisciplina, y es el artífice de algunos de los experimentos más conocidos llevados a cabo nunca en el ámbito de las ciencias sociales. Una vez allí, delante de aquel hombre de sesenta y seis años, le expliqué que mi intención era escribir un libro sobre por qué parece que hemos perdido el sentido de la concentración y de qué manera podemos recuperarlo. Y lo miré con gesto esperanzado.

Él me comentó que le parecía curioso que abordara ese tema con él. «Noto que mi control sobre mi atención es menor que antes», dijo. Antes podía permanecer sentado horas enteras, leyendo y escribiendo, pero ahora «parece que la mente me va de un lado a otro mucho más». Me explicó que últimamente se había percatado de que «cuando empezaba a sentirme mal, jugaba a un videojuego en el móvil, y con el tiempo comenzó a divertirme». Me lo imaginé apartándose de su vasto cuerpo de logros científicos para jugar a Candy Crush. Añadió: «Me doy cuenta de que no mantengo la concentración como lo hacía antes. Estoy empezando a ceder, y empezaré a sentirme mal».

Roy Baumeister es, literalmente, el autor de un libro titulado *Willpower* [Fuerza de voluntad], y lleva más tiempo que nadie indagando sobre el tema. Así que pensé que si incluso él está perdiendo parte de su capacidad para concentrarse, ¿a quién no le pasará?

Durante mucho tiempo me tranquilizaba a mí mismo diciéndome que aquella crisis era solo una ilusión. Las generaciones anteriores también habían sentido que su capacidad para la atención y la concentración empeoraba; hace casi un milenio, había monjes medievales que se quejaban por escrito de que, ellos también, sufrían de problemas de atención. A medida que los seres humanos envejecen, se concentran menos y se convencen de que se trata de un problema del mundo y de la generación siguiente, y no de sus mentes, que van perdiendo facultades.

La mejor manera de saberlo con seguridad sería si los científicos, desde hace años, hubieran hecho una cosa que es bastante sencilla. Podrían haber realizado pruebas a un público aleatorio, y haber seguido realizando el mismo test durante años, durante décadas, para reseguir cualquier cambio que pudiera producirse. Pero eso no lo hizo nadie. Esa información de largo alcance no se ha recabado nunca. Aun así, creo que existe otra manera de llegar a una conclusión razonable respecto a este asunto. Mientras me dedicaba a investigar para la elaboración del presente libro, he aprendido que se dan factores de toda clase que, según se ha demostrado científicamente, reducen la capacidad de atención de la gente. Existen pruebas contundentes de que muchos de esos factores han aumentado en las últimas décadas, en ocasiones de modo espectacular. Por el contrario, solo he hallado una tendencia que podría estar haciendo mejorar nuestra atención. Por ello he terminado por creer que, en efecto, esta crisis es muy real, y que abordarla es urgente.

También he descubierto que las pruebas que muestran hacia dónde nos están conduciendo esas tendencias son muy claras. Por ejemplo, se llevó a cabo un estudio para investigar con qué frecuencia los estudiantes estadounidenses medios prestan atención a algo, a lo que sea, para lo cual los científicos encargados del estudio colocaron *soft-*

ware de rastreo en sus ordenadores y se dedicaron a monitorizar lo que hacían en un día normal.[1] Descubrieron que, de media, un estudiante cambiaba de tarea una vez cada sesenta y cinco segundos. El promedio de tiempo en que se concentraban en una cosa era de apenas noventa segundos. Si tú, lector, eres adulto y sientes la tentación de sentirte superior, ni se te ocurra. Otro estudio, este de Gloria Mark, profesora de informática de la Universidad de California en Irvine (a la que entrevisté), se dedicaba a calcular cuánto tiempo de media se mantiene con una misma tarea un adulto que trabaja en una oficina.[2] Y era de tres minutos.

Así pues, inicié un viaje de casi 50.000 kilómetros para descubrir cómo podemos recuperar nuestra concentración y nuestra atención. En Dinamarca, entrevisté al primer científico que, junto con su equipo, ha demostrado que nuestra capacidad colectiva para prestar atención está menguando muy deprisa. Posteriormente me reuní con científicos de todo el mundo que han descubierto el porqué. Por último, entrevisté a más de 250 expertos, desde Miami hasta Moscú y desde Montreal hasta Melbourne. Mi búsqueda de respuestas me llevó a una curiosa mezcla de lugares, desde una favela de Río de Janeiro, en que la atención se había destrozado de un modo particularmente desastroso, hasta el remoto despacho de una localidad poco poblada de Nueva Zelanda en que habían descubierto una manera de recuperar radicalmente la concentración.

He llegado a creer que hemos malinterpretado muy profundamente qué le está ocurriendo en realidad a nuestra atención. Durante años, siempre que no conseguía concentrarme, me culpaba a mí mismo y me enfadaba conmigo. Me decía: «Eres perezoso, eres indisciplinado, tienes que sobreponerte». Si no, le echaba la culpa al móvil y me enfadaba con él y pensaba que ojalá no lo hubieran inventado. Casi todo el mundo que conozco reacciona de la misma manera. Pero gracias a mi investigación he descubierto que, en realidad, lo que ocurre en este caso va mucho más allá de un fracaso personal o de un solo invento. La primera vez que entreví por dónde iban los tiros fue en Portland, Oregón, adonde había acudido para entrevistar al profesor Joel Nigg, uno de los expertos más destacados del mundo en problemas de atención de los niños. Me dijo que para comprender qué está sucediendo quizá me sirviera comparar nuestros crecientes problemas de atención con nuestras cada vez mayores tasas de obesidad. Hace cincuenta años había poca obesidad, pero hoy en día es endémica en el mundo occidental. Y no es porque de pronto nos hayamos vuelto caprichosos ni acaparadores. Según él, «la obesidad no es una epidemia médica, sino social. Disponemos de comida mala, por ejemplo, y por eso la gente engorda». Nuestra vida ha cambiado drásticamente —nuestros suministros de comida han cambiado, y hemos construido ciudades en las que resulta difícil caminar o ir en bicicleta—, y esos cambios en nuestro entorno han conducido a cambios en nuestros cuerpos. Añadió que era posible que algo similar estuviera ocurriendo con los cambios en nuestra atención y nuestra concentración. Me explicó que, tras pasarse décadas estudiando esta cuestión, cree que debemos preguntarnos si en la actualidad estamos desarrollando una «cultura atencional patogénica», un entorno en que mantener una capacidad de concentración profunda nos resulta a todos extremadamente difícil y en que, para conseguirlo, debemos ir contra corriente. Me contó que existen evidencias científicas sobre muchos factores que intervienen en el empobrecimiento de la atención, y que para algunas personas hay causas que radican en su biología, pero añadió que es posible que también debamos averiguar lo siguiente: «¿Está llevando nuestra sociedad a la gente a ese punto con tanta frecuencia porque vivimos una epidemia [que está siendo] causada por unas cosas específicas que no funcionan bien en nuestra sociedad?».

Después le pregunté: si lo pusiera a usted al mando del mundo y quisiera destruir la capacidad de la gente para prestar atención, ¿qué haría? Se lo pensó un momento y me dijo: «Seguramente, lo mismo que la sociedad está haciendo actualmente».

He hallado pruebas contundentes de que nuestra capacidad cada vez menor para prestar atención no tiene que ver fundamentalmente con un fracaso personal por mi parte, por la tuya o por la de tu hija. Se trata de algo que nos están haciendo a todos. Y nos lo están haciendo unas fuerzas muy poderosas. Entre ellas están las grandes compañías tecnológicas, las *big tech*, pero se trata de algo que va mucho más allá de ellas. Es un problema sistémico. La verdad es que estamos viviendo en un sistema que, todos los días, se dedica a verter ácido sobre nuestra atención, y después nos exigen que nos culpemos a nosotros mismos y que mejoremos nuestros propios hábitos al tiempo que la atención del mundo se incendia. Cuando descubrí todo ello, me di cuenta de que hay un vacío en todos los libros que existen y que yo había leído sobre cómo mejorar la concentración. Se trataba de un vacío inmenso. En líneas generales, esos libros pasan por alto referirse a las causas reales de nuestra crisis de atención, que radican principalmente en esas fuerzas más amplias. Sobre la base de lo que he descubierto, he llegado a la conclusión de que entran en juego doce causas que son las que están perjudicando nuestra atención. He llegado a creer que solo podremos resolver este problema a largo plazo si las comprendemos y si posteriormente, todos juntos, impedimos que sigan haciendo lo que nos hacen.

Existen pasos reales que podéis dar en tanto que individuos a fin de reducir ese problema en vuestro caso, y a lo largo del libro aprenderéis a darlos. Estoy muy a favor de que asumáis una responsabilidad personal de ese modo. Pero debo seros sincero, y serlo como me temo que no lo han sido los libros anteriores que tratan este tema. Esos cambios tendrán impacto solo hasta cierto punto. Resolverán una parte del problema. Son valiosos. Yo mismo los practico. Pero a menos que tengáis mucha suerte, no os permitirán escapar de la crisis de la atención. Los problemas sistémicos exigen soluciones sistémicas. Debemos asumir responsabilidades individuales ante ese problema, sin duda, pero a la vez, todos juntos, hemos de asumir una responsabilidad colectiva para abordar esos factores más profundos. Existe una solución real, una solución que, de hecho, permitirá que empecemos a sanar nuestra atención. Y creo que he descubierto cómo podríamos comenzar a lograrlo.

Son tres, creo yo, las razones cruciales por las que merece la pena que emprendáis conmigo este viaje. La primera de ellas es que una vida llena de distracciones es, a nivel individual, una vida mermada. Cuando se es incapaz de prestar una atención sostenida, no se consigue lo que pretende conseguirse. Uno quiere leer un libro, pero le distraen los avisos y las paranoias de las redes sociales. Uno quiere pasar unas horas con su hijo o con su hija sin interrupciones, pero no para de consultar el correo electrónico nerviosamente para ver si el jefe le ha enviado algo. Quiere montar una empresa, pero en lugar de hacerlo su vida se disuelve en una amalgama borrosa de actualizaciones de Facebook que solo le llevan a sentir envidia y ansiedad. Aunque no sea culpa suya, nunca parece haber la suficiente calma, el suficiente espacio fresco y aireado, para que se pare a pensar. Un estudio del profesor Michael Posner en la Universidad de Oregón reveló que si uno está concentrado en algo y le interrumpen, de media tardará 23 minutos en volver al mismo estado de concentración.[3] Otro estudio, llevado a cabo con oficinistas en Estados Unidos, descubrió que la mayoría de ellos, en un día normal, no consigue nunca contar con una hora entera de trabajo ininterrumpido.[4] Si eso es algo que se prolonga durante meses y años, acaba afectando a nuestra capacidad para averiguar quiénes somos y qué queremos. Y acabamos perdiéndonos en nuestra propia vida.

Cuando me trasladé a Moscú para entrevistar al filósofo de la atención más importante del mundo en la actualidad, el doctor James Williams (que trabaja sobre filosofía y ética de la tecnología en la Universidad de Oxford), este me dijo: «Si queremos hacer lo que importa en cualquier ámbito, en cualquier contexto de la vida, debemos ser capaces de prestar atención a lo que corresponda... Si no lo hacemos, cuesta mucho llegar a hacer nada». Me explicó que, si queremos entender la situación en la que nos encontramos en este momento, nos ayudará imaginar lo siguiente. Imaginemos que conducimos un coche pero que alguien ha arrojado un gran cubo de barro sobre el parabrisas. En ese instante vamos a tener muchos problemas: corremos el riesgo de cargarnos el retrovisor, o de perdernos, o de llegar tarde a nuestro destino. Pero lo primero que debemos hacer, antes de preocuparnos por cualquiera de esos problemas, es limpiar el parabrisas. Hasta que no lo hagamos, no sabremos siquiera dónde estamos. Hemos de lidiar con nuestros problemas de atención antes de intentar conseguir ninguna otra meta sostenida.

La segunda razón por la que debemos pensar sobre este tema es que esa fragmentación de la atención no solo nos está causando problemas a nosotros en tanto que individuos, sino que está creando crisis en toda nuestra sociedad. En tanto que especie, nos enfrentamos a una sucesión de trampas y emboscadas —como la crisis climática— y, a diferencia de lo que ocurría en generaciones anteriores, en general no estamos actuando para resolver nuestros mayores desafíos. ¿Por qué? Parte del motivo, creo yo, es que cuando la atención se destruye, se destruye la capacidad para resolver problemas. Para resolver grandes problemas hace falta una concentración sostenida de mucha gente durante muchos años. La democracia exige que la población sea capaz de prestar atención durante el tiempo suficiente como para identificar problemas reales, para distinguirlos de fantasías, para encontrar soluciones y exigir responsabilidades a sus líderes si estos no las aplican. Si perdemos eso, perdemos nuestra capacidad de contar con una sociedad plenamente operativa. No creo que sea casual que esta crisis de atención coincida en el tiempo con la peor crisis de la democracia desde la década de 1930. La gente que no es capaz de concentrarse es más proclive a sentirse atraída por soluciones autoritarias, simplistas, y es menos probable que se percate de que no funcionan. Un mundo lleno de ciudadanos privados de atención que combinan Twitter con Snapchat será un mundo de crisis encadenadas en que no seremos capaces de afrontar ninguna de ellas.

La tercera razón por la que debemos pensar profundamente sobre la concentración es, en mi opinión, la más esperanzadora. Si entendemos lo que está ocurriendo, podremos empezar a cambiarlo. El escritor James Baldwin —que, por lo que a mí respecta, es el mejor escritor del siglo xx— dijo: «No todo aquello a lo que nos enfrentamos puede cambiarse, pero no cambiaremos nada a menos que nos enfrentemos a ello».[5] Esta crisis ha sido creada por el ser humano, y también nosotros podemos desactivarla.

Es mi intención explicaros de entrada cómo he recabado las pruebas que voy a presentar a lo largo del libro y por qué las he escogido. Durante mi investigación he leído un gran número de estudios científicos y he entrevistado a los especialistas que me parecía que habían recabado las pruebas más importantes. La atención y la concentración han sido estudiadas por académicos de distintos campos. Uno es el de los neurocientíficos, y sí, tendremos noticias de ellos. Pero el ámbito que más ha investigado sobre el porqué de sus cambios es el de las ciencias sociales, que analizan de qué modo las modificaciones en nuestra manera de vivir nos afectan individual y grupalmente. Yo mismo estudié Ciencias Políticas en la Universidad de Cambridge, donde recibí una formación rigurosa que me preparó para la lectura de la clase de estudios que publican esos especialistas y para la interpretación de las pruebas que aportan, así como (o eso espero) para formular preguntas pertinentes en relación con ellas.

Esos científicos discrepan a menudo unos con otros sobre lo que está ocurriendo y sobre el porqué. Y no porque la ciencia sea endeble, sino porque los seres humanos somos extraordinariamente complejos y cuesta mucho medir algo tan complicado como es lo que afecta a nuestra capacidad de prestar atención. Evidentemente, ello me planteaba un reto a medida que escribía el libro. Si permanecemos a la espera de las pruebas perfectas, la espera será eterna. Debía actuar, esforzarme al máximo sobre la base de la mejor información de que disponemos en la actualidad, sin dejar de ser consciente en ningún momento de que esta ciencia es falible, frágil y debe ser manejada con cuidado.

Así pues, en todas y cada una de las etapas del libro he intentado hacer partícipe al lector de hasta qué punto son controvertidas las pruebas que aporto. Algunos de los temas han sido estudiados por centenares de científicos, y estos han alcanzado un consenso amplio sobre lo acertado de los puntos que voy a tratar. Eso es lo ideal, claro está, y en la medida de lo posible, he ido en busca de científicos que representan un consenso en su campo, y he construido mis conclusiones sobre las rocas firmes de sus conocimientos. Pero existen algunas otras áreas en que solo un puñado de científicos ha investigado la cuestión que me interesaba entender, por lo que las evidencias que puedo extraer de ellos son menos sólidas. Y hay algún tema en que reputados científicos discrepan sobre lo que está ocurriendo en realidad. En esos casos, compartiré con el lector esas discrepancias abiertamente, e intentaré representar todo el espectro de perspectivas en relación con la cuestión. En cada una de las etapas, he procurado llegar a mis conclusiones sobre la base de las pruebas más sólidas que he sido capaz de encontrar.

Siempre he intentado acercarme a ese proceso con humildad. Yo no soy experto en ninguna de las cuestiones. Soy periodista; entro en contacto con expertos, y pongo a prueba sus conocimientos y los explico lo mejor que sé. Si el lector desea conocer con más detalle esos debates, profundizo mucho más en las pruebas en las más de 400 notas que he incluido en la página web del libro y en las que se abordan los más de 250 estudios científicos que me han servido de base para la elaboración del presente trabajo. En ocasiones, también he recurrido a mis propias experiencias para ayudar a explicar lo que he aprendido. Mis anécdotas individuales, claro está, no constituyen ninguna prueba científica. Pero cuentan algo más sencillo: por qué me interesaba tanto conocer las respuestas a esas preguntas.

Al regreso de mi viaje a Memphis con Adam, me sentía horrorizado conmigo mismo. Un día me pasé tres horas leyendo las mismas primeras páginas de una novela, distraído en mis pensamientos, perdiéndome en ellos cada vez que lo hacía, casi como si estuviera drogado, y pensé: no puedo seguir así. Leer obras de ficción siempre había sido uno de mis mayores placeres, y perderlo sería como perder una extremidad. Así que les anuncié a mis amigos que pensaba hacer algo drástico.

Yo creía que eso era algo que me ocurría a mí porque no era disciplinado como individuo y porque mi teléfono móvil se había apoderado de mí. Así que, en aquella época, me parecía que la solución era obvia: ser más disciplinado y desterrar el móvil. Me conecté a la red y reservé una habitación pequeña en la playa de Provincetown, en la punta de Cape Cod. Me pasaré allí tres meses, anuncié, triunfante, a todo el mundo, sin *smartphone*, y sin ordenador con conexión a internet. Y ya está. Solucionado. Por primera vez en veinte años, estaré desconectado. Estaba cansado de estar conectado. Necesitaba despejarme la cabeza. Y así lo hice. Me fui. Dejé una respuesta automática en la que explicaba que estaría ilocalizable durante los próximos tres meses. Abandoné el zumbido en el que llevaba veinte años moviéndome.

Intenté iniciar esa desintoxicación digital extrema sin ilusiones. Sabía que esa exclusión de internet en su totalidad no podía ser una solución a largo plazo en mi caso; yo no pensaba hacerme *amish* ni abandonar la tecnología para siempre. Más aún: sabía que ese planteamiento no podía ser siquiera una solución a corto plazo para la mayoría de la gente. Vengo de una familia de clase trabajadora. Mi abuela, que fue la que me crio, limpiaba váteres; mi padre era conductor de autobús, y decirles a ellos que la solución a sus problemas de atención era dejar el trabajo e irse a vivir a una cabaña frente al mar sería un insulto cruel: sencillamente, eso ellos no pueden hacerlo.

Yo lo hice porque pensé que, si no lo hacía, podría perder ciertos aspectos fundamentales de mi capacidad para el pensamiento profundo. Lo hice por desesperación. Y lo hice porque me parecía que si me despojaba de todo y regresaba a lo de antes durante un tiempo, quizá pudiera empezar a atisbar los cambios que todos podríamos aplicar de una manera más sostenible. Esa desintoxicación digital drástica me enseñó muchas cosas importantes, entre ellas, como se verá, los límites de las desintoxicaciones digitales.

Todo empezó un lunes de mayo, cuando partí hacia Provincetown, perseguido por el resplandor de las pantallas de Graceland. Yo creía que el problema radicaba en mi propia naturaleza distraída, y en nuestra tecnología, y estaba a punto de renunciar a mis dispositivos —¡libertad, oh, libertad!— durante un largo periodo.

Capítulo 1

Causa 1: el aumento de la velocidad, la alternancia y el filtrado

«No entiendo qué es lo que me pide —no paraba de repetir el dependiente del Target de Boston—. Estos son los teléfonos más baratos que tenemos. El internet que incorporan es superlento. Eso es lo que quiere, ¿no?» «No —respondía yo—. Yo quiero un teléfono sin ningún acceso a internet.» El hombre consultaba el reverso de la caja con cara de desconcierto. «Este sería muy, muy lento. Quizá pudiera consultar el correo electrónico, pero no podría...» El correo electrónico también es internet, le dije yo. Voy a estar fuera tres meses expresamente para mantenerme desconectado por completo.

Mi amigo Imtiaz ya me había regalado su ordenador portátil viejo, roto, que desde hacía años no podía conectarse a la red. Parecía sacado del primer *Star Trek*, el vestigio de una visión no materializada del futuro. Yo había decidido que lo usaría para escribir al fin la novela que llevaba años proyectando. Ahora lo que necesitaba era un teléfono al que pudieran llamarme en caso de emergencia las seis personas a las que pensaba facilitar el número. Lo necesitaba sin opciones de conexión a internet de ningún tipo, para que si despertaba a las tres de la madrugada y mi fuerza de voluntad flaqueaba e intentaba conectarme, no lo consiguiera por más que lo intentara.

Cuando le explicaba mis planes a la gente, obtenía una de estas tres reacciones. La primera era exactamente como la de ese dependiente de Target: no parecían captar del todo lo que les estaba diciendo. Creían que mi intención era reducir el uso de internet. La idea de desconectarme por completo les parecía tan rara que debía explicársela una y otra vez. «¿O sea, que quiere un teléfono que no pueda conectarse en absoluto? —me preguntó—. ¿Y eso por qué?»

La segunda reacción, que fue la que ese dependiente exhibió acto seguido, era una especie de pánico moderado al ponerse en mi lugar. «¿Y qué hará en caso de emergencia? —quiso saber—. No parece buena idea.» Yo le pregunté qué emergencia haría que tuviera que conectarme a internet. ¿Qué me va a ocurrir? Yo no soy el presidente de Estados Unidos. No tengo que dar ninguna orden si Rusia invade Ucrania. «Cualquier cosa —replicó él—. Podría ocurrir cualquier cosa.» Yo seguía explicando a la gente de mi edad (por entonces yo tenía treinta y nueve años) que nos habíamos pasado media vida sin móviles, por lo que no tendría que resultar tan difícil regresar a la vida que habíamos llevado durante tanto tiempo. Pero nadie parecía muy convencido.

Y la tercera reacción era la envidia. La gente comenzaba a fantasear sobre lo que haría con todo el tiempo que pasaba al teléfono si, de pronto, les quedara libre. Empezaban hablando de la cantidad de horas al día que, según la aplicación Screen Time de Apple, se pasaban al teléfono. En el caso del estadounidense medio, son concretamente tres horas y quince minutos.[1] Tocamos nuestros teléfonos 2.617 veces cada veinticuatro horas.[2] En ocasiones hablaban con nostalgia de algo que antes les gustaba mucho y que habían abandonado (tocar el piano, por ejemplo), y permanecían un rato con la mirada perdida.

En Target no había nada para mí. Lo irónico del caso es que tuve que conectarme para encargar el que parecía el último teléfono móvil de Estados Unidos sin conexión a internet. Se llama Jitterbug. Está pensado para personas muy mayores, y cumple la función, además, de dispositivo para urgencias médicas. Cuando me llegó abrí la caja y sonreí al ver aquellas teclas tan grandes, y me dije a mí mismo que con él salía ganando: si me caigo, automáticamente me conectará con el hospital más cercano.

Dispuse sobre la cama del hotel todo lo que iba a llevarme. Había repasado todas las cosas que suelo hacer con el iPhone y había adquirido objetos con que reemplazarlas. Así pues, por primera vez desde que era adolescente, me compré un reloj de pulsera. Y un despertador. Encontré mi viejo iPod y lo cargué con audiolibros y pódcast, y pasé el dedo por la pantalla, pensando en lo futurista que ese artilugio me pareció cuando lo compré, hacía ya doce años; ahora se veía como algo que Noé habría podido subir a su arca. Contaba también con el portátil roto de Imtiaz (convertido ahora, en la práctica, en un procesador de textos al estilo de los de la década de 1990), y a su lado se amontonaban varias novelas clásicas que llevaba años queriendo leer, encabezadas por *Guerra y paz*.

Pedí un Uber para llevarle mi iPhone y mi MacBook a una amiga que vivía en Boston. Vacilé un poco antes de dejarlos sobre la mesa de su casa. Deprisa, pulsé una tecla del teléfono para pedir un coche que me llevara a la terminal de ferris, y entonces sí lo apagué y me alejé de él deprisa, como si pudiera venir corriendo tras de mí. Sentí un atisbo de pánico. No estoy preparado para esto, pensé. Entonces, desde algún rincón de mi mente me asaltó el recuerdo de una cosa que decía el autor español José Ortega y Gasset: «No podemos posponer la vida hasta que estemos listos... la vida se nos dispara a bocajarro».[3] Si no lo haces ahora, me dije a mí mismo, no lo harás nunca, y te encontrarás en tu lecho de muerte revisando cuántos «me gusta» tienes en Instagram. Me subí al coche y me negué a mirar atrás.

Las ciencias sociales me habían enseñado hacía años que cuando se trata de vencer cualquier hábito destructivo, una de las herramientas más eficaces de que disponemos se llama «compromiso previo». Ya aparece en una de las historias humanas más antiguas que han sobrevivido, la *Odisea* de Homero. Este cuenta que había una porción de mar en la que los marineros siempre perecían, por una razón muy curiosa: en ese mar vivían dos sirenas —una mezcla única y muy atractiva de mujer y pez— que les cantaban a los marineros para que se fueran con ellas al mar. Cuando ellos descendían, dispuestos a pasarlo la mar de bien, se ahogaban. Pero un día, al héroe del relato, Ulises, se le ocurrió la manera de vencer a aquellos seres tentadores. Antes de que el barco se acercara a la porción de mar habitada por las sirenas, pidió a los tripulantes de su nave que lo ataran con fuerza al mástil, de pies y manos. Le era imposible moverse. Cuando oyó a las sirenas, por más que deseó con todas sus fuerzas sumergirse en el mar, no pudo.

Yo ya había recurrido a esa técnica con anterioridad, cuando intentaba perder peso. Antes compraba muchos alimentos ricos en hidratos de carbono y me decía a mí mismo que sería lo bastante fuerte como para comerlos despacio, con moderación, pero después los devoraba a las dos de la madrugada. Así que dejé de adquirirlos. En plena noche no iba a bajar a una tienda a comprarme unas Pringles. El «tú» que existe en el presente, en el ahora mismo, quiere perseguir tus metas más profundas y quiere ser una persona mejor. Pero sabes que eres falible y que es probable que caigas en la tentación. De modo que comprometes a la versión futura de ti mismo. Reduces tus opciones. Te atas a ti mismo al mástil.

Se han llevado a cabo unos pocos experimentos científicos para ver si se trata de algo que funciona realmente, al menos a corto plazo. En 2013, por ejemplo, una profesora de psicología llamada Molly Crockett, a la que entrevisté en Yale, metió a un conjunto de hombres en un laboratorio y los dividió en dos grupos. Todos iban a tener que enfrentarse a un reto. Les dijeron que, si querían, podían ver de inmediato una imagen ligeramente sexi, pero que si eran capaces de esperar un rato sin hacer nada, podrían ver una imagen muy pero que muy sexi. A los miembros del primer grupo les pidieron que recurrieran a su fuerza de voluntad para disciplinarse a sí mismos en ese momento. Pero a los del segundo grupo les dieron la ocasión de «comprometerse previamente», antes de entrar en el laboratorio, y decidir en voz alta que pararían y esperarían para poder ver la imagen más sexi. Los científicos querían saber si los hombres que se comprometían previamente se resistirían más a menudo y durante más tiempo que los que no. Y resultó que el compromiso previo proporcionaba un éxito sorprendente: decidir de manera clara hacer algo, y prometer mantenerse fiel a esa decisión, hacía que a los hombres se les diera significativamente mejor resistir.[4] En los años que han transcurrido desde que se llevó a cabo, los científicos han demostrado ese mismo efecto en una amplia variedad de experimentos.[5]

Mi viaje a Provincetown era una forma extrema de compromiso previo y, como la victoria de Ulises, también se iniciaba en un barco. Cuando el ferri zarpó del puerto de

Boston, me volví hacia la ciudad, donde la luz de mayo se reflejaba en las aguas. Estaba de pie en la popa de la embarcación, junto a una enseña de barras y estrellas mojada y ondeante, y contemplaba el mar que salpicaba a nuestras espaldas. Al cabo de unos cuarenta minutos, Provincetown apareció lentamente en el horizonte y vi surgir la columna afilada del Monumento a los Peregrinos.

Provincetown es una franja de arena alargada y frondosa en la que Estados Unidos se une al Atlántico. Es la última parada de las Américas, el fin del camino. Según explicaba el escritor Henry David Thoreau, puedes plantarte ahí y sentir todo el país a tus espaldas. Yo experimentaba una sensación exaltada de ligereza, y cuando la playa apareció entre la espuma, empecé a reírme, aunque no sabía por qué. Estaba casi borracho de cansancio. Tenía treinta y nueve años y llevaba trabajando sin parar desde los veintiuno. Casi no me había tomado vacaciones. Me alimentaba de información a cada hora para convertirme en un escritor más productivo, y había empezado a pensar que mi manera de vivir era un poco como ese proceso en el que, en una granja industrial, alimentan exageradamente a un ganso para que su hígado se convierta en *foi gras*. Los cinco años anteriores había recorrido más de 100.000 kilómetros investigando, escribiendo y hablando sobre dos libros. Cada día, todos los días, procuraba asimilar más información, entrevistar a más personas, aprender más, hablar más, y ahora ya pasaba de un tema a otro sin pensar, como un disco que se ha rayado de tanto usarlo, y me costaba retener las cosas. Llevaba tanto tiempo cansado que lo único que sabía ya era cómo vencer el cansancio.

Cuando la gente empezaba a desembarcar, oí el timbre que anunciaba la entrada de un mensaje de texto en algún lugar del ferri e, instintivamente, me llevé la mano al bolsillo. Entré en pánico: ¿dónde está mi teléfono? Y entonces me acordé y me eché a reír aún más.

Me descubrí a mí mismo pensando, en ese momento, en la primera vez que había visto un teléfono móvil. Yo tendría unos catorce o quince años, así que debía de ser en 1993 o 1994, y me encontraba en la planta superior de un autobús 340 en Londres, cuando regresaba a casa de la escuela. Un señor trajeado le hablaba en voz muy alta a un objeto que, en mi recuerdo, era del tamaño de un ternero. Todos los que íbamos en el piso superior nos volvimos a mirarlo. A él parecía gustarle que lo observáramos, y gritaba aún más. La cosa siguió así un buen rato, hasta que otro pasajero le dijo: «Tío...». «¿Qué?» «Eres un capullo.» Y la gente del autobús se saltó la primera regla del transporte público en Londres. Todos nos miramos y sonreímos. Aquellos pequeños actos de rebelión se producían por toda la ciudad, según recuerdo, cuando empezaron a aparecer los teléfonos móviles. Los veíamos como una invasión absurda.

Mi primer correo electrónico lo envié unos cinco años después, cuando fui a la universidad. Tenía diecinueve años. Escribí unas pocas frases y pulsé «enviar», y pensé que sentiría algo. Pero no noté ninguna emoción. No sabía por qué se armaba tanto revuelo con toda aquella novedad de los emails. Si en ese momento alguien me hubiera dicho que, veinte años después, una combinación de aquellas dos tecnologías (que en un principio parecían más bien antipáticas o aburridas) llegaría a dominar mi vida hasta el punto de tener que subirme a un barco y huir, habría pensado que ese alguien no estaba bien de la cabeza.

Me bajé del ferri cargando con mi bolsa, y saqué el mapa que había encontrado en internet y que llevaba impreso. Llevaba años sin orientarme por ningún sitio sin la ayuda de Google Maps, pero por suerte Provincetown no es más que una calle larga, por lo que, literalmente, solo hay dos indicaciones posibles, a la izquierda y a la derecha. Yo debía dirigirme a la derecha para llegar a la inmobiliaria en la que había alquilado mi minúscula casita de la playa. La Commercial Street recorre el centro de Provincetown, y yo iba pasando por delante de aquellas bonitas casas típicas de Nueva Inglaterra con tiendas en las que se venden langostas y juguetes eróticos (no en las mismas tiendas, claro está; ni siquiera en Provincetown un establecimiento de esas características sería autorizado). Recordé que había escogido ese lugar por una serie de razones. Hacía un año, me había desplazado hasta allí a pasar el día desde Boston para visitar a mi amigo Andrew, que se instala todos los veranos. Provincetown es una mezcla de pueblo pintoresco de Cape Cod, típico de la antigua Nueva Inglaterra, y una mazmorra del sexo. Durante mucho tiempo fue una localidad pesquera de clase trabajadora poblada por emigrantes portugueses y sus descendientes. Pero con el tiempo empezaron a frecuentarla artistas, y se convirtió en un enclave bohemio. Posteriormente pasó a ser un destino gay. Y hoy en día es un lugar en el que, en las viejas casas de pescadores, viven unos hombres que trabajan a tiempo completo vistiéndose de Úrsula, la mala de *La Sirenita*, y cantando canciones sobre el *cunnilingus* a los turistas que ocupan el pueblo en verano.

Escogí Provincetown porque lo encontraba encantador pero no complejo, porque me pareció (arrogante de mí) que en solo veinticuatro horas había captado su dinámica esencial. Estaba decidido a instalarme en un lugar que no me despertara un exceso de curiosidad periodística. De haber optado por Bali, por poner un ejemplo, sé que no habría tardado en intentar descubrir el funcionamiento de la sociedad balinesa, y habría empezado a entrevistar a gente, y al poco tiempo ya habría vuelto a mi desaforada búsqueda de información. Lo que yo quería era encontrar un hermoso purgatorio en el que poder someterme a una descompresión. Nada más.

Pat, la agente inmobiliaria, me llevó en coche hasta la casa de la playa. Estaba cerca del mar, a unos cuarenta minutos a pie del centro de Provincetown, prácticamente en la localidad vecina de Truro, de hecho. Se trataba de una sencilla casa de madera, dividida en cuatro apartamentos. El mío quedaba al fondo a la izquierda. Le pedí a Pat que retirara el módem, no fuera a sufrir un ataque de locura y comprara un dispositivo con conexión a internet, y que desconectara todas las suscripciones a la televisión por cable. Disponía de dos habitaciones. Más allá de la casa había un camino de gravilla que terminaba en el mar, el mar inmenso y abierto y cálido que me esperaba. Pat me deseó buena suerte, y me quedé solo.

Saqué mis libros y empecé a hojearlos. No conseguía meterme en el que había escogido. Lo dejé y me acerqué al mar. Todavía era pronto para la temporada de playa en Provincetown y solo había unas seis personas a la vista, en cualquier dirección, en una franja de arena que se extendía kilómetros y kilómetros. En ese momento me sobrevino una certeza repentina, una sensación que solo se tiene pocas veces en la vida: que había tomado la decisión correcta, absolutamente. Llevaba muchísimo tiempo fijando la mirada en cosas que eran muy rápidas y muy temporales, como un contenido de Twitter. Cuando fijas la mirada en lo rápido te sientes pensativo, ampliado, expuesto a verte barrido si no te mueves, si no gesticulas, si no gritas. En ese instante, en cambio, me encontraba contemplando algo muy antiguo y muy permanente. Pensaba: ese mar estaba ahí mucho antes que tú, y seguirá ahí mucho después de que tus insignificantes preocupaciones se olviden. Twitter te hace sentir que el mundo entero está obsesionado contigo y tu pequeño ego: te ama, te odia, está hablando de ti en ese preciso momento. El mar te hace sentir que el mundo te recibe con una indiferencia blanda, húmeda, acogedora. Nunca discutirá contigo, por más que grites.

Me quedé ahí plantado durante mucho rato. Había algo asombroso en el hecho de estar tan quieto, de no estar pasando pantallas, sino estático. Intenté recordar cuándo había sido la última vez que me había sentido así. Empecé a caminar por la orilla en dirección a Provincetown con los pantalones remangados. El agua estaba tibia y los pies se me hundían un poco en la arena. Había unos pececillos que esquivaban mis piernas blancas, lechosas. Veía cangrejos que al verme se enterraban. Entonces, al cabo de unos quince minutos, vi una cosa tan rara que no podía dejar de mirarla, y cuanto más la miraba, más confuso me sentía. Había un hombre de pie sobre el agua, en medio del mar. No se encontraba en ningún barco, ni sobre ningún artilugio flotante que yo pudiera ver. Pero se encontraba bastante mar adentro, y se mantenía muy erguido y muy firme. Me preguntaba si, a causa de mi agotamiento, había empezado a tener alucinaciones. Lo saludé con la mano. Él me devolvió el saludo y se volvió y me dio la espalda. Permaneció allí largo rato, y yo también, observándolo. Y entonces empezó a caminar hacia mí, aparentemente sobre la superficie del agua.

Al ver mi cara de sorpresa me explicó que cuando sube la marea en Provincetown, cubre la playa, pero lo que no se ve es que la arena bajo el agua no es uniforme. Bajo la superficie hay bancos de arena y montículos más elevados, y si caminas por ellos, a los demás les da la impresión de que caminas sobre las aguas. A partir de ese día me encontraría más veces con ese hombre, semanas, meses después, de pie en el Atlántico, con las palmas de las manos levantadas, inmóvil durante horas. Me decía a mí mismo que aquello era lo contrario de Facebook: permanecer totalmente quieto, contemplando el océano con las manos abiertas.

Finalmente llegué a la casa de mi amigo Andrew. Uno de sus perros salió a recibirme. Paseamos y cenamos juntos. Andrew había pasado el año anterior en largo retiro de silencio, sin teléfono, sin hablar, y me aconsejó que disfrutara de aquella sensación de alegría porque no duraría mucho. «Es cuando aparcas tus distracciones —me dijo— cuando ves de qué te estabas distrayendo.» «Oh, Andrew, eres una *drama queen*», repliqué yo, y nos reímos los dos.

Después me fui a pasear por Commercial Street, pasé por delante de la biblioteca y el ayuntamiento, llegué al monumento conmemorativo de las víctimas del sida, dejé atrás la tienda de *cupcakes* y a las drag queens que repartían *flyers* de sus espectáculos, y en ese momento oí a alguien que cantaba. En un pub, el Crown and Anchor, se había congregado gente en torno a un piano, y entonaba canciones de espectáculos. Entré. En compañía de aquellos desconocidos, recorrimos casi todos los números de los musicales *Evita* y *Rent*. Volvió a sorprenderme la gran diferencia que había entre estar cantando con un grupo de desconocidos e interactuar con grupos de desconocidos a través de pantallas. El primer caso, disuelve tu sentido del ego; el segundo lo azuza, lo pincha. La última canción que cantamos fue «A Whole New World».

Regresé a mi casa de la playa a las dos de la madrugada. Pensaba en la diferencia entre el resplandor azul que llevaba tanto tiempo mirando y que te mantiene alerta y la luz natural que había ido amortiguándose a mi alrededor, y que parecía decir: este día ha terminado; ahora descansa.

43

La casa estaba vacía. No me esperaban mensajes, ni audios, ni correos electrónicos, y si los había yo no lo sabría hasta transcurridos tres meses. Me metí en la cama y sucumbí al sueño más profundo que recordaba. Desperté quince horas después.

Pasé una semana en aquella nebulosa de descompresión, sintiéndome casi drogado con una mezcla de agotamiento y quietud. Me sentaba en los cafés y conversaba con desconocidos. Me paseaba por la biblioteca de Provincetown y por las tres librerías del pueblo, escogiendo más libros aún que pensaba leer. Comí tanta langosta que, si alguna vez la especie evoluciona y se vuelve consciente, seré recordado por ellas como su Stalin particular, pues las aniquilaba a escala industrial. Me acerqué a pie hasta el punto en que los peregrinos pisaron por primera vez suelo americano, hacía cuatrocientos años. (Buscaron un poco, no encontraron gran cosa y siguieron navegando hacia el sur hasta arribar a Plymouth Rock.)

En mi mente iban aflorando cosas raras. No dejaba de oír las primeras frases de canciones de los ochenta y los noventa, de cuando era niño, canciones en las que no había pensado en años: «Cat Among the Pigeons», de Bros, o «The Day We Caught the Train», de Ocean Colour Scene. Sin Spotify, no me era posible escuchar las canciones enteras, por lo que las canturreaba yo solo mientras me acercaba a la playa. Cada pocas horas notaba una sensación desconocida y me preguntaba: ¿qué es? Ah, sí. Es calma. Pero si lo único que has hecho ha sido dejar atrás dos trozos de metal. ¿Cómo es posible que te notes tan distinto? Era como si llevara años cargando con dos bebés gritones, con dolor de tripa, y de repente los hubiera dejado a cargo de una niñera y ahora sus gritos y sus vómitos hubieran desaparecido de mi vista.

Todo se ralentizaba. Por lo general sigo las noticias cada hora, aproximadamente, y recibo un goteo constante de pseudohechos que me provocan ansiedad y que intento triturar y juntar para que tengan algún sentido. Pero en Provincetown ya no podía hacerlo. Todas las mañanas me compraba tres periódicos y me sentaba a leerlos, y después ya no sabía nada más de noticias hasta el día siguiente. En lugar del estallido continuo que me seguía durante todas mis horas de vigilia, obtenía una guía en profundidad, asesorada, de lo que ocurría, y luego ya podía dirigir mi atención a otras cosas. Un día, poco después de mi llegada, un hombre armado entró en la redacción de un periódico de Maryland y asesinó a cinco periodistas. En tanto que periodista yo mismo, aquella noticia me tocaba de cerca, y en condiciones normales habría recibido mensajes de mis amigos en cuanto hubiera ocurrido, y lo hubiera seguido durante horas en redes sociales, empapándome de relatos cada vez más embrollados, formándome gradualmente una imagen. En Provincetown, un día después de la masacre, me enteré en diez minutos de todos los escuetos y trágicos detalles que debía saber, gracias a unas hojas de papel impresas sacadas de unos árboles muertos. De pronto, los periódicos físicos —que habían sido precisamente el blanco de aquel pistolero— me parecían un invento extraordinariamente moderno, un invento que a todos nos hacía falta. Me daba cuenta de que mi manera habitual de consumir noticias inducía al pánico. Pero esa otra manera nueva inducía a la perspectiva.

Notaba que, en aquella primera semana, estaba ocurriendo algo que iba abriendo un poco, lentamente, mis receptores a una mayor atención, a una mayor conexión.

Pero ¿qué era? Solo empecé a comprender aquellas dos primeras semanas en Provincetown —y por qué sentía lo que sentía— después, cuando me fui a Copenhague.

Los hijos de Sune Lehmann se subieron a su cama de un salto, y él supo —con una sacudida en sus entrañas— que algo iba mal. Todas las mañanas, los dos niños se ponían a dar brincos encima de su mujer y de él, soltando gritos de alegría, felices de estar despiertos un día más. Era una de esas escenas idílicas que uno imagina cuando piensa que le gustaría ser padre, y Sune adoraba a sus hijos. Sabía que debería sentirse entusiasmado con su felicidad por estar despiertos y vivos, pero todas las mañanas, cuando aparecían, él alargaba la mano instintivamente, aunque no para recibirlos a ellos, sino en busca de algo más frío. «Buscaba el móvil para revisar el correo electrónico —me contó—, y eso a pesar de que aquellas criaturas dulces, maravillosas, asombrosas acababan de subirse a mi cama.»

Cada vez que pensaba en ello, se sentía avergonzado. Sune se había formado como físico, pero transcurrido un tiempo supuso que iba a tener que dedicarse a investigar —en la Universidad Técnica de Dinamarca, donde es profesor en el Departamento de Matemáticas Aplicadas e Ingeniería Informática— qué estaba ocurriendo no solo en física, sino también en él mismo. «Llevaba un tiempo obsesionado con mi pérdida de capacidad para concentrarme —me contó—. Me daba cuenta de que, en cierto modo, no era capaz de controlar mi propio uso de internet.» Se descubría a sí mismo siguiendo los más mínimos detalles de acontecimientos como las elecciones presidenciales de Estados Unidos en las redes sociales, hora tras hora, sin conseguir nada. Y era algo que no solo le afectaba como padre, sino también como científico. Según dice: «Llegué a darme cuenta de que mi trabajo, de alguna manera, consiste en pensar algo que es distinto de lo que piensan los demás, pero me encontraba en un entorno en que obtenía exactamente la misma información que los demás, y pensaba lo mismo que los demás».

Tenía la sensación de que ese deterioro que experimentaba en su concentración también le ocurría a muchas personas a su alrededor; pero también sabía que en muchos momentos de la historia la gente ha creído estar experimentando algún tipo de declive social cuando, en realidad, lo único que le ocurría era que estaba envejeciendo. Resulta siempre tentador confundir nuestra decadencia personal con la de la especie humana. Sune, que en ese momento se acercaba a los cuarenta, se preguntaba: «¿Soy un viejo cascarrabias o el mundo está cambiando realmente?». Así pues, con otros científicos de toda Europa, inició el mayor estudio científico llevado a cabo hasta la fecha para responder a una pregunta clave: ¿está menguando realmente nuestro margen de atención colectiva?[6]

Como primer paso, elaboraron una lista de fuentes de información a analizar. La primera y más obvia de ellas era Twitter. El servicio había empezado a operar en 2006, y Sune comenzó su trabajo en 2014, de modo que había ocho años de datos en los que basarse. En Twitter puedes reseguir los temas de los que habla la gente, y durante cuánto tiempo los comentan. El equipo empezó a realizar un análisis masivo de aquellos datos. ¿Durante cuánto tiempo habla la gente en Twitter sobre un tema? ¿Ha cambiado la cantidad de tiempo en que se concentra colectivamente sobre un tema? ¿La gente habla sobre temas que le obsesionan —los *trending hashtags* o etiquetas de tendencia— durante más o menos tiempo, comparándolo con el pasado reciente? Lo que averiguaron fue que, en 2013, un tema se mantenía entre los cincuenta más comentados durante 17,5 horas. En 2016, la cifra había bajado hasta las 11,9 horas. Ello apuntaba a que, juntos, en Twitter, nos concentrábamos en un tema cualquiera durante periodos de tiempo cada vez más cortos.

Está bien, pensaban, es sorprendente, sí, pero quizá sea algo limitado a Twitter. Así pues, empezaron a buscar en una gran variedad de conjuntos de datos. Se dedicaron a investigar lo que la gente busca en Google. ¿Cuál era la tasa de renovación ahí? Analizaron las ventas de entradas de cine: ¿cuánto tiempo seguía yendo la gente al cine a ver una película después de que esta se convirtiera en un éxito? También estudiaron la página web Reddit: ¿cuánto tiempo duraban ahí los temas? Todos los datos sugerían que, con el paso del tiempo, nos concentrábamos cada vez menos en cualquier tema concreto. (La única excepción, misteriosamente, era Wikipedia, donde el nivel de atención en los temas se mantenía constante.) En prácticamente todos los conjuntos de datos que observaban, el patrón era el mismo. Sune lo explicaba así: «Hemos estudiado muchos sistemas diferentes... y vemos que, en todos ellos, se da una tendencia a la aceleración». Es «más rápido alcanzar un pico de popularidad», y después se da «una caída más rápida de nuevo».

Los científicos querían saber desde cuándo está ocurriendo el fenómeno, y fue entonces cuando realizaron un descubrimiento asombroso. Se fijaron en Google Books, que ha escaneado el texto completo de millones de libros. Sune y su equipo decidieron analizar los libros que se habían escrito entre la década de 1880 y la actualidad recurriendo a una técnica matemática (el término científico es detección de n-gramas) capaz de detectar el incremento o la disminución de frases y temas nuevos en el texto. Los ordenadores podían detectar nuevas frases a medida que aparecían —pensemos, por ejemplo, en «el renacimiento de Harlem», o en «Brexit sin acuerdo»—, y podían ver durante cuánto tiempo se abordaban y con qué rapidez se esfumaban de la conversación. Era una manera de averiguar durante cuánto tiempo hablaba antes la gente de un tema nuevo. ¿Cuántas semanas y meses tardaban en cansarse y pasar a otra cosa? Al repasar los datos, descubrieron que estos se parecían notablemente a los de Twitter. Con el paso de las décadas, desde hace más de ciento treinta años, los temas llegan y se van cada vez más deprisa.

Según me dijo, al ver los resultados pensó: «Maldita sea, pues es verdad... Algo está cambiando. No es lo mismo de siempre». Se trataba de las primeras pruebas recabadas en el mundo de que nuestro margen de atención colectiva lleva un tiempo menguando. Y más importante aún, es algo que lleva ocurriendo no solo desde el nacimiento de la red, sino a lo largo de toda mi vida, de la de mis padres y de la de mis abuelos. Sí, internet ha acelerado rápidamente la tendencia, pero ese equipo científico descubrió que no era la única causa.

A Sune y sus colegas les interesaba entender qué propiciaba ese cambio, por lo que construyeron un complejo modelo matemático para intentar determinarlo. Es algo parecido a los sistemas que construyen los climatólogos a fin de predecir con éxito los cambios en el tiempo atmosférico. (Por si puede interesar, los detalles técnicos completos sobre cómo lo hicieron figuran en su investigación publicada.) Estaba diseñado para ver qué podía hacerse con los datos para lograr que subiera y bajara a un ritmo más rápido, de maneras que se parecían a la disminución de la atención colectiva que estaban documentando. Lo que descubrieron es que existe un mecanismo capaz de conseguir eso en todos los casos. Lo único que hay que hacer es inundar el sistema con más información. Cuanta más información incorporas, menos tiempo tiene la gente para concentrarse en un elemento informativo concreto.

«Se trata de una explicación fascinante de por qué tiene lugar esa aceleración», me comentó Sune. Hoy, «simplemente hay más información en el sistema. Así que si pensamos en lo que ocurría hace cien años, lo cierto es que, literalmente, las noticias tardaban un tiempo en llegar de un lugar a otro. Si se producía una catástrofe de algún tipo en un fiordo noruego, debían llegar desde el fiordo a Oslo, y alguien debía redactar la noticia», y a partir de allí, lentamente, esta se abriría paso por el mundo. Comparémoslo con la masacre de 2019 en Nueva Zelanda, cuando un racista depravado empezó a asesinar a musulmanes en una mezquita y, directamente, se «transmitió en *streaming*», por lo que cualquiera podía verlo en cualquier parte del mundo.

Sune dijo que una manera de pensar en ello es que, actualmente, es como si estuviéramos bebiendo de una manguera de incendios: el caudal resulta excesivo. Estamos empapados en información. Las cifras exactas de ese exceso han sido analizadas por otros dos científicos, el doctor Martin Hilbert, de la Universidad del Sur de California, y la doctora Priscilla López, de la Universitat Oberta de Catalunya.[7] Imagina leer un periódico de ochenta y cinco páginas. En 1986, si sumabas toda la información que se lanzaba sobre un ser humano medio —televisión, radio, lectura—, esta equivalía a cuarenta periódicos de información al día. Los dos científicos descubrieron que, en 2007, esta había aumentado hasta alcanzar los 174 periódicos diarios. (Y me sorprendería que no hubiera aumentado aún más desde entonces.) El incremento en el volumen de la información es lo que crea la sensación de que el mundo está acelerando.

¿Cómo nos está afectando este cambio? Sune sonrió cuando se lo pregunté. «La velocidad tiene algo que nos hace sentir genial... En parte, si nos sentimos tan absorbidos por todo esto es porque nos parece fantástico, ¿verdad? Acabas sintiendo que estás conectado con el mundo entero, y sientes que cualquier cosa que ocurra sobre un tema, puedes averiguarla y saber cosas de ella.» Pero nos decíamos a nosotros mismos que podíamos experimentar un aumento masivo de la cantidad de información a la que estábamos expuestos sin que ello tuviera coste alguno. Y eso es engañarse. «Se vuelve algo agotador.» Y lo que es más importante, según Sune: «Lo que sacrificamos es la profundidad en toda clase de dimensiones... La profundidad requiere tiempo. Y requiere reflexión. Si tienes que mantenerte al día de todo y enviar correos electrónicos constantemente, no hay tiempo para la profundidad. La profundidad vinculada con el trabajo en las relaciones también exige tiempo. Y energía. Y largos periodos de tiempo. Y compromiso. Y atención, ¿verdad? Todo lo que requiere profundidad se está resintiendo. Se nos está llevando cada vez más hacia la superficie».

En el artículo científico de Sune había una frase que resumía sus hallazgos y que no dejaba de martillearme la mente. Decía que, colectivamente, estamos experimentando «un agotamiento más rápido de los recursos de atención». Cuando lo leí, me di cuenta de lo que había experimentado en Provincetown. Por primera vez en mi vida, estaba viviendo dentro de los límites de mis recursos de atención. Estaba asimilando la cantidad de información que era capaz de procesar, de la que era capaz de pensar y considerar, pero no más. La manguera de información se había apagado. Y yo lo que hacía era dar sorbos de agua al ritmo que escogía.

Sune es un danés sonriente y afable, pero cuando le pregunté cómo evolucionarán esas tendencias en el futuro, se le agarrotó todo el cuerpo y compuso una mueca tensa. «Llevamos mucho tiempo acelerando y, sin duda, nos estamos acercando cada vez más a los límites que podamos tener», dijo. Esa aceleración «no puede continuar indefinidamente. Existe cierto límite físico a la velocidad a la que pueden moverse las cosas. Debe parar en determinado punto. Pero hoy por hoy yo no veo una ralentización».

Poco después de mi encuentro con él, Sune vio una fotografía de Mark Zuckerberg, fundador de Facebook, en la que aparecía en una sala llena de personas con gafas de realidad virtual. Él era el único que se encontraba en la realidad, observándolos y sonriendo, paseándose orgulloso. Sune me comentó que, al verlo, «fue como si, ¡mierda!, esto es una metáfora del futuro». Si no cambiamos de rumbo, teme que estemos dirigiéndonos hacia un mundo en el que «habrá una clase alta de gente que será muy consciente» de los riesgos para su atención y encontrará la manera de vivir sin rebasar sus límites, y después estará el resto de la sociedad, con «menos recursos para resistirse a la manipulación, y esta vivirá cada vez más dentro de sus ordenadores, cada vez más manipulada».

Una vez que tuvo conocimiento de todo ello, Sune cambió su propia vida en profundidad. Dejó de usar todas las redes sociales excepto Twitter, que consulta una vez a la semana, los domingos. Ha dejado de ver la tele. Ha dejado de obtener la información de las redes sociales y se ha suscrito a un periódico. Ha empezado a leer muchos más libros. «Como sabes, la autodisciplina no es algo en lo que uno soluciona una cosa y ya queda solucionada para siempre —dijo—. Creo que lo primero que debemos entender es que se trata de una batalla constante.» Pero me explicó que le había ayudado a activar un cambio filosófico en su manera de abordar la vida. «En general, deseamos tomar la salida fácil, pero lo que nos hace felices es hacer lo que resulta un poco difícil. Lo que está ocurriendo con nuestros teléfonos móviles es que nos metemos una cosa en el bolsillo que va siempre con nosotros y que siempre nos ofrece lo fácil más que lo importante. —Me miró y sonrió—. Yo quería darme a mí mismo la opción de escoger algo que es más difícil.»

El estudio de Sune es pionero, por lo que solo nos proporciona una pequeña base de prueba, pero a medida que indagaba más, encontré dos áreas relacionadas de investigación científica que me ayudaron a comprender mejor el fenómeno. La primera, sorprendentemente, surge de estudios que investigan si realmente somos capaces de aprender lectura rápida. Varios equipos de especialistas han pasado años intentando averiguar si puede conseguirse que los seres humanos lean muy, muy deprisa. Y han descubierto que sí, pero siempre a cierto precio. Esos equipos tomaron a personas normales y las llevaron a leer mucho más deprisa de lo que lo habrían hecho en condiciones normales; con adiestramiento y con práctica, es algo que más o menos funciona. Llegan a pasar los ojos sobre las palabras rápidamente y retienen algo de lo que ven. Pero si los examinas sobre lo que han leído, descubres que cuanto más deprisa los haces leer, menos entienden. Una mayor velocidad implica una menor comprensión. Los científicos, posteriormente, estudiaron a los lectores veloces profesionales y descubrieron que, aunque evidentemente se les da mejor que al resto, en realidad les ocurre lo mismo.[8] Lo cual demostraba que existe un límite máximo en la rapidez de la lectura más allá del que los seres humanos ya no asimilan la información que leen, y que al intentar forzar esa barrera lo que hacemos es forzar la capacidad de comprensión del cerebro.

Los científicos que investigan sobre ello también descubrieron que si haces leer rápido a la gente, es mucho menos probable que asimilen cuestiones complejas o difíciles.[9] Empiezan a preferir afirmaciones más simplistas. Cuando leí que eso era así, me fijé una vez más en mis propios hábitos. Cuando leo un periódico en papel, a menudo me siento atraído por noticias que todavía no entiendo. ¿Por qué, por ejemplo, se producen protestas en Chile? Pero cuando leo ese mismo periódico *online*, suelo pasar de largo esas noticias y pincho las historias más sencillas, que me permiten una lectura más rápida, relacionadas con cosas que ya sé. Una vez que fui consciente de ello, empecé a preguntarme si, de alguna manera, nos dedicamos cada vez más a leer rápido la vida, saltando apresuradamente de una cosa a otra, asimilando cada vez menos.

Un día, durante ese verano de desconexión a la red, después de haber leído un libro tranquilamente, después de haber comido tranquilamente y después de haberme paseado tranquilamente por el pueblo, me pregunté si, en mi vida normal, sufro una especie de *jet lag* mental. Cuando volamos a una zona con un huso horario alejado del nuestro, sentimos que nos hemos movido demasiado rápido y estamos desincronizados con el mundo que nos rodea. El autor británico Robert Colville afirma que estamos viviendo «la Gran Aceleración» y, como Sune, defiende que no es solo nuestra tecnología la que va más deprisa, sino casi todo lo demás. Existen pruebas de que una gran variedad de factores importantes para nuestra vida se está acelerando: la gente habla significativamente más deprisa hoy que en la década de 1950,[10] y en apenas veinte años las personas, en las ciudades, han pasado a caminar un 10 % más rápido.[11]

Por lo general, esa aceleración se nos vende con un espíritu de celebración. El eslogan del anuncio original de BlackBerry era: «Todo lo que merece la pena hacer, merece la pena hacerlo más deprisa». A nivel interno, en Google, su lema no oficial entre el personal es «si no eres rápido, estás jodido».

Pero también a través de otra vía, la ciencia ha descubierto cómo esta sociedad que pisa a fondo el acelerador afecta a nuestra atención. A partir del estudio de lo que le ocurre a la concentración no cuando aceleramos, sino cuando ralentizamos deliberadamente. Uno de los expertos más destacados sobre esta cuestión es Guy Claxton, profesor de ciencias del aprendizaje en la Universidad de Winchester, al que entrevisté en Sussex, Inglaterra. Claxton se ha dedicado a analizar qué ocurre con la concentración de una persona si se dedica a prácticas deliberadamente lentas, como el yoga, el taichí o la meditación, tal como se muestra en una amplia gama de estudios científicos, y ha mostrado que estas llevan a una mejora significativa de nuestra capacidad para prestar atención.[12] Le pregunté por qué. Me dijo que «debemos encoger el mundo para que encaje con nuestro ancho de banda cognitivo». Si vamos demasiado deprisa, sobrecargamos nuestras capacidades y estas se degradan. Pero cuando practicamos movernos a una velocidad que es compatible con la naturaleza humana —y lo incorporamos a nuestra vida diaria— empezamos a adiestrar nuestra atención y nuestra concentración. «Por eso esas disciplinas nos hacen más listos. No es por llevar túnicas color azafrán ni por entonar cánticos monocordes a boca cerrada.» Según él, la lentitud alimenta la atención, y la velocidad, por el contrario, la destruye.

A cierto nivel, en Provincetown, yo noté que eso era cierto, por lo que decidí probar aquellas prácticas de lentitud. La primera vez que fui a ver a mi maestro de yoga, Stefan Piscitelli, le dije: «Esto va a ser como enseñarle yoga a Stephen Hawking... después de muerto». Le expliqué que era un trozo de carne inmovilizado diseñado solo para leer, escribir y, ocasionalmente, caminar. Él se echó a reír y replicó: «A ver qué se puede hacer». Y así, cada día, durante una hora, bajo su guía, yo movía mi cuerpo lentamente como no lo había movido hasta entonces. Al principio me resultaba aburridísimo, e intentaba convencer a Stefan para que conversáramos sobre política o filosofía. Pero él siempre, con gran amabilidad, volvía a orientarme para que adoptara una forma rara, como de *pretzel*, que no había probado hasta entonces. A finales de verano ya conseguía permanecer en silencio una hora entera y mantenerme recto cabeza abajo. Después, a veces con la guía de Stefan, meditaba veinte minutos, práctica que había intentado en distintos momentos de mi vida pero siempre había dejado. Sentía una especie de lentitud extendiéndose por todo mi cuerpo. Notaba que los latidos del corazón se ralentizaban y que los hombros, que normalmente llevo algo encorvados, se relajaban ligeramente.

Pero incluso sintiendo el alivio físico producto de esa lentitud, este siempre venía seguido de una especie de culpabilidad difusa. Pensaba: ¿cómo podré explicarles esto a mis amigos acelerados y estresados cuando vuelva a casa? ¿Cómo podemos cambiar todos nosotros nuestra vida para que se parezca más a esto? ¿Cómo frenamos en un mundo que acelera?

Empecé a formularme una pregunta obvia. Si la vida se ha acelerado y nosotros hemos llegado a estar tan desbordados de información que cada vez somos menos capaces de concentrarnos en ella, ¿por qué ha habido tan poca resistencia? ¿Por qué no hemos intentado ralentizar las cosas hasta alcanzar un ritmo en el que podamos pensar con claridad? La primera parte de la respuesta a esa pregunta —y es solo una primera parte— la encontré cuando entrevisté al profesor Earl Miller, merecedor de algunos de los más importantes galardones mundiales en neurociencia y dedicado a los aspectos más avanzados de la investigación cerebral cuando fui a verlo a su despacho del Instituto de Tecnología de Massachusetts (MIT).[13] Él me dijo directamente que en lugar de reconocer nuestras limitaciones e intentar vivir con ellas, hemos sucumbido (en masa) a un enorme engaño.

Existe un hecho clave, añadió, que todos los seres humanos debemos comprender, y del que derivaba todo lo que iba a explicarme. «Nuestro cerebro solo puede producir uno o dos pensamientos» a la vez en la mente consciente. Y nada más. «Somos muy de pensamiento único.» Tenemos una «capacidad cognitiva muy limitada». Ello es así a causa de la «estructura fundamental del cerebro» y no va a cambiar. Pero, en lugar de reconocerlo, me comentó Earl, nos hemos inventado un mito. Y ese mito es que, en realidad, podemos pensar en tres, en cinco, en diez cosas a la vez. Para fingir que eso es así, hemos adoptado un término que nunca ha debido aplicarse a los seres humanos. En la década de 1960, los especialistas en computación inventaron unas máquinas con más de un procesador para que pudieran hacer dos cosas (o más) simultáneamente. A la capacidad de esa máquina se la llamó «multitarea». Y después tomamos ese concepto y lo aplicamos a nosotros mismos.

La primera vez que oí la idea de Earl según la cual nuestra capacidad para pensar en varias cosas a la vez es un engaño, me puse nervioso: pensé que no podía tener razón, porque yo mismo he hecho varias cosas a la vez. En realidad, lo hago a menudo. He aquí el primer ejemplo que me vino a la mente: yo he revisado mi correo electrónico mientras pensaba en el siguiente borrador de mi libro y planificaba una entrevista que iba a realizar ese mismo día, horas después. Y todo ello sentado en el mismo retrete. (Pido perdón por introducir esa imagen en la mente del lector.) ¿Dónde está ahí la ilusión?

Algunos científicos, antes, tendían a alinearse con mi visión instintiva inicial: creían que a la gente le era posible desempeñar varias tareas complejas a la vez. Así pues, empezaron a meter a gente en laboratorios y les pedían que hicieran muchas cosas simultáneamente y monitorizaban lo bien que lo hacían. Pero lo que esos científicos descubrieron fue que, de hecho, cuando la gente cree que hace varias cosas a la vez, lo que hace en realidad —tal como me explicó Earl— es «hacer malabarismos. Pasan de una cosa a otra varias veces. No se dan cuenta de la alternancia porque su cerebro, de alguna manera, lo disimula, para darle una experiencia de consciencia sin costuras, pero lo que hacen en realidad es alternar y reconfigurar el cerebro momento a momento, tarea a tarea, y eso tiene un coste».

Añadió que esa alternancia continua degrada nuestra capacidad para concentrarnos de tres maneras. La primera se conoce como efecto del coste de la alternancia.[14] Existen amplias pruebas científicas de él. Imaginemos que estamos cumplimentando nuestra declaración de la renta y recibimos un mensaje de texto y lo consultamos (es solo un vistazo, tardamos cinco segundos), y volvemos a la declaración. En ese momento, «nuestro cerebro debe reconfigurarse cuando pasa de una tarea a otra», dijo. Tienes que acordarte de qué estabas haciendo antes, y tienes que acordarte de lo que pensabas sobre ello, «y se tarda un poco». Cuando ello ocurre, las pruebas demuestran que «nuestro rendimiento cae. Nos volvemos más lentos. Y todo como resultado de esa alternancia».

Así pues, si revisamos nuestros mensajes a menudo mientras intentamos trabajar, no solo perdemos los breves momentos que pasamos leyéndolos, también perdemos el tiempo que tardamos en recobrar la concentración después, que puede ser mucho mayor. Earl me explicó: «Si pasas mucho tiempo sin pensar realmente, sino perdiéndolo en esa alternancia, estás malgastando tiempo de procesado mental». Ello implica que si el Screen Time nos muestra que usamos nuestro teléfono cuatro horas al día, en realidad estamos perdiendo mucho más tiempo en una concentración que se va.

Cuando Earl me contó todo eso, yo pensé: sí, pero debe de tratarse de un efecto muy menor, de un freno mínimo a nuestra atención. Sin embargo, cuando me puse a leer los resultados de investigaciones importantes relacionadas con el asunto, me enteré de que según ciertos hallazgos científicos, sorprendentemente, el efecto puede ser considerable. Por ejemplo, un pequeño estudio encargado por Hewlett-Packard se fijaba en el cociente intelectual de algunos de sus empleados en dos situaciones. Primero medían su CI cuando no estaban distraídos o no los interrumpían. A continuación se lo medían cuando recibían correos electrónicos y llamadas telefónicas. El estudio descubrió que la «distracción tecnológica» (el mero hecho de recibir correos y llamadas) causaba una caída del cociente intelectual de los empleados de diez puntos de media. Para que se entienda la verdadera magnitud de algo así: a corto plazo, es el doble de la afectación en el CI que se da cuando uno fuma cannabis.[15] Así pues, en cuanto a la capacidad de rendir en el trabajo, sería preferible que uno estuviera «colocado» en su escritorio a que consultara muy a menudo mensajes y Facebook.

A partir de ahí, según revelan las investigaciones, las cosas empeoran. La segunda manera que tiene esa alternancia de perjudicar la atención es lo que podría denominarse el «efecto cagada». Cuando alternamos entre tareas, los errores que de otro modo no se habrían producido empiezan a asomar porque, según la explicación de Earl, «nuestro cerebro es proclive al error. Cuando alternamos entre tareas, el cerebro debe retroceder un poco y ver dónde lo dejó», y eso es algo que no puede hacer a la perfección. Empiezan a producirse fallos. «En vez de pasar un tiempo fundamental dedicados a un pensamiento profundo, este es más superficial, porque pasamos mucho rato corrigiendo errores y retrocediendo.»

También existe un tercer coste de creer que podemos, un coste del que solo nos percatamos a medio o largo plazo, y que podríamos llamar «drenaje de la creatividad». Es probable volverse significativamente menos creativo. ¿Por qué? «Porque, ¿de dónde proceden los nuevos pensamientos y la innovación?», preguntaba Earl. Proceden de un cerebro que da forma a nuevas conexiones a partir de lo que vemos y aprendemos. Cuando a la mente se le proporciona tiempo libre de distracciones, automáticamente vuelve a pensar en todo lo que ha asimilado, y empezará a establecer enlaces entre ello de maneras nuevas. Todo ello tiene lugar por debajo del nivel de la mente consciente, pero ese es el proceso por el que «nuevas ideas surgen juntas y, de pronto, dos ideas que no creíamos relacionadas se relacionan en un momento». Y nace una idea. Pero si pasamos «gran parte de ese tiempo de procesado mental alternando entre tareas y corrigiendo errores», prosiguió Earl, simplemente le damos a nuestro cerebro menos oportunidades de «seguir nuestros enlaces asociativos hasta nuevos lugares y de tener realmente pensamientos originales y creativos».

Posteriormente tuve conocimiento de una cuarta consecuencia, basada en una cantidad menor de pruebas y que podríamos llamar «efecto de disminución de la memoria». Un equipo de la UCLA pidió a unas personas que realizaran dos tareas a la vez y los controló para ver los efectos. Resultó que, posteriormente, no podían recordar tan bien lo que habían hecho como otras personas que se habían dedicado solo a una cosa a la vez.[16] Ello parece ser así porque se requiere espacio mental y energía para convertir las experiencias en recuerdos, y si dedicamos nuestra energía a alternar muy rápido entre una tarea y otra, recordamos y aprendemos menos.

Así pues, las pruebas sugieren que si pasamos el tiempo alternando mucho seremos más lentos, cometeremos más errores, nuestra creatividad será menor y recordaremos menos lo que hacemos. A mí me interesaba saber con qué frecuencia nos dedicamos la mayoría de nosotros a alternar de ese modo. La profesora Gloria Mark, del Departamento de Informática de la Universidad de California, en Irvine, a la que entrevisté, ha descubierto que el trabajador estadounidense medio se distrae aproximadamente una vez cada tres minutos.[17] Algunos otros estudios han demostrado que muchos estadounidenses se ven interrumpidos casi constantemente y alternan entre una tarea y otra.[18] El oficinista medio pasa en la actualidad el 40 % de su jornada laboral considerando, erróneamente, que realiza «multitareas», lo que implica que paga todos esos costes para su atención y concentración. De hecho, disponer de un tiempo sin interrupciones se está convirtiendo en algo excepcional: un estudio ha determinado que la mayoría de los que ejercemos nuestra profesión en oficinas nunca disponemos de una hora entera de trabajo ininterrumpido a lo largo de un día normal. El dato me sorprendió tanto que tuve que leerlo varias veces para asimilarlo: la mayoría de los que trabajan en oficinas nunca dispone de una hora entera de trabajo sin interrupciones. Eso es lo que está ocurriendo a todos los niveles de la actividad empresarial: el director ejecutivo medio de una gran empresa, por ejemplo, dispone de apenas veintiocho minutos sin interrupción al día.[19]

Siempre que se aborda el problema en los medios de comunicación, se describe como «multitarea», pero yo creo que recurrir a ese antiguo término informático es un error. Cuando yo imagino una multitarea, me viene a la mente una madre soltera de la década de 1990 tratando de dar de mamar a un bebé al tiempo que atiende una llamada de trabajo e intenta impedir que se le queme lo que está cocinando. (Sí, durante los noventa vi muchas series de humor malas en la tele.) No me imagino a alguien atendiendo una llamada de trabajo mientras lee sus mensajes de texto. Hoy en día, usamos los móviles tan habitualmente que no creo que consideremos «multitarea» al hecho de trabajar mientras consultamos el teléfono, o al menos no más de lo que consideramos multitarea a trabajar mientras nos rascamos el culo. Pero lo cierto es que sí lo es. El mero hecho de tener el teléfono conectado y de recibir mensajes cada diez minutos mientras intentamos trabajar es, en sí mismo, una forma de alternancia, y esos costes también empiezan a afectarnos. Un estudio del Laboratorio de Interacción Humano-Ordenador de la Universidad Carnegie Mellon escogió a 136 estudiantes y los sometió a un test. Algunos debían mantener los móviles desconectados, pero otros no, e iban recibiendo mensajes intermitentes. Los resultados de los alumnos que recibían mensajes fueron, de media, un 20% peores.[20] En otros estudios llevados a cabo en situaciones similares se han obtenido resultados aún peores, del 30%.[21] A mí me parece que casi todos nosotros, con un teléfono inteligente en la mano, estamos perdiendo ese 20 o 30% constantemente. Y, para una especie, perder tanta capacidad cerebral es mucho.

Earl me comentó que, si quería entender hasta qué punto resulta perjudicial, no tenía más que fijarme en una de las causas de mortalidad de crecimiento más rápido en el mundo: las distracciones al volante. El especialista en neurociencia cognitiva David Strayer, doctor de la Universidad de Utah, llevó a cabo una investigación detallada en la que puso a personas a manejar simuladores de conducción y controló hasta qué punto era segura su conducción cuando las distraía la tecnología: algo tan simple como que su teléfono recibiera mensajes. Resultó que su nivel de discapacitación era «muy similar» al de la persona borracha.[22] Merece la pena insistir un poco más en ello: las distracciones persistentes ejercen un efecto tan perjudicial en la carretera como consumir tanto alcohol como para emborracharse. Las distracciones que nos rodean no solo son molestas; son mortales. Actualmente, uno de cada cinco accidentes automovilísticos se debe a la distracción del conductor.[23]

Las evidencias son claras, me dijo Earl: si quieres hacer las cosas bien no tienes más alternativa que concentrarte cuidadosamente en una cosa a la vez. A medida que iba averiguando todo aquello, me daba cuenta de que mi deseo de asimilar un tsunami de información sin perder mi capacidad de concentrarme era como mi deseo de comer en McDonald's todos los días y mantenerme flaco: un sueño imposible. El tamaño y la capacidad del cerebro humano no han variado significativamente en los últimos 40.000 años, según me explicó Earl, y no va a actualizarse en el futuro inmediato. Aun así, nos engañamos respecto a este hecho. El doctor Larry Rosen, profesor de psicología de la Universidad Estatal de California, ha descubierto que el adolescente y el adulto joven medios creen sinceramente que pueden seguir simultáneamente seis o siete medios de comunicación distintos.[24] Nosotros no somos máquinas. No podemos vivir según la lógica de las máquinas. Somos seres humanos y funcionamos de otra manera. Al enterarme de todo ello, fui consciente de otra de las razones básicas por las que me había sentido tan bien, tan mentalmente restaurado, en Provincetown. Por primera vez en mucho tiempo, me permitía a mí mismo concentrarme en una sola cosa a la vez durante largos periodos de tiempo. Sentí que recibía una inmensa inyección en mi capacidad mental porque respetaba las limitaciones de mi mente. Le pregunté a Earl si, dado lo que sabemos sobre el cerebro, era razonable concluir que los problemas de atención actuales son peores que los de otros momentos del pasado. Y él me respondió: «Absolutamente». Según él, hemos creado en nuestra cultura «una tormenta perfecta de degradación cognitiva como resultado de la distracción».

Se trataba de algo difícil de asimilar. Una cosa es tener la sensación de que hay una crisis, y otra es oír a uno de los neurocientíficos más importantes del mundo contarte que estamos viviendo una «tormenta perfecta» que degrada nuestra capacidad de pensar. «Lo mejor que podemos hacer ahora —me había dicho Earl— es intentar librarnos lo máximo posible de las distracciones.» En un determinado momento de nuestra conversación me pareció bastante optimista y sugirió que podemos conseguir avances en ello, empezando hoy mismo. «El cerebro es como un músculo —me dijo—. Cuanto más usas ciertas cosas, más fuertes se hacen las conexiones y mejor funcionan.» Si te cuesta concentrarte, prueba la monotarea durante diez minutos, y después permítete distraerte durante un minuto, y regresa a la monotarea otros diez minutos, y así sucesivamente. «A medida que lo haces, te acostumbras más y a tu cerebro se le da cada vez mejor, porque estás reforzando las conexiones [neuronales] implicadas en esa conducta. Y en poco tiempo podrás hacerlo así durante quince minutos, veinte minutos, media hora... Tú hazlo y ya verás. Practica. Empieza despacio pero practica, y lo conseguirás.»

Según él, para lograrlo debemos separarnos —durante periodos de tiempo cada vez más largos— de las fuentes de la distracción. Earl considera que es un error «intentar la monotarea con fuerza de voluntad, porque resulta demasiado duro resistirse a ese golpecito en el hombro que nos da la información». Cuando le pregunté cómo podemos encontrar la manera de hacerlo en tanto que sociedad, me respondió que él no era sociólogo y que para hallar una respuesta a esa pregunta debía buscar en otra parte.

Actualmente, nuestros cerebros no solo están sobrecargados de alternancias; he descubierto que también lo están de otra cosa. Adam Gazzaley, que es profesor de neurología, fisiología y psiquiatría en la Universidad de California, me ayudó a entenderlo cuando acudí a visitarlo y fuimos a tomar algo a una cafetería de San Francisco. Él me explicó que debíamos entender nuestro cerebro como una discoteca en la que, a la entrada, hay un portero. La misión de ese portero es impedir la entrada a la mayoría de los estímulos que nos atacan en cualquier momento dado —el ruido del tráfico, la pareja que discute al otro lado de la calle, el teléfono que suena en el otro extremo del café—, para poder pensar con coherencia una cosa a la vez. El portero es fundamental: su capacidad para dejar fuera la información irrelevante resulta crucial si pretendemos alcanzar nuestras metas. Y ese portero que tenemos en la cabeza es fuerte y está cachas: puede pelear contra dos, cuatro, incluso seis personas que intentan irrumpir en nuestro cerebro a la vez. Puede hacer muchas cosas. La parte de nuestro cerebro encargada de ello se conoce como corteza prefrontal.

Pero Adam cree que actualmente ese portero se ve asediado como nunca antes. Además de alternar entre tareas de una manera que jamás se había visto, nuestros cerebros también se están viendo obligados a filtrar mucho más que en ninguna otra época del pasado. Pensemos en algo tan sencillo como es el ruido. Existen amplias evidencias científicas de que si nos encontramos en una habitación ruidosa, nuestra capacidad para prestar atención se deteriora y la calidad de nuestro trabajo empeora. Por ejemplo, la atención de los niños que estudian en clases ruidosas es peor que la de los que lo hacen en aulas silenciosas.[25] Y a pesar de ello muchos de nosotros vivimos rodeados de altos niveles de ruido, trabajamos en oficinas abiertas, dormimos en ciudades atestadas y usamos nuestros ordenadores portátiles en cafeterías llenas de gente como aquella en la que nos encontrábamos Adam Gazzaley y yo en ese momento. El aumento de la contaminación acústica es solo un ejemplo; vivimos rodeados de estridentes distracciones que reclaman nuestra atención y la atención de los demás. Como consecuencia de ello, según Adam, el portero debe trabajar «mucho más» para ahuyentar las distracciones. Está agotado. Y así, es mucho más lo que consigue pasar su filtro y llega a nuestra mente, e interfiere con el flujo de nuestros pensamientos.

Así pues, ya no filtramos tanto como antes. El portero se ve superado, y la discoteca se llena de capullos gamberros que molestan a los que bailan tranquilamente. «Tenemos

CAUSA 1: EL AUMENTO DE LA VELOCIDAD, LA ALTERNANCIA...

unas limitaciones fundamentales —añadió Adam—. Podríamos ignorarlas y fingir que somos capaces de todo lo que deseemos, o podemos reconocerlas y vivir mejor.»

Durante mis dos primeras semanas en Provincetown sentí que, finalmente, me había apartado de la locura. Me había ido a vivir a un mundo de monotareas que no me obligaba a la presión mental de alternar y filtrar. Así es como va a ser mi verano, pensaba yo. Un oasis de calma. Un ejemplo de cómo se puede vivir de otra manera. Comía *cupcakes* y me reía con desconocidos. Me sentía ligero y libre.

Pero entonces ocurrió algo que no esperaba. A las dos semanas desperté y al momento alargué la mano hacia la mesilla de noche en busca de mi iPhone, como había hecho todas las mañanas desde mi llegada. Pero solo encontré mi «teléfono tonto», en el que no había mensajes, solo la opción de informar al hospital más cercano que había sufrido una caída. Oía el susurro del mar a lo lejos. Me volví y vi los libros que tanto deseaba leer esperándome. Y experimenté una sensación muy intensa, algo que no lograba ubicar del todo. Y en ese instante empezó la peor semana que había vivido en años.

Capítulo 2

Causa 2: la mutilación de nuestros estados de flujo

El primer día de mi caída libre mental, iba paseando por la playa cuando volví a ver lo que, desde aquel día en Memphis, me sacaba de quicio: casi todo el mundo se dedicaba a consultar sus pantallas. La gente parecía usar Provincetown, simplemente, como escenario de sus selfis, y casi nunca alzaba la vista para contemplar el mar o para mirar a los demás. La diferencia era que, en esa ocasión, no sentía el impulso de gritar: estáis malgastando vuestra vida, dejad el teléfono de una vez. Lo que me apetecía era decirles: ¡dame ese teléfono! ¡Es mío!

Cada vez que conectaba el iPod para escuchar un audiolibro o algo de música, también debía conectar mis auriculares antirruido, que me decían: «Buscando iPhone de Johann... Buscando iPhone de Johann». El *bluetooth* intentaba conectarse pero no podía, por lo que informaba con tristeza: «La conexión no puede realizarse». Así me sentía. La filósofa francesa Simone de Beauvoir decía que cuando se volvió atea sintió como si el mundo hubiera quedado en silencio. Cuando mi teléfono se alejó de mí, yo sentí como si gran parte del mundo se hubiera esfumado. Al término de la primera semana, su ausencia me inundaba de una mezcla de pánico y enfado. Quería mi teléfono. Quería mi correo electrónico. Y los quería ya. Cada vez que salía de la casa de la playa, instintivamente me palpaba el bolsillo para asegurarme de llevar el móvil, y cuando me daba cuenta de que no estaba sentía una especie de pinchazo. Era como si hubiera perdido una parte de mi cuerpo. Recurría a mis montones de libros, pensando ociosamente en que, cuando era adolescente, y a mis veintipocos años, me pasaba días enteros tumbado en la cama sin hacer nada, leyendo sin parar. Pero allí, en Provincetown, hasta ese momento, había leído de una manera acelerada, hiperactiva; recorría las obras de Charles Dickens como quien lee un blog en busca de una información vital. Mi manera de leer era inquieta y extractiva. «Vale, ya lo entiendo, era huérfano. ¿Y qué?» Me daba cuenta de que era tonto hacerlo así, pero no podía parar. No conseguía ralentizar mi mente de la misma manera en que el yoga ralentizaba mi cuerpo. Perdido, me dio por sacar aquel teléfono ridículamente enorme con botón para urgencias médicas incluido y ponerme a aporrear aquellas teclas tan grandes. Lo miraba, desvalido. Regresó a mi mente la imagen de un documental de vida salvaje que había visto de niño, de un pingüino al que se le había muerto la cría. Ella seguía empujándola con el pico durante horas, con la esperanza de que volviera a la vida. Pero por más que le daba a las teclas, aquel trasto de Jitterbug no me dejaba acceder a la red.

A mi alrededor se sucedían los recordatorios de por qué había decidido dejar el móvil. Estaba en el Café Heaven, un local encantador en el West End de Provincetown, y me estaba tomando unos huevos Benedict. A mi lado había dos jóvenes de veintitantos años. Yo, mientras hacía como que leía *David Copperfield*, me dedicaba a escuchar su conversación descaradamente. Estaba claro que se habían conocido a través de una aplicación de contactos y que era la primera vez que se veían en persona. En su charla había algo que me resultaba raro, pero en un primer momento no sabía qué era. Pero entonces caí en la cuenta de que, en realidad, no estaban manteniendo una conversación. Lo que ocurría era que el primero, que era rubio, hablaba sobre sí mismo durante unos diez minutos. A continuación, el otro, que era moreno, hablaba de sí mismo otros diez minutos. Y así se iban alternando, interrumpiéndose. Me pasé dos horas a su lado, y en ningún momento ninguno de los dos le preguntó nada al otro. En un momento determinado, el moreno explicó que su hermano había muerto hacía un mes. El rubio no le dedicó un breve «lo siento mucho», y se limitó a seguir hablando de sí mismo. Me di cuenta de que, si hubieran quedado simplemente para leerse sus actualizaciones de estatus de Facebook, no habría habido la menor diferencia.

Me parecía que, fuera donde fuese, estaba rodeado de personas que emitían pero no recibían. Se me ocurrió que el narcisismo es una corrupción de la atención, es el punto en que la atención se dirige solo hacia uno mismo y su propio ego. Y no lo escribo con el menor sentimiento de superioridad. Me avergüenza describir lo que me di cuenta en esa semana que más echaba de menos de la red. Todos los días, en mi vida normal, y a veces varias veces al día, consultaba Twitter e Instagram para ver cuántos seguidores tenía. No consultaba los contenidos, las noticias, las novedades... solo mis estadísticas. Si la cifra había subido, me ponía contento, como si fuera un avaro obsesionado con el dinero que revisa el estado de sus acciones y constata que es ligeramente más rico que el día anterior. Era como si me dijera a mí mismo: «¿Lo ves? Hay más gente que te sigue. Importas». Echaba de menos las puras cifras, y la sensación de ver que aumentaban.

Descubrí que había empezado a sentir pánico por cuestiones irracionales. No dejaba de preguntarme cómo, cuando me fuera de Provincetown y tomara el barco para regresar a Boston, iba a llegar a casa de mi amiga para recuperar el teléfono y el ordenador portátil. ¿Y si no había taxis en el muelle? ¿Me quedaría tirado? ¿No recuperaría nunca mi teléfono? A lo largo de mi vida he conocido muchas adicciones, y sabía qué era lo que sentía: las ganas de la persona adicta de eso que calma su sensación constante de vacío.

Un día en que estaba tumbado en la playa usando unas algas mullidas y secas a modo de cojín, intentando leer, empecé a reprocharme a mí mismo, indignado, no estar relajado, no estar concentrado, no haber empezado ya a escribir la novela que llevaba tanto tiempo planeando. Concéntrate, concéntrate, maldita sea. Volví a pensar en ello cuando, más de doce meses después, entrevisté a la profesora Gloria Mark, que lleva años estudiando la ciencia de las interrupciones. Ella me explicó que si en nuestra vida diaria nos interrumpen mucho, empezamos a interrumpirnos nosotros mismos incluso cuando nos vemos libres de esas interrupciones externas. Yo seguía mirando cosas e imaginando cómo las describiría en un tuit, imaginando lo que la gente respondería.

Me di cuenta de que, desde hacía ya más de veinte años, había estado enviando y recibiendo señales con un gran número de personas cada día. Textos. Mensajes de Facebook, llamadas telefónicas... Todo ello eran pequeñas maneras en que el mundo parecía decir: te veo; te oigo. Te necesitamos. Devuélvenos una señal. Emite más señales. Ahora esas señales habían desaparecido, y era como si el mundo dijera: no importas. La ausencia de esas señales insistentes parecía sugerir una ausencia de significado. Iniciaba conversaciones con la gente, en la playa, en las librerías, en los cafés, y con frecuencia eran conversaciones amigables, pero parecían poseer una baja temperatura social comparadas con las basadas en la red que había perdido. Ningún desconocido va a inundarte de corazones ni a decirte que eres genial. Durante años, había obtenido gran parte de mi sentido en la vida de aquellas finas e insistentes señales de la red. Ahora ya no estaban, y me daba cuenta de lo insignificantes y carentes de sustancia que eran. Pero aun así las echaba de menos.

Ahora me enfrentaba a una elección: me decía a mí mismo: al dejar atrás ese mundo, has creado un vacío. Si vas a mantenerte alejado de él, ahora debes llenar ese vacío con algo. Solo a partir de la tercera semana, después de sentirme desgraciado, empecé a encontrar la manera de hacerlo. Encontré la manera de recuperar la alegría volviendo a las investigaciones de un hombre excepcional que abrió todo un campo nuevo para la psicología en la década de 1960, un hombre cuya obra llevaba muchos años estudiando. Él había realizado un gran descubrimiento al identificar una manera en que los seres humanos somos capaces de acceder a nuestros propios poderes de concentración, que hace posible que nos concentremos largos periodos sin que sintamos que nos cuesta un gran esfuerzo.

Para entender cómo funciona, creo que nos ayudará conocer primero la historia que explica cómo llegó a ese descubrimiento, historia de la que supe mucho más de primera mano cuando fui a visitarlo a Claremont, California. Empieza con él a los ocho años, huyendo solo de los bombardeos nazis durante lo más crudo de la Segunda Guerra Mundial, en una ciudad de la costa italiana.

Mihaly debía largarse de allí, pero no tenía ni idea de a dónde ir. Las sirenas antiaéreas volvían a emitir sus graznidos, tan conocidos ya, que advertían a los lugareños que pronto los aviones nazis los sobrevolarían. Eran aviones que se desplazaban desde Alemania hasta África, y en la ciudad todos, incluso un niño como Mihaly, sabían que si las condiciones meteorológicas les impedían llegar, tenían un plan B. Este consistía en soltar sus bombas allí mismo, en aquella pequeña localidad. Mihaly intentó llegar al refugio antiaéreo más cercano, pero estaba lleno. Pensó en meterse en el local contiguo, una carnicería. «Podrías meterte ahí», se dijo. Las persianas estaban bajadas. Unos adultos consiguieron la llave y todos se ocultaron en su interior.

A pesar de la oscuridad, parecía claro que colgaba algo del techo. Era carne. Pero todos se daban cuenta de que no era ningún animal: la forma no encajaba. A medida que sus ojos se adaptaban a la penumbra, constataron que se trataba de los cuerpos de dos hombres. Más concretamente, de los propios carniceros, que colgaban de los ganchos de su establecimiento. Mihaly salió corriendo y se adentró más en la tienda, solo para tropezarse con el cadáver suspendido de un tercer hombre. Se sospechaba que colaboraban con los fascistas, y por eso los habían matado. Las sirenas antiaéreas seguían sonando y Mihaly continuaba refugiado allí, cerca de aquellos muertos.

Al joven le pareció, durante un tiempo, que el mundo de los adultos se había vuelto loco. Mihaly Csikszentmihalyi había nacido en 1934 en Fiume, localidad italiana cercana a la frontera con Yugoslavia. Su padre ejercía de diplomático para el Gobierno húngaro, por lo que el niño se crio en una calle en la que la gente hablaba tres o cuatro idiomas. La suya era una familia a cuyos miembros se les ocurrían grandes planes, en ocasiones descabellados: uno de sus hermanos mayores fue la primera persona en trasladarse entre Rusia y Austria en planeador. Pero cuando Mihaly tenía seis años estalló la guerra y, según me dijo, «todo se vino abajo». Ya no podía salir a jugar a la calle, por lo que se inventó sus propios mundos de juego en su casa. Organizaba complicadas batallas con soldaditos de plomo que duraban semanas y en las que planeaba hasta el último movimiento en aquella guerra de fantasía. Pasaba muchas noches en refugios antiaéreos helados, cubierto de mantas, aterrado. «Nunca sabías qué ocurría en realidad», recordaba. Cuando, por las mañanas, anunciaban que todo estaba despejado, la gente abandonaba el refugio ordenadamente y regresaba al trabajo.

Italia empezaba a ser un lugar demasiado peligroso, por lo que su familia se lo llevó a una localidad que quedaba al otro lado de la frontera, conocida como Opatija, que de todos modos no tardó en verse asediada desde todos los flancos. Los partisanos entraban y mataban a todos los sospechosos de colaborar con los invasores, al tiempo que los nazis bombardeaban por aire. «Ya no había sitios seguros —me contó Mihaly—. Nunca encontraba un mundo estable en el que vivir.» Cuando terminó la guerra, Europa estaba en ruinas y su familia lo había perdido todo. Se enteraron de que uno de sus hermanos había muerto en combate y otro, Moricz, era prisionero de Stalin en un campo de concentración de Siberia. «Cuando yo tenía diez años —recordaba mucho más tarde—, estaba convencido de que los adultos no sabían vivir una buena vida.»[1]

Terminada la guerra, sus padres y él terminaron en un campo de refugiados, que a él le pareció un lugar paupérrimo y sin esperanza. Un día, en medio de aquella vida en ruinas, le dijeron que iban a apuntarlo a una tropa de *scouts* para los niños del campamento, y empezó a salir a la naturaleza con ellos. Descubrió que se sentía casi vivo cuando hacía cosas difíciles, como por ejemplo superar una fuerte pendiente o abrirse paso por un barranco. Según él, esa experiencia lo salvó.

Cuando tenía trece años dejó la escuela, porque no veía que todos aquellos conocimientos adultos fueran a ayudarlo a él cuando habían llevado a la civilización europea al borde del abismo. Se trasladó a Roma y empezó a trabajar de traductor en aquella ciudad devastada y hambrienta. Él quería regresar a las montañas, por lo que ahorró durante bastante tiempo para ir a Suiza. Cuando tenía quince años pudo por fin montarse en un tren con destino a Zúrich, y mientras esperaba para llegar a los Alpes, vio el anuncio de una conferencia de psicología. El conferenciante era Carl Jung, un legendario psicoanalista suizo, y aunque Mihaly no se sintió atraído por las ideas de Jung, sí le entusiasmó la posibilidad de estudiar el funcionamiento de la mente humana con un planteamiento científico. Decidió que sería psicólogo, pero entonces descubrió que no había licenciaturas en Psicología en Europa. Y también supo que esa materia sí se estudiaba en un país lejano que solo había visto en las películas: Estados Unidos.

Finalmente, tras años de ahorros, llegó al país, donde descubrió con asombro y desagrado que la psicología estadounidense estaba dominada por una sola idea general que encarnaba un famoso científico. Un profesor de Harvard llamado B. F. Skinner había saltado a la fama intelectual al descubrir algo curioso: que uno puede tomar a un animal que parece decidir por su cuenta a qué presta atención —a una paloma, a una rata, a un cerdo—, y conseguir que preste atención a lo que uno quiera. Se puede controlar su concentración, lo mismo que si fuera un robot al que hubiéramos creado para que obedeciera a nuestros caprichos. He aquí un ejemplo de lo que hacía Skinner y que podemos probar nosotros mismos. Cojamos una paloma. Encerrémosla en una jaula.[2] Mantengámosla ahí hasta que tenga hambre. En ese momento introduciremos un comedero que libere semillas en la jaula mediante el pulsado de un botón. Las palomas se mueven bastante, por lo que esperaremos a que la paloma realice un movimiento aleatorio que habremos escogido con antelación (pongamos por caso, levantar la cabeza, o estirar el ala izquierda), y en ese preciso instante liberaremos unos granos de alpiste. Entonces esperaremos a que el animal vuelva a realizar el mismo movimiento aleatorio y soltaremos más alpiste.

Si lo hacemos varias veces, la paloma aprenderá enseguida que, si quiere alpiste, debe realizar ese gesto aleatorio que hemos escogido nosotros. Y empezará a realizarlo con mucha frecuencia. Si la manipulamos correctamente, su concentración llegará a estar dominada por el gesto que optamos por premiar. Empezará a levantar la cabeza o a estirar el ala izquierda obsesivamente. Cuando Skinner descubrió eso, quiso determinar hasta dónde podía llevarlo. ¿Hasta dónde puede llevarse a un animal usando esos refuerzos? Y descubrió que bastante lejos. Descubrió que podía enseñarse a jugar a ping-pong a una paloma. Que podía enseñarse a un conejo a recoger monedas y meterlas en huchas. Que podía enseñarse a un cerdo a pasar la aspiradora. Muchos animales son capaces de concentrarse en cosas muy complejas (y para ellos sin sentido) si se recompensan adecuadamente.

Skinner llegó a convencerse de que ese principio explicaba el comportamiento humano casi en su totalidad. Nosotros creemos que somos libres y que tomamos decisiones, y que contamos con una mente humana compleja que selecciona aquello a lo que prestamos atención. Pero eso es un mito. Nosotros y nuestro sentido de la concentración son, sencillamente, la suma total de todos los refuerzos que

77

hemos experimentado a lo largo de nuestra vida. Skinner creía que los seres humanos no tenemos mente, no en el sentido de ser personas con libre albedrío que tomamos nuestras propias decisiones. Podemos ser reprogramados como a un diseñador inteligente le dé la gana. Años después, los diseñadores de Instagram se preguntaron: si reforzamos a los usuarios para que se tomen selfis —si les regalamos corazones y *likes*—, ¿empezarán a hacerlo obsesivamente, igual que la paloma alarga el ala obsesivamente para obtener más alpiste? Tomaron las técnicas básicas de Skinner y las aplicaron a miles de millones de personas.

Mihaly aprendió que esas ideas gobernaban la psicología estadounidense y que también tenían una influencia inmensa en la sociedad del país. Skinner era una estrella que había aparecido en la portada de la revista *Time*. Era tan famoso que, en 1981, el 82 % de los estadounidenses que habían pasado por la universidad sabían quién era y eran capaces de identificarlo.

A Mihaly le parecía una visión pesimista y limitada de la psicología humana. Sin duda arrojaba ciertos resultados, pero él creía que pasaba por alto la mayor parte de lo que significa ser humano. Decidió que quería explorar los aspectos de la psicología humana que eran positivos, enriquecedores, que generaban algo más que respuestas mecánicas, vacías. Pero no eran muchos en el campo de la psicología estadounidense los que los enseñaran. Para empezar, quiso estudiar algo que le parecía uno de los grandes logros de los seres humanos: la creación artística. Él había sido testigo de la destrucción; ahora era momento de estudiar la creación. Así pues, en Chicago, convenció a un grupo de pintores para que le permitieran ser testigo de su proceso durante largos meses, de manera que pudiera averiguar cuáles eran los mecanismos psicológicos subyacentes que desencadenaban esa clase de concentración tan poco usual a la que ellos consagraban sus vidas. Se dedicó a estudiar a diversos artistas plásticos que se centraban en una sola imagen y le prestaban grandes atenciones.

A Mihaly le asombraba una cosa por encima del resto: para el artista, cuando se encontraba en el proceso de creación, el tiempo parecía quedar al margen. Casi parecía hallarse en un trance hipnótico. Se trataba de una forma de atención profunda que rara vez se ve en otros ámbitos.

Y entonces se fijó en algo desconcertante. Después de invertir toda esa cantidad de tiempo en crear sus pinturas, cuando terminaban, los artistas plásticos no contemplaban triunfantes lo que habían hecho, ni alardeaban de ello ni buscaban el elogio. Casi en todos los casos, dejaban la obra a un lado y empezaban a trabajar en otra. Si Skinner llevaba razón —si los seres humanos hacen las cosas solo para obtener recompensas y evitar castigos—, aquello no tenía sentido. El artista ha terminado su trabajo. Ahí mismo tiene la recompensa, delante de sus narices, para disfrutarla. Pero la gente creativa parecía casi por completo exenta de interés por las recompensas. Ni siquiera el dinero parecía interesar a la mayoría. «Cuando terminaban —comentó Mihaly en una entrevista tiempo después—, el objeto, el resultado no era importante.»[3]

A él le interesaba comprender qué era lo que los movía. ¿Qué hacía posible que se concentraran en una sola cosa durante tanto tiempo? A Mihaly le parecía claro que «lo que les resultaba tan apasionante era» algo sobre «el proceso de la pintura en sí mismo».[4] Pero ¿qué? Para intentar entenderlo mejor, Mihaly empezó a estudiar a adultos que se implicaban en otras actividades: nadadores de largas distancias, escaladores, jugadores de ajedrez... En un primer momento se fijaba solamente en no profesionales. Con frecuencia se dedicaban a cosas que resultaban físicamente incómodas, extenuantes e incluso peligrosas, y sin recompensa evidente, pero aun así les encantaban. Conversaba con ellos sobre lo que sentían cuando hacían aquello que los llevaba a concentrarse de esa manera tan extraordinaria. Se fijó en que aunque todas aquellas actividades fueran tan diferentes entre sí, la gente describía lo que sentía de una manera sorprendentemente similar. Había una palabra que no dejaba de repetirse. Decían una y otra vez cosas como «me dejé llevar por la corriente».[5]

Un escalador le contó más tarde: «La mística de la escalada es escalar; llegas a la cima de la roca contento de que se acabe, pero en realidad desearías que pudiera seguir para siempre. La justificación de escalar es escalar, así como la justificación de la poesía es escribir. No conquistas nada salvo cosas en ti mismo... El acto de escribir justifica la poesía. Pues escalar es lo mismo: reconocer que eres un fluir. El propósito de fluir es seguir fluyendo, no buscar un pico, o una utopía, sino permanecer en el flujo. No es un ascender, sino un fluir continuo; asciendes para seguir fluyendo».[6]

Mihaly empezaba a preguntarse si esas personas no estarían, en realidad, describiendo un instinto humano fundamental que los científicos no habían estudiado hasta entonces. Lo llamó «estado de flujo». Se da cuando estamos tan absortos en lo que estamos haciendo que perdemos el sentido de nosotros mismos, el tiempo parece desaparecer y fluimos en la experiencia misma. Se trata de la forma más profunda de concentración y atención que se conoce. Cuando empezó a explicarle a la gente qué es el estado de flujo y preguntaba si habían experimentado alguna vez algo parecido, el 85 % reconocía y recordaba al menos una vez en que se había sentido así, y decían con frecuencia que esos momentos eran los puntos álgidos de su vida. Daba igual si se encontraban realizando una cirugía cerebral, si tocaban la guitarra o preparaban unos *bagels* magníficos: todos describían sus estados de flujo con asombro. Mihaly empezó entonces a hacer memoria y se acordó de cuando era niño y, en medio de una ciudad destruida por la guerra, se dedicaba a planificar elaboradas batallas con sus soldaditos de plomo, y también se vio a los trece años, explorando las colinas y los montes que rodeaban su campamento de refugiados.

Empezaba a descubrir que si los seres humanos excavamos en la dirección correcta, somos capaces de llegar a un pozo de concentración en el interior de nosotros mismos, a un largo manantial de atención que comenzará a fluir y nos llevará por tareas difíciles de una manera que nos resultará indolora y, de hecho, placentera. Así pues, la pregunta evidente es: ¿dónde debemos excavar para llegar a él? ¿Cómo podemos propiciar los estados de flujo? En un principio, la gente en su mayoría da por hecho que conseguirá el flujo simplemente relajándose: uno se imagina a sí mismo tumbado junto a una piscina en Las Vegas, dando sorbos a un cóctel. Pero cuando se puso a estudiarlo, descubrió que, de hecho, relajarnos casi nunca nos lleva a un estado de flujo. Debemos acceder a él a través de otra ruta.

Los estudios de Mihaly identificaron numerosos aspectos del flujo, pero a mí me parecía —a medida que leía sobre ellos en detalle— que, si quieres llegar hasta allí, lo que debes hacer se reduce a tres componentes fundamentales. Lo primero que hay que hacer es escoger claramente una meta definida: quiero pintar este lienzo; quiero subir corriendo esta montaña; quiero enseñarle a mi hijo a nadar. Debes decidirte a perseguirla, y dejar a un lado tus otras metas mientras lo haces. El flujo solo puede llegar con una «monotarea», cuando optamos por dejar de lado todo lo demás y hacer una sola cosa. Mihaly descubrió que la distracción y la multitarea matan el flujo, y nadie lo alcanza si intenta hacer dos o más cosas a la vez. El flujo exige que todo nuestro poder mental se despliegue con vistas a una misión.

En segundo lugar, tienes que hacer algo que tenga sentido para ti. Esa es parte de una verdad básica sobre la atención: hemos evolucionado para prestar atención a las cosas que nos importan. Como me dijo Roy Baumeister, el destacado experto sobre fuerza de voluntad al que cito en la introducción: «La rana mira mucho más a una mosca a la que se puede comer que a una piedra a la que no se puede comer». A una rana, una mosca le importa y una piedra no, por lo que le resulta fácil prestarle atención a una mosca, y en cambio a una piedra raramente le prestará atención. Según él, eso es algo que «se remonta al diseño del cerebro... Está diseñado para prestar atención a las cosas que nos importan». No en vano «la rana que se hubiera pasado el día sentada, mirando piedras, se habría muerto de hambre». En cualquier situación dada, resultará más fácil prestar atención a las cosas que tienen sentido para nosotros y nos será más difícil prestar atención a las cosas que para nosotros carecen de sentido. Cuando intentamos obligarnos a nosotros mismos a hacer cosas que carecen de sentido, nuestra atención, con frecuencia, falla y se desvía.

En tercer lugar, siempre te ayudará hacer algo que esté en el límite de tus capacidades, pero no más allá de ellas. Si la meta que escoges te resulta demasiado fácil, automáticamente pondrás el piloto automático, pero si es demasiado difícil, empezarás a angustiarte y a desequilibrarte y tampoco fluirás. Imaginemos a una escaladora con un nivel intermedio de experiencia y de talento. Si escala el muro de ladrillo del patio de su casa, no fluirá porque le resultará demasiado fácil. Si de pronto le piden que escale la ladera del Kilimanjaro, no fluirá porque le dará miedo. Lo que ella necesita es una montaña que, idealmente, sea ligeramente más alta y más difícil que la última que escaló.

Así pues, para encontrar el flujo, debes optar por una sola meta; asegurarte de que esa meta tenga sentido para ti; y llevarte hasta el límite de tus capacidades. Una vez que hayas creado esas condiciones y empieces a fluir, lo sabrás porque se trata de un estado mental distintivo. Sientes que estás puramente presente en el momento. Experimentas una pérdida de autoconciencia. En ese estado es como si tu ego se hubiera esfumado y te hubieras fundido con la tarea, como si fueras la roca que estás escalando.

Cuando lo conocí, Mihaly tenía ochenta y siete años y llevaba más de cinco decenios estudiando los estados de flujo. Junto con científicos de todo el mundo, había creado un amplio y sólido cuerpo de pruebas científicas para demostrar que los estados de flujo son una forma real y profunda de atención humana. También han demostrado que cuanto más flujo experimentamos, mejor nos sentimos.[7] Hasta que realizó su investigación, la psicología profesional en Estados Unidos se había centrado o bien en las cosas que iban mal —cuando nos sentimos mentalmente alterados—, o bien en la visión manipuladora de B. F. Skinner. Mihaly defendía una «psicología positiva»: que debemos concentrarnos sobre todo en las cosas que hacen que merezca la pena vivir y encontrar maneras de potenciarlas.

A mí me parecía que ese desacuerdo establecía las bases de uno de los conflictos que definen el mundo en la actualidad. Hoy vivimos en un mundo dominado por tecnologías que se basan en la visión que Skinner tenía del funcionamiento de la mente humana. Su idea —que podemos entrenar a las criaturas vivientes para desear desesperadamente unas recompensas arbitrarias— ha llegado a dominar nuestro medio. Muchos de nosotros somos como esos pájaros enjaulados a los que se hace ejecutar un baile raro para obtener recompensas, y mientras eso ocurre imaginamos que lo hacemos por elección propia (los hombres a los que veía en Provincetown subiendo obsesivamente selfis a Instagram empezaban a parecérseme a las palomas de Skinner, pero con abdominales y consumidores de piña colada). En una cultura en que nos roban la concentración a base de esos estímulos de nivel superficial, el planteamiento más profundo de Mihaly se ha perdido: que en nuestro interior tenemos una fuerza que nos permite concentrarnos largos periodos de tiempo y disfrutarlo, y que nos hará más felices y más sanos con tal de que creemos las circunstancias adecuadas para dejar que fluya.

Una vez que tuve conocimiento de ello, entendí por qué, cuando me sentía constantemente distraído, no solo me sentía irritado, sino también empequeñecido. A cierto nivel, sabemos que cuando no estamos concentrándonos, no estamos usando una de nuestras mayores capacidades. Privados de flujo, nos convertimos en muñones de nosotros mismos, y de alguna manera sentimos lo que podríamos haber sido.

En tanto que hombre anciano, a Mihaly le ocurría algo raro. Cuando acabó la Segunda Guerra Mundial, a su hermano mayor, Moricz, lo llevaron a un campo de concentración estalinista en Rusia, y era habitual que de la gente que desaparecía en aquellos gulags ya no volviera a saberse nada más. Pero tras muchos años de silencio en que todos daban por sentado que había muerto, Moricz apareció. Liberado al fin en una Unión Soviética que iniciaba cierto deshielo, tenía dificultades para encontrar empleo: a los supervivientes de los gulags se los consideraba sospechosos por defecto. Finalmente consiguió trabajo como fogonero en los ferrocarriles, a pesar de haber obtenido varias licenciaturas en Suiza. No se quejó.

Cuando Moricz tenía más de ochenta años, Mihaly se desplazó hasta Budapest, la capital de Hungría, para reencontrarse con él. La capacidad de Moricz para encontrar el flujo se había visto seccionada de múltiples maneras, pero Mihaly descubrió que, ya en un periodo muy tardío de su vida, por primera vez, su hermano había podido perseguir algo que siempre le había gustado mucho: estaba fascinado por los cristales. Empezó a coleccionar aquellas piedras centelleantes, y había conseguido muestras de todos los continentes. Acudía al encuentro de marchantes, asistía a convenciones, leía revistas especializadas. Cuando Mihaly estuvo en su casa, constató que parecía un museo de cristales, con estantes llenos de ellos que iban de suelo a techo dotados de una iluminación especial pensada para potenciar su brillo.

Moricz le entregó a Mihaly un cristal del tamaño de un puño infantil y le dijo: «Ayer mismo estaba observándolo. Eran las nueve de la mañana cuando lo coloqué bajo el microscopio. Fuera hacía sol, igual que hoy. Le daba vueltas a la piedra, me fijaba en las fisuras, los pliegues, la docena aproximada de diferentes formaciones de cristal en su interior y su alrededor... En ese momento levanté la vista y pensé que debía estar acercándose una tormenta, porque había oscurecido mucho de pronto... Pero entonces me di cuenta de que no se había nublado, sino que eran las siete de la tarde». Mihaly creía que, en efecto, se trataba de un cristal espectacular pero... ¿nueve horas?

Y entonces se dio cuenta. Moricz había aprendido a leer las piedras, a ver de dónde venían y su composición química. Para él era una oportunidad de usar sus habilidades. En su caso, aquello le desencadenaba un estado de flujo. A lo largo de su vida, Mihaly había aprendido que los estados de flujo pueden salvarnos. Ahora lo veía en el rostro de su hermano, el que había pasado hambre en el gulag, mientras observaban juntos un cristal resplandeciente.

Cuanto más estudiaba los estados de flujo, más se daba cuenta Mihaly de otro aspecto fundamental relacionado con ellos: que son extraordinariamente frágiles y que se alteran con facilidad. Según escribió: «Muchas fuerzas, tanto en el interior de nosotros mismos como en el entorno, se interponen en el camino del flujo».[8] A finales de la década de 1980, descubrió que mirar una pantalla es, entre las actividades en que participamos, una de las que proporciona, de media, la menor cantidad de flujo.[9] (Y advertía de que, «rodeados de una asombrosa variedad de artilugios recreativos... la mayoría de nosotros nos sentimos aburridos y vagamente frustrados».)[10] Pero cuando reflexionaba sobre todo ello en Provincetown caí en la cuenta de que, a pesar de haber renunciado a mis pantallas, seguía cometiendo un error básico: «Para tener una buena vida no basta con eliminar lo que está mal en ella —ha explicado Mihaly—. También necesitamos una meta positiva; si no, ¿por qué seguir adelante?».[11]

En nuestra vida diaria, muchos de nosotros intentamos buscar alivio a la distracción, simplemente, descansando: intentamos recuperarnos de un día con sobrecarga de trabajo desplomándonos en el sofá, delante del televisor. Pero si solo cambiamos las distracciones por descanso, si no las cambiamos por una meta positiva hacia la que tender, siempre, tarde o temprano, la distracción volverá a reclamarnos. El camino más poderoso para salir de la distracción es encontrar nuestro flujo.

Así pues, al final de mi tercera semana en Provincetown, me pregunté: ¿por qué has venido aquí? No ha sido solo para alejarte del teléfono y de los refuerzos skinnerianos de los «me gusta», los «compartir» y los retuits constantes. Tú has venido aquí a escribir. Escribir y leer han sido siempre las fuentes principales de flujo en mi vida. Llevaba mucho tiempo alimentando la idea de una novela, y me decía que algún día, cuando tuviera tiempo, me pondría con ella. Pues bien, pensaba entonces, aquí tienes el tiempo. Excava ahí, busca ahí, a ver si fluyes. Aquello parecía encajar a la perfección con el modelo de Mihaly sobre cómo crear estados de flujo, exigía de mí que dejara de lado otras metas; se trataba de algo que para mí tenía sentido; y se encontraba en el límite de mi zona de confort pero que, esperaba yo, no lo rebasaba. Y así, el primer día de mi tercera semana, en aquel estado mío de pánico inquieto, me senté en el sofá, en mi rincón de mi casa de playa. Nervioso, abrí el viejo ordenador portátil medio roto que mi amigo Imtiaz me había prestado y escribí la primera línea de mi novela. Y escribí la segunda línea. Y se convirtió en un párrafo primero, y después en una página. Era duro. No lo disfrutaba especialmente. Pero al día siguiente, consciente de que debía readiestrar mis hábitos, me obligué a hacer lo mismo. Y así siguió, día tras día. Me esforzaba. Me disciplinaba a mí mismo.

Hacia el final de la cuarta semana, los estados de flujo empezaron a llegar. Y así entré en la quinta y la sexta semanas, y no tardé en acercarme con ganas al ordenador portátil, ávido de escribir. Todo lo que Mihaly había descrito estaba ahí: la pérdida de ego; la pérdida de la sensación de paso del tiempo; la sensación de que estaba empezando a tener algo mayor de lo que tenía antes. El flujo me llevaba a través de las partes difíciles, de las frustraciones. Había desbloqueado mi concentración.

Me di cuenta de que si, en un día, experimentaba tres horas de flujo a primera hora, durante el resto de la jornada me sentía relajado, abierto, capaz de implicarme, de pasear por la playa, de empezar a charlar con la gente, de leer un libro, sin sentirme tenso, ni irritable, ni hambriento de teléfono. Era como si el flujo relajara mi cuerpo y abriera mi mente, quizá porque sabía que había dado lo mejor de mí. Sentía que entraba en un ritmo distinto. En esos días me di cuenta de que para recuperarnos de nuestra pérdida de atención no basta con eliminar nuestras distracciones. Eso solo creará un vacío. Debemos eliminar nuestras distracciones y sustituirlas por fuentes de flujo.

Tras tres meses en Provincetown había escrito 92.000 palabras de mi novela. Quizá fueran espantosas pero, en cierto sentido, me daba igual. La razón se me hizo evidente cuando un día, poco antes de irme de Provincetown, metí la silla de la terraza en el mar para que el agua me rozara los pies, y así acabé de leer la tercera parte de *Guerra y paz*. Al terminar la última página, fui consciente de que llevaba ahí sentado casi todo el día. Llevaba semanas leyendo así. Y de pronto caí en la cuenta de que había vuelto. ¡Mi cerebro había vuelto! Yo temía que mi cerebro se hubiera estropeado, y que ese experimento mío me sirviera solo para mostrar que se trataba de una masa degenerada de por vida. Pero ahora veía que era posible curarse. Y lloré aliviado.

Pensé que ya no quería volver nunca a los correos electrónicos. Ya no quería volver nunca a mi teléfono. ¡Qué pérdida de tiempo! Eso lo sentía con una fuerza que no había sentido nunca con ninguna otra cosa. Quizá parezca raro describir como pesado algo tan inmaterial como internet, pero así era como me sentía en ese momento: como si hubiera llevado un peso inmenso a la espalda y me lo hubiera quitado de encima.

Pero entonces, al momento, me sentí incómodo con aquellos pensamientos, y culpable. ¿Cómo sonará todo eso, me preguntaba, cuando se lo describa a la gente al volver a casa? A ellos no les sonará a liberación. Les sonará a tomadura de pelo. Sí, había conseguido alejarme y encontrar el flujo de una manera feliz, pero mi situación en Provincetown era tan radicalmente diferente de las vidas de todas las personas que conocía, era tan desaforadamente privilegiada, que durante un tiempo me pregunté si podía servirle de lección a alguien. Me daba cuenta de que aquella experiencia solo sería significativa si todos llegábamos a encontrar la manera de integrar esas experiencias en nuestras vidas cotidianas. Posteriormente, en un lugar muy diferente, aprendí cómo conseguirlo.

Cuando me despedí de Mihaly, me pareció evidente que no se sentía bien. Tenía los ojos algo hinchados y me contó que había estado enfermo últimamente. En un momento dado de nuestra conversación, unas hormigas, en hilera, empezaron a desfilar por su escritorio, y él se detuvo y se quedó un rato mirándolas. Tenía casi noventa años, y era probable que estuviera acercándose al final de su vida. Pero se le iluminó la mirada cuando me dijo: «Las mejores experiencias que he tenido en la vida, al reflexionar sobre ello, son de cuando subía montañas... cuando escalaba y cuando hacía cosas muy difíciles y peligrosas... pero que estaban dentro del alcance de lo que era capaz de hacer». Yo me dije que, cuando te acercas a la muerte, no piensas en las recompensas, en los *likes* y en los retuits; piensas en los momentos de flujo.

En ese instante sentí que, actualmente, todos podemos elegir entre dos fuerzas profundas: la fragmentación o el flujo. La fragmentación nos vuelve más pequeños, más superficiales, más enfadados. El flujo nos vuelve más grandes, más profundos, más calmados. La fragmentación nos encoge. El flujo nos expande. Yo me pregunté a mí mismo: ¿quieres ser una de esas palomas de Skinner, atrofiando tu atención, bailando para conseguir simples recompensas, o uno de esos pintores de Mihaly, capaz de concentrarse porque ha encontrado algo que realmente importa?

CAPÍTULO 3

Causa 3: el aumento del cansancio físico y mental

Lo primero que oí al abrir los ojos fue el vaivén del mar a lo lejos. Después noté el sol que inundaba la cama y me bañaba en luz. Todas las mañanas, en Provincetown, cuando ocurría aquello, sentía algo raro en el cuerpo. Tardé más de un mes en darme cuenta de qué era.

Desde que había llegado a la pubertad, había considerado el sueño como algo que me costaba alcanzar y de lo que me costaba salir. Me acostaba entre la una y las tres de la madrugada y de inmediato ahuecaba las almohadas para que soportaran mis hombros caídos. Después hacía esfuerzos por evitar que mi mente se dedicara a pasar por todo lo que había hecho ese día y por todo lo que tendría que hacer cuando despertara, y por todo lo que era motivo de preocupación en el mundo. Para alejar mi mente de esa tormenta eléctrica interna, solía ver algún programa de televisión estridente en el ordenador portátil. A veces de ese modo conseguía dormirme, pero por lo general lo que hacía era proporcionarme una nueva oleada de energía nerviosa y empezaba a enviar correos electrónicos o a investigar unas horas más. Finalmente, la mayoría de las noches, intentaba bajar el tono tomando unas cuantas gominolas de melatonina y al cabo de un rato caía rendido.

En una ocasión, me encontraba en Zimbabue y conversé con unos encargados de un parque que, por su trabajo, debían anestesiar a rinocerontes para poder suministrarles tratamiento médico. Me explicaron que lo hacían disparándoles unos dardos con potentes tranquilizantes. Cuando me describían cómo se tambaleaban aquellos animales, presas del pánico, antes de caer al suelo, pensé que aquella también era mi rutina para conciliar el sueño.

Tras mi sopor inducido por la química, despertaba seis o siete horas después gracias a un equipo entero de alarmas estridentes: primero, una radio-despertador conectada al BBC World Service me sobresaltaba con los horrores de las noticias del día; diez minutos después, mi teléfono entonaba una sonora alerta, y otros diez minutos más tarde aullaba otro despertador. Cuando mi habilidad para seguir dormido a pesar de los tres era al fin vencida, me ponía en pie tambaleante y, al momento, introducía en mi organismo una cantidad de cafeína suficiente como para acabar con la vida de un pequeño rebaño de vacas. Vivía siempre al borde del precipicio de la extenuación.

En cambio, en Provincetown, cuando caía la noche, regresaba a mis habitaciones y descubría que no había ruidos que me excitaran ni portales que dejaran entrar el mundo exterior. Me tumbaba en la cama de mi dormitorio, donde la única fuente de luz era una lamparita de lectura situada junto a un montón de libros. Leía un buen rato y sentía que el paroxismo del día, lentamente, abandonaba mi cuerpo al tiempo que yo abandonaba suavemente la conciencia. Me di cuenta de que había dejado, sin usar, mis cápsulas de melatonina en el armario del baño.

Un día desperté sin despertador después de haber dormido nueve horas y me di cuenta de que no me apetecía tomar café. Era una sensación tan rara que me quedé quieto unos instantes en la cocina, en calzoncillos, mirando fijamente el hervidor de agua. Y al final me di cuenta de lo que sentía: había despertado del sueño fresco y descansado. No me notaba el cuerpo pesado. Estaba alerta. Con el paso de las semanas, constataba que todos los días me notaba así. Desde que era niño no había experimentado algo parecido.

Durante mucho tiempo, había intentado vivir según los ritmos de las máquinas, funcionando ininterrumpidamente, día y noche, hasta que se les acababa la batería. Ahora vivía según el ritmo del sol. Cuando el cielo se oscurecía, gradualmente bajaba el ritmo y, al fin, descansaba, y cuando salía el sol, despertaba de forma natural.

Aquello estaba propiciando un cambio en mi comprensión de mi propio cuerpo. Ahora entendía que necesitaba más sueño del que yo, por lo general, le proporcionaba, y que cuando este llegaba sin ayudas químicas, soñaba cosas más vívidas. Era como si mi cuerpo y mi mente se estuvieran desplegando y, después, rellenando.

Me preguntaba si aquello tendría algo que ver con el hecho de que empezaba a pensar con mayor claridad, durante periodos mucho más largos, de lo que había pensado en muchos años. Decidí explorar las evidencias científicas de más peso sobre el modo en que los misteriosamente largos segmentos de inconsciencia que nuestros cuerpos ansían —y que nosotros, con tanta frecuencia, les negamos—, pueden influir en nuestra capacidad para prestar atención.

En 1981, en un laboratorio de Boston, un joven investigador mantenía despiertas a unas personas toda la noche y todo el día siguiente, en largos periodos salpicados de bostezos. Su trabajo consistía en asegurarse de que se mantu-

93

vieran conscientes y, mientras lo hacía, proporcionarles tareas para que las llevaran a cabo. Debían sumar, agrupar naipes formando distintos grupos, participar en test de memoria. Por ejemplo, les mostraba una imagen, se la retiraba y les preguntaba: «¿De qué color era el coche de la imagen que acabo de enseñarte?». Charles Czeisler, un hombre alto, de largas extremidades, gafas de montura metálica y voz profunda, no se había interesado hasta ese momento por el estudio del sueño. Durante su formación médica le habían explicado que, cuando dormimos, estamos mentalmente «desconectados». Así es como muchos de nosotros vemos el sueño, un proceso puramente pasivo, una zona mental muerta en la que no ocurre nada relevante. ¿Quién iba a querer estudiar a personas desconectadas? Él se dedicaba a investigar algo que consideraba mucho más importante: una investigación técnica sobre los momentos del día en que el cuerpo humano segrega ciertas hormonas específicas. Y para ello había que mantener a la gente despierta.

Pero a medida que pasaban los días y las noches, Charles no podía evitar percatarse de una cosa. Cuando la gente se mantenía despierta, «una de las primeras cosas que desaparecía era la capacidad de concentrar la atención», me contó en un aula de Harvard. Había encomendado a los sujetos de sus pruebas unas tareas muy básicas, pero con el paso de las horas, estos perdían la capacidad de ejecutarlas. No recordaban cosas que acababa de decirles, ni podían concentrarse lo suficiente como para participar en juegos de cartas muy simples. Según me contó: «Me asombraba hasta qué punto se deterioraba el rendimiento. Una cosa es decir que el rendimiento medio en una tarea de memoria fuera el 20 % peor. O el 30 % peor. Pero otra cosa muy distinta es constatar que el cerebro va tan lento que tarda diez veces más en responder a algo». A medida que la gente se mantenía despierta, parecía que su capacidad para concentrarse caía en picado. De hecho, si nos mantenemos despiertos diecinueve horas seguidas, nos convertimos en personas cognitivamente impedidas, incapaces de concentrarnos ni pensar con claridad, como si nos hubiéramos emborrachado. Czeisler descubrió que cuando los sujetos permanecían despiertos toda la noche y seguían activos el día siguiente, en lugar de tardar un cuarto de segundo en responder a una réplica, tardaban cuatro, cinco o seis segundos. «Resulta bastante asombroso», comentó.

Charles estaba intrigado. ¿Por qué era así? Se pasó al estudio del sueño, y durante los cuarenta años siguientes ha llegado a ser una de las figuras mundiales más destacadas en ese campo, en el que ha realizado diversos hallazgos fundamentales. Dirige la unidad de problemas de sueño en uno de los principales hospitales de Boston, es profesor en la Facultad de Medicina de Harvard y da consejos a todo el mundo, desde los Boston Red Sox hasta los servicios secretos de Estados Unidos. Y ha llegado a convencerse de que, en tanto que sociedad, estamos totalmente confundidos con el sueño, lo que está echando a perder nuestra capacidad de concentración.

Según advierte, con el paso de los años, la situación es más desesperada. En la actualidad, el 40 % de los estadounidenses sufre carencia crónica de sueño y duerme menos de las siete horas que son necesarias cada noche. En Gran Bretaña, un increíble 23 % duerme menos de cinco horas por noche. Solo el 15 % nos levantamos descansados. Y eso es nuevo. Desde 1942, la cantidad media de tiempo que una persona dedica a dormir se ha reducido una hora por noche. En el último siglo, el niño medio ha perdido ochenta y cinco minutos de sueño cada noche.[1] Existe un debate científico sobre la cifra concreta de nuestra pérdida de sueño, pero la Fundación Nacional del Sueño calcula que el tiempo que dedicamos a dormir se ha reducido un 20 % en apenas cien años.

Un día Charles tuvo una idea. Se preguntó si, cuando estamos cansados, empezamos a experimentar lo que él denomina «parpadeos de la atención». Se trata del fenómeno en que, al principio durante una fracción de segundo, perdemos la capacidad de prestar atención. Para determinar si era cierto, empezó a estudiar tanto a personas que estaban alerta como a otras que se sentían cansadas recurriendo a una sofisticada tecnología capaz de reseguir los movimientos de los ojos a fin de ver en qué se centran y que, al mismo tiempo, puede escanear el cerebro para determinar qué ocurre en él. Y descubrió algo notable. A medida que nos cansamos, nuestra atención, efectivamente, parpadea. Y por una razón muy simple. La gente cree que o bien está despierta o bien está dormida, me dijo, pero él había descubierto que incluso si tenemos los ojos abiertos y miramos a nuestro alrededor, podemos caer (sin saberlo) en un estado llamado «sueño local». Este se da cuando «una parte del cerebro está dormida y otra parte está despierta». (Se llama sueño local porque el sueño se localiza en una parte del cerebro.) En ese estado, creemos que estamos alerta y somos mentalmente competentes, pero no es así. Estamos sentados en el escritorio y parecemos despiertos, pero ciertas partes de nuestro cerebro están dormidas y no somos capaces de pensar de manera sostenida. Cuando él empezó a estudiar a personas que se encontraban en ese estado, descubrió que «asombrosamente, a veces tenían los ojos abiertos, pero no veían lo que tenían delante».

Los efectos de la falta de sueño, según averiguó Charles, son particularmente nefastos para los niños. Los adultos suelen reaccionar amodorrándose, pero los niños por lo general reaccionan volviéndose hiperactivos. Según él: «Los privamos de sueño de manera crónica, por lo que no puede ser ninguna sorpresa que muestren todos los síntomas de la deficiencia de sueño, siendo el primero y principal de ellos la incapacidad para prestar atención».

Ya se ha investigado lo suficiente sobre esta cuestión como para que exista un amplio consenso científico al respecto: si dormimos menos, es probable que nuestra atención sufra. Acudí a la Universidad de Minneapolis para entrevistar a la profesora de neurociencia y psicología Roxanne Prichard, que ha elaborado un trabajo sobresaliente sobre estas cuestiones. Cuando empezó a dar clases a alumnos universitarios a tiempo completo en 2004, lo primero que le llamó la atención, según me dijo, fue «lo agotados que estaban aquellos adultos jóvenes». A menudo se quedaban dormidos en cuanto bajaban las luces del aula, y hacían claros esfuerzos para mantenerse despiertos y concentrados en cualquier cosa. Empezó a estudiar cuánto dormían. Descubrió que, de media, la calidad del sueño de un alumno típico es la misma que la de un soldado de servicio o la del padre o la madre de un recién nacido.[2] Como consecuencia de ello, la mayoría de los estudiantes «hacían esfuerzos constantes por vencer las ganas de dormir... No son capaces de acceder a sus recursos neuronales».

Decidió proporcionarles los conocimientos científicos necesarios para que entendieran por qué sus cuerpos necesitan dormir; pero se encontraba en una posición algo rara. Los alumnos sabían bien que estaban agotados, pero «el problema es que, básicamente, están acostumbrados a eso desde la pubertad. Desde siempre han visto que a sus padres y a sus abuelos también les faltan horas de sueño. «Se han criado acostumbrándose a estar cansados y a medicarse para solucionarlo (con cafeína u otros estimulantes), y lo ven como algo normal. De modo que yo lucho contra una corriente que dice que es normal estar siempre cansada.» Empezó a mostrarles algunos experimentos. Es posible comprobar el tiempo que tarda una persona en reaccionar a algo, una imagen que cambia en una pantalla, por ejemplo, o una pelota que se le lanza. «Las personas con tiempos de reacción menores son las que duermen más», les explicaba. Y cuanto menos duermen, menos ven o menos reaccionan. Esa es solo una de las muchas maneras de demostrar que «somos más eficaces cuando estamos descansados, que necesitamos menos tiempo para hacer las cosas. Que no hace falta tener seis pantallas o pestañas abiertas cuando hacemos los deberes solo para mantenernos despiertos».

Al principio, cuando hablaba con Charles y Roxanne y otros expertos del sueño, pensaba: «Sí, eso está mal, pero se refieren a personas que están realmente agotadas, a un grupo marginal de los que están realmente extenuados». Pero no dejaban de explicarme que basta con una pequeña cantidad de falta de sueño para que esos efectos negativos aparezcan. Roxanne me mostró que si uno permanece despierto dieciocho horas (es decir, si se levanta a las seis de la mañana y se acuesta a medianoche), al terminar la jornada sus reacciones son equivalentes a las de tener un 0,05 g/l de alcohol en la sangre. Y me dijo: «Si permaneces despierto otras tres horas, será el equivalente a estar legalmente borracho». Charles, por su parte, me explicó que: «Mucha gente dice: "Bueno, yo no me quedo toda la noche despierto, así que no tengo problema", pero de hecho, si te saltas dos horas de sueño todas las noches, y lo haces todos los días, en cuestión de una o dos semanas te encontrarás con el mismo rendimiento y la misma discapacidad que si pasaras toda la noche sin dormir. Todo el mundo queda destruido después de dos noches en blanco, pero puede llegarse al mismo punto si se duerme cuatro o cinco horas cada noche durante dos semanas». Cuando lo dijo, me acordé: el 40 % de nosotros vivimos en ese límite.

«Si no dormimos bien, nuestro cuerpo lo interpreta como una emergencia —apuntó Roxanne—. Podemos privarnos de sueño y seguir viviendo. Jamás podríamos criar hijos si no fuéramos capaces de dormir menos, ¿verdad? No podríamos sobrevivir a huracanes. Sí, podemos hacerlo, pero pagando un precio.[3] El precio es que nuestro cuerpo se pasa a la zona del sistema nervioso simpático, y lo que hace es decir algo así como: "Oh, oh, te estás privando de sueño, esto debe de ser una emergencia, así que voy a iniciar todos los cambios fisiológicos que me prepararán para esa emergencia. Voy a aumentar tu presión sanguínea.[4] Voy a hacer que te apetezca más la comida rápida, que quieras más azúcar para disponer de energía enseguida.[5] Voy a acelerar tu ritmo cardíaco...". Como para que con todos esos cambios diga: estoy listo.» Nuestro cuerpo no sabe por qué se mantiene despierto. «Tu cerebro no sabe si está falto de sueño porque te estás escaqueando y te has quedado a mirar *Schitt's Creek*, ¿verdad? No sabe por qué no duermes, pero el efecto puro y duro es una especie de alarma fisiológica.»

En esa emergencia corporal, nuestro cerebro no solo limita la concentración inmediata, de corto plazo. También suprime recursos de otras formas de concentración a más largo plazo. Cuando dormimos, nuestra mente empieza a identificar conexiones y patrones de lo que hemos experimentado a lo largo del día. Ese es uno de los recursos clave de nuestra creatividad, y es la razón que explica por qué las personas con narcolepsia, que duermen mucho, son significativamente más creativas.[6] La falta de sueño también perjudica la memoria. Cuando, esta noche, nos acostemos, nuestra mente empezará a transferir las cosas que hemos aprendido durante el día a nuestra memoria a largo plazo.[7] Xavier Castellanos, al que entrevisté en la Universidad de Nueva York, donde es profesor de psiquiatría infantil y adolescente, me explicó que se puede enseñar a una rata a salir de un laberinto y esa noche monitorizar lo que ocurre en su cerebro mientras duerme.[8] Lo que se descubre es que recrea sus pasos en el laberinto, uno por uno, y que los codifica en su memoria a largo plazo. Cuanto menos dormimos, menos ocurre y somos menos capaces de recordar.

Esos efectos son particularmente intensos en los niños. Si privamos de sueño a un niño, este empieza a manifestar rápidamente problemas de atención y con frecuencia entra en un estado de gran agitación.[9]

Durante años me creía capaz de engañar a mi cuerpo mediante ciertas técnicas para conseguir los mismos beneficios que procura un sueño adecuado. La más evidente de todas es la ingesta de cafeína. En una ocasión oí una anécdota, seguramente apócrifa, sobre Elvis Presley, según la cual, en los últimos años de su vida, su médico lo despertaba inyectándole directamente cafeína en vena. Al enterarme no pensé: «qué horror», sino «¿dónde está ese médico? Yo lo quiero». Durante años me decía a mí mismo: «Es verdad, no duermo lo bastante, pero lo compenso con café, con Coca-Cola Zero y con Red Bull». Pero Roxanne me explicó lo que estaba haciendo en realidad cuando bebía aquellas cosas. A lo largo del día, en nuestro cerebro, se va generando una sustancia química llamada adenosina, que nos indica cuándo tenemos sueño. La cafeína bloquea el receptor que lee el nivel de adenosina. «Yo lo comparo a pegar un pósit sobre el indicador de gasolina del coche. No te estás dando más energía; lo que haces es no darte cuenta de lo vacía que estás. Cuando la cafeína se va, te sientes doblemente cansada.»

Cuanto menos dormimos, más se nos confunde el mundo en todos los sentidos: en nuestra capacidad inmediata de concentración, en nuestra capacidad para pensar en profundidad y establecer conexiones, y en nuestra memoria. Charles me contó que incluso si nada más cambiara en nuestra sociedad, ese deterioro de nuestra cantidad de sueño tiene por sí mismo suficiente peso como para demostrar que nuestra crisis de concentración y atención es real. «Es muy triste ser testigo de ello y no poder revertirlo —me comentó—. Es como ver un accidente que se está produciendo.»

Todos los expertos con los que he hablado afirman que esta transformación explica, en parte, nuestro empeoramiento de la atención. La doctora Sandra Kooij es una de las especialistas más destacadas de Europa sobre TDAH en adultos, y cuando acudí a entrevistarla en La Haya, me dijo directamente: «Nuestra sociedad occidental, toda ella, tiene un poco de TDAH porque todos vamos faltos de sueño... Es un asunto serio. Y significa algo para nosotros. Y así, todos vamos con prisas, todos somos impulsivos, nos irritamos con facilidad cuando hay mucho tráfico. Lo vemos en todas partes a nuestro alrededor. Es algo que se ha estudiado y demostrado en laboratorios. Creemos que pensamos con claridad, pero no es así. Pensamos con mucha menos claridad de la que somos capaces». Y añadió que «cuando dormimos mejor, muchos problemas lo son menos... como los trastornos de estado de ánimo, como la obesidad, como los problemas de concentración... El sueño repara muchos daños».

A medida que iba enterándome de todo ello, me surgían algunas preguntas evidentes. La primera de ellas era: ¿por qué nuestra falta de sueño perjudica tanto nuestra capacidad de concentración? Sorprende constatar que se trata de una pregunta relativamente reciente para la investigación científica. Roxanne me contó: «En 1998, cuando lo escogí [el tema del sueño] para estudiarlo en mi tesis, no existía mucha investigación sobre la utilidad del sueño. Sabíamos lo que era, y que todos lo hacemos... y que es algo misterioso. Pasamos una tercera parte de la vida inconscientes, sin contacto con el mundo... Era todo un misterio... Parece un derroche de recursos».

A Charles, cuando era joven, le dijeron que no tenía sentido estudiar el sueño dado que se trata de un proceso pasivo, pero en realidad, según descubrió, dormir es un proceso extraordinariamente activo. Cuando nos vamos a dormir, en el cerebro y el cuerpo tiene lugar toda clase de actividades, todas ellas necesarias para que seamos capaces de funcionar y de concentrarnos. Una de las cosas que ocurren es que, durante el sueño, el cerebro se limpia a sí mismo de los residuos que ha acumulado durante el día. «Durante el sueño de ondas lentas, los canales cerebrales de líquido espinal se abren más y eliminan del cerebro los residuos metabólicos», me explicó Roxanne. Cada noche, cuando nos acostamos, se nos enjuaga el cerebro con un fluido acuoso. Ese líquido cerebroespinal lava nuestro cerebro, arrastra las proteínas tóxicas y las lleva hasta el hígado para librarse de ellas. «Así pues, cuando hablo con alumnos de la facultad, a eso lo llamo caquita de neuronas. Si no consigues concentrarte bien, es posible que sea porque tienes demasiada caquita neuronal circulando por ahí.» Ello explicaría por qué, cuando estamos cansados, «sentimos algo así como resaca», porque estamos, literalmente, cubiertos de toxinas.

Esa especie de lavado de cerebro positivo solo se da cuando dormimos. La doctora Maiken Nedergaard, de la Universidad de Rochester, explicó durante una entrevista: «El cerebro dispone de una energía limitada a su disposición, y al parecer debe escoger entre dos estados funcionales diferentes: o bien despierto y consciente, o bien dormido y limpiando. Puede compararse a dar una fiesta en casa: o bien atiendes a tus invitados o bien te dedicas a limpiar la casa. Pero realmente, no pueden hacerse las dos cosas a la vez».[10] Un cerebro que no haya pasado por ese necesario proceso de limpieza queda más obturado y es menos capaz de concentrarse. Hay científicos que sospechan que esa es la razón de que algunas personas que duermen poco corren un mayor riesgo de desarrollar demencia a largo plazo. Según Roxanne, cuando dormimos «nos reparamos».

Otra de las cosas que ocurren cuando dormimos es que nuestros niveles de energía se restauran y se rellenan. Charles me contó que «la corteza prefrontal es el área del cerebro en la que se genera el juicio, y que parece ser particularmente sensible a la falta de sueño... Se observa que, incluso con una sola noche de pérdida de sueño, esa área deja de utilizar glucosa, que es la principal fuente de energía para el cerebro. Es algo así como quedarse helado». Sin renovar nuestras fuentes de energía, no somos capaces de pensar con claridad.

Pero para mí, el proceso más intrigante de los que tienen lugar cuando dormimos es que soñamos, y eso, según descubrí, también desempeña una importante función. En Montreal, entrevisté a Tore Nielsen, profesor de psiquiatría. Este suele decirle a la gente que tiene un «trabajo de ensueño», y le pide que adivine de qué se trata. Cuando ya han repasado toda la lista: ¿piloto de carreras?, ¿catador de chocolate?, les cuenta que dirige el Laboratorio del Sueño en la Universidad de Montreal. A mí me explicó que algunos especialistas de su mismo campo creen que «soñar nos ayuda de alguna manera a adaptarnos emocionalmente a los acontecimientos de la vigilia». Cuando soñamos, podemos regresar a momentos estresantes pero sin que las hormonas del estrés inunden nuestro organismo. Esos científicos creen que, con el tiempo, ello puede facilitar la gestión del estrés, algo que a su vez, como sabemos, facilita la concentración. Tore hace hincapié en que parece existir cierta evidencia para avalar esa teoría, pero también pruebas que la contradicen, y que todavía debemos averiguar más al respecto.

En todo caso, si es así, entonces tenemos un problema porque, en tanto que sociedad, cada vez soñamos menos. Los sueños se dan sobre todo en la fase conocida como de movimiento ocular rápido (MOR, o REM, por sus siglas en inglés). Tore me explicó: «Los periodos REM más largos y más intensos son los que tienen lugar hacia la séptima o la octava marca de hora del ciclo del sueño. De modo que si reducimos nuestro sueño a cinco o seis horas, es muy posible que no lleguemos a esos periodos de REM largos e intensos». Cuando me lo iba contando, yo me preguntaba: ¿qué significa ser una sociedad y una cultura tan frenéticas que no tenemos tiempo ni para soñar?

Como nos sentimos nerviosos y no podemos dormir, cada vez somos más los que recurrimos a sustancias para conciliar el sueño, ya sea melatonina, alcohol o Ambien. Nueve millones de estadounidenses —el 4 % de la población adulta— usan somníferos con receta médica, y muchísimos más adquieren algún producto para dormir que no requiere de prescripción facultativa, como hice yo mismo durante años. Pero Roxanne me dijo sin rodeos: «Si te induces el sueño con sustancias químicas, el sueño que obtienes no es el mismo». Recordemos que el sueño es un proceso activo en el que nuestro cerebro y nuestro cuerpo hacen muchas cosas. Y muchas de esas cosas no suceden, o suceden en muy menor medida, si se llega al sueño mediante medicamentos o alcohol. Las distintas maneras de inducir el sueño artificialmente pueden provocar distintos efectos. Según Roxanne, si tomamos 5 mg de melatonina (que suele ser una dosis estándar que se vende sin receta en Estados Unidos), corremos el riesgo de «destrozar nuestros receptores de melatonina», lo que hará que nos cueste más dormir sin ellas.

Con sustancias más fuertes aparecen efectos más acusados. Con Ambien y otros sedantes que se administran solo con receta médica, Roxanne advierte: «El sueño es un equilibrio importantísimo de muchos, muchos neurotransmisores, y si... potenciamos artificialmente uno de ellos, el equilibrio de ese sueño cambia». Es probable que tengamos menos sueño MOR, y menos sueños, y que por tanto perdamos todos los beneficios que se derivan de esa fase crucial. Es probable que nos sintamos atontados durante todo el día, razón por la cual los somníferos llevan a un aumento del riesgo de muerte por todas las causas: es más probable sufrir un accidente de tránsito, por ejemplo.[11] «Si alguna vez te han operado de algo y te has recuperado, como cuando sales de la anestesia —me comentó Roxanne—, no vas por ahí diciendo: "Me siento muy fresco".» Tomar pastillas para dormir es como someterse a una anestesia menor. El cuerpo no descansa, no se limpia, no se refresca, no sueña como debe.

Roxanne también me dijo que existen algunos usos legítimos de los somníferos: por ejemplo, tomarlos durante un tiempo breve después de haber pasado por una pérdida traumática puede ser sensato. Pero, según su advertencia, «no es la solución al insomnio, indudablemente», y por eso se supone que los médicos no deben recetarlos a largo plazo.

Da una idea de hasta qué punto nos hemos vuelto disfuncionales por lo que se refiere al sueño el hecho de que a la gente que más debería advertirnos sobre esta crisis (los médicos) se le exige privarse de sueño para obtener buenas calificaciones. Como parte de su formación médica, los médicos en prácticas deben soportar turnos agotadores de veinticuatro horas (ellos dicen que hacen «un Jack Bauer», en alusión al personaje de ese nombre de la serie televisiva *24*, en la que Kiefer Sutherland no puede dormir porque se dedica a perseguir a terroristas). Se trata de algo que pone en peligro a sus pacientes. Pero nos hemos convertido en una cultura en la que incluso la gente que más sabe sobre el sueño idealiza el pasar tiempo sin dormir más allá de lo razonable, como hacemos todos los demás.

La segunda pregunta que me descubrí a mí mismo formulando era la siguiente: dado que la falta de sueño resulta tan perjudicial y, a cierto nivel, eso es algo que todos sabemos, ¿por qué cada vez dormimos menos? ¿Por qué renunciamos a una de nuestras necesidades más básicas?

Existe un gran debate científico al respecto, y parece que son varios los factores que inciden en ello. Algunos aparecerán más adelante en este libro. Uno, sorprendentemente, es nuestra relación con la luz física. Charles ha realizado algunos de los hallazgos más importantes sobre esta cuestión. Hasta el siglo XIX, las vidas de la mayoría de los seres humanos venían marcadas por la salida y la puesta del sol. Nuestros ritmos naturales evolucionaron para adaptarse a él: sentíamos un chorro de energía cuando se hacía de día, y modorra cuando oscurecía. A lo largo de prácticamente toda la historia humana, nuestra capacidad para intervenir en ese ciclo fue bastante limitada... podíamos encender hogueras, pero poco más. Como consecuencia de ello, según Charles, los seres humanos evolucionaron hasta ser tan sensibles a los cambios de luz como las algas y las cucarachas. Pero de pronto, con la invención de la bombilla eléctrica, adquirimos el poder de controlar la luz a la que estamos expuestos, y ese poder ha empezado a alterar nuestros ritmos internos.

He aquí un ejemplo claro. El ser humano evolucionó para sentir una inyección de energía, un «chorro de impulso de vigilia», formula Charles, cuando el sol empezaba a ponerse. Se trataba de algo muy útil para nuestros antepasados. Imaginemos que nos vamos de acampada y empieza a ponerse el sol: resulta muy útil sentir entonces que nos despejamos de pronto, porque en ese caso podremos montar la tienda antes de que sea demasiado oscuro para hacerlo. De la misma manera, nuestros antepasados también sentían esa nueva inyección de energía cuando la luz empezaba a menguar, de manera que podían regresar a salvo a su tribu y terminar las tareas que tuvieran pendientes ese día. Pero ahora controlamos la luz. Nosotros decidimos cuándo se pone el sol. Así que si mantenemos unas luces muy brillantes encendidas hasta el momento en que nos acostamos, o si vemos la tele en el teléfono móvil y en la cama, cuando lo apagamos, desencadenamos sin querer un proceso físico: nuestro cuerpo cree que esa mengua súbita de luz es la llegada del atardecer, y libera una inyección de energía nueva para que nos resulte más fácil regresar a la cueva.

«Ahora, esa inyección del impulso de vigilia, en lugar de ocurrir a las tres o las cuatro de la tarde, antes de que se ponga el sol a las seis, ocurre a las diez, a las once o incluso a medianoche —me explica Charles—. Nos llega esa inyección de energía de vigilia en el momento en que decidimos si nos vamos a dormir. Y nos levantamos por la mañana; nos sentimos como si nos fuéramos a morir. Juramos que al día siguiente dormiremos más, pero al llegar la noche no estamos cansados», porque hemos vuelto a ver un programa en el ordenador portátil, en la cama, y hemos vuelto a desencadenar ese mismo proceso, que se repite una y otra vez. «Esa inyección de energía es muy poderosa, por lo que la gente se dice: "estoy bien", pero a la mañana siguiente todo es una nebulosa que han olvidado.» Charles cree que —como le explicó a otro entrevistador— «cada vez que encendemos una luz, estamos tomándonos sin darnos cuenta una sustancia que afecta a nuestra manera de dormir».[12] Y es algo que sucede todos los días. «Se trata de uno de los principales factores que contribuyen a esta epidemia de falta de sueño... porque nos exponemos a la luz a horas cada vez más tardías», añadió. En efecto, el 90 % de los estadounidenses miran algún dispositivo electrónico que emite resplandor en la hora anterior a la de acostarse, con lo que desencadenan exactamente ese proceso. En la actualidad estamos expuestos a una cantidad de luz artificial diez veces superior a la que recibía la gente hace apenas cincuenta años.[13]

Yo no sabía si una de las razones por las que dormía mucho mejor en Cape Cod era porque había regresado a algo más parecido a ese ritmo natural. Cuando el sol se pone en Provincetown, la localidad queda mucho más oscura, y junto a mi casa de la playa prácticamente no había luz artificial, apenas alguna farola. La neblina anaranjada de la contaminación atmosférica que ilumina el cielo en todos los lugares en los que he vivido a lo largo de mi vida había desaparecido, y allí solo se mantenía la iluminación tenue de la luna y las estrellas.

Pero Charles me dijo que solo podremos entender de verdad nuestra crisis de sueño si la ponemos en un contexto mucho más general. A primera vista, dice, lo que estamos haciendo es una locura: «No privaríamos a los niños de nutrición. Ni se nos ocurriría. ¿Por qué los privamos de sueño?». Pero cuando lo vemos como parte de algo más amplio, adquiere cierto sentido, por más que sea perverso. En una sociedad dominada por los valores del capitalismo de consumo, «el sueño es un gran problema —me dijo—. Si dormimos, no estamos gastando dinero, por lo que no estamos consumiendo nada. No estamos produciendo ningún producto». Me explicó que «durante la última recesión [en 2008]... se hablaba de una caída de producción de tantos puntos porcentuales..., de una disminución del consumo. Pero si todo el mundo pasara una hora más durmiendo [como se hacía antes], no entrarían en Amazon. No comprarían cosas». Si volviéramos a dormir un número de horas saludable, si todos hiciéramos lo que hacía yo en Provincetown, según Charles «eso sería un seísmo para nuestro sistema económico, porque este se ha vuelto dependiente de personas con falta de sueño. Nuestros fallos de atención son solo un efecto colateral. Es el precio que hay que pagar para hacer negocios». Yo no entendí del todo hasta qué punto era importante esta cuestión hasta que me faltaba muy poco para terminar este libro.

Todo esto nos lleva hasta una última pregunta en relación con el sueño: ¿cómo resolver esta crisis? Existen diferentes capas para la solución. La primera es personal e individual. Tal como expone Charles, debemos limitar radicalmente nuestra exposición a la luz antes de acostarnos. Él cree que no tendría que haber ninguna fuente de luz artificial en los dormitorios, en absoluto, y que deberíamos evitar la luz azul de las pantallas al menos durante las dos horas anteriores al momento de acostarnos. Roxanne me explicó que, para muchos de nosotros, «es como nuestro bebé, ¿verdad? Así pues, como padres primerizos, nos decimos: "Tengo que estar atento a eso. Tengo que prestar atención. No duermo tan profundamente". O somos como bomberos de guardia que están atentos a una llamada». Estamos constantemente algo tensos por si «ha ocurrido algo». Según ella, siempre deberíamos cargar la batería del móvil por la noche en otra habitación donde no podamos verlo ni oírlo. Además, debemos asegurarnos de que el dormitorio tenga la temperatura adecuada, fresca, casi fría. Ello es así porque el cuerpo necesita refrescar su interior para que nos durmamos, y cuanto más le cueste, más tardaremos en conciliar el sueño.

Estos consejos son útiles (y relativamente bien conocidos) pero, como admitieron todos los expertos con los que hablé, no son suficientes para la mayoría. Vivimos en una cultura que nos inunda de estrés y estimulación. Podemos explicarle todo eso a la gente, y transmitir los beneficios para la salud de una buena noche de sueño, y la gente se muestra de acuerdo, pero acto seguido añade: «¿Quieres que te enumere todas las cosas que tengo que hacer en las siguientes veinticuatro horas? ¿Y pretendes que, además, me pase nueve horas durmiendo?».

A medida que iba descubriendo las diversas cosas que debemos hacer para mejorar nuestra capacidad de concentración, me daba cuenta de que vivimos en una paradoja aparente. Muchas de las cosas que debemos hacer resultan tan obvias que son banales: baja el ritmo, haz solo una cosa a la vez, duerme más. Pero a pesar de que, a cierto nivel, todos sabemos que son ciertas, estamos avanzando, de hecho, en la dirección contraria: hacia más velocidad, más alternancia entre tareas, menos sueño. Vivimos en la brecha que queda entre lo que sabemos que deberíamos hacer y lo que sentimos que podemos hacer. Así pues, la cuestión clave es la siguiente: ¿qué es lo que causa esa brecha? ¿Por qué no somos capaces de hacer esas cosas tan evidentes que mejorarían nuestra atención? ¿Qué fuerzas nos lo impiden? Gran parte del resto de mi viaje lo he pasado desvelando esas respuestas.

Capítulo 4

Causa 4: el desplome de la lectura sostenida

En el West End de Provincetown hay una librería magnífica que se llama Tim's Used Books. Al entrar te llega enseguida ese olor penetrante de los libros viejos apilados por todas partes. Yo, ese verano, entraba casi todos los días a comprar un libro más. En la caja trabajaba una chica joven, muy inteligente, y me acostumbré a conversar con ella. Me fijé en que, cada vez que entraba, estaba leyendo un libro diferente: un día Vladimir Nabokov, otro Joseph Conrad, otro Shirley Jackson. «Vaya —le comenté—. Lees muy deprisa.» «No —me respondió ella—. Solo soy capaz de leer el primer capítulo de un libro, máximo dos.» Le pregunté: «¿En serio? ¿Por qué?». Y ella me dijo: «Supongo que porque no puedo concentrarme». Era una joven inteligente con un montón de tiempo disponible, estaba rodeada de muchos de los mejores libros que se han escrito, y sentía el deseo de leerlos, pero aun así solo llegaba al primer o el segundo capítulo, y le fallaba la atención como si fuera un motor que se estropea.

He perdido la cuenta de la cantidad de personas que conozco que me han comentado lo mismo. Cuando lo conocí, David Ulin, que llevaba más de treinta años siendo crítico literario y editor en *Los Angeles Times*, me dijo que se había quedado sin la capacidad de leer en profundidad durante largos periodos de tiempo, porque cada vez que intentaba ponerse a ello, el zumbido de las conversaciones *online* lo llamaba una y otra vez. Se trata de un hombre extraordinariamente inteligente cuya vida entera ha girado alrededor de los libros. La verdad es que resultaba desconcertante.

La proporción de estadounidenses que leen libros por placer se encuentra en el nivel más bajo jamás registrado. La Encuesta Americana sobre Uso del Tiempo —que estudia una muestra representativa de 26.000 estadounidenses— ha detectado que entre 2004 y 2017, la proporción de hombres que leían por placer había descendido un 40%, mientras que en el caso de las mujeres la disminución era del 29%.[1] Gallup, la empresa de estudios de opinión, descubrió que la proporción de estadounidenses que no leían un solo libro en el transcurso de un año se había triplicado entre 1978 y 2014.[2] El 57% de los estadounidenses, en la actualidad, no leen un solo libro en el transcurso de un año normal. Y la cosa ha ido en aumento, hasta el punto de que, en 2017, el estadounidense medio pasaba diecisiete minutos al día leyendo libros[3] y 5,4 horas al teléfono móvil.[4] La ficción literaria compleja se está resintiendo especialmente. Por primera vez en la historia moderna, menos de la mitad de los estadunidenses leen literatura por placer.[5] Aunque el fenómeno no ha sido tan estudiado, la tendencia en Gran Bretaña y en otros países parece ser similar: entre 2008 y 2016, el mercado de novela cayó un 40%.[6] En un solo año, 2011, las ventas de ficción en tapa blanda se desplomaron un 26%.[7]

Mihaly Csikszentmihalyi, en el transcurso de sus investigaciones, descubrió que una de las formas más simples y más comunes de flujo que la gente experimenta a lo largo de su vida es la lectura de libros, y que, como otras formas de flujo, está resultando asfixiada por nuestra cultura de la distracción constante. He reflexionado mucho al respecto. Para muchos de nosotros, leer un libro constituye la forma de concentración más profunda que experimentamos: dedicamos muchas horas de nuestra vida de buen grado, serenamente, a un tema, y lo dejamos macerar en nuestra mente. Ese es el medio mediante el cual se han presentado y explicado casi todos los progresos importantes del pensamiento humano a lo largo de los últimos cuatrocientos años. Y actualmente esa experiencia se halla en caída libre.

En Provincetown me fijé en que no solo leía más, sino que leía de otra manera. Me sumergía mucho más profundamente en los libros que había escogido. Me perdía en ellos durante periodos muy largos, a veces días enteros, y me parecía que entendía y recordaba más sobre lo que leía. Parecía como si en aquella tumbona, junto al mar, leyendo libro tras libro, estuviera viajando más de lo que había viajado en los cinco años anteriores, que había dedicado a recorrer el mundo a un ritmo frenético. Pasaba de luchar en los campos de batalla durante las guerras napoleónicas a ser una persona esclavizada en el Sur Profundo de Estados Unidos, o una madre israelí intentando no escuchar la noticia que informaba del asesinato de su hijo. Mientras reflexionaba sobre ello, empecé a pensar de nuevo en un libro que había leído hacía diez años: *Superficiales*, de Nicholas Carr, una obra clave que realmente alertaba a la gente sobre un aspecto crucial de la creciente crisis de atención. Carr advertía de que nuestra manera de leer parece estar cambiando a medida que nos pasamos a internet, por lo que volví a una de las principales expertas a las que había recurrido para saber qué habían averiguado desde entonces.

Anne Mangen es profesora de lectoescritura en la Universidad de Stavanger, en Noruega, y me explicó que las dos décadas que lleva investigando sobre la materia ha podido demostrar algo fundamental. Leer libros nos adiestra en un tipo de lectura muy concreto, nos enseña a leer de manera lineal, centrados en una cosa durante un periodo sostenido. Y ha descubierto que leer pantallas nos habitúa a leer de una manera diferente, a partir de saltos nerviosos que nos llevan de una cosa a otra. «Tenemos más probabilidades de seleccionar y descartar» cuando leemos en pantallas, según han desvelado sus estudios: pasamos los ojos rápidamente por la información para extraer de ella lo que necesitamos. Pero Mangen añadía que, transcurrido un rato, si mantenemos esa actividad el tiempo suficiente, «ese seleccionar y descartar se desborda. Y también empieza a colorear o influir en cómo leemos en papel... Ese comportamiento también se convierte en algo que hacemos por defecto, más o menos». Eso era precisamente lo que había constatado yo cuando intenté meterme en la novela de Dickens a mi llegada a Provincetown; me daba cuenta de que intentaba adelantarme todo el rato, como si estuviera leyendo un artículo de prensa y quisiera llegar enseguida a los hechos clave.

Ello crea una relación diferente con la lectura, que deja de ser una forma de inmersión placentera en otro mundo para convertirse en algo que se parece más a recorrer un supermercado concurrido en busca de lo que se necesita para volver a salir de él. Cuando se da ese cambio, cuando nuestra manera de leer en pantallas contamina nuestra lectura de libros, perdemos precisamente algunos de los placeres de la lectura de libros, y estos dejan de resultarnos tan atractivos.

También se dan otros efectos secundarios. Anne ha llevado a cabo estudios en los que divide a la gente en dos grupos.[8] A uno se le proporciona información en un libro impreso y al otro, esa misma información en una pantalla. A continuación se les pregunta sobre lo que acaban de leer. Lo que se descubre es que la gente entiende y recuerda menos lo que absorbe a partir de pantallas. Actualmente ya son muchas las evidencias científicas que lo avalan, a partir de cincuenta y cuatro estudios, y la profesora me explicó que el término para referirse a este fenómeno es «inferioridad de pantalla».[9] Esa brecha en la comprensión que se da entre libros y pantallas es tan grande que en alumnos de primaria equivale a dos terceras partes del progreso anual en comprensión lectora.[10]

A medida que hablábamos, me daba cuenta de que la caída en la lectura de libros es, en cierto modo, un síntoma de la atrofia de nuestra atención y, en cierto modo, también una causa de esta. Se trata de un pez que se muerde la cola: a medida que empezábamos a pasarnos de los libros a las pantallas, comenzamos a perder parte de esa capacidad de lectura profunda que nace de los libros, y eso, a su vez, nos hizo menos proclives a leerlos. Es como cuando engordamos, y cada vez nos cuesta más hacer ejercicio. Anne me contó que, como consecuencia de todo ello, le preocupaba que estuviéramos perdiendo «nuestra capacidad de seguir leyendo textos largos», y también nuestra «paciencia cognitiva... [y] la energía y la capacidad de enfrentarse a textos que supongan un desafío cognitivo».

Cuando me encontraba en Harvard realizando entrevistas, un profesor me contó que le costaba lograr que sus alumnos leyeran incluso libros cortos, y que cada vez más les ofrecía la posibilidad de escuchar pódcast y ver vídeos de YouTube. Y estamos hablando de Harvard. Empezaba a preguntarme qué le ocurre a un mundo en que esa forma de concentración profunda disminuye tanto y tan rápidamente. ¿Qué sucede cuando la capa más profunda del pensamiento está disponible cada vez para menos gente, hasta que se convierte en un interés muy minoritario, como puedan serlo la ópera o el voleibol?

Mientras recorría las calles de Provincetown planteándome algunas de esas preguntas, me vi regresando a una idea célebre que, ahora me daba cuenta, nunca había entendido del todo hasta ese momento, una idea sobre la que también reflexionaba, si bien de otra manera, Nicholas Carr en su libro.[11] En la década de 1960, el profesor canadiense Marshall McLuhan se refería con frecuencia a la transformación que la llegada de la televisión estaba produciendo en nuestra visión del mundo. Afirmaba que esos cambios eran tan profundos que costaba verlos. En su intento de resumir esa idea en una frase, explicó que «el medio es el mensaje».[12] Creo que lo que quería decir era que cuando surge una nueva tecnología, la entendemos como una tubería: alguien vierte información por un extremo y nosotros la recibimos, sin filtros, por el otro. Pero no es así. Cada vez que aparece un nuevo medio —ya se trate de la invención del libro impreso, de la televisión o de Twitter— y empezamos a usarlo, es como si nos pusiéramos una nueva clase de gafas, cada una de ellas con sus colores y sus lentes particulares. Y cada par de gafas que nos ponemos nos hace ver las cosas de otra manera.

Así pues, por ejemplo, cuando empezamos a ver la tele, antes de captar el mensaje de un programa de televisión concreto —tanto si es *La ruleta de la fortuna* como si se trata de la serie *The Wire*—, empezamos a ver el mundo conformado como la televisión misma. Por eso McLuhan decía que cada vez que surge un nuevo medio —una nueva manera de comunicarse para los seres humanos— lleva enterrado en él un mensaje. Nos guía suavemente para que veamos el mundo según un nuevo conjunto de códigos. McLuhan defendía que la manera como nos llega la información es más importante que la información misma. La televisión nos enseña que el mundo es rápido; que tiene que ver con superficies y apariencias; que en el mundo todo sucede a la vez.

Ello me llevó a preguntarme cuál es el mensaje que absorbemos de las redes sociales y cómo puede compararse con el mensaje que absorbemos de los libros en papel. Primero pensé en Twitter. Cuando entras en el sitio —da igual que seas Donald Trump o Bernie Sanders o Bubba the Love Sponge— estás absorbiendo un mensaje a través de ese medio y enviándoselo a tus seguidores. ¿Cuál es ese mensaje? En primer lugar, que no deberías concentrarte en nada durante mucho tiempo. El mundo puede y debe entenderse en afirmaciones breves, simples, de 280 caracteres. En segundo lugar, que el mundo debe interpretarse y comprenderse con confianza muy rápidamente. En tercer lugar, que lo que importa más es si la gente coincide inmediatamente y aplaude tus afirmaciones breves, simples y veloces. Una afirmación exitosa es aquella aplaudida inmediatamente por muchas personas; una afirmación no exitosa es la que la gente ignora o condena de inmediato. Cuando tuiteamos, antes de decir nada ya estamos diciendo que, a cierto nivel, estamos de acuerdo con esas premisas. Nos estamos poniendo esas gafas y vemos el mundo a través de ellas.

¿Y qué hay de Facebook? ¿Cuál es el mensaje de ese medio? Pues parece ser, en primer lugar: nuestra vida existe para serle mostrada a otra gente, y deberíamos aspirar a mostrar todos los días a nuestras amistades momentos cumbre editados de nuestra vida. En segundo lugar: lo que importa es si a la gente le gustan de inmediato esos destacados editados y cuidadosamente seleccionados que nos pasamos la vida creando. En tercer lugar: alguien será nuestro «amigo» si miramos sus contenidos editados con regularidad y si ese alguien mira los nuestros; eso es lo que significa «amistad».

¿Y con Instagram? En primer lugar, lo que importa es cómo nos vemos externamente. En segundo lugar, lo que importa es cómo nos vemos externamente. En tercer lugar, lo que importa es cómo nos vemos externamente. En cuarto lugar, lo que importa es si a la gente le gusta cómo nos vemos externamente. (Y no estoy escribiendo a la ligera, ni sarcásticamente: ese es, verdaderamente, el mensaje que ofrece ese sitio.)

Me daba cuenta de una de las principales razones por las que las redes sociales me hacen sentir tan fuera de onda con el mundo y conmigo mismo. Creo que todas esas ideas —los mensajes implícitos en esos medios— son equivocadas. Tomemos Twitter. De hecho, el mundo es complejo. Para reflejar esa complejidad de manera honesta, por lo general debemos centrarnos en una cosa durante un periodo de tiempo significativo, y necesitamos espacio para hablar largo y tendido. Muy pocas cosas dignas de ser dichas pueden explicarse en 280 caracteres. Si nuestra reacción a una idea es inmediata, a menos que llevemos años acumulando experiencia sobre el tema en sentido más amplio, lo más probable es que esa reacción sea superficial y poco interesante. Que la gente coincida inmediatamente con nosotros no significa necesariamente que lo que decimos sea verdad o esté bien; debemos pensar por nosotros mismos. La realidad solo puede ser entendida de manera sensata adoptando los mensajes opuestos a Twitter. El mundo es complejo y requiere una concentración sostenida para ser comprendido; ha de poder pensarse y captarse lentamente; y las verdades más importantes no serán populares la primera vez que se expresen. Yo mismo era consciente de que las veces en que había tenido más éxito en Twitter —en términos de seguidores y de retuits— eran las mismas en las que había resultado menos útil como ser humano: cuando había estado falto de atención, simplista, vituperante. Es evidente que se dan ocasionales perlas de pensamiento agudo en el sitio, pero si ese se convierte en nuestro modo predominante de absorber la información, creo que la calidad de nuestro pensamiento se degradará rápidamente.

Y lo mismo puede decirse de Instagram. A mí me gusta mirar a gente guapa, como a todo el mundo. Pero creer que la vida tiene que ver fundamentalmente con esas cuestiones superficiales —con conseguir la aprobación de los demás por nuestros abdominales o nuestro aspecto en biquini— es un pasaporte a la infelicidad. Algo que también puede aplicarse a muchas de nuestras interacciones en Facebook. No es amistad repasar detalladamente las fotos, los alardes y las quejas de otra persona y esperar que los demás hagan lo mismo con nosotros. De hecho, eso es casi lo contrario de la amistad. Ser amigos es mirarse a los ojos, abrazarse, compartir alegrías y tristezas y bailes. Y esas son las cosas de las que a menudo nos priva Facebook al llenar nuestro tiempo de parodias huecas de la amistad.

Tras pensar en todo ello, regresaría a los libros en papel que amontonaba junto a la pared de mi casa de playa. Me preguntaba cuál es el mensaje enterrado en el medio del libro impreso. Antes de que las palabras transmitan su significado específico, el medio del libro ya nos cuenta varias cosas. En primer lugar, la vida es complicada, y si queremos entenderla, debemos dedicar una cantidad de tiempo considerable a pensar en profundidad sobre ella. Debemos bajar el ritmo. En segundo lugar, existe un valor en dejar atrás nuestras otras preocupaciones y limitar nuestra atención a una cosa, frase tras frase, página tras página. En tercer lugar, merece la pena pensar en profundidad sobre cómo viven otras personas y cómo funcionan sus mentes. Esas otras personas tienen unas vidas interiores complejas, lo mismo que nosotros.

Me daba cuenta de que yo estoy de acuerdo con los mensajes del medio del libro. Creo que son ciertos. Creo que potencian los mejores aspectos de la naturaleza humana, que una vida con muchos episodios de concentración profunda es una buena vida. Por eso leer libros es algo que me nutre. Y en cambio no estoy de acuerdo con los mensajes del medio de las redes sociales. Creo que, fundamentalmente, alimentan los aspectos más feos y superficiales de mi naturaleza. Por eso, pasar tiempo en esos sitios —incluso cuando, según las reglas del juego, se me dé bien, obtenga *likes* y seguidores— me hace sentir vacío e infeliz. Me gusta la persona en la que me convierto cuando leo muchos libros. Me disgusta la persona en la que me convierto cuando paso mucho tiempo en las redes sociales.

Pero no sabía si estaba entusiasmándome demasiado (en el fondo no eran más que intuiciones mías), por lo que, tiempo después, me desplacé hasta la Universidad de Toronto para entrevistar a Raymond Mar, profesor de psicología. Raymond es uno de los especialistas en ciencias sociales que más ha hecho en todo el mundo por el estudio de los efectos de la lectura de libros en nuestra consciencia, y sus investigaciones han contribuido significativamente a establecer un pensamiento específico en relación con la cuestión.

Cuando era pequeño, Raymond leía obsesivamente, pero nunca se le había pasado por la cabeza intentar determinar de qué manera la lectura misma podía afectar al funcionamiento de nuestra mente hasta que, ya en el posgrado, un día, su tutor, el profesor Keith Oatley, le planteó una idea. Cuando lees una novela, te sumerges en lo que es hallarse en la cabeza de otra persona. Simulas una situación social. Imaginas a otras personas y sus experiencias de una manera profunda y compleja. Así pues, quizá —le dijo—, si lees muchas novelas acabarás siendo mejor en la comprensión real de las personas, más allá de los libros. Quizá la ficción sea una especie de gimnasia de la empatía, que estimula la capacidad para empatizar con otra gente, algo que constituye una de las formas más ricas y valiosas de concentración que tenemos. Y los dos juntos decidieron que empezarían a estudiar esa cuestión científicamente.

Estudiar algo así no es fácil. Algunos otros científicos habían desarrollado una técnica según la cual se le ofrece a alguien un párrafo para que lo lea y entonces, inmediatamente después, se evalúa su empatía. Pero a Raymond le parecía que aquello estaba mal planteado. Si leer nos afecta, en todo caso nos reconfigura a largo plazo; no es como colocarse de éxtasis, cuando te lo tomas y experimentas sus efectos inmediatos durante unas horas.

En colaboración con sus colegas, diseñaron un experimento en tres fases muy inteligente, pensado para ver si existía ese efecto a largo plazo. Si participabas en la prueba, te llevaban a un laboratorio y te mostraban una lista de nombres. Algunos eran de novelistas famosos; otros eran de autores de no ficción famosos; y otros eran de personas escogidas al azar que no eran escritores. Te pedían que rodearas con círculos los nombres de los novelistas y después, por separado, te pedían que rodearas con círculos los nombres de los autores de no ficción. Raymond argumentaba que las personas que habían leído más novelas a lo largo de su vida serían capaces de identificar más nombres de autores de ficción. Además, a partir de ahí disponía de un interesante grupo de control: personas que habían leído muchos libros de no ficción.

A partir de ahí, realizó dos test con todos ellos. En el primero se usaba una técnica a la que se recurre en ocasiones para diagnosticar el autismo. Te muestran muchas fotografías de la zona de los ojos de personas y te preguntan: «¿Qué está pensando esta persona?». Es una manera de medir lo bien que se te da leer señales sutiles que revelan los estados emocionales de otra persona. En el segundo test, te sentabas y veías varios vídeos de personas reales en situaciones reales como, por ejemplo, dos hombres que acababan de jugar a *squash* conversando. Y tenías que adivinar: «¿Qué está pasando? ¿Quién ha ganado el partido? ¿Qué relación existe entre los dos? ¿Cómo se sienten?». Raymond y los otros encargados del experimento conocían las respuestas reales, por lo que podían ver quién, en los test, leía mejor las señales sociales, adivinaba mejor.

Cuando obtuvieron los resultados, estos estaban muy claros. Cuantas más novelas leías, mejor se te daba leer las emociones de los demás. El efecto era muy pronunciado. No se trataba solo de una señal que indicaba que tu educación era mejor porque, por el contrario, leer libros de no ficción no afectaba a tu empatía.

Le pregunté a Raymond por qué aquello era así. Y me contó que leer crea «una forma de consciencia única... Mientras leemos, dirigimos nuestra atención hacia fuera, hacia el mundo de la página y, a la vez, enormes cantidades de atención se dirigen hacia el interior, a medida que imaginamos y estimulamos mentalmente». Es algo distinto a lo que ocurre si, simplemente, cerramos los ojos e intentamos imaginarnos algo mentalmente. «Es algo estructurado... pero nuestra atención se encuentra en un lugar muy único, fluctuando tanto hacia fuera, hacia la página, hacia las palabras, como hacia dentro, hacia lo que esas palabras representan.» Es una manera de combinar «una atención orientada hacia fuera con una atención orientada hacia dentro». Cuando leemos ficción en concreto, imaginamos lo que es ser otra persona. Según él, nos encontramos «intentando entender los diferentes personajes, sus motivaciones, sus metas, resiguiendo esas cosas diferentes. Es una forma de práctica. Probablemente usamos los mismos tipos de procesos cognitivos que usaríamos para entender a nuestros congéneres reales en el mundo real». Simulamos tan bien que somos otro ser humano que la ficción es un simulador de realidad virtual mucho mejor que las máquinas que actualmente se publicitan bajo esa denominación.

Raymond me explicó que cada uno de nosotros solo puede experimentar una pequeña porción de lo que se siente como ser humano vivo en la actualidad, pero que con la lectura de ficción vemos el interior de las experiencias de otras personas. Y eso es algo que no se esfuma cuando aparcamos la novela. En el momento en que, posteriormente, conocemos a alguien en el mundo real, seremos más capaces de imaginar qué es ser como ese alguien. Es posible que leer una enumeración de hechos nos aporte más información, pero no tiene ese efecto aumentador de la empatía.

Actualmente existe ya gran cantidad de otros estudios que reproducen ese efecto fundamental descubierto por Raymond. Le pregunté qué ocurriría si descubriéramos una sustancia que potenciara la empatía tanto como la lec-

tura de ficción ha demostrado potenciarla en su trabajo.
«Si no tuviera efectos secundarios —me respondió—, creo
que se convertiría en una sustancia muy popular.» Cuanto
más hablaba con él, más pensaba que la empatía es una de
las formas más complejas de atención que tenemos, y la
más valiosa. Muchos de los avances más importantes en la
historia de la humanidad han sido avances en la empatía, la
conciencia, al menos por parte de algunas personas blancas, de que otros grupos étnicos tienen los mismos sentimientos, capacidades y sueños que ellas; la conciencia, por
parte de algunos hombres, de que su manera de ejercer el
poder sobre las mujeres era ilegítima y causaba un verdadero sufrimiento; la conciencia, por parte de muchos hetero-
sexuales, de que el amor gay es exactamente igual que el
amor heterosexual. La empatía hace posible el progreso, y
cada vez que ensanchamos la empatía humana, abrimos el
universo un poco más.

Pero, como el propio Raymond es el primero en señalar, esos resultados pueden interpretarse de manera muy
distinta. Puede ser que leer ficción, con el tiempo, potencie
la empatía. Pero también puede ser que la gente que ya es
empática de entrada se sienta más atraída a la lectura de
novelas. Ello hace que su investigación resulte controverti-
da, y haya sido cuestionada. Él me explicó que es probable
que ambas cosas sean ciertas, que leer ficción potencie la
empatía y que la gente empática se sienta más atraída a leer
ficción. Pero también me comentó que existen indicios claros de que leer ficción sí tiene un efecto significativo: uno
de sus estudios desveló que cuantos más cuentos infantiles
se les leen a los niños (cosa que es más decisión de los padres que de los hijos), mejor se les da a estos interpretar las
emociones de los demás.[13] Ello sugiere que la experiencia
de los relatos hace que realmente aumente su empatía.

Si tenemos motivos para creer que leer ficción potencia nuestra empatía, ¿sabemos qué nos están provocando las formas que, en gran medida, la sustituyen, como por ejemplo las redes sociales? Raymond comentó que es fácil mostrarse esnob respecto a estas y caer en el pánico moral, y que a él esa manera de pensar le parece tonta. En las redes sociales hay muchas cosas buenas, recalcó. Los efectos que él describe no tienen que ver principalmente con el hecho de que un texto nos llegue en formato impreso, sino con el hecho de quedar inmersos en una narración compleja que estimula el mundo social. Sus estudios demuestran que las series de televisión largas resultan igual de efectivas, dijo. Pero la cosa tiene truco. Uno de sus estudios desveló que los niños son más empáticos si leen cuentos o ven películas, pero no si ven programas más cortos.[14] A mí me parecía que eso encajaba bien con lo que vemos en las redes sociales: si contemplas el mundo a través de fragmentos, con frecuencia no sientes empatía, o al menos no de la manera como la sentimos cuando nos implicamos con algo de forma sostenida y concentrada.

Mientras conversaba con él, pensaba: «Internalizamos la textura de las voces a las que estamos expuestos. Cuando nos exponemos a historias complejas sobre las vidas interiores durante largos periodos de tiempo, eso es algo que remodela nuestra consciencia. También nosotros nos volvemos más perceptivos, abiertos y empáticos. En cambio, si nos exponemos durante muchas horas al día a los fragmentos inconexos de griterío y furia que dominan las redes sociales, nuestros pensamientos empezarán a modelarse así. Nuestras voces interiores se volverán más descarnadas, más estridentes, menos capaces de oír los pensamientos más tiernos y suaves». Así pues, conviene tener cuidado con las tecnologías que usamos, porque con el tiempo nuestra consciencia llegará a conformarse como esas tecnologías.

Antes de despedirme de Raymond, le pregunté por qué había pasado tanto tiempo estudiando los efectos de la lectura de ficción en la consciencia humana. Hasta el momento en que le formulé esa pregunta, él se había mostrado sobre todo como un obseso de los datos, explicándome sus métodos con todo lujo de detalles. Pero al responderme, su gesto se relajó: «Todos vamos en la misma bola de barro y agua que se dirige, potencialmente, hacia un final catastrófico. Si queremos resolver esos problemas, no podemos hacerlo solos —dijo—. Por eso me parece que la empatía es tan valiosa».

CAPÍTULO 5

Causa 5: la alteración
de las divagaciones mentales

Durante más de cien años, ha existido una imagen, una metáfora, que ha dominado, sobre todas las demás, la manera en que los expertos contemplan la atención. Imaginemos el Hollywood Bowl atestado de decenas de miles de personas, todas riendo, empujándose y gritando, que es lo que ocurre cuando la gente va entrando y aguarda el inicio de un espectáculo. Entonces, de pronto, las luces se apagan y un foco ilumina el escenario: Beyoncé. O Britney. O Bieber. Repentinamente cesa el griterío y el murmullo, y el foco de todo el edificio se reduce a una sola persona y su extraordinario poder. En 1890, el fundador de la psicología estadounidense moderna, William James, escribió —en el texto más influyente jamás escrito sobre la materia (al menos en el mundo occidental)— que «todo el mundo sabe qué es la atención».[1] Según decía, la atención es un foco.

Para expresarlo en nuestros términos, es el momento en que Beyoncé aparece, sola, en el escenario, y a nuestro alrededor todo lo demás parece esfumarse.

El propio James, en su época, ofreció otras imágenes, y los psicólogos han propuesto otras maneras de pensar en ella, pero desde entonces, el estudio de la atención ha sido principalmente el estudio del foco. Yo me daba cuenta de que esa imagen, ahora que me paraba a pensarlo, también había dominado mi manera de pensar en la atención. Esta suele definirse como la capacidad de la persona para atender selectivamente a algo del entorno. Así que cuando decía que estaba distraído, me refería a que no podía concentrar el foco de mi atención en la única cosa en que quería concentrarme. Quiero leer un libro, pero la luz de mi atención no se apaga en mi teléfono, ni en la gente que habla en la calle, fuera, ni en mis preocupaciones laborales. En esa manera de pensar sobre la atención existe mucha verdad, pero he descubierto que, de hecho, esa es solo una de las formas de atención que se necesitan para operar plenamente. Coexiste con otras formas de atención que resultan igual de esenciales para que seamos capaces de pensar con coherencia, y en la actualidad esas formas están sometidas a una amenaza aún mayor que la que afecta al foco.

En mi vida anterior a mi huida a Cape Cod, vivía en un tornado de estimulación mental. Nunca salía a pasear sin escuchar un pódcast o hablar por teléfono. Nunca esperaba dos minutos en una tienda sin consultar el móvil o leer un libro. La idea de no llenar todos y cada uno de mis minutos con estimulación me generaba pánico, y me parecía raro que los demás no lo hicieran. Durante viajes largos en tren o autocar, cuando veía a alguien sentado sin hacer nada seis horas seguidas, mirando por la ventana, yo sentía el impulso de acercarme y decirle: «Siento molestarle, ya sé que no es asunto mío, pero quería asegurarme... ¿Es usted consciente de que su tiempo de vida es limitado y de que el reloj que marca el que nos separa de la muerte no deja de avanzar, y de que lleva seis horas sin hacer nada en absoluto? ¿Y de que cuando haya muerto, habrá muerto para siempre? Todo eso lo sabe, ¿verdad?». (Nunca llegué a hacerlo, como atestigua el hecho de que no esté escribiendo este libro desde un centro psiquiátrico; pero se me pasaba por la cabeza.)

Así que creía que, en Provincetown, sin distracciones, obtendría un beneficio: sería capaz de recibir más estímulos, durante periodos más largos de tiempo, y de retener aún más de lo que absorbía. ¡Podré escuchar pódcast más largos! ¡Podré leer libros más largos! Y sí, ocurrió así, pero ocurrió acompañado de otra cosa, de algo que no había anticipado. Un día me dejé el iPod en casa y decidí salir sin más a dar un paseo por la playa. Estuve dos horas paseando y dejé que mis pensamientos flotaran, sin que mi foco se posara en nada. Dejé vagar mi mente, que pasaba de la observación de unos cangrejos pequeños en la playa a recuerdos de mi infancia, y a ideas para libros que quizá escribiera dentro de muchos años, y al estado de forma de los hombres que tomaban el sol en bañador. Mi consciencia iba a la deriva como los barcos que veía flotar en el horizonte.

Al principio me sentía culpable. «Has venido aquí a concentrarte —me decía a mí mismo— y a aprender sobre la concentración. Pero te estás regodeando justamente en lo contrario, en una detumescencia mental.» Pero seguí. Y al cabo de poco tiempo ya lo hacía todos los días, y mis periodos de divagación empezaron a alargarse a tres, cuatro y en ocasiones cinco horas. En mi vida normal, algo así habría sido impensable. Pero en ese momento me sentía más creativo de lo que me había sentido desde que era niño. Las ideas empezaban a brotar en mi mente. Cuando llegaba a casa y las anotaba, me daba cuenta de que tenía más ideas creativas —y establecía más conexiones— durante un solo paseo de tres horas que, en condiciones normales, en un mes entero. También empecé a permitirme pequeños momentos de divagación mental. Cuando terminaba de leer un libro, me quedaba ahí sin hacer nada durante veinte minutos, pensando en él, contemplando el mar.

Extrañamente, parecía que dejar que desapareciera mi foco por completo me servía para mejorar mi capacidad de pensar y concentrarme de una manera que no era capaz de expresar. ¿Cómo era posible? No empecé a entender qué ocurría hasta que supe que, desde hace unos treinta años, se ha producido un aumento repentino del interés por investigar precisamente sobre este aspecto: la divagación mental.

En la década de 1950, en la pequeña localidad de Aberdeen, perteneciente al estado de Washington, un profesor de química de secundaria llamado señor Smith tuvo un problema con uno de sus alumnos, un adolescente llamado Marcus Raichle.[2] Convocó a sus padres y, muy serio, les contó que el joven hacía algo que no estaba bien. «Su hijo se pasa el día soñando despierto», les dijo. Y todos sabemos que esa es una de las peores cosas que no pueden hacerse en el colegio.

Treinta años después, ese mismo hijo contribuyó a realizar un descubrimiento sobre esa misma cuestión, descubrimiento que al señor Smith no le habría parecido nada bien. Marcus llegó a ser un destacado especialista en neurociencia y a ser distinguido con el premio Kavli, uno de los más importantes galardones en su campo. En los años ochenta del siglo pasado, desde su despacho evolucionó una manera totalmente novedosa de ver lo que ocurre en el cerebro de la gente, el PET (tomografía por emisión de positrones, por sus siglas en inglés), donde esa tecnología fue usada por primera vez por sus colegas y por él mismo.

Yo me encontraba en ese mismo lugar, en la Facultad de Medicina Washington de Saint Louis, Missouri, porque había acudido a entrevistarlo. Era uno de los primeros científicos capaces de usar ese nuevo instrumento, y cuando lo conectó a un paciente, pudo observar un cerebro humano vivo como casi nadie lo había visto hasta ese momento.

Cuando estudiaba medicina, a Marcus le habían explicado con gran seguridad que se sabe lo que ocurre en la mente en los momentos en que no nos concentramos. El cerebro está «ahí durmiente, silencioso, sin hacer nada, como los músculos hasta que los movemos», le contaron. Pero un día Marcus se fijó en algo raro. Había varios pacientes preparados para someterse a un PET, y estaban esperando a que él les encomendara una tarea, y sus mentes estaban vagando. Mientras preparaba la tarea, echó un vistazo a la máquina y quedó desconcertado. Al parecer, sus cerebros no estaban inactivos, tal como sus profesores de la facultad le habían dicho. La actividad había pasado de una parte del cerebro a otra, pero este seguía mostrándose altamente activo. Sorprendido, empezó a estudiarlo con detalle. Nombró a la región del cerebro que se vuelve más activa cuando pensamos que no estamos haciendo gran cosa «la red neuronal por defecto», y a medida que la iba estudiando más y analizaba lo que el cerebro de la gente hace cuando parece no hacer nada, constataba que esa región se iluminaba físicamente en los escáneres cerebrales. Marcus me contó que, al observarlos... «Dios mío, ahí estaba. Todo. Era simplemente asombroso.»

Aquello suponía un cambio de paradigma en lo que los científicos creían que ocurría en el interior de nuestro cerebro, y desencadenó un estallido de investigaciones científicas sobre gran cantidad de cuestiones, en todo el mundo.

Una de ellas fue el surgimiento repentino del interés por la ciencia de la divagación mental, que se preguntaba: ¿qué ocurre cuando nuestros pensamientos flotan libremente, sin una concentración inmediata que los ancle? Vemos que ocurre algo, pero ¿qué es? A medida que el debate se desarrollaba en el transcurso de las décadas siguientes, algunos científicos llegaron a pensar que la red neuronal por defecto es la parte del cerebro que se vuelve más activa durante la divagación mental, mientras que otros discrepaban profundamente. El debate sigue abierto en la actualidad. Pero los hallazgos de Marcus condujeron a un florecimiento de investigaciones científicas encaminadas a averiguar por qué nuestra mente divaga, y qué beneficios puede producir esa divagación.

A fin de entenderlo mejor, me dirigí a Montreal, Quebec, para entrevistar a Nathan Spreng, profesor de neurología y neurocirugía en la Universidad McGill, y a York, Inglaterra, a conversar con Jonathan Smallwood, profesor de psicología en la universidad de la ciudad. Se trata de dos de las personas que han estudiado esta cuestión en mayor profundidad. Es un ámbito de la ciencia relativamente nuevo cuyas ideas básicas siguen siendo objeto de debate, que en las próximas décadas probablemente alcanzará un mayor grado de claridad. Pero en las decenas de estudios científicos realizados hasta el momento, los dos han descubierto —o a mí me lo parece— tres elementos cruciales que tienen lugar cuando nuestra mente divaga.

En primer lugar, le damos lentamente sentido al mundo. Jonathan me puso un ejemplo. Cuando leemos un libro —que es lo que el lector está haciendo ahora mismo—, obviamente nos centramos en las palabras y las frases concretas, pero siempre existe una porción de nuestra mente que divaga. Pensamos en el modo en que esas palabras se relacionan con nuestra propia vida. Pensamos en el modo en que esas frases tienen que ver con lo que yo he expuesto en los capítulos anteriores. Pensamos en lo que es posible que yo exponga a continuación. Nos preguntamos si lo que estoy diciendo está lleno de contradicciones, o si al final todo acabará por encajar. De pronto al lector le viene un recuerdo de su infancia, o de lo que vio en la tele la semana pasada. «Juntas las diferentes partes del libro a fin de dar sentido al tema clave», me comentó Jonathan. No se trata de un defecto en nuestra manera de leer. Eso, precisamente, es leer.[3] Si el lector no dejara que su mente divagara un poco en este momento, en realidad no estaría leyendo este libro de manera que tuviera sentido para él. Disponer de suficiente espacio mental para vagar es esencial para que el lector pueda entender un libro.

Y no es algo que se dé solo cuando leemos. Se da en la vida en general. Cierta divagación mental es básica para que las cosas tengan sentido.[4] «Si no pudiéramos hacerlo —me contó Jonathan—, muchas otras cosas se perderían.» Ha descubierto que cuanto más errante dejamos nuestra mente, mejor se nos da contar con metas personales organizadas,[5] más creativos somos[6] y tomamos decisiones sopesadas, a largo plazo.[7] Así pues, todas esas cosas las haremos mejor si dejamos que nuestra mente divague y lenta, inconscientemente, vaya captando el sentido de la vida.

En segundo lugar, cuando la mente divaga, empieza a establecer nuevas conexiones entre las cosas, lo que con frecuencia genera soluciones a los problemas. Como me explicó Nathan: «Creo que lo que ocurre es que, cuando existen cuestiones sin resolver, el cerebro intenta que las cosas encajen», con tal de que le den el espacio para hacerlo. Y me puso un ejemplo conocido: al matemático francés Henri Poincaré, que vivió en el siglo XIX, se le resistía uno de los problemas más difíciles de las matemáticas, y llevaba muchísimo tiempo concentrando el foco en todos y cada uno de sus aspectos, sin llegar a ninguna parte. Pero entonces, un día, cuando estaba de viaje, de pronto, en el momento en que se subía a un autobús, la solución se le presentó en un destello. Solo después de apagar el foco, al dejar que su mente divagara por su cuenta, fue capaz de conectar las piezas y dar respuesta al problema al fin. De hecho, cuando uno repasa la historia de la ciencia y la ingeniería, constata que muchos de los grandes descubrimientos no se producen durante momentos de concentración, sino en plenas divagaciones mentales.

«La creatividad no es [donde creas] algo nuevo que ha surgido de tu cerebro —me explicó Nathan—. Es una nueva asociación entre dos cosas que ya estaban ahí.» Las divagaciones mentales permiten «que se desplieguen unos cursos de pensamiento más extensos, lo que permite a su vez que se produzcan más asociaciones». A Henri Poincaré no habría podido ocurrírsele la solución si se hubiera mantenido muy concentrado en el problema matemático que intentaba resolver, y tampoco si hubiera estado totalmente distraído. Le hizo falta la divagación mental para llegar hasta allí.

En tercer lugar, durante nuestra divagación mental, la mente, según Nathan, inicia un «viaje mental en el tiempo» durante el que recorre el pasado e intenta predecir el futuro. Libre de las presiones de pensar específicamente en lo que tiene delante, la mente empieza a pensar en lo que puede venir a continuación, lo que le ayuda a prepararse para ello.

Hasta que conocí a esos científicos, creía que la divagación mental (que yo tanto practicaba en Provincetown, y con tanto placer) era lo contrario de la atención, y por ello me sentía culpable cuando sucumbía a ella. Pero me di cuenta de que estaba equivocado. En realidad, se trata de una forma diferente de atención, que además es necesaria. Nathan me contó que cuando estrechamos el foco de nuestra atención a una sola cosa «hace falta cierta amplitud de banda», y que cuando apagamos ese foco «seguimos teniendo esa misma amplitud de banda, con la diferencia de que podemos destinar una cantidad mayor de esos recursos» a otras maneras de pensar. «Así pues, no es que la atención necesariamente baje, sino que simplemente se desplaza a otras maneras cruciales de pensar.»

Yo me daba cuenta de que se trataba de algo que ponía en cuestión todo lo que me habían enseñado a pensar en relación con la productividad. De manera instintiva, siento que he tenido un buen día de trabajo duro cuando lo he pasado sentado frente a mi ordenador portátil, concentrando el foco en teclear palabras; al término de la jornada, siento una especie de ataque puritano de orgullo ante mi productividad. Toda nuestra cultura se construye en torno a esa creencia. Nuestra jefa quiere vernos sentados en nuestro despacho todas las horas del día; para ella, trabajar es eso. Esa manera de pensar se nos inculca desde una edad muy temprana cuando, como a Marcus Raichle, se nos riñe en la escuela por soñar despiertos. Por eso, los días que dedicaba simplemente a pasear sin rumbo por las playas de Provincetown, no me sentía productivo. Creía que estaba remoloneando, siendo perezoso, consintiéndome.

Pero Nathan, tras estudiar todo aquello, había descubierto que para ser productivos no podemos simplemente reducir el foco lo más posible. «Yo intento dar un paseo todos los días —me dijo—, y dejo que mi mente resuelva las cosas, más o menos... No creo que nuestro control consciente y pleno de nuestros pensamientos sea necesariamente nuestra manera más productiva de pensar. Creo que esos patrones de asociación pueden llevarnos a ideas únicas.» Marcus se mostraba de acuerdo. Según me dijo, concentrarnos en lo que tenemos delante de nuestras narices nos aporta «parte de la materia prima que debe digerirse pero, en determinando momento, debemos alejarnos de ello». Y me advirtió: «Si nos pasamos el día frenéticamente centrados en el mundo exterior, perdemos la ocasión de dejar que el cerebro digiera lo que le ha estado ocurriendo».

Mientras me lo decía, yo pensaba en la gente a la que observaba en los trenes, los que se pasaban horas mirando por la ventanilla. Los juzgaba en silencio por su falta de productividad, pero ahora me daba cuenta de que posiblemente hubieran sido más productivos que yo, al menos productivos con más sentido que yo, que me pasaba el rato tomando notas nerviosamente sobre libros y más libros, sin tomarme el tiempo de descansar y digerir lo que leía. El niño que, en clase, mira por la ventana y deja que su mente divague puede estar pensando de la manera más útil.

Pensé en los estudios científicos que había leído sobre el hecho de pasar el tiempo alternando tareas rápidamente y me di cuenta de que, en nuestra cultura actual, no nos concentramos durante la mayor parte del tiempo, pero tampoco dejamos que nuestra mente divague. Nos quedamos constantemente en la superficie, en un remolino insatisfactorio. Nathan me dio la razón cuando le pregunté por ello, y me contó que él mismo se pasa el día intentando conseguir que su teléfono deje de enviarle notificaciones de cosas que no le interesan. Toda esa frenética interrupción digital «aleja nuestra atención de nuestros pensamientos» y «suprime nuestra red neuronal por defecto... Creo que nos movemos casi constantemente en un entorno que se rige por estímulos y se orienta a los estímulos, pasando de una distracción a la siguiente». Si no nos alejamos de ello, «anula cualquier línea de pensamiento que tengamos».

Así pues, no solo nos enfrentamos a una crisis de pérdida de foco: nos enfrentamos a una crisis de pérdida de divagación mental. Esas dos pérdidas, sumadas, están degradando la calidad de nuestro pensamiento. Sin divagación mental, nos cuesta más encontrarle sentido al mundo, y en el estado de confusión y colapso que se crea, nos volvemos más vulnerables aún a la siguiente fuente de distracción que se presenta.

Cuando lo entrevisté, Marcus Raichle —la persona que realizó el descubrimiento que abrió la puerta a todo ese campo de la ciencia— acababa de renunciar a seguir tocando en una orquesta sinfónica a los ochenta años. Era oboísta, y su pieza favorita, la *Quinta sinfonía* de Dvořák. Me comentó que si queremos pensar sobre el hecho mismo de pensar, deberíamos verlo como una sinfonía: «Tenemos dos secciones de violines, violas, violonchelos, contrabajos, maderas, metal, percusión... Pero todo funciona como un todo. Tiene ritmos». En nuestra vida, necesitamos espacio para el foco, pero este, por sí mismo, sería como un intérprete solista de oboe en un escenario vacío que intentara tocar algo de Beethoven. Hace falta dejar vagar la mente para activar los demás instrumentos y crear la música más dulce. A mí me parecía que había ido a Provincetown para aprender a concentrarme. Pero de hecho me daba cuenta de que estaba aprendiendo a pensar, y de que para eso hacía falta mucho más que concentrar el foco.

Durante los largos paseos que actualmente intento dar sin la compañía de ningún dispositivo, paso mucho tiempo reflexionando sobre la metáfora de Marcus. Hace unos días, me planteé si podría llevarse más allá. Si pensar es como una sinfonía que exige todas esas clases distintas de pensamiento, en la actualidad el escenario se ve invadido. Uno de esos grupos de *heavy metal* que arrancan de un mordisco las cabezas de los murciélagos y las escupen al público ha irrumpido en escena y se encuentra, gritando, delante de la orquesta.

Aun así, a medida que exploraba más en las investigaciones sobre divagación mental, descubrí que existe una excepción a lo que acabo de explicar, y una excepción importante. De hecho, se trata de algo que probablemente habrás experimentado.

En 2010, los profesores de Harvard Dan Gilbert y el doctor Matthew Killingsworth desarrollaron una aplicación para estudiar cómo se siente la gente cuando hace toda esa gran cantidad de cosas que hace cotidianamente, desde tomar el transporte público hasta ver la tele, pasando por hacer deporte. La gente recibía mensajes aleatorios de la aplicación en que se le preguntaba: «¿Qué estás haciendo ahora?». Y a continuación se le pedía que clasificara cómo se sentía. Una de las cosas que Dan y Matthew se dedicaban a comprobar era con qué frecuencia la gente se dedicaba a divagar mentalmente, y lo que descubrieron les sorprendió, dado todo lo que yo acababa de aprender. En general, cuando la gente divaga en nuestra cultura, se considera a sí misma menos contenta que cuando hace casi cualquier otra actividad. Incluso las tareas domésticas, por ejemplo, se asocian a niveles más elevados de felicidad. Así pues, los dos científicos llegaron a la siguiente conclusión: «Una mente que divaga es una mente infeliz».[8]

Le he dado muchas vueltas a eso. Teniendo en cuenta que dejar que la mente divague es algo que ha demostrado aportar tantos efectos beneficiosos, ¿por qué con tanta frecuencia hace que nos sintamos mal? Existe una razón. La divagación mental puede degenerar fácilmente en darle muchas vueltas a las cosas. La mayor parte de nosotros hemos experimentado esa sensación en algún momento: si dejamos de concentrarnos y dejamos vagar la mente, nos invaden pensamientos estresantes. Recordé muchos momentos de mi vida anteriores a Provincetown. Cuando viajaba en aquellos trenes, criticando mentalmente a aquellas personas que eran capaces de pasarse el rato mirando por la ventana mientras yo trabajaba, trabajaba y trabajaba, ¿cuál era mi estado mental? Ahora veo que, con frecuencia, estaba cargado de estrés y ansiedad. Todo intento de relajarme y pensar habría hecho que esos sentimientos negativos me inundaran. En cambio, en Provincetown no sufría estrés y me sentía a salvo, por lo que podía realizar mi divagación mental libremente y esta podía obrar sus efectos positivos.

En situaciones de poco estrés y seguridad, la divagación mental será un don, un placer, una fuerza creativa. En situaciones de mucho estrés o peligro, la divagación mental será un tormento.

En la playa del centro de Provincetown, delante mismo del largo tramo de Commercial Street, han instalado una silla enorme de madera, azul, cómicamente desproporcionada, encarada al mar. Debe de medir dos metros y medio, y está ahí plantada como a la espera de un gigante. Yo muchas veces me sentaba en esa silla, diminuto, cuando caía la noche, y conversaba con personas de la localidad con las que había trabado amistad. En ocasiones permanecíamos en silencio, nos limitábamos a contemplar los cambios de luz. La luz en Provincetown no se parece a ninguna otra que haya visto nunca. Estás sobre un fino y estrecho banco de arena, en medio del mar, y cuando te sientas en la playa quedas encarado al este. El sol se pone a tu espalda, por el oeste, pero su luz cae hacia delante, sobre el agua que tienes delante, y su reflejo te da en la cara. Pareces estar inundado de la luz menguante de dos crepúsculos. Yo lo contemplaba en compañía de las personas a las que había conocido y me sentía radicalmente abierto, abierto a ellos, al sol y al mar.

Un día, cuando llevaba ya unas diez semanas en Provincetown, me encontraba sentado solo en casa de mi amigo Andrew con uno de sus perros, Bowie, a mis pies. Estaba leyendo una novela y, de vez en cuando, alzaba la vista para mirar el mar. En un momento dado me fijé en que Andrew se había dejado el ordenador portátil abierto sobre una silla, encendido. En la pantalla se veía un navegador de internet. Sin contraseña. Ahí estaba, la red a mi disposición, brillando para mí. «Ahora podrías entrar en internet —me dije—. Podrías consultar cualquier cosa que quisieras, tus redes sociales, tu correo electrónico, las noticias.» La idea me aturdió, y me obligué a salir de casa de Andrew.

Pero las manecillas del reloj no se detenían, y al poco tiempo caí en la cuenta de que solo me quedaban dos semanas. Sabía que debía conectarme para reservar un hotel en el que quedarme a mi regreso a Boston. En la biblioteca de Provincetown disponen de una mesa corrida con seis ordenadores disponibles para el público. Había pasado por delante muchas veces y siempre había apartado la mirada, como si se tratara del retrete de un baño público del que alguien hubiera dejado la puerta abierta. Me conecté y reservé el hotel en dos minutos, y a continuación abrí mi cuenta de correo electrónico. Creía que sabía lo que estaba a punto de ocurrir. En mi vida normal, paso una media hora al día revisando mis correos, entre la mañana y la noche (en ocasiones es bastante más). Así que calculaba que, en el tiempo que llevaba fuera, había acumulado unas treinta y cinco horas de correos electrónicos que iba a tener que revisar durante los siguientes meses, esforzándome por ponerme al día. (Antes de irme, había dejado activada una respuesta automática en la que informaba de que me encontraba totalmente ilocalizable.) No quería. Me sentía agotado solo de pensarlo.

Pero entonces ocurrió algo muy raro. Nervioso, abrí mi bandeja de entrada y me dispuse a repasar mis correos... Pero casi no los había. En apenas dos horas lo había leído todo. El mundo había aceptado mi ausencia con resignación. Me di cuenta de que un correo engendra otro correo, y de que si dejas de enviarlos, dejan de llegar. Me gustaría decir que me sentí calmado y aliviado ante esa constatación. Pero la verdad es que lo tomé como una afrenta, como si me hubieran pinchado el ego con una aguja de calceta. Me daba cuenta de que tanta actividad, tanta exigencia sobre mi tiempo, me hacían sentir importante. Habría querido enviar correos en un arrebato para poder recibir respuestas enseguida, para sentirme necesitado una vez más. Entré en mi cuenta de Twitter. Tenía exactamente el mismo número de seguidores que cuando me fui. Mi ausencia había pasado totalmente desapercibida. Salí de la biblioteca y regresé a las cosas que me habían alimentado en Provincetown: largos ratos escribiendo; el mar a mis pies; sentarme con mis amigos y pasar la noche hablando. Intenté olvidar que tenía el ego herido.

Mi último día en Provincetown tomé un barco hasta Long Point, que es la punta de la punta de Cape Cod, una cresta de arena amarilla y el mar. Desde allí, podría volver la vista atrás y contemplar entero el lugar en el que había pasado el verano, que se extendía desde el Monumento a los Peregrinos hasta Hyannis. Era una sensación peculiar: ver de un solo vistazo los límites de mi verano. Me sentía más pausado y más centrado que en toda mi vida.

No puedes volver sin más a vivir como vivías antes, me dije a mí mismo, sentado a la sombra del faro. No es difícil. Este verano te ha enseñado cómo se hace. Has demostrado compromiso previo al desconectarte. Ahora puedes demostrar compromiso previo en tu vida diaria. Ya contaba con las herramientas. En mi ordenador portátil dispongo de un programa llamado Freedom. Es fácil. Te lo descargas y le informas de que quieres que te niegue el acceso a una página web concreta, o a todo internet, durante el tiempo que tú decidas, desde cinco minutos a una semana. Pulsas «aceptar» y, hagas lo que hagas, el portátil no se te conectará a la red. Y para el teléfono disponía de una cosa que se llama kSafe. También en este caso es muy fácil: se trata de una caja fuerte de plástico que se abre por arriba. Metes el teléfono dentro y pones la tapa, y giras una rueda que hay en ella para fijar el tiempo durante el que no podrás sacar el teléfono. Y ya está. Ahí se queda, encerrado; tendrías que romper la caja con un martillo para poder sacarlo. Recurriendo a esos dos dispositivos, me decía a mí mismo, podrás reproducir Provincetown vayas donde vayas. Puedes usar el teléfono y el internet del portátil diez o quince minutos al día.

Esa tarde, regalé el montículo de libros que había leído y me monté en el ferri, camino de Boston. Me mareé muchísimo durante la travesía, y pensé que aquella era una metáfora muy burda de cómo me sentía al regresar al mundo *online*. Al día siguiente le pedí mi teléfono a mi amigo y, en la cama de mi hotel, me quedé un buen rato mirándolo. Ahora me parecía extrañamente ajeno, incluso la fuente de letra de Apple me resultaba desconocida. Empecé a revisar iconos, estudiando los distintos programas y páginas web. Miré las redes sociales y pensé: esto no lo quiero. Navegué un poco por Twitter y me sentí como si me hubiera plantado encima de un termitero. Cuando levanté la vista, vi que habían transcurrido tres horas.

Dejé el móvil en la habitación y salí a comer algo. Al volver, la gente ya había empezado a responder a mis correos electrónicos y a mis textos y, a pesar de mí mismo, sentí una pequeña ráfaga de afirmación. Durante las semanas siguientes empecé a subir contenido a mis redes sociales, y sentí que me volvía más descarnado y malo de lo que había sido en verano. Escribía comentarios sarcásticos. Me parecía que la complejidad y la compasión que había sentido en Provincetown estaban siendo reemplazadas por otra cosa más fina. En algunos momentos no me gustaba lo que decía. Y entonces sentí la lenta inyección de aprobación, los retuits, los «me gusta». Quiero deciros que aprendí las lecciones de mi periodo en Provincetown de manera lineal, en un proceso de afirmación vital, pero sería mentira. Lo que ocurrió fue más complejo. Me fui de Provincetown en agosto, y usé Freedom y kSafe, y lentamente se fue diluyendo, y en diciembre el Screen Time de mi iPhone me indicaba que ya me pasaba cuatro horas al día usando el teléfono. Me decía a mí mismo que ese tiempo incluía el que pasaba en Google Maps para orientarme por la ciudad, y también las horas que dedicaba a escuchar pódcast, programas de radio y audiolibros. Pero cuando lo pensaba sentía vergüenza. No me encontraba exactamente donde estaba al principio, pero sí me había deslizado claramente hacia la distracción y las interrupciones.

Sentía que había fracasado. Tenía la poderosa sensación de que había algo que me arrastraba. Y entonces me dije a mí mismo: «Te estás poniendo excusas. El que tiene que hacerlo eres tú, nadie más. Estos fallos son tuyos». Y me sentía débil. En Provincetown había tenido muchas revelaciones, pero me parecía que eran frágiles, y que algo más grande, algo que aún no terminaba de comprender, las destrozaba fácilmente.

Deseaba saber qué me estaba impidiendo hacer lo que una gran parte de mí quería hacer. Descubrí que la respuesta es más compleja de lo que nos han hecho creer, y tiene muchas caras; y tuve conocimiento de la primera de esas caras cuando llegué a Silicon Valley.

CAPÍTULO 6

Causa 6: el surgimiento de una tecnología que puede seguirnos y manipularnos (primera parte)

James Williams me explicó que, en Provincetown, yo había cometido un error fundamental. Fue estratega y alto cargo de Google muchos años, pero abandonó, horrorizado, para trasladarse a la Universidad de Oxford con la idea de estudiar la atención humana y entender mejor lo que han hecho con ella sus colegas de Silicon Valley. Me dijo que un *detox* digital «no es la solución, por la misma razón por la que llevar máscara antigás dos días a la semana en exteriores no es la respuesta a la contaminación. Sí, es posible que durante un breve periodo mantenga a raya ciertos efectos a nivel individual. Pero no resulta sostenible, y no aborda los problemas sistémicos». Me explicó que nuestra atención se está viendo profundamente alterada por unas fuerzas invasivas muy poderosas en la sociedad en su conjunto. Considerar que la solución pasa principalmente por que las personas, a título individual, practiquen la abstinencia es sencillamente «echar la pelota sobre el tejado del individuo —dijo—, cuando en realidad son los cambios ambientales los que verdaderamente marcarán la diferencia».

Durante mucho tiempo, no entendí del todo a qué se refería. ¿Qué implicaría modificar el entorno, en el caso de la atención, si todos y cada uno de nosotros no intentábamos cambiar nuestro comportamiento personal? La respuesta se me fue mostrando con más claridad gradualmente, a partir de mis encuentros con muchas personas que habían diseñado aspectos cruciales del mundo en el que hoy vivimos. En las colinas de San Francisco y en las abrasadoras y áridas calles de Palo Alto, me di cuenta de que son seis los aspectos en que nuestra tecnología, tal como funciona en la actualidad, está perjudicando nuestro modo de prestar atención; y que esas causas están vinculadas por una fuerza subyacente más profunda que debe vencerse.

Una de las primeras personas en guiarme en ese viaje fue Tristan Harris, otro exingeniero de Google que, después de que yo lo hubiera entrevistado en el transcurso de varios años, saltó a la fama global por aparecer en el documental viral de Netflix *El dilema de las redes sociales*. Ese trabajo exploraba una amplia variedad de aspectos en que las redes sociales, tal como están diseñadas en la actualidad, pueden resultar destructivas. A mí me interesaba esclarecer algo que el documental apenas abordaba: su efecto sobre nuestra capacidad de concentración. Para entenderlo, creo que nos ayudará conocer la historia personal de Tristan y las cosas de las que fue testigo en el corazón de la maquinaria que, desde hace un tiempo, está reconfigurando la atención del mundo.

A principios de la década de 1990, en la ciudad de Santa Rosa, California, un niño con pelo de paje y pajarita dorada aprendía magia. Tristan tenía siete años cuando intentó por primera vez uno de los trucos más básicos. Te pedía que le entregaras una moneda y entonces... ¡Chas! La moneda desaparecía. Cuando ya dominaba otros trucos, montó un espectáculo para su clase de primaria y, para su alegría, lo escogieron para que asistiera a un campamento de magia en la montaña, donde unos magos profesionales daban clases durante una semana. A él todo aquello le parecía como una verdadera cámara de formación Jedi.

A su temprana edad, Tristan descubrió el hecho más importante de la magia. Me lo explicó años después. «En realidad todo tiene que ver con los límites de la atención.»[1] La misión del mago es, en esencia, manipular nuestro foco.

Aquella moneda no desapareció de verdad... pero nuestra atención estaba en otra parte cuando el mago la movió, de manera que cuando nuestro foco regresa al punto original, sentimos asombro. Aprender magia es aprender a manipular la atención de otros sin que estos se den cuenta, y Tristan se percató de que una vez que el mago controla nuestro foco, puede hacer lo que quiera. Una de las cosas que le enseñaron en el campamento es que lo sugestionable que uno sea a la magia no depende de su inteligencia. «Tiene que ver con algo más sutil —me explicó tiempo después—. Tiene que ver con las debilidades, o los límites, o los ángulos muertos, o los prejuicios en los que todos estamos atrapados.»[2]

Dicho de otro modo, la magia es el estudio de los límites de la mente humana. Creemos que controlamos nuestra atención; creemos que si alguien juega con ella nos daremos cuenta, que seremos capaces de detectarlo y resistirnos al momento, pero en realidad somos sacos de carne falibles, y lo somos de maneras predecibles que los magos saben detectar y manejar.

A medida que conocía a magos cada vez mejores —llegó a trabar amistad con uno de los mejores del mundo, Derren Brown—, Tristan aprendió algo que le pareció a la vez extraordinario y desconcertante. Es posible manipular

EL VALOR DE LA ATENCIÓN

la atención hasta tal punto que un mago puede, en muchos casos, convertirnos en sus marionetas. Puede hacernos escoger lo que quiera que escojamos, aunque en todo momento nosotros pensaremos que estamos actuando de acuerdo a nuestra propia voluntad. La primera vez que Tristan me lo comentó, pensé que estaba exagerando, así que él me presentó a su amigo ilusionista James Brown. Tristan me dijo que James me lo demostraría. Os pondré un ejemplo. Cuando nos sentamos juntos, James me mostró una baraja de cartas normal y corriente. Me dijo: «¿Lo ves? Unas son rojas y las otras negras, y todas están bien barajadas». Después volvió las cartas para que los colores quedaran encarados a él y yo ya no pudiera verlos. Me dijo que iba a conseguir que yo los separara ordenadamente en dos montones —uno negro y otro rojo— sin que yo pudiera en ningún momento ver los colores de los naipes. Se trataba de algo claramente imposible. ¿Cómo iba a poder clasificarlos sin verlo?

Me pidió que lo mirara a los ojos y que, recurriendo totalmente a mi propia voluntad, fuera indicándole dónde poner la siguiente carta, si en el montón de la izquierda o si en el de la derecha. Así que fui dándole mis órdenes: izquierda, izquierda, derecha, y así sucesivamente, según lo que a mí me parecía que eran mis propias decisiones aleatorias y caprichosas. Al final, levantó los montones de cartas y me las mostró. Las rojas estaban pulcramente apiladas juntas; y todas las negras se agrupaban en el otro montón.

Yo me quedé asombrado. ¿Cómo lo había hecho? Al final me contó que había estado sutilmente guiando mis elecciones. Volvió a hacerlo, y me dijo que en esa segunda ocasión sería más evidente, para ver si yo me daba cuenta y lo detectaba. Finalmente —tuvo que ser muy explícito— lo pillé. Cuando me decía que escogiera la carta siguiente, indicaba muy sutilmente con los ojos hacia la izquierda o la derecha, y yo siempre escogía según me guiaba inconscientemente. Todo el mundo lo hace, siempre, me contó. Tristan me explicó que esa es una de las revelaciones básicas de la magia: que puedes manipular a la gente, y la gente no sabe siquiera qué está ocurriendo. Todos juran que han escogido libremente, que es lo que también habría hecho yo en relación con esas cartas.

Una mañana, en su despacho de San Francisco, Tristan se echó un poco hacia delante y me dijo: «¿Cómo trabaja un mago? Al mago le salen bien los trucos porque no le hace falta conocer tus fortalezas; le basta con conocer tus debilidades. ¿Y tú? ¿Conoces bien tus debilidades?». Yo quería creer que entendía muy bien mis debilidades, pero Tristan negó lentamente con la cabeza. «Si la gente conociera bien sus debilidades —añadió—, la magia no funcionaría.»

Los magos se aprovechan de esas debilidades para deleitarnos y entretenernos. Al hacerse mayor, Tristan pasó a formar parte de otro grupo de personas que también averiguan cuáles son nuestras debilidades para manipularnos, aunque, en su caso, con finalidades muy diferentes.

Fue durante su primer curso en la Universidad de Stanford, en 2002, cuando a Tristan le llegaron los primeros rumores sobre un curso que se daba en el campus y que tenía lugar en un lugar de nombre misterioso conocido como Laboratorio de Tecnologías Persuasivas. Según se decía, se trataba de un lugar en que unos científicos se dedicaban a buscar la manera de diseñar tecnologías que pudieran cambiar nuestro comportamiento sin que nosotros supiéramos siquiera que estaba siendo modificado. Durante su adolescencia, Tristan se había obsesionado con la codificación, y ya había sido becario en Apple tras cursar su primer año en Stanford, diseñando un código que todavía se usa actualmente en muchos de nuestros dispositivos. Según supo, ese curso secreto del que tanto se hablaba tenía que ver con tomar todo lo que los científicos habían descubierto en el siglo xx en relación con la modificación de conductas de la gente y buscar la manera de que los alumnos integrasen esas formas de persuasión en sus programas.

El curso lo impartía un especialista en comportamiento, un doctor mormón afable y animado llamado B. J. Fogg. Al inicio de cada clase, sacaba una rana y un mono de peluche y los presentaba a los alumnos, y a continuación tocaba el ukelele. Cuando quería que un grupo se juntara o se separara, tocaba un xilófono de juguete. B. J. explicaba a los estudiantes que los ordenadores podían ser potencialmente más convincentes que las personas. Según él, pueden «ser más persistentes que los seres humanos [y] ofrecer un mayor anonimato» y «llegar donde los seres humanos no pueden o no son bien recibidos».[3] Estaba seguro de que, en poco tiempo, cambiarían las vidas de todos, de que nos convencerían de manera persistente a lo largo de todo el día. Ya había dado un curso dedicado a «la psicología del control mental».[4] Encomendó a Tristan y a los demás alumnos la lectura de unos cuantos libros que explicaban centenares de hallazgos psicológicos y trucos para manipular a los seres humanos y conseguir que hagan lo que uno quiere. Aquello fue como encontrar un tesoro. Muchos de aquellos textos se basaban en la filosofía de B. F. Skinner, el hombre que, como había descubierto un tiempo antes, había encontrado la manera de hacer que palomas, ratas y cerdos hicieran lo que él quería ofreciéndoles los «refuerzos» adecuados a sus comportamientos. Tras unos años pasadas de moda, sus ideas habían vuelto con fuerza.

«La verdad es que despertó mi parte de mago —me contó Tristan—. Fue algo así como: "Vaya, existen de verdad unas reglas invisibles que gobiernan lo que hace la gente". Y si existen reglas que gobiernan lo que hace la gente, eso es poder. Es como cuando Isaac Newton descubrió las leyes de la física. Me sentí como si alguien estuviera mostrándome el código, el código para influir en la gente. Recuerdo la experiencia de estar sentado ahí, en el campus de posgrado, leyendo esos libros los fines de semana y subrayando apasionadamente aquellos pasajes, y me decía: "Dios mío, no me creo que esto funcione".» Cuenta que en aquellos días se sentía embriagado por la emoción. «Admito que las alarmas de la ética aún no se habían activado en mi mente.»

Durante el curso, lo emparejaron con un joven llamado Mike Krieger y les encomendaron el diseño de una aplicación. Tristan llevaba un tiempo pensando en algo llamado «trastorno afectivo estacional», que consiste en que, cuando vivimos largos periodos de mal tiempo, tenemos más probabilidades de deprimirnos. Y en ese momento se plantearon cómo podía ayudar la tecnología. Se les ocurrió una aplicación llamada Envía el Sol. Dos amigos podían conectarse a través de ella, y localizaba dónde se encontraban ambos y ofrecía información meteorológica de sus ubicaciones. Si la aplicación constataba que a tu amigo le faltaba sol y que tú sí lo tenías, te proponía que hicieras una foto del sol y se la enviaras. Era una manera de demostrar que alguien lo tenía en cuenta; y que le enviaba sol. Era una idea bonita y sencilla, y estimuló a Mike y a otra persona, llamada Kevin Systrom, a pensar en el poder de las fotografías compartidas *online*. Ya empezaban a darle vueltas a otra de las lecciones clave aprendidas en el curso y tomadas de B. F. Skinner: la construcción de refuerzos inmediatos. Si quieres moldear el comportamiento del usuario, asegúrate de que, desde el principio, reciba corazones y *likes*. Recurriendo a esos principios, lanzaron una nueva aplicación propia. Y la llamaron Instagram.

Ese curso estaba lleno de gente que iba a usar las técnicas que impartía B. J. Fogg para cambiar nuestra manera de vivir, y al profesor no tardaron en bautizarlo como «fabricante de millonarios».[5] Pero a Tristan empezaba a preocuparle algo. Transcurrido un tiempo, se dio cuenta de que se había obsesionado con revisar su correo electrónico. Lo hacía de manera repetitiva, sin pensar, una y otra vez, y sentía que se le atrofiaba su radio de atención. Según me contó, se dio cuenta de que la aplicación de correo electrónico que usaba «funciona a partir de un puñado de palancas distintas, y es muy poderosa, y es horrible, y resulta superestresante, y echa a perder horas y horas de la vida de la gente». Llevaba un tiempo aprendiendo a hackear a gente en el Laboratorio de Tecnologías Persuasivas, pero acabó planteándose una pregunta desconcertante: «¿Acaso a mí también me están hackeando otros diseñadores de tecnología?». Aún no estaba seguro de cuáles podían ser esas técnicas, pero empezó a experimentar sentimientos raros al respecto. B. J. enseñaba a sus alumnos que solo debían usar esos poderes para cosas buenas, y les planteaba debates éticos durante el curso. Aun así, Tristan empezaría a preguntarse si aquellos secretos, ese código, estaba usándose éticamente en el mundo real.

En la última clase a la que asistió Tristan, todos los alumnos abordaron maneras de usar esas tecnologías de la persuasión en el futuro. A otro de los grupos se le ocurrió un plan muy atractivo. Se preguntaron: «¿Y si en el futuro contáramos con un perfil de todas y cada una de las personas del mundo?».[6] En tanto que diseñadores, tendríamos acceso a toda la información que ofrecen en sus redes sociales y crearíamos un perfil detallado de ellas. No se trataría solo de cosas sencillas, como sexo, edad, intereses. Sería algo más profundo. Sería un perfil psicológico que determinaría cómo funcionan sus personalidades y cuáles son las mejores maneras para persuadirlas. Sabría si el usuario es optimista o pesimista, si está abierto a nuevas experiencias o tiende a la nostalgia, averiguaría las decenas de características que tiene.

Pensemos, se decían los alumnos en voz alta, en hasta qué punto podríamos dirigirnos específicamente a las personas si supiéramos tantas cosas de ellas. Pensemos en hasta qué punto podríamos cambiarlas. Cuando un político o una empresa quisiera persuadirte, podría pagar a una red social para hacerte llegar su mensaje específicamente a ti. Aquello era el nacimiento de una idea. Años después, cuando se reveló que la campaña electoral de Donald Trump había pagado a una empresa llamada Cambridge Analytica para hacer eso exactamente, a Tristan le vendría a la mente aquella última clase en Stanford. «Esa fue la clase que me asustó —me dijo—. Recuerdo haber dicho: "Esto es muy preocupante".»

Pero Tristan creía profundamente en el poder de la tecnología para hacer el bien. Así que recurrió a todo lo que había aprendido en Stanford para diseñar una aplicación cargada de una finalidad claramente positiva. Intentaba detener una de las maneras con que la red interfiere en nuestra atención. Pongamos por caso que estamos consultando la página de la CNN y empezamos a leer una noticia sobre Irlanda del Norte, tema del que no sabemos gran cosa. En condiciones normales, entonces, abrimos una nueva ventana y empezamos a buscar información en Google, y sin darnos cuenta, nos adentramos en una madriguera y salimos media hora después, perdidos en artículos y vídeos sobre temas totalmente diferentes (por lo general de gatos que tocan el piano). La aplicación de Tristan estaba pensada para que, en una situación así, pudiéramos hacer otra cosa: destacamos unas palabras (por ejemplo, Irlanda del Norte) y aparece una única ventana que te proporciona un sumario sucinto sobre el tema. No hay que salir del sitio. No hace falta entrar en ninguna madriguera. Nuestra atención queda preservada. La aplicación fue bien; miles de páginas web empezaron a usarla, entre ellas la del *New York Times*, y al poco tiempo Google lanzó una oferta importante para adquirirla, y a Tristan le propusieron trabajar para ellos. Le dijeron que la querían para poder integrarla en su navegador, Chrome, y conseguir que la gente se distrajera menos. Él no desaprovechó la oportunidad.

A Tristan le parece que es difícil explicar qué significaba exactamente empezar a trabajar en Google en ese momento de la historia, en 2011. Todos los días, la empresa para la que trabajaba (desde su sede, en Googleplex de Palo Alto) daba forma una y otra vez a la manera en que mil millones de personas se movían por el mundo: lo que acababan viendo y lo que no. Más adelante contaría ante un público: «Quiero que os imaginéis lo que es entrar en una sala. Una sala de control, con un montón de gente, cien personas, cada uno en su escritorio y frente a una serie de mandos, y que esa sala de control modelará los pensamientos y los sentimientos de mil millones de personas. Quizá os suene a ciencia ficción, pero eso existe ahora mismo, hoy. Y lo sé porque yo antes trabajaba en una de esas salas de control».[7]

A Tristan le asignaron durante un tiempo un trabajo en el desarrollo de Gmail, el sistema de correo electrónico de

Google, precisamente la aplicación que lo estaba volviendo loco y que, según sospechaba, tal vez estuviera recurriendo a trucos de manipulación que él todavía no había averiguado. Aun trabajando en ese puesto, revisaba obsesivamente su bandeja de entrada, lo que le hacía perder concentración, y cada vez que consultaba un mensaje nuevo, constataba que le costaba más que su mente volviera donde estaba antes. Empezó a pensar en la manera de diseñar un sistema de correo que tendiera menos a anular nuestra atención, pero cada vez que trataba de abordar la idea con sus colegas, la conversación no parecía llegar muy lejos. En Google, aprendió rápidamente que por lo general el éxito se medía por lo que se llamaba *engagement* o implicación, que se definía por los minutos y las horas que los usuarios pasaban conectados al producto. Más implicación era buena; menos implicación era mala. Y ello era así por una razón muy simple: cuanto más consigues que la gente mire el móvil, más anuncios verá y, por tanto, más dinero conseguirá Google. Los compañeros de trabajo de Tristan eran personas honradas, que lidiaban con sus propias distracciones tecnológicas, pero los incentivos parecían llevarlos solo en un sentido: debían diseñar siempre productos que «implicaran» al máximo número de personas posible, porque la implicación equivale a dinero, y la falta de implicación equivale a menos dinero.

Con el paso de los meses, Tristan se sentía cada vez más desconcertado ante la facilidad con que la atención de mil millones de personas se veía erosionada en Google y otras de las grandes empresas tecnológicas. Un día, oyó que un ingeniero decía, entusiasmado: «¿Por qué no hacemos que cada vez que llegue un correo electrónico se oiga un zumbido?».[8] Y todos se mostraron encantados, y al cabo de unas pocas semanas, en todo el mundo, los teléfonos empezaron a vibrar en los bolsillos de la gente, y cada vez había más gente consultando su Gmail más veces al día. Los ingenieros siempre buscaban nuevas maneras de atraer la atención hacia sus programas y mantenerla en ellos. Tristan era testigo a diario de las propuestas de esos ingenieros, que seguían inventando interrupciones en la vida de la gente: más vibraciones, más alertas, más trucos. Y siempre recibían felicitaciones.

A medida que la gente que usaba Google y Gmail seguía creciendo espectacularmente, Tristan empezó a preguntar a sus colegas: «¿Cómo se convence éticamente a dos mil millones de personas?... ¿Cómo se estructura éticamente la atención de dos mil millones de personas?». Pero descubrió que a la mayoría de los demás trabajadores de la empresa se los empujaba a pensar, simplemente: «¿Cómo puedo conseguir que la gente se implique más?».[9] Y ello conllevaba captar más la atención, interrumpir más; y la cosa seguía, y todas las semanas se descubrían mejores técnicas. Un día, mientras paseábamos por San Francisco, Tristan me dijo: «Las cosas pintan bastante mal desde fuera, pero cuando estás dentro, se ven aún peor».

Tristan empezaba a darse cuenta: no es culpa nuestra si no logramos concentrarnos. Es algo diseñado. Nuestra distracción es su combustible.

Después de trabajar intensivamente en el equipo de Gmail, Tristan vio que cuando se trataba de cuestionar lo que hacían con la atención de la gente, «la conversación era inexistente». Se fijaba en sus amigos, que ya estaban trabajando por todo Silicon Valley, y veía que ese enfoque de captación y saqueo de nuestra concentración se estaba adoptando en todas las empresas en las que trabajaban. «Lo que empezaba a preocuparme seriamente, con los años —me confió—, era ver a mis amigos, que en un principio se habían metido en ese negocio porque creían que podían mejorar el mundo, atrapados en esa carrera para manipular la naturaleza humana.»

Por centrarnos solo en uno de los muchos ejemplos que Tristan me puso, sus amigos Mike y Kevin habían puesto en marcha Instagram, y al cabo de poco «añadieron unos filtros, porque estaba de moda. Así que podías tomar una foto y hacer que, al momento, pareciera una foto artística». Está seguro de que ni se les pasó por la cabeza que de esa manera iniciarían una carrera con Snapchat y otros para ver quién era capaz de «proporcionar mejores filtros de embellecimiento», algo que, a su vez, cambiaría la manera de pensar de la gente respecto a sus propios cuerpos, tanto que en la actualidad existe ya todo un grupo de gente que se somete a cirugía estética para parecerse más a sus filtros. Tristan se daba cuenta de que sus amigos estaban poniendo en marcha unos cambios que estaban transformando el mundo de maneras que no eran capaces ni de predecir ni de controlar. «La razón por la que debemos tener tanto cuidado con la manera de diseñar la tecnología —comentó—, es que esa gente mete, embute, a todo el mundo en esa red, y por el otro extremo sale un mundo diferente.»

Pero ahí estaba Tristan, en el centro de la máquina que desencadenaba esas transformaciones, y veía que, tras las puertas cerradas, los marcadores de la sala de control se ponían al máximo.

Tras varios años en el corazón de Googleplex, Tristan ya no podía más y decidió salir. A modo de gesto final, organizó un pase de diapositivas para las personas con las que trabajaba con la intención de que pensaran en aquellas cuestiones. La primera imagen decía, simplemente: «Me preocupa que estemos haciendo del mundo un lugar más distraído». Y pasó a explicarse: «La distracción me importa porque lo único que tenemos en la vida es tiempo... Y sin embargo aquí, misteriosamente, podemos perder horas y horas». A continuación, mostró la imagen de la bandeja de entrada de Gmail. «Y en contenidos que absorben grandes porciones de tiempo aquí.» Mostró una entrada de Facebook. Dijo que le preocupaba que la empresa —y otras como ella— estuviera inadvertidamente «destruyendo la capacidad de nuestros hijos de concentrarse», tras lo que señaló que el niño medio de entre trece y diecisiete años en Estados Unidos enviaba un mensaje de texto cada seis minutos durante su vigilia. Y advirtió que la gente vivía «en una rueda de comprobación continua».[10]

Formuló la pregunta: sabemos que las interrupciones causan un deterioro en la capacidad de la gente de concentrarse y pensar con claridad; así pues, ¿por qué aumentamos las interrupciones? ¿Por qué encontramos maneras cada vez mejores de hacerlo, constantemente? «Pensad en ello —les pidió a sus colegas—. Deberíamos sentir la enorme responsabilidad de hacerlo bien.» Todos los seres humanos tenemos unas vulnerabilidades naturales, y en lugar de explotar esas vulnerabilidades, como un mago perverso, Google debería respetarlas. Y sugería ciertos cambios modestos como punto de partida. En lugar de notificar la recepción de cada email, proponía una notificación conjunta diaria, en un solo paquete, algo así como recibir un periódico por la mañana en lugar de seguir constantemente la actualización de las noticias. Cada vez que instamos a alguien a pinchar una foto nueva que su amigo ha subido, podríamos advertirle (en esa misma pantalla) que, de promedio, una persona que pincha en una foto se distrae veinte minutos antes de volver a su tarea.

Podríamos decirle: crees que solo te llevará un segundo, pero no es así.

Sugería dar a los usuarios la oportunidad de detenerse cada vez que pinchan para hacer algo que, potencialmente, puede llevar a la distracción, y comprobar: ¿seguro que quieres hacerlo? ¿Sabes cuánto tiempo te quitará? «Los seres humanos tomamos otras decisiones cuando nos detenemos a considerar las cosas», me comentó.

Intentaba transmitir a sus colegas la importancia de las decisiones que estos toman todos los días. «Damos forma a más de once mil millones de interrupciones en las vidas de la gente, todos los días. ¡Es una locura!» Les explicó que la gente que trabaja en Googleplex controla más del 50 % de todas las notificaciones de todos los teléfonos del mundo. Estamos «creando una carrera armamentística que lleva a las empresas a encontrar más razones para robarle el tiempo a la gente», algo que «destruye nuestro silencio y nuestra capacidad comunes de pensar». Y preguntaba: «¿Sabemos realmente lo que le estamos haciendo a la gente?».

Hacer algo así era muy temerario. En el corazón de la maquinaria que estaba cambiando el mundo aparecía un ingeniero inteligente y con talento, pero con un cargo más bien modesto y de apenas veintinueve años, que les decía algo que desafiaba directamente el rumbo absoluto que seguía la empresa. Era como si, en 1975, un simple cargo ejecutivo se hubiera plantado delante de todo ExxonMobil y les hubiera dicho que eran responsables del calentamiento global y les hubiera mostrado imágenes del hielo derritiéndose en el Ártico. En Silicon Valley, todos le hacían la pelota a Google. Pero ahí estaba Tristan, una persona con las cualidades necesarias para permanecer en el núcleo de la empresa toda la vida y ganar mucho dinero, escribiendo lo que parecía ser su propio certificado de defunción profesional porque le parecía que alguien, en alguna parte, debía decir algo.

Compartió la presentación de fotos con sus colegas y se fue a su casa, deprimido. Y entonces ocurrió algo inesperado.

Con el paso de las horas, cada vez eran más los empleados de Google que compartían las imágenes de la presentación de Tristan. Al día siguiente, recibió una marea de mensajes de personal de la compañía entusiasmados con ella. Al parecer, había ido a dar con un estado de ánimo latente. Diseñar esos productos no implica necesariamente que uno sea inmune a ellos. Los empleados de Googleplex también se sentían alcanzados por aquel tsunami de distracciones. Muchos mostraban interés en mantener una conversación sobre lo que le estaban haciendo al mundo. A aquellas personas les atraía en concreto la pregunta que Tristan les había planteado: «¿Y si diseñáramos [nuestros productos] para minimizar el estrés y crear unos estados mentales más sosegados?».

También recibió algunas críticas. Algunos colegas le dijeron que todas las nuevas tecnologías traen consigo el pánico, el temor a que con ellas el mundo se convierta en un lugar peor (ya Sócrates dijo que escribir las cosas acabaría con la memoria de la gente). Todo, desde la imprenta a la televisión, ensuciaría las mentes de los jóvenes. Otros respondían desde una perspectiva libertaria y afirmaban que lo que él sugería invitaba a una regulación gubernamental, algo que según ellos era contrario al espíritu mismo del ciberespacio.

La presentación de Tristan causó tal alboroto en Google que le pidieron que se quedara en la empresa, en un nuevo puesto creado especialmente para él. Le ofrecieron el cargo del primer «diseñador ético» de Google. La propuesta le encantó. Al fin una oportunidad de plantearse algunas de las cuestiones más candentes de nuestro tiempo en un lugar desde el que —si conseguía que la gente lo escuchara— podía lograrse una gran repercusión. Por primera vez en mucho tiempo se sentía optimista. Le parecía que esa nueva oferta laboral significaba que Google se tomaba en serio la exploración de esos temas. Sabía que había entusiasmo entre sus compañeros de trabajo, y creía en la buena fe de sus jefes.

Le asignaron un escritorio y, en la práctica, lo dejaron ahí para que pensara. Así que se puso a investigar los efectos de muchas cosas. Por ejemplo, se fijó en la manera que tiene Snapchat de enganchar a los adolescentes. La aplicación contaba con una opción llamada «Snapchat streaks» [rachas de Snapchat], por la que dos amigos, casi siempre adolescentes, se ponían en contacto todos los días a través de la aplicación. Cada día que contactaban, su «racha» crecía, por lo que deseaban crear una racha de 200, 300, 400 días consecutivos, todo ello ilustrado con una variedad de emoticonos de colores. Si se saltaban un solo día, el marcador volvía a cero. Se trataba de una manera perfecta de tomar el deseo de los adolescentes de conectar socialmente y manipularlo para tenerlos enganchados. Estos acudían todos los días para ampliar sus rachas, y ya que estaban se quedaban por ahí a revisar otros contenidos, a menudo durante horas.

Pero cada vez que presentaba una propuesta específica a sus superiores para intentar que los productos de Google interrumpieran menos, estos, en la práctica, le decían: «Esto es difícil, resulta confuso y con frecuencia contradictorio con nuestro balance».[11] Tristan se dio cuenta de que topaba contra una contradicción nuclear. Cuanto más consultaba la gente sus móviles, más dinero ganaban aquellas empresas. Y punto. La intención de la gente de Silicon Valley no era diseñar dispositivos y sitios web que perjudicaran la capacidad de concentración de la gente. No son el Joker, tratando de sembrar el caos y volvernos tontos. Ellos mismos pasan mucho tiempo meditando y practicando yoga. Muchas veces prohíben a sus propios hijos usar las páginas y los dispositivos que diseñan y llevan a sus hijos a escuelas Montessori, espacios libres de tecnología. Pero su modelo de negocio solo triunfa si toman medidas para dominar la atención de la sociedad en general. No es su meta, así como ExxonMobil tampoco pretende fundir el Ártico deliberadamente. Pero se trata de un efecto inevitable de su actual modelo de negocio.

Cuando Tristan advertía sobre esos efectos, la mayoría de la gente en la empresa se mostraba comprensiva y le daba la razón. Cuando sugería alternativas, cambiaban de tema. Para tener una idea del dinero que estaba en juego: la fortuna personal de Larry Page, uno de los fundadores de Google, es de 102.000 millones de dólares; la de su colega Serguéi Brin es de 99.000 millones de dólares; y la de su otro colega Eric Schmidt es de 20.700 millones de dólares. Son cifras al margen de la riqueza de Google en tanto que empresa que, en el momento de redactar estas líneas, es de un billón de dólares. Solo esos tres hombres poseen aproximadamente el dinero que suman todas las personas, edificios y cuentas corrientes de un rico país petrolero como Kuwait, y el valor de Google equivale aproximadamente a la riqueza de países como México o Indonesia. Pedirles a esas personas que distrajeran menos a la gente era como pedir a una compañía petrolera que dejara de extraer petróleo: no querían oírlo. «Ni siquiera llegas a tener que tomar esa decisión ética de mejorar el grado de atención de la gente —constató Tristan— porque tu modelo de negocio y tus incentivos toman esa decisión por ti.»[12] Años después, al declarar ante el Senado de Estados Unidos, explicó: «Fracasé porque las empresas [en la actualidad] no tienen los incentivos adecuados para cambiar».[13]

Tristan permaneció dos años en el empleo de programación ética y, hacia el final, como contó tiempo después en un acto público, «me sentía absolutamente inútil. Había días en los que, literalmente, iba a trabajar y me dedicaba a leer la Wikipedia y a consultar el correo electrónico, y no tenía ni idea, frente a algo tan inmenso como es la economía de la atención y sus perversos incentivos, de cómo puede cambiarse un sistema tan descomunal. Sí, me sentía realmente inútil. Y me sentía deprimido».[14] Así que finalmente dejó Google y salió de un Silicon Valley en el que, según me dijo, «todo es una carrera por la atención». En esa época tan solitaria de la vida de Tristan, estuvo a punto de asociarse con otra persona que se sentía deprimida y perdida, y que se sentía culpable por lo que él, personalmente, te había hecho a ti, me había hecho a mí y les había hecho a todas las personas a las que conocemos.

Seguramente no habréis oído hablar de Aza Raskin, pero se trata de alguien que ha intervenido directamente en vuestra vida. De hecho, seguramente tendrá que ver con vuestra manera de pasar el día de hoy. Aza se educó en el sector más prestigioso de Silicon Valley, en el momento en que más convencimiento había de estar creando un mundo mejor. Su padre era Jef Raskin, el hombre que inventó Apple Macintosh para Steve Jobs, que creó según un principio básico: que la atención del usuario es sagrada. Jef creía que la función de la tecnología consistía en elevar a las personas y permitirles la consecución de metas más altas. A su hijo le enseñó: «¿Para qué sirve la tecnología? ¿Por qué la fabricamos? La fabricamos porque toma las partes de nosotros que son más humanas y las amplía. Eso es lo que es un pincel. Lo que es un violonchelo. Lo que es el lenguaje. Se trata de tecnologías que amplían una parte de nosotros. La tecnología no tiene que ver con convertirnos en superhumanos. Tiene que ver con hacernos extrahumanos».[15]

Aza se convirtió en un programador muy precoz, y pronunció su primera charla sobre interfaces de usuario cuando apenas había cumplido los diez años. Cuando tenía poco más de veinte, encabezaba el diseño de algunos de los primeros navegadores de internet, y era el jefe creativo de Firefox. Su trabajo lo llevó a diseñar algo que, sin duda, cambió el funcionamiento de la red. Se conoce como «*scroll* infinito». Los lectores de más edad recordarán que antes internet se dividía en páginas, y que cuando llegabas al final de una página tenías que pinchar en un botón para pasar a la página siguiente. Se trataba de una opción activa. Te concedía un momento para detenerte y preguntarte: ¿quiero seguir consultando esto? Aza diseñó el programa que hace que ya no tengamos que preguntarnos nada. Imagina que abres Facebook. Se descarga una porción de actualizaciones de estado para que las leas. Llegas al final pasando el dedo por la pantalla y entonces, automáticamente, se carga otra porción para que la consultes. Y cuando llegas al final de ese trozo, automáticamente se descarga otro trozo, y otro, y otro, y así sucesivamente. Nunca se acaba. Se despliega infinitamente.

Aza estaba orgulloso de ese diseño. «Al principio, parece un invento muy bueno», me comentó. Creía que le estaba haciendo la vida más fácil a todo el mundo. Le habían enseñado que aumentar la velocidad y la eficacia en el acceso era siempre un adelanto. Su invento se propagó pronto por todo internet. Actualmente, todas las redes sociales y muchos otros sitios usan alguna versión del *scroll* infinito. Pero Aza empezó a ver que la gente de su entorno cambiaba. Parecía incapaz de apartarse de los dispositivos, los consultaban sin parar, gracias, en parte, al programa que había diseñado. Él mismo se descubría consultando infinitamente lo que muchas veces, se daba cuenta, eran chorradas, y se preguntaba si estaba haciendo un buen uso de su vida.

Un día, a los treinta y dos años, Aza se tomó la molestia de hacer cálculos: según una estimación a la baja, el *scroll* infinito nos hace perder el 50 % más del tiempo en sitios como Twitter.[16] (Aza cree que en el caso de mucha gente, es considerablemente más.) Sin abandonar esa estimación a la baja, a Aza le interesaba saber qué significaba que, en la práctica, miles de millones de personas pasaran el 50 % más del tiempo en las distintas redes sociales. Al terminar de calcular, se concentró en los resultados. Diariamente, como consecuencia directa de su invento, un total de 200.000 tiempos de vida humana —considerando todos los momentos desde el nacimiento hasta la muerte— se gastan subiendo y bajando por la pantalla. Horas que, de no existir el *scroll* infinito, se dedicarían a cualquier otra actividad.

A medida que me lo explicaba, lo notaba algo ausente. Ese es un tiempo que «desaparece por completo. Es como si su vida entera... ¡chas! Un tiempo que podría haberse usado para revertir el cambio climático, para convivir más con la familia, para fortalecer los vínculos sociales. Para cualquier cosa que sirva para vivir una vida mejor. Es solo que...». Y se calló. Me imaginé a mi joven ahijado, Adam, y a todos sus amigos adolescentes, consultando el móvil, deslizando la pantalla hacia abajo con el dedo infinitamente.

Aza me dijo que se sentía «sucio, o algo así». Se daba cuenta de que «esas cosas que hacemos pueden cambiar el mundo de verdad. Y entonces la pregunta siguiente es inevitable: ¿en qué sentido cambiamos el mundo?». Se daba cuenta de que, para él, facilitar el uso de la tecnología implicaba hacer de esta tierra un lugar mejor. Pero empezaba a pensar que «una de mis lecciones más importantes en tanto que diseñador de tecnología ha sido que hacer que algo sea más fácil no significa necesariamente que sea bueno para la humanidad». Pensaba en su padre, que para entonces ya había muerto, y en su compromiso para crear una tecnología que liberara a la gente y le permitiera ser mejor, y se preguntó si él estaba a la altura de las aspiraciones de su progenitor. Empezaba a plantearse si él y su generación, en Silicon Valley, estaban creando en realidad «una tecnología que nos rasga, nos abre y nos rompe».

Seguía diseñando más cosas en la línea del *scroll* infinito, pero cada vez se sentía más incómodo. «Más o menos en la misma época en la que empezamos a tener mucho éxito con ello, yo me notaba angustiado», me contó. Le parecía que veía a la gente cada vez menos empática, más enfadada y más hostil a medida que el uso de las redes sociales aumentaba. En aquella época, trabajaba en una aplicación que había diseñado y que se llamaba PostSocial, una red social pensada para ayudar a la gente a interactuar más en el mundo real, al margen de sus dispositivos. Intentaba recaudar fondos para la siguiente fase de su desarrollo, pero a los inversores solo les interesaba saber una cosa: ¿cuánta atención de la gente se capta, cuánta gente consulta tu aplicación? ¿Con qué frecuencia? ¿Cuántas veces al día? No era eso lo que Aza quería ser, una persona que solo pensara en la manera de quitarle el tiempo a la gente. Pero «se notaba esa fuerza gravitatoria, esa fuerza que arrastraba ese producto hacia todo aquello contra lo que luchábamos».

La lógica del sistema subyacente se le mostraba a Aza en toda su crudeza. Silicon Valley se vende expresando «una meta grande, elevada: la de conectar a todas las personas del mundo, o lo que sea. Pero cuando, en la práctica, haces tu trabajo diario, de lo que se trata es de incrementar el número de usuarios». Lo que se vende es la capacidad de captar y mantener la atención. Cuando él intentaba debatir sobre eso, se topaba con una negación total. «Pongamos por caso que estás haciendo pan —me dijo—, y que te sale un pan increíble, y que usas ese ingrediente secreto... y de pronto empiezas a producir pan gratis para todo el mundo, y todo el mundo lo come. Entonces uno de tus científicos viene y te dice: "Por cierto, creemos que ese ingrediente secreto provoca cáncer". ¿Qué haces? Casi con total seguridad dirás: esto no puede ser así. Debemos investigar más. Quizá se trate de algo (de otra cosa) que está haciendo la gente. Quizá se da algún otro factor.»

En toda la industria, Aza no paraba de encontrarse a gente que vivía crisis similares. «Yo mismo fui testigo directo de varias "noches oscuras del alma"», comenta. Veía que los propios habitantes de Silicon Valley parecían secuestrados por sus propias creaciones e intentaban escapar. Cuando yo me reuní con algunos de esos disidentes, me sorprendió que fueran tan jóvenes, casi como si se tratara de unos niños que hubieran inventado unos juguetes y vieran que estos estaban conquistando el mundo. Todos se esforzaban en reflexionar, intentando resistirse a los programas que habían creado. Él se daba cuenta de que «una de las ironías del caso es que existen unos talleres sobre *mindful-*

ness en Facebook y Google, que son extraordinariamente populares, en los que se enseña a crear un espacio mental para tomar decisiones de manera no reactiva, y al mismo tiempo ellos son los mayores perpetradores del no *mindfulness* en el mundo».

Cuando Tristan y Aza se decidieron a alzar la voz, los ridiculizaron por considerarlos agoreros exagerados. Pero entonces, uno por uno, por todo Silicon Valley, la gente que había creado el mundo en el que hoy vivimos todos nosotros, empezaron a declarar públicamente que tenían sensaciones idénticas. Por ejemplo Sean Parker, uno de los inversores de Facebook, manifestó en un evento público que los creadores del sitio se habían preguntado desde el principio: «¿Cómo hacemos para consumiros tanto tiempo y atención consciente como sea posible?». Las técnicas que usaban eran «exactamente las mismas que a un *hacker* como yo mismo se le ocurrirían, porque estamos explotando una vulnerabilidad de la psicología humana... Los inventores, creadores —soy yo, es Mark [Zuckerberg], es Kevin Systrom de Instagram, es toda esa gente—, lo entendían de manera consciente. Y aun así lo hacíamos». Y añadió: «Solo Dios sabe qué se les está haciendo a los cerebros de nuestros hijos».[17] Chamath Palihapitiya, que era vicepresidente de crecimiento de Facebook, explicó durante una conferencia que los efectos son tan negativos que a sus propios hijos «no les permite usar esa mierda».[18] Tony Fadell, coinventor del iPhone, dijo: «Me despierto con sudores fríos de vez en cuando, pensando: ¿qué hemos traído al mundo?».[19] Le preocupaba haber contribuido a crear «una bomba atómica» capaz de «hacer explotar los cerebros de las personas y reprogramarlos».

En Silicon Valley, muchos anticipaban que las cosas no harían sino empeorar. Uno de sus inversores más conocidos, Paul Graham, escribió: «A menos que las formas del progreso tecnológico que han producido estas cosas queden sujetas a unas leyes diferenciadas de las que regulan el progreso tecnológico general, el mundo se hará más adictivo en los próximos cuarenta años de lo que ha sido en los últimos cuarenta».[20]

Un día, James Williams, el exestratega de Google al que conocí, se dirigió a un público formado por centenares de destacados diseñadores de tecnología y les formuló la siguiente pregunta: «¿Cuántos de vosotros queréis vivir en el mundo que estáis diseñando?». Se hizo el silencio en la sala. La gente miró a su alrededor. Nadie levantó la mano.

CAPÍTULO 7

Causa 6: el surgimiento de una tecnología que puede seguirnos y manipularnos (segunda parte)

Tristan me dijo que si uno desea entender los problemas más profundos del modo de operar de nuestra tecnología actual —y por qué dicha tecnología está erosionando nuestra atención—, un buen lugar para empezar es lo que parece ser una pregunta muy simple.

Imaginemos que estamos visitando Nueva York y queremos saber cuáles de nuestros amigos están en la ciudad para poder quedar con ellos. Entramos en Facebook. Ahí se nos alerta de muchas cosas —del cumpleaños de alguien, de una foto etiquetada, de un ataque terrorista—, pero no se nos notifica la proximidad física de alguien a quien quizá nos apetece ver. No existe el botón que dice: «Quiero quedar... ¿quién está cerca y está libre?». Tecnológicamente, no es nada difícil. Sería muy fácil diseñar Facebook para que, al abrirlo, nos informara de cuáles de nuestros amigos están cerca y de a cuáles les apetecería tomar una copa o cenar esa semana. Programarlo así es fácil: Tristan, Aza y sus amigos podrían hacerlo en cuestión de un día. Y tendría mucho éxito. Preguntemos a cualquier usuario de Facebook: ¿te gustaría que Facebook conectara más a tus amigos físicamente en lugar de hacerte ver más y más contenido en un *scroll* infinito?

Así que se trata de algo fácil, y a los usuarios les encantaría. ¿Por qué no se hace? Según me explicaron Tristan y sus colegas, para entenderlo hay que retroceder y captar algo más sobre el modelo de negocio de Facebook y otras redes sociales. Si seguimos el rastro de esa pregunta tan sencilla, llegaremos a la raíz de muchos de los problemas a los que nos enfrentamos.

Facebook gana más dinero por cada segundo extra que pasamos consultando su página en la pantalla, y pierde dinero cada vez que dejamos el móvil. Ese dinero lo obtiene de dos formas: hasta que yo empecé a pasar tiempo en Silicon Valley, solo había pensado de manera muy ingenua en la primera y más evidente de ella. Está claro, tal como he expuesto en el capítulo anterior, que cuanto más tiempo dedicamos a consultar sus sitios, más anuncios vemos. Los anunciantes pagan a Facebook para llegar hasta nosotros y nuestras miradas. Pero existe una segunda razón, más sutil, por la que a Facebook le interesa que sigamos pasando el dedo por la pantalla, por la que no quiere por nada del mundo que nos desconectemos. Cuando supe de esa razón por primera vez, me mostré algo incrédulo: me pareció algo descabellada. Pero seguí conversando con personas de San Francisco y Palo Alto, y cada vez que expresaba mi escepticismo al respecto, me miraban como si yo fuera una tía soltera de 1850 que acabara de enterarse de cómo funciona el sexo. ¿Cómo creía yo que iba la cosa?, me preguntaban.

Cada vez que enviamos un mensaje o actualizamos el estado de Facebook, Snapchat o Twitter, cada vez que buscamos algo en Google, todo lo que decimos se revisa, se clasifica y se almacena. Esas empresas van creando un perfil nuestro para vendérselo a los anunciantes que quieren dirigirse específicamente a nosotros. A partir de 2014, por ejemplo, si alguien usaba Gmail, los sistemas automáticos de Google revisaban toda su correspondencia privada para generar un «perfil de anuncio» específico para ese alguien. Si, pongamos por caso, le envías un correo a tu madre y le cuentas que tienes que comprar pañales, Gmail sabe que tienes un bebé, y sabe hacerte llegar anuncios de productos de bebé directamente a ti. Si usas la palabra «artritis», intentará venderte tratamientos para la artritis. El proceso que Tristan anticipó en la clase final de Stanford estaba empezando.

Aza me lo explicó diciéndome que debía imaginar que «en el interior de los servidores de Facebook, en el interior de los servidores de Google, hay un muñequito de vudú, [y que es] una reproducción tuya. Al principio no se parece mucho a ti. Es algo así como un modelo genérico de un ser humano. Pero empiezan a recabar los rastros (es decir, todo aquello en lo que pinchas), y las uñas que te cortas, y el pelo que se te cae (es decir, todo lo que buscas, cada pequeño detalle de tu vida *online*). Van acumulando todos los metadatos que a ti no te parecen significativos, de manera que el muñeco se va pareciendo cada vez más a ti. [Entonces] cuando entras en [por ejemplo] YouTube, despiertan al muñeco y le proponen centenares de miles de vídeos a ese muñeco y ven qué es lo que hace que se le agite y se le mueva el brazo, para saber que funciona, y a continuación te lo muestran a ti». La imagen era tan macabra que me detuve. Él siguió hablando. «Por cierto... Tienen uno de esos muñecos por una de cada cuatro personas en el mundo.»

Por ahora, esos muñecos de vudú son a veces rudimentarios y otras veces, asombrosamente precisos. Todos hemos vivido la experiencia de buscar algo por internet. En mi caso, hace poco, intenté comprar una bicicleta estática y, transcurrido un mes, sigo recibiendo anuncios de bicicletas estáticas en Google y Facebook, una cantidad interminable de anuncios, tantos que me dan ganas de gritar: «¡Ya me la he comprado!». Pero los sistemas se sofistican más y más todos los años. Aza me contó que «está empezando a funcionar tan bien que cada vez que empiezo una presentación, le pregunto a los asistentes cuántos de ellos creen que Facebook escucha sus conversaciones, porque se ofrece un anuncio que realmente es ajustadísimo. Tiene que ver con algo muy concreto que nunca han mencionado antes (pero que de lo que resulta que sí han hablado fuera de internet con un amigo un día antes). Pues bien, por lo general la mitad o dos tercios de los asistentes levantan la mano. La verdad da más miedo. No es que nos escuchen y después sirvan anuncios personalizados. Es que el muñeco que tienen de nosotros es tan exacto que predice cosas de nosotros que a nosotros nos parecen magia».

Me explicaron que cada vez que una empresa tecnológica proporciona algo gratis, siempre lo hace para mejorar ese muñeco de vudú. ¿Por qué es gratis Google Maps? Para que el muñeco pueda incluir detalles de los lugares a los que vas todos los días. ¿Por qué Amazon Echo y Google Nest Hub se venden por solo treinta dólares, mucho menos de lo que cuesta fabricarlos? Para que puedan recabar más información; para que el muñeco de vudú pueda conformarse no solo a partir de lo que buscamos en la pantalla, sino de lo que decimos en casa.

Ese es el modelo de negocio que creó y que sostiene los sitios en los que pasamos una parte muy considerable de nuestra vida. El término técnico que describe ese sistema, acuñado por la brillante profesora de Harvard Shoshana Zuboff, es «capitalismo de la vigilancia».[1] Su trabajo nos ha permitido comprender mucho de lo que sucede en la actualidad. Es evidente que a lo largo de cien años la publicidad y el *marketing* han ido sofisticando cada vez más sus formas, pero el salto que se está dando ahora es cualitativo. Una valla publicitaria no sabía lo que buscamos en Google el jueves pasado a las tres de la madrugada. Un anuncio de revista no disponía del perfil detallado de todo lo que les decíamos a nuestros amigos en Facebook o por correo electrónico. Para que tuviera una mejor percepción del sistema, Aza me dijo: «Imagina que yo fuera capaz de predecir todos tus movimientos en una partida de ajedrez antes de que los ejecutaras. Para mí sería una nimiedad dominarte. Pues eso es lo que ocurre ahora a escala humana». En ciertas ocasiones, algunas de sus prácticas específicas han sido prohibidas por la ley. Por ejemplo, en 2017 la Unión Europea bloqueó ciertas formas de búsqueda de usuarios de internet: en su territorio ya no puede revisarse el Gmail; pero la gran maquinaria invasiva sigue funcionando.

Una vez que entendemos todo esto, vemos por qué no existe una opción que nos sugiere quedar con amigos y familia más allá de la pantalla. En lugar de potenciar el tiempo de pantalla, de esa otra manera se potenciaría el tiempo que pasamos quedando cara a cara. Tristan comentó: «Si la gente usara Facebook solo para concertar citas rápidas, para decidir qué fantástico plan puede hacer con sus amigos esa noche, y después se desconectara, ¿cómo afectaría eso al precio de las acciones de Facebook? El tiempo medio que la gente pasa en Facebook actualmente es de aproximadamente 50 minutos diarios... [Pero] si Facebook actuara de ese modo, la gente pasaría apenas unos minutos al día, y de una manera mucho más plena». El precio de la acción de Facebook se desplomaría; para ellos sería una catástrofe. Por ello estos sitios están diseñados para distraer al máximo. Necesitan distraernos para ganar dinero.

Tristan ha visto desde dentro cómo funcionan en la práctica esos incentivos empresariales. Me pidió que imaginara lo siguiente: un ingeniero propone un cambio que mejora la atención de la gente o que la lleva a pasar más tiempo con sus amigos. «Entonces, lo que ocurre es que dos o cuatro semanas después se encuentran con un informe en su pantalla principal con datos numéricos. [Su jefe] les dice: "Eh, ¿por qué el tiempo pasado [en el sitio] descendió hace unas tres semanas?". "Ah, es porque hemos añadido estas herramientas." "Pues retiremos algunas de esas herramientas para ver si conseguimos levantar de nuevo esa cifra."» No se trata de ninguna teoría de la conspiración, a menos que lo sea, por ejemplo, que Kentucky Fried Chicken quiera que comamos pollo frito. Es, simplemente, el resultado obvio de la estructura de incentivos que está vigente y que nosotros permitimos que siga vigente. «Un modelo de negocio —afirma— es tiempo de pantalla, no tiempo de vida.»

Fue en el momento en que supe de la historia vital de Tristan —por él mismo, por sus amigos, por sus colegas y sus críticos— cuando caí en la cuenta de algo tan simple que casi me avergüenza decirlo. Durante años, había echado la culpa del deterioro de mis capacidades de atención, simplemente, a mis propias carencias o a la existencia misma del móvil como tecnología. Casi toda la gente a la que conozco hace lo mismo. Nos decimos a nosotros mismos: aparecieron los móviles y me echaron a perder. Yo creía que con cualquier *smartphone* me habría ocurrido lo mismo.

Pero lo que Tristan me indicaba era que la verdad es más compleja. La llegada de los teléfonos inteligentes siempre habría aumentado hasta cierto punto el número de distracciones en mi vida, sin duda, pero gran parte del daño causado a nuestra capacidad para la atención lo provoca algo que es más sutil. No es el teléfono inteligente en sí mismo y por sí mismo: es el diseño de las aplicaciones del teléfono y de los sitios de nuestros ordenadores portátiles.

Tristan me enseñó que los teléfonos que tenemos, y los programas que funcionan en ellos, han sido diseñados expresamente por las personas más inteligentes del mundo para captar al máximo nuestra atención y para mantenerla al máximo. Él quiere que entendamos que ese diseño no es inevitable. Yo tuve que dedicar un tiempo a reflexionar sobre ello porque, de todas las cosas que aprendí de él, esa parecía la más importante.

El modo en que la tecnología actúa actualmente para erosionar nuestra atención era y sigue siendo una opción, una opción de Silicon Valley y de la sociedad en general que le permite hacerlo. Los seres humanos pudieron tomar otra decisión en su momento, y pueden tomarla ahora. Tristan me dijo que todos podíamos contar con esa tecnología, pero no diseñarla para que causara una distracción máxima. De hecho, esta podía diseñarse con la finalidad contraria: para respetar al máximo la necesidad de la gente de mantener la atención y, en consecuencia, interrumpirla lo menos posible. Era posible diseñar una tecnología de manera que no apartara a la gente de sus metas más profundas y significativas, sino que le ayudara a alcanzarlas.

A mí todo aquello me resultaba impactante. No solo es el teléfono; es la manera en que este se diseña en la actualidad. No es solo internet; es la manera en que internet está diseñado en la actualidad, y los incentivos de la gente que lo diseña. Sería posible mantener el móvil y el portátil, sería posible mantener las cuentas de las redes sociales y aun así gozar de una mejor atención, si se diseñaran en función de otro conjunto de incentivos.

Tristan había llegado a creer que, una vez que lo vemos de esa otra manera, ante nosotros se abre un camino diferente, y un principio de salida de nuestra crisis. Si la existencia del teléfono y de internet es el único motor de este problema, entonces estamos metidos en un buen lío, porque, en tanto que sociedad, no vamos a desprendernos de nuestra tecnología. Pero si lo que nos da tantos problemas es el diseño actual de los teléfonos, de internet y de los sitios que consultamos en ellos, y si estos podrían funcionar de una manera muy distinta, eso nos coloca en otra posición muy diferente.

Una vez adaptada nuestra perspectiva en ese sentido, ver este tema como un debate sobre si estamos a favor o en contra de la tecnología es falaz y exculpa a las personas que nos han robado la atención. El verdadero debate es: ¿qué tecnología, diseñada para qué propósitos, para los intereses de quién?

Pero cuando Tristan y Aza decían que esos sitios están diseñados para generar la máxima distracción posible, yo seguía sin entender del todo cómo lo hacían. Era una afirmación muy grave. Para comprenderla, antes debía aprender algo más, otra cosa tan básica que me avergonzaba no haberla tenido en cuenta. Cuando abrimos Facebook, vemos un remolino de cosas que están ahí para que las consultemos: nuestros amigos, sus fotos, algunas noticias... Cuando me di de alta en Facebook en 2008, pensé ingenuamente que aquellas cosas aparecían simplemente en el orden en que mis amigos las habían ido subiendo. Si veo la foto de mi amigo Rob es porque acaba de colgarla. Después viene la actualización de estado de mi tía porque ella la ha posteado antes que él. O quizá, creía yo, se seleccionan de manera aleatoria. De hecho, con los años había ido descubriendo, a medida que todos íbamos acumulando más información sobre esas cuestiones, que lo que vemos nos lo han seleccionado para nosotros en función de un algoritmo.

Cuando Facebook (y todos los demás) decide qué noticias vemos, son miles las cosas que podrían enseñarnos. Así pues, han creado un programa para decidir automáticamente lo que vamos a ver. Podrían usar toda clase de algoritmos, distintas maneras de decidir lo que debemos ver, así como el orden en que debemos verlo. Podrían contar con un algoritmo diseñado para que viéramos cosas que nos hacen felices. Podrían contar con un algoritmo diseñado para que viéramos cosas que nos ponen tristes. Podrían contar con un algoritmo que nos mostrara las cosas de las que más hablan nuestros amigos.

La lista de algoritmos potenciales es larga. El que de hecho usan varía constantemente, pero tiene un principio motor clave que se repite. Te muestra cosas que van a mantenerte pegado a la pantalla. Y ya está. Recuerda: cuanto más tiempo miras la pantalla, más dinero ganan. Así que el algoritmo siempre se orienta a determinar qué es lo que seguimos mirando, y te administra más y más de eso en la pantalla para evitar que dejes el teléfono. Está diseñado para distraer. Pero Tristan iba descubriendo que eso lleva —de manera bastante inesperada y sin que nadie lo haya pretendido— a otros cambios, que han resultado acarrear importantísimas consecuencias.

Imaginemos dos listas de historias de Facebook. Una está llena de actualizaciones, noticias y vídeos que hacen que te sientas feliz y en calma. La otra está llena de actualizaciones, noticias y vídeos que hacen que sientas enfado e indignación. ¿Cuál de las dos selecciona el algoritmo? El algoritmo es neutral en cuanto a si quiere que sientas calma o enfado. No es eso lo que le preocupa. Solo le preocupa una cosa: ¿seguirás buscando contenido? Por desgracia, el comportamiento humano tiene una peculiaridad: de promedio, nos quedamos mirando lo negativo o indignante más tiempo que lo positivo y tranquilizante.[2] Miramos más tiempo un accidente de coche de lo que miraríamos a una persona que reparte flores en el arcén de una carretera, por más que las flores proporcionen mucho más placer que los cuerpos destrozados de un accidente. Los especialistas llevan mucho tiempo demostrando que eso es así, en distintos contextos; si mostraban la imagen de una multitud y, en ella, algunas personas estaban contentas y otras enfadadas, instintivamente nos fijábamos antes en las caras de enfado. Incluso bebés de diez semanas de vida reaccionan de manera diferente a las caras de enfado.[3] Hace años que la psicología lo sabe, y se basa en un amplio conjunto de evidencias. Se conoce como «el sesgo negativo».[4]

Cada vez existen más pruebas de que esa tendencia natural tiene un importantísimo efecto *online*. En YouTube, ¿qué palabras debemos incluir en el título de un vídeo si queremos que el algoritmo lo escoja? Según el mejor sitio de monitorización de YouTube, son palabras como «odia, aniquila, aplasta, destruye».[5] Un gran estudio llevado a cabo en la Universidad de Nueva York descubrió que, por cada palabra de indignación moral que se añadía a un tuit, la tasa de retuiteo crecía un 20% de media, y las palabras que hacían incrementar más la tasa de retuiteo eran «ataque», «malo» y «culpa».[6] Un estudio del Pew Research Center[7] demostró que si llenamos nuestras entradas de Facebook con la expresión «desacuerdo indignante», duplicamos los «me gusta» y la cantidad de gente que comparte. Así pues, un algoritmo que prioriza mantenernos pegados a la pantalla priorizará también, sin pretenderlo, pero inevitablemente, indignarnos e irritarnos. Lo que indigna más, atrapa más.

Si una cantidad suficiente de personas pasa una cantidad de tiempo suficiente enfadada, eso es algo que supone un principio de cambio en la cultura. Como me comentó Tristan, «el odio se convierte en un hábito». Y eso es algo que vemos infiltrarse en el tuétano de nuestra sociedad.

Cuando yo era adolescente, se produjo un crimen espantoso en Gran Bretaña: dos niños de diez años asesinaron al pequeño Jamie Bulger, de dos años. John Major, en ese momento primer ministro conservador del país, reaccionó afirmando públicamente que creía que debemos «condenar un poco más y comprender un poco menos».[8] Recuerdo que entonces (tenía catorce años) pensé que ese era un planteamiento claramente erróneo, que siempre es mejor comprender por qué la gente hace las cosas incluso (o quizá particularmente) los actos más odiosos. Pero hoy en día, esa actitud, la de condenar más y entender menos, se ha convertido en la reacción por defecto de casi todo el mundo, desde la derecha hasta la izquierda, y nos pasamos la vida bailando al son de unos algoritmos que recompensan la furia y penalizan la compasión.

En 2015, una investigadora llamada Motahhare Eslami,[9] integrante de un equipo de la Universidad de Illinois, congregó a un grupo de usuarios corrientes de Facebook y les explicó cómo funciona el algoritmo de Facebook. Les habló de su manera de seleccionar lo que ven. Descubrió que estos, en un 62 %, no tenían el menor conocimiento de que les filtraban los contenidos, y que quedaban asombrados al saber de la existencia del algoritmo. Uno de los sujetos del estudio lo comparó con el momento de la película *Matrix* en que el protagonista principal, Neo, descubre que vive en una simulación por ordenador.

Desde que empecé a trabajar en la elaboración del presente libro, en 2018, la conciencia sobre estas cuestiones ha aumentado rápidamente, y no en poca medida gracias al trabajo de Tristan, pero yo me comuniqué con varios familiares míos y les pregunté si sabían qué era un algoritmo. Ninguno lo sabía, ni siquiera los adolescentes. Pregunté a mis vecinos. Me miraron desconcertados. Es fácil dar por hecho que la mayoría de la gente sabe de qué se trata, pero no creo que sea el caso. E incluso aunque lo sepas todo sobre el algoritmo, ello no te protege necesariamente contra él.

Cuando uní todas las pruebas que había ido adquiriendo, me di cuenta de que, al clasificarlas, la gente a la que había entrevistado había dado muestras de seis maneras distintas en que esa maquinaria, tal como funciona actualmente, perjudica nuestra atención. (En el capítulo 8 daré voz a los científicos que cuestionan estos argumentos: por el momento, a la hora de leer estas líneas, basta tener en cuenta que algunas partes de lo que voy a exponer son controvertidas.)

En primer lugar, estos sitios y aplicaciones están diseñados para adiestrar a nuestra mente a desear recompensas frecuentes. Nos vuelven ávidos de corazones y *likes*. Cuando yo, en Provincetown, me vi sin ellos, me sentía despojado, y tuve que pasar por un doloroso periodo de deshabituación. Tristan contó en una entrevista que una vez condicionados a necesitar esos refuerzos, «cuesta mucho permanecer en la realidad, en el mundo físico, en el mundo construido, porque este no ofrece recompensas tan recientes y tan inmediatas como eso otro».[10] Esa avidez nos lleva a coger el teléfono más de lo que lo haríamos si nunca nos hubiéramos conectado a ese sistema. Interrumpimos el trabajo y las relaciones en busca de ese gustoso chute de retuits.

En segundo lugar, esos sitios nos empujan a alternar tareas más de lo que lo haríamos en condiciones normales: para coger el teléfono, para entrar en Facebook en el portátil. Cuando lo hacemos, entran en juego todos los costes para la atención causados por esa alternancia, tal como expuse en el capítulo 1. En este caso, las pruebas demuestran que para nuestro pensamiento es tan mala como emborracharse o drogarse.

En tercer lugar, esos sitios aprenden —en expresión de Tristan— a «descomponernos»; llegan a saber qué nos mueve de una manera muy específica; aprenden qué aspecto nos gusta tener, qué nos excita, qué nos indigna, que nos enfurece. Aprenden qué es lo que nos provoca personalmente, qué es lo que nos distrae. Ello implica que son capaces de llamar nuestra atención. Cada vez que nos sentimos tentados de dejar el teléfono a un lado, el sitio sigue mostrándonos contenidos con la clase de material que, según ha aprendido a partir de nuestros comportamientos pasados, nos hace seguir pasando el dedo por la pantalla. Las tecnologías anteriores —como la página impresa o la televisión— no pueden dirigirse específicamente a nosotros de esa manera. Las redes sociales saben exactamente dónde atacar. Aprenden cuáles son nuestros puntos débiles en cuanto a distracción y apuntan a ellos.

En cuarto lugar, por el funcionamiento mismo de los algoritmos, esos sitios, muchas veces, nos llevan al enfado.

EL VALOR DE LA ATENCIÓN

Los científicos llevan años demostrando en experimentos que la ira interfiere en nuestra capacidad para prestar atención. Han descubierto que, si alguien nos enfurece, prestaremos menos atención a la calidad de los argumentos que nos rodean[11] y que mostraremos «una disminución en la profundidad del procesado»,[12] es decir, que pensaremos de una manera más superficial y menos atenta. Todos hemos tenido esa sensación: empezamos a enfurecernos y nuestra capacidad para escuchar correctamente nos abandona. Los modelos de negocio de esos sitios potencian nuestro enfado diariamente. Tengamos presentes las palabras que promueven los algoritmos: ataque, malo, culpa.

En quinto lugar, además de indignarnos, esos sitios nos hacen sentir que estamos rodeados de la ira de otras personas. Ello puede desencadenar una respuesta psicológica diferente en nosotros. Como me explicó la doctora Nadine Harris, directora general de Salud Pública de California, que volverá a aparecer más adelante en el libro: imagina que un día te ataca un oso. Dejarás de prestar atención a tus preocupaciones normales (qué vas a comer esta noche, cómo vas a pagar el alquiler). Estarás alerta. Tu atención cambiará y pasará a buscar peligros inesperados a tu alrededor. Durante días, durante semanas, te costará volver a concentrarte en los asuntos normales. Pues bien, eso no se limita a los osos. Esos sitios nos hacen sentir que nos encontramos en un ambiente lleno de ira y hostilidad, por lo que nos ponemos en situación de más alerta: una parte mayor de nuestra atención cambia y se pone a buscar peligros, y disponemos de cada vez menos atención para implicarnos en formas más lentas de concentración, como pueden ser leer un libro o jugar con nuestros hijos.

En sexto lugar, esos sitios incendian la sociedad. Se trata de la forma más compleja de daño a la atención. Se presenta en varias etapas y, en mi opinión, seguramente es la más perjudicial.

Veámoslo con detenimiento. Nosotros no solo prestamos atención en tanto que individuos; prestamos atención juntos, en tanto que sociedad. He aquí un ejemplo. En la década de 1970, unos científicos descubrieron que, en todo el mundo, la gente usaba unas lacas para el pelo que contenían un conjunto de productos químicos conocidos como CFC. Se descubrió que esos productos, una vez liberados, entraban en la atmósfera y provocaban un efecto no intencionado pero desastroso: dañaban la capa de ozono, un elemento fundamental de la atmósfera que nos protege de los rayos del sol. Esos científicos advirtieron de que, con el tiempo, ello podía suponer una amenaza muy seria para la vida en la tierra. La gente corriente asimiló la información y vio que era verdad. Poco después se crearon grupos de activistas, compuestos por ciudadanos de a pie, y exigieron la prohibición de los CFC. Convencieron a sus conciudadanos de que se trataba de una medida urgente y lo convirtieron en una gran cuestión política. Los políticos se sintieron presionados, y esa presión se sostuvo hasta que esos políticos prohibieron por completo los CFC. En todas las etapas, para evitar el riesgo para nuestra especie hizo falta que fuéramos capaces de prestar atención en tanto que sociedad, de asimilar los conocimientos científicos; de diferenciarlos de las falsedades; de aliarnos para exigir medidas; y de presionar a nuestros políticos hasta que actuaron.

Pero existen pruebas de que esos sitios, actualmente, están dañando de manera importante nuestra capacidad para unirnos como sociedad a fin de identificar nuestros problemas y buscar soluciones de ese modo. Causan perjuicio no solo a nuestra atención en tanto que individuos, sino a nuestra atención colectiva. En este momento, las afirmaciones falsas se propagan por las redes sociales mucho más deprisa que la verdad, a causa de los algoritmos que esparcen contenidos indignantes más deprisa y con mayor alcance. Un estudio del Instituto Tecnológico de Massachusetts (MIT) reveló que las noticias falsas viajan a una velocidad seis veces mayor en Twitter que las verdaderas, y durante las elecciones presidenciales de 2016 en Estados Unidos, mentiras descaradas en Facebook superaron las noticias de portada de diecinueve páginas de noticias generalistas juntas.[13] Como consecuencia de ello, se nos lleva constantemente a prestar atención a chorradas, a cosas que sencillamente no son noticias. Si la capa de ozono estuviera amenazada hoy en día, los científicos encargados de advertir de ello verían cómo enseguida eran puestos en duda por unas historias virales y reaccionarias en las que se afirmaría que esa amenaza era un invento absoluto del multimillonario George Soros, o que de hecho la capa de ozono no existe, o que esos agujeros los habían hecho unos láseres espaciales judíos.

Si nos perdemos en mentiras y constantemente se nos azuza para que estemos enfadados con nuestros conciudadanos, se activa una reacción en cadena. Y eso se traduce en que ya no entendemos lo que ocurre realmente. En esas circunstancias, no somos capaces de resolver nuestros desafíos colectivos, lo que implica que nuestros problemas más generales empeorarán. Como consecuencia de ello, la sociedad no solo parecerá un lugar más peligroso, sino que lo será. Las cosas empezarán a desmoronarse. Y a medida que aumenta el peligro real, nosotros nos ponemos cada vez más alerta.

Un día, a Tristan le quedó claro el funcionamiento de esta dinámica cuando acudió a verle un hombre llamado

Guillaume Chaslot, que había sido diseñador y administrador del algoritmo que selecciona los vídeos que se nos recomiendan en YouTube cuando entramos. Guillaume quería contarle lo que ocurría a puerta cerrada. Igual que en Facebook, YouTube también gana más dinero cuanto más tiempo permanezcamos en el sitio. Por eso está diseñado de manera que, cuando terminamos de ver un vídeo, automáticamente nos recomienda y nos pone otro. ¿Cómo se seleccionan esos vídeos? YouTube también cuenta con un algoritmo, y este también ha llegado a la conclusión de que permaneceremos más tiempo mirando si vemos cosas que son chocantes, escandalosas y extremas. Guillaume había visto cómo funciona, con todos los datos que YouTube mantiene en secreto, y veía lo que significaba en la práctica.

Si mirabas un vídeo documental sobre el Holocausto basado en hechos, te recomendaba visionar otros vídeos, a cada cual más extremo, y en una cadena que enlazaba unos cinco vídeos, aproximadamente, por lo general acababa mostrándote un vídeo en el que se negaba que el Holocausto hubiera ocurrido. Si veías un vídeo normal sobre los atentados del 11-S, a menudo te recomendaba otro «sobre la verdad del 11-S» de modo parecido. Y no es porque el algoritmo (ni nadie en YouTube) sea un negacionista del Holocausto ni un defensor de la teoría de la conspiración en el caso del 11-S. Sencillamente, estaba seleccionando aquello que causaría un mayor impacto a la gente y la impulsaría a seguir viendo vídeos. Tristan comenzó a investigarlo y llegó a la conclusión de que «empieces por donde empieces, acabas más loco».

En efecto, tal como le había contado Guillaume, resultó que YouTube había recomendado vídeos de Alex Jones y su página web InfoWars 15.000 millones de veces. Jones es un perverso defensor de la teoría de la conspiración que ha afirmado que la masacre de 2012 en Sandy Hook no existió, y que los padres de los alumnos asesinados son unos mentirosos cuyos hijos ni siquiera existían. Como consecuencia de ello, algunos de aquellos padres recibieron un aluvión de amenazas de muerte y tuvieron que abandonar sus hogares. Cuando lo llevaron a juicio, admitió en la vista que la masacre había sido real, y que él sufría «una forma de psicosis» cuando lo negó.[14] Y esa es solo una de las descabelladas afirmaciones que ha hecho. Tristan ha comentado: «Comparemos un poco. ¿Cuál es el tráfico combinado del *New York Times*, el *Washington Post* y *The Guardian*? Sumados no se acercan ni de lejos a los 15.000 millones de visualizaciones».[15]

Una persona joven media se empapa día tras día de bazofia como esta. ¿Y acaso esos sentimientos de ira desaparecen cuando dejamos a un lado el teléfono? Las pruebas sugieren que, en muchos casos, no es así. En un ambicioso estudio, se preguntaba a nacionalistas blancos cómo se habían radicalizado, y la mayoría de ellos citaba internet, y específicamente YouTube como el sitio que más los influenciaba.[16] Otro estudio sobre las personas de extrema derecha en Twitter reveló que YouTube era, con diferencia, el sitio de la red al que más acudían.[17] «El mero hecho de ver YouTube radicaliza a la gente», explica Tristan. Las compañías como YouTube quieren que pensemos «hay unas pocas manzanas podridas», le explicó a la periodista Decca Aitkenhead, pero no quieren que nos preguntemos: «¿Vivimos en un sistema que de manera sistemática, a medida que captamos la atención diariamente, administra más radicalización? Estamos cultivando manzanas podridas. Somos una fábrica de manzanas podridas. Somos una granja de manzanas podridas».[18]

En 2018 observé un anticipo de a dónde podría llevarnos todo esto, cuando me desplacé a Brasil antes de las elecciones presidenciales de ese año, en parte para visitar a mi amigo Raull Santiago, un joven extraordinario al que conocí cuando preparaba la edición brasileña de mi libro sobre la guerra contra las drogas, *Tras el grito*.

Raull se crio en un lugar llamado Complexo do Alemão, una de las favelas más pobres de Río de Janeiro. Se trata de un zigurat enorme, escarpado, de cemento, hojalata y cables que se extiende colinas arriba, muy por encima de la ciudad, tanto que parece encontrarse casi en las nubes. Al menos 200.000 personas viven en ella, en callejuelas estrechas sobre las que cruzan marañas de cables que, en conexiones precarias, llevan la electricidad hasta las casas. Ahí la gente se ha construido su mundo ladrillo a ladrillo, con poco apoyo del Estado. Las callejuelas de Alemão son de una belleza irreal: se parecen a las de Nápoles tras un apocalipsis sin concretar. De niño, Raull hacía volar cometas por el cielo de la favela con su amigo Fabio, en un punto desde el que divisaban todo Río, el mar y la estatua del Cristo Redentor.

Con frecuencia, las autoridades irrumpían con tanques en la favela. La actitud del Estado hacia los pobres era acallarlos con amenazas periódicas de violencia extrema. Camino del colegio, Raull y Fabio se encontraban cotidianamente con cadáveres en las callejuelas. En Alemão, todos sabían que la policía podía abatir a tiros a niños y acusarlos de camellos, y meterles armas o droga en la ropa. En la práctica, la policía tenía licencia para matar a los pobres, y todos lo sabían.

Fabio había parecido siempre el niño con mayores probabilidades de alejarse de todo aquello: se le daban muy bien las matemáticas, y estaba decidido a ganar dinero para ayudar a su madre y a su hermana discapacitada. Siempre se le ocurrían planes; por ejemplo, había convencido a los bares locales para que le dejaran comprarle las botellas usadas, que luego él vendía al por mayor. Pero entonces, un día, a Raull le contaron algo espantoso: la policía había matado a tiros a Fabio. Tenía quince años.

Raull se convenció de que no podía limitarse a ver cómo mataban a sus amigos uno a uno, de modo que, con el paso de los años, decidió hacer algo muy atrevido. Creó una página de Facebook llamada Coletivo Papo Reto, que se dedica a recoger grabaciones de vídeo con móvil de todo Brasil en las que se muestra a policías matando a personas inocentes y poniéndoles drogas o armas para incriminarlos. La página llegó a ser muy conocida, y sus vídeos, casi siempre, se hacían virales. Incluso personas que habían defendido a la policía empezaron a ver cuál era su verdadero comportamiento y cambiaron de postura. La suya era una historia inspiradora sobre el poder de internet para que gente que hasta ese momento había sido tratada como ciudadanos de tercera clase encontrara una voz y pudiera movilizarse y defenderse de los ataques.

Pero, al mismo tiempo, a medida que internet tenía ese efecto positivo, los algoritmos de las redes sociales mostraban un efecto contrario: sobrerrepresentaban las fuerzas antidemocráticas en Brasil. Un exoficial del ejército llamado Jair Bolsonaro llevaba años siendo una figura marginal en el país. Se encontraba totalmente alejado de las corrientes políticas centrales, porque no dejaba de decir cosas horribles ni de atacar de manera extrema a grandes sectores de la población. Alababa a los que habían practicado la tortura contra inocentes cuando Brasil era una dictadura. A sus colegas del Senado les dijo que eran tan feas que ni se molestaría en violarlas, que no eran dignas de su violación.[19] Dijo que prefería que su hijo muriera a que fuera gay. Y entonces YouTube y Facebook se convirtieron en unas de las fuentes

principales de noticias en Brasil. Sus algoritmos prioriza-
ban los contenidos indignantes y ofensivos, y la presencia
de Bolsonaro se disparó espectacularmente. Se convirtió
en una estrella de las redes sociales. Se presentó a la presidencia del país atacando abiertamente a personas como los
residentes de Alemão, asegurando que los ciudadanos más
pobres y más negros «ni siquiera son buenos como ganado»[20] y que deberían «volver al zoo». Prometió otorgar a
la policía más poderes aún para lanzar ataques militares in-
tensificados en las favelas; una licencia para matar a gran
escala.

Aquella era una sociedad con unos inmensos problemas
que debían solucionarse con urgencia, pero los algoritmos
de las redes sociales promocionaban la política de extrema
derecha y la desinformación salvaje. Durante la campaña
electoral, en favelas como la de Alemão, mucha gente se
preocupó profundamente por una noticia que había circu-
lado por internet. Partidarios de Bolsonaro habían creado
un vídeo advirtiendo de que su principal contrincante, Fer-
nando Haddad, quería convertir a todos los niños de Brasil
en homosexuales, y que había desarrollado una ingeniosa
técnica para lograrlo. El vídeo mostraba a un bebé maman-
do de un biberón, pero que tenía algo peculiar: la tetina del
biberón se había pintado para que pareciera un pene. Según la noticia que circulaba por la red, aquello era lo que
Haddad pensaba distribuir por todas las guarderías del
país. Se convirtió en una de las noticias más compartidas de
todas las elecciones. La gente de las favelas explicaba, in-
dignada, que no podía votar por alguien que quería que los
bebés chuparan tetinas con forma de pene, por lo que deberían votar por Bolsonaro. Y así, sobre la base de aquellas
ideas descabelladas alentadas por el algoritmo, cambió el
destino de Brasil.

Cuando Bolsonaro obtuvo la presidencia contra pronóstico, sus partidarios entonaron cánticos de «¡Facebook, Facebook!».[21] Sabían lo que los algoritmos habían hecho por él. Había, claro está, muchos otros factores en juego en la sociedad brasileña —este es solo uno—, pero es el que los exultantes partidarios de Bolsonaro destacaron en primer lugar.

No mucho después, Raull se encontraba en su casa de Alemão cuando oyó un ruido que parecía una explosión. Salió corriendo a la calle y vio un helicóptero que sobrevolaba la favela disparando a la gente que había abajo, exactamente la clase de violencia que Bolsonaro había prometido aplicar. Raull, aterrado, les gritó a sus hijos que se escondieran.

Nunca había visto a Raull tan afectado como cuando, poco más tarde, hablé con él por Skype. En el momento de redactar estas líneas, esta violencia no para de crecer.

Cuando pensaba en Raull, veía esa manera más profunda en que los algoritmos movidos por la ira de las redes sociales y YouTube perjudican la atención y la concentración. Se trata de un efecto en cascada. Esos sitios dañan la capacidad de prestar atención en tanto que individuos. A continuación, llenan las cabezas de la población de falsedades grotescas, hasta el punto de que ya no son capaces de distinguir las amenazas reales para su existencia (un líder autoritario que promete matarlos) de las no existentes (van a convertir en homosexuales a sus hijos mediante biberones pintados con penes). Con el tiempo, si uno expone cualquier país a algo así durante una cantidad de tiempo suficiente, se hundirá tanto en la rabia y en la irrealidad que no podrá seguir interpretando sus problemas ni plantear soluciones. Ello implica que las calles y los cielos, de hecho, se vuelven más peligrosos, por lo que entramos en un estado de hiperalerta, lo que a su vez afecta negativamente a nuestra atención aún más.

Ese podría ser el futuro para todos si seguimos con esas tendencias. En efecto, lo que ya ocurre en Brasil afecta directamente a nuestras vidas. Bolsonaro ha acelerado gravemente la destrucción de la selva amazónica, el pulmón del planeta. Si esta sigue mucho más, nos llevará a un desastre climático aún peor.

Cuando hablaba de ello con Tristan, un día en San Francisco, él se pasó los dedos por el pelo y me dijo que esos algoritmos están «erosionando el terreno de la sociedad... Hace falta... un tejido social, y si se arrasa, uno no sabe con qué se va a encontrar».

Esa maquinaria nos aparta sistemáticamente —a nivel individual y a nivel social— del lugar al que queremos ir. James Williams, exestratega de Google, me pidió que imaginara «que tenemos un GPS que funciona bien la primera vez que lo usamos. Pero la segunda vez nos lleva unas calles más allá de donde queremos ir. Y algo después nos lleva a otra ciudad». Y todo porque los anunciantes que financian el GPS hubieran pagado para que ocurriera eso. «No seguiríamos usando algo así.» Pero las redes sociales operan exactamente así. Existe «un destino al que queremos llegar, y casi nunca nos llevan hasta allí, sino que nos desvían. Si en vez de llevarnos por un espacio informativo nos llevaran por un espacio físico, no seguiríamos usándolas. Serían, por definición, defectuosas».

Tristan y Aza empezaban a creer que todos esos efectos, sumados, producen una especie de «degradación humana».

Aza comentó: «Creo que nos encontramos en un proceso de ingeniería inversa de nosotros mismos. [Hemos descubierto la manera de] abrir el cráneo humano, descubrir los mecanismos que nos controlan y empezar a mover nosotros mismos esos hilos de la marioneta. Una vez que lo hacemos, una sacudida accidental en una dirección hace que el brazo se agite más, lo que tira más del hilo de la marioneta... Esa es la era hacia la que nos dirigimos en la actualidad». Tristan cree que lo que vemos es «la degradación colectiva de los seres humanos y la mejora de las máquinas».[22] Estamos volviéndonos menos racionales, menos inteligentes, menos centrados.

Aza me dijo: «Imagina que hubieras dedicado toda tu carrera profesional a trabajar en una tecnología que te parece buena. Fortalece la democracia. Cambia tu manera de vivir. Tus amigos te valoran por las cosas que has hecho. Pero de pronto te dices: eso en lo que he trabajado toda mi vida no es solo que no tenga sentido. Es que está destrozando las cosas que más quieres».

Me explicó que en la literatura abundan las historias de seres humanos que crean algo llenos de optimismo y después pierden el control de su creación. El doctor Frankenstein crea un monstruo que escapa y comete un asesinato. Aza pensaba en aquellos relatos cuando hablaba con sus amigos, ingenieros que trabajaban para algunos de los sitios web más conocidos del mundo. Les formulaba preguntas muy básicas, como la de por qué los motores de recomendación sugerían unas cosas en vez de otras y, según me contó: «Ellos me dicen: no estamos seguros de por qué recomienda esas cosas». No mienten: han creado una tecnología que hace unas cosas que ellos no comprenden del todo. Y él siempre les dice: «¿No es ese el momento exacto en las alegorías en que se desconecta el aparato?

¿Cuando empieza a hacer cosas que no pueden predecir?».

Cuando Tristan testificó en relación con este asunto en el Senado de Estados Unidos, preguntó: «¿Cómo vamos a ser capaces de solucionar los problemas más acuciantes del mundo si hemos hecho empeorar nuestros márgenes de atención, nuestra capacidad para la complejidad y el matiz, nuestra verdad compartida, lo que creemos sobre las teorías de la conspiración, cuando no compartimos el orden del día para solucionar nuestros problemas? Ello está destruyendo nuestra atribución de sentido, en el momento en que más lo necesitamos. Y la razón por la que estoy aquí es que todos los días se incentiva su empeoramiento».[23] Tiempo después me contó que estaba particularmente preocupado por ello porque actualmente, en tanto que especie, nos enfrentamos al mayor desafío de todos los tiempos: el hecho de que estamos destruyendo el ecosistema del que dependemos para la vida desencadenando la crisis climática. Si no somos capaces de concentrarnos, ¿qué posible esperanza tenemos para resolver el calentamiento global?

Así pues, Tristan y Aza empezaban a preguntarse con creciente impaciencia: ¿cómo cambiamos en la práctica la maquinaria que nos roba la atención?

CAPÍTULO 8

Causa 7: el surgimiento del optimismo cruel (o por qué los cambios individuales son un punto de partida importante pero no bastan)

«Estaba con mi hija ese día —me contó Nir Eyal, diseñador de tecnología israelí-estadounidense, que recordaba el día en que cayó en la cuenta de que algo se había salido mucho de su cauce—. Habíamos planificado una preciosa tarde» (estaban leyendo un libro juntos), y ella llegó a una página en la que se preguntaba: «Si pudieras tener un superpoder, ¿cuál escogerías?». Mientras ella se lo pensaba, Nir recibió un mensaje de texto y «empecé a mirar el teléfono, y dejé de estar totalmente presente con ella». Al levantar la vista, vio que la niña ya no estaba.

La infancia está hecha de pequeños momentos de conexión entre el niño o la niña y sus padres. Si nos los saltamos, ya no hay marcha atrás. Nir, sobresaltado, se dio cuenta. «Mi hija recibió un mensaje que le decía que cualquier cosa que viniera de mi teléfono era más importante que ella.»

Y no era la primera vez. «Me di cuenta... Vaya... debo replantearme mi relación con las distracciones.» Pero el caso es que la relación de Nir con la tecnología, que era la causante de aquellas, era diferente de la nuestra, y de una manera muy fundamental. Como Tristan, había estudiado con B. J. Fogg en su Laboratorio de Tecnologías Persuasivas de Stanford, y posteriormente pasó a trabajar con algunas de las compañías más influyentes de Silicon Valley, ayudando a idear maneras de «enganchar» a los usuarios. Ahora veía que aquello afectaba incluso a su propia hija, que le gritaba «¡Es la hora del iPad! ¡Es la hora del iPad!»[1] y exigía conectarse a internet. Así pues, Nir se daba cuenta de que debía hallar una estrategia para superar aquello, por ella, por él mismo y por todos nosotros.

Nir propone una manera específica de abordar esta crisis que me interesa exponer con algo de detalle. Se trata de un enfoque muy distinto del que han desarrollado Tristan y Aza. El suyo resulta importante porque está bastante claro que va a ser el que la industria tecnológica nos ofrezca para los problemas de atención que, en parte, ella misma está causando.

En un rincón indeterminado de su mente, Nir ya contaba con una plantilla de lo que creía que tenía que hacer. Había sufrido un sobrepeso muy considerable, algo que me sorprendió cuando me lo contó, porque en la actualidad es delgado, casi fibrado. De niño lo enviaron a un «campamento para gordos», y probó con toda clase de dietas y desintoxicaciones, privándose del azúcar y la comida rápida. Pero no le funcionaba nada. Finalmente, se dio cuenta: «Por más que me hubiera encantado echarle la culpa a McDonald's de mi problema, el problema no era ese. Me comía mis sentimientos. Usaba la comida como mecanismo para enfrentarme a las cosas». Me contó que una vez que lo tuvo claro, pudo «abordar el problema de verdad». Entró en contacto con sus ansiedades e infelicidades, se puso a practicar lucha, y lentamente empezó a cambiar su cuerpo. «Evidentemente, la comida jugaba un papel —me dijo—, pero no era la causa raíz de mi problema.» Me contó que había aprendido una lección clave: «Había algo en mi vida que yo sentía que me controlaba, y conseguí controlarlo yo».

Nir se ha convencido de que, si hemos de superar ese proceso por el que nos enganchamos a nuestras aplicaciones y dispositivos, debemos desarrollar habilidades individuales para resistir esa parte de nuestro interior que sucumbe a dichas distracciones. Defiende que, para hacerlo, debemos sobre todo mirar hacia dentro, las razones por las que, de entrada, queremos usarlos compulsivamente. Me explicó que personas como Tristan y Aza «me cuentan lo malas que son esas empresas. Y yo les digo: "Y bien, ¿qué habéis intentado? ¿No? ¿Qué habéis hecho?". Y muchas veces no han hecho nada». Él cree que los cambios individuales deberían ser «la primera línea de defensa» y que «hay que empezar con algo de introspección, intentando entendernos un poco a nosotros mismos». Sí, afirma, el entorno ha cambiado. «Tú [el usuario medio de tecnología] no has fabricado el iPhone. No es culpa tuya. Lo que yo digo es que es tu responsabilidad. El problema no va a desaparecer sin más. De una manera u otra, ha venido para quedarse. ¿Qué opción tenemos? Debemos adaptarnos. Es nuestra única opción.»

Así pues, ¿cómo podemos adaptarnos? ¿Qué podemos hacer? Empezó a leer la literatura existente en el campo de las ciencias sociales en busca de evidencias de los cambios individuales que pueden aplicarse. Y expuso lo que para él son las mejores respuestas en su libro *Indistractible* [Indistraíble]. En concreto, existe una herramienta que, en su opinión, puede sacarnos del problema. Todos nosotros contamos con «desencadenantes internos», momentos en nuestra vida que nos empujan a ceder a los malos hábitos. Nir se dio cuenta de que, para él, estos se dan «cuando escribo... nunca me ha resultado fácil. Siempre es difícil». Cuando se sentaba a su ordenador portátil e intentaba escribir, muchas veces se aburría o se estresaba. «Cuando escribo, se me aparecen todas esas cosas malas.» Y cuando le ocurría, se le desencadenaba algo en su interior. Para alejarse de esos sentimientos incómodos, se decía a sí mismo que debía cambiar de actividad, solo un momento. «Lo más fácil era: "Voy a revisar el correo electrónico un momentito nada más". O "Voy a abrir el teléfono rapidito".» Me contó que «se me ocurrían todas las excusas imaginables». Leía las noticias compulsivamente, diciéndose a sí mismo que eso es lo que hacen los buenos ciudadanos. Buscaba en Google algún hecho supuestamente importante para lo que estuviera escribiendo, y dos horas después se descubría a sí mismo en el fondo de un pozo, repasando algo totalmente irrelevante. «Un desencadenante interno es un estado emocional incómodo —me explicó—. Todo tiene que ver con la evitación. Tiene que ver con: "¿Cómo salgo de este estado incómodo?".» Él cree que todos debemos examinar cuáles son nuestros desencadenantes sin juzgarnos a nosotros mismos, pensar en ellos y encontrar la manera de alterarlos. Así pues, cada vez que notaba que le llegaba esa sensación imperiosa de aburrimiento o estrés, identificaba lo que le ocurría, cogía unos pósits y anotaba en ellos lo que quería saber. Después, cuando ya había escrito bastante, se permitía a sí mismo entrar en Google. Pero no antes.

A él le funcionaba. Ello enseñó a Nir que «no estamos obligados a mantener nuestros hábitos. Estos pueden interrumpirse. Se interrumpen constantemente. Podemos cambiar los hábitos. La manera de hacerlo es entender cuál es el desencadenante interno y asegurarnos de que exista cierta separación entre el impulso de entregarnos a una conducta y la conducta misma». Desarrolló una serie de técnicas como esa. Cree que todos deberíamos adoptar una «regla de los diez minutos»:[2] si sientes las ganas de revisar el teléfono, espera diez minutos. Dice que deberíamos practicar el «control horario»,[3] lo que significa que deberíamos anotar un plan detallado de lo que vamos a hacer cada día, y seguirlo a rajatabla. Recomienda modificar las notificaciones del teléfono para que las aplicaciones no nos interrumpan y acaben con nuestra concentración a lo largo del día. Dice que debemos borrar todas las aplicaciones que podamos del teléfono, y que si mantenemos algunas, que programemos por adelantado el tiempo que estamos dispuestos a pasar con ellas. Recomienda que nos demos de baja de las suscripciones a listas de correo electrónico y que, si podemos, establezcamos «horarios de oficina»[4] en el correo, ciertos momentos a lo largo del día en que lo revisamos, y que lo ignoremos el resto del tiempo.

Según me explicó, al proponer esas herramientas, «yo pretendía empoderar a la gente para que se diera cuenta de que: "mira, no es tan difícil. No es tan duro. Si sabes qué hacer, enfrentarte a las distracciones es bastante sencillo"». Parecía sorprenderle que no lo hiciera más gente: «Dos terceras partes de las personas con teléfonos inteligentes nunca cambian la configuración de sus notificaciones. ¿Cómo? ¿En serio? No es nada difícil. Es algo que tenemos que hacer». En lugar de despotricar contra las compañías tecnológicas, afirma, debemos preguntarnos qué hemos hecho en tanto que individuos. A mí me preguntó: «¿Por qué el inicio del debate no es: "De acuerdo, hemos agotado todo lo que podemos hacer ahora?". ¿Podemos empezar por eso?... ¡Cambia la configuración de tus notificaciones! Vamos, es una cosa muy básica, ¿no? ¡No pongas que cada cinco minutos te salten las notificaciones del puto Facebook! ¿Y lo de planificar el día qué te parece? ¿Cuántos de nosotros nos planificamos los días? Dejamos que el tiempo nos lo arrebaten las noticias, o lo que sale en Twitter, o lo que ocurre en el mundo exterior, en lugar de decir: ¿qué es lo que quiero hacer con mi tiempo?».

Yo me sentía en conflicto mientras Nir me explicaba todo aquello. Me daba cuenta de que estaba exponiendo exactamente la lógica que me había llevado a Provincetown. En mi fuero interno, algo pensaba de ese modo. Como él, yo también creía: ese es un problema que está en ti, y debes cambiarlo tú mismo. Había sin duda algo de verdad en ello. A mí me parece que todas las intervenciones concretas que Nir recomienda son útiles. Yo las he probado todas después de consultar su obra, y varias de ellas han supuestos cambios pequeños pero reales en mi caso.

Pero había algo en lo que decía que me hacía sentir incómodo, y tardé un poco en ser capaz de expresarlo. El enfoque de Nir está en consonancia absoluta con el modo en que las compañías tecnológicas quieren que pensemos en nuestros problemas de atención. Ya no pueden seguir negando la crisis, de modo que lo que hacen es lo siguiente: nos instan sutilmente a verlo como un problema individual que debe resolverse con un mayor autocontrol del usuario, no suyo. Por ello han empezado a ofrecer herramientas que, según ellos, nos ayudarían a fortalecer nuestra fuerza de voluntad. Todos los iPhone nuevos cuentan con una opción por la que se nos informa cuánto tiempo diario pasamos frente a la pantalla, y cuánto tiempo semanal, y disponen también de una función No Molestar con la que puede bloquearse la entrada de mensajes. Facebook e Instagram han introducido sus propios y modestos equivalentes. Mark Zuckerberg incluso ha empezado a usar el eslogan de Tristan, prometiendo que el tiempo pasado en Facebook será un «tiempo bien invertido», salvo que, para él, todo se reducía a herramientas «tipo Nir» en las que somos nosotros los que reflexionamos sobre qué ha fallado con nuestros propios motivos. Escribo este capítulo sobre Nir no porque sea una persona poco habitual, sino porque es una de las personas que con más sinceridad expone la visión dominante en Silicon Valley en relación con lo que debemos hacer en estos momentos. Nir seguía insistiendo en que las empresas tecnológicas han hecho mucho por que podamos desconectar. Para argumentarlo, puso un ejemplo de la junta directiva de una compañía a la que había asistido en la que el jefe apagó el móvil durante la reunión para que todos los demás se sintieran con la libertad de hacerlo. «No sé por qué ha de ser responsabilidad de la empresa. De hecho, en todo caso, la tecnológica nos facilita esa función tan genial que [dice] "no molestar". La tecnológica nos ha dado un botoncito. Nos basta con pulsarlo. ¿Qué más responsabilidad queremos que asuma Apple? Por el amor de Dios, activa el puto botón de "no molestar" durante una hora si vas a mantener una reunión con tus colegas. ¿Tan difícil es?»

Mi incomodidad ante ese planteamiento se me manifestó con claridad cuando empecé a leer el libro que Nir había escrito unos años antes de que publicara su obra sobre las maneras de vencer la distracción. Estaba destinado a un público de diseñadores e ingenieros de tecnología y se titulaba *Hooked: How to Build Habit-Forming Products* [Enganchados: cómo crear productos generadores de hábitos]. Lo describía como un «libro de cocina» que contenía «recetas para el comportamiento humano».[5] Leer *Hooked* siendo un usuario corriente de internet es una experiencia rara, como ese momento en una vieja película de Batman en que pillan al malo y este confiesa todo lo que ha hecho hasta entonces, paso por paso. Nir escribe: «Admitámoslo:

nos dedicamos al negocio de la persuasión. Los innovadores crean productos pensados para convencer a la gente de que haga lo que queremos que haga. A esa gente los llamamos usuarios y, aunque no lo digamos en voz alta, deseamos secretamente que todos se enganchen endiabladamente a las cosas que fabricamos».[6]

Expone los métodos para lograrlo, que describe como «manipulación mental».[7] La meta, asegura Nir, es «crear ansia» en los seres humanos, y cita a B. F. Skinner como modelo para lograrlo. Su planteamiento puede resumirse con el encabezamiento de una de las entradas de su blog: «¿Quieres enganchar a tus usuarios? Vuélvelos locos».[8]

La meta del diseñador es crear un «desencadenante interno»[9] (¿te acuerdas de ellos?) que haga que el usuario regrese una y otra vez. Para ayudar al diseñador a imaginar a qué clase de persona se dirigen, dice que deben visualizar a una usuaria a la que bautiza como Julie, que «tiene miedo de no estar en el ajo».[10] Y comenta: «¡Por ahí vamos bien! El miedo es un poderoso desencadenante interno, y podemos diseñar nuestra solución para ayudar a calmar el miedo de Julie». Una vez que has conseguido activar ese tipo de sentimientos «se crea un hábito y [por tanto] el usuario se ve automáticamente empujado a usar el producto durante situaciones cotidianas, como cuando desea matar el tiempo mientras hace cola»,[11] escribe, en tono de aprobación.

Los diseñadores deberían conseguir que nosotros «repitamos comportamientos durante largos periodos, en condiciones ideales, el resto de nuestra vida»,[12] añade. Y dice que cree que eso es algo que mejora la vida de la gente, pero también destaca que: «Los hábitos pueden ser muy buenos para la cuenta de resultados».[13] Nir dice que debe ponerse cierto límite ético en este terreno:[14] no está bien dirigirse a niños, y cree que los diseñadores tienen que «colocarse con sus propias creaciones», y usar ellos mismos sus aplicaciones. No se opone a toda regulación; cree que debería ser un requisito que, si pasamos más de treinta y cinco horas a la semana en Facebook, nos aparezca un aviso que nos informe de que quizá tengamos un problema y nos dirija a un sitio donde pedir ayuda.

Pero, a medida que leía todo eso, me sentía inquieto. El «libro de recetas» de Nir para el diseño de aplicaciones tuvo un gran éxito; la directora ejecutiva de Microsoft, por ejemplo, lo ensalzó y pidió a su personal que lo leyera, y Nir es un ponente muy conocido en conferencias tecnológicas. Inspirándose en esas técnicas se han creado numerosas aplicaciones. Nir fue una de las personas más destacadas en Silicon Valley en ese empeño de «vuélvelos locos», y aun así, cuando personas como mi ahijado Adam se habían vuelto realmente locas, él me decía que la solución pasa principalmente por modificar nuestros comportamientos individuales, no las acciones de las empresas tecnológicas.

Cuando conversamos, le expliqué que a mí me parecía que existía una preocupante disparidad entre sus dos libros. En *Hooked* habla de usar una maquinaria ferozmente poderosa para conseguir «engancharnos endiabladamente» y hacernos «sufrir» hasta poder consumir nuestra siguiente dosis tecnológica. En cambio, en *Indistractible* nos dice que cuando nos sintamos distraídos por esa maquinaria, debemos intentar aplicar suaves cambios personales. En el primer libro, describe grandes y poderosas fuerzas usadas para engancharnos; en el segundo, describe pequeñas y frágiles intervenciones personales con las que, según asegura, podremos desengancharnos.

«A mí me parece que es lo contrario, de hecho —replicó él—. Todo lo que exponía en *Hooked* se puede desactivar con pulsar un botón. Y los envías a la mierda.»

Entendí mejor mi creciente incomodidad con el planteamiento de Nir cuando lo comenté con otras personas. Una de ellas era Ronald Purser, profesor de gerencia en la Universidad Estatal de San Francisco. Él me dio a conocer una idea que no había oído hasta ese momento, un concepto conocido como «optimismo cruel». Este se da cuando tomamos un problema importantísimo con causas muy profundas en nuestra cultura —como la obesidad, la depresión o la adicción—, y ofrecemos a la gente, con un lenguaje entusiasta, una solución individual simplista. Suena optimista, porque le decimos a esa gente que el problema puede solucionarse, y pronto; pero en realidad es cruel, porque la solución que ofrecemos es tan limitada, y tan ciega respecto a las causas profundas, que no funcionará para la mayoría de la gente.

Ronald me puso cantidad de ejemplos de esa idea, acuñada por la historiadora Lauren Berlant. Y empecé a captarla del todo cuando aplicó el concepto a una idea relacionada y a la vez diferenciada de la atención: el estrés.

Creo que merece la pena dedicar algo de tiempo a abordar la cuestión, pues me parece que puede ayudarnos a ver el error que Nir, y muchos de nosotros, cometemos en lo relativo a la concentración.

Ronald me habló de un libro, éxito de ventas, escrito por un periodista del *New York Times*, que explica a sus lectores: «El estrés no es algo que se nos imponga. Es algo que nos imponemos nosotros mismos».[15] El estrés es una sensación. El estrés es una serie de pensamientos. Si aprendemos a pensar de otra manera —a apaciguar nuestros pensamientos desbocados—, el estrés desaparecerá. Así pues, solo necesitamos aprender a meditar. Nuestro estrés nace de nuestra imposibilidad para el *mindfulness*.

Ese mensaje llena la página de promesa optimista, pero Ronald destaca que, en el mundo real, las causas principales del estrés en Estados Unidos han sido identificadas por especialistas de la Stanford Graduate School of Business en un importante estudio.[16] Estas son «la falta de seguro médico, la amenaza constante de un despido, las largas jornadas laborales, los bajos niveles de justicia organizativa y unas exigencias poco realistas». Si no cuentas con un seguro médico y sufres diabetes y no puedes permitirte la insulina, o si te ves en la obligación de trabajar sesenta horas a la semana a las órdenes de un jefe maltratador, o si ves que despiden a tus colegas uno tras otro y sospechas, con creciente temor, que tú serás el siguiente, tu estrés no es «algo que nos imponemos nosotros mismos». Es algo que se nos impone.

Ronald cree que la meditación puede ayudar a ciertas personas, y yo coincido con él, pero que ese éxito de ventas típico, que nos dice que meditemos para superar el estrés y la humillación es una «chorrada... Díselo a las mujeres hispanas que tienen cuatro hijos y tres empleos». La gente que dice que el estrés es solo cuestión de modificar nuestros pensamientos, añade, habla «desde una posición de privilegio. Para esa gente es fácil decirlo». Me puso el ejemplo de una empresa que había empezado a reducir la cobertura sanitaria a parte de su personal y que, al mismo tiempo, era felicitada por ese mismo autor del *New York Times* por ofrecer clases de meditación a sus empleados. Se ve claramente que se trata de una medida cruel. Le dices a alguien que existe una solución para su problema (sencillamente, ¡piensa de otra manera sobre tu estrés y te irá bien!), y después le haces vivir en una pesadilla. No proporcionaremos insulina a los trabajadores, pero les daremos clases para que cambien su manera de pensar. Es la versión del siglo XXI de cuando María Antonieta decía: «Que coman tarta». Dejemos que estén presentes.

Aunque, a primera vista, el optimismo cruel parece amable y optimista, a menudo presenta un efecto colateral desagradable. Asegura que cuando la solución pequeña, forzada, fracasa, que es lo que ocurre la mayor parte del tiempo, el individuo no le echará la culpa al sistema, sino a sí mismo. Pensará que la ha cagado y que no es lo bastante bueno. Ronald me dijo que «[ese optimismo cruel] desvía la atención de las causas sociales del estrés», como el exceso de trabajo, y puede degenerar rápidamente en una forma de «culpabilización de la víctima». Y te susurra que el problema no está en el sistema, sino en ti.

Mientras lo decía, yo volvía a pensar una vez más en Nir, y en el enfoque más amplio de Silicon Valley que él ejemplifica. Se gana la vida vendiendo y promocionando un modelo digital que nos «engancha» y que recurre a nuestros temores y que él mismo afirma que está diseñado para volvernos «locos». Ese modelo, a su vez, lo enganchaba a él. Pero como él se halla en una posición de increíble privilegio —en cuanto a riqueza y a conocimiento de esos sistemas—, ha podido recurrir a sus propias técnicas para recobrar cierta sensación de control. Y ahora le parece que la solución pasa, simplemente, por que todos nosotros hagamos lo mismo.

Dejemos de lado el hecho de que a él le resulta muy conveniente que nos culpemos a nosotros mismos en lugar de abordar los problemas más profundos. (Después de todo, él trabaja en Silicon Valley.) Centrémonos en algo más básico. La verdad es que no es tan fácil para los demás hacer lo que él ha hecho. Ese es uno de los problemas del optimismo cruel: que se basa en casos excepcionales, por lo general logrados en circunstancias excepcionales, y actúa como si fueran lo más normal. Resulta fácil encontrar la serenidad a través de la meditación cuando uno no ha perdido el trabajo ni se pregunta cómo hará para evitar el desahucio el martes que viene. Resulta más fácil decir no a otra hamburguesa, o a la siguiente notificación de Facebook, o a la siguiente pastilla de OxyContin, si no estamos agotados o estresados, si no necesitamos desesperadamente una especie de bálsamo para pasar las siguientes horas estresantes. Decirle a la gente —como hace Nir y como hace cada vez más la industria tecnológica en general— que es «bastante fácil» y que basta con «apretar el puto botón» es negar la realidad de las vidas de la mayoría de la gente.

Y más importante aún: la gente no debería tener que hacerlo. El optimismo cruel da por sentado que no podemos modificar significativamente unos sistemas que destruyen nuestra atención, por lo que debemos concentrarnos principalmente en modificarnos a nosotros mismos aisladamente. Pero ¿por qué deberíamos aceptar un medio lleno de programas diseñados para «engancharnos» y «volvernos locos»?

Eso era algo que veía con mayor claridad cuando pensaba en la analogía del propio Nir sobre la obesidad que había sufrido de niño. Creo que merece la pena dedicar un momento a reflexionar sobre dicha comparación, pues a mi modo de ver dice mucho sobre en qué nos estamos equivocando actualmente. Hoy nos parece increíble, pero hace cincuenta años, en el mundo occidental había poca obesidad. Fijémonos en cualquier fotografía de gente en la playa de esa época: todo el mundo se ve delgado para nuestros estándares. Pero entonces empezaron a producirse una serie de cambios. Hemos cambiado un sistema de suministro de alimentos basado en comida fresca y nutritiva por otro que consiste sobre todo en basura procesada. Hemos estresado masivamente a nuestras poblaciones, haciendo que la comida reconfortante resultara mucho más apetitosa. Hemos construido ciudades en las que muchas veces resulta imposible caminar o desplazarse en bicicleta. En otras palabras, el entorno ha cambiado, y eso (no ningún fallo individual de nuestra parte) ha alterado nuestros cuerpos. Hemos ganado masa corporal masivamente. El aumento medio de peso en un adulto, en Estados Unidos, entre 1960 y 2002 fue de casi once kilos.[17]

¿Y qué ocurrió entonces? En lugar de reconocer las diversas fuerzas que nos han hecho esto, asumirlas y construir entornos saludables en los que resulte más fácil evitar la obesidad, la industria dietética nos enseñó a culparnos a nosotros mismos en tanto que individuos. Aprendimos a pensar: engordo a causa de un fallo personal. He escogido una comida inadecuada. Me he vuelto ansioso. Me he vuelto perezoso. No me he enfrentado a mis sentimientos adecuadamente. No soy lo bastante bueno. Nos decidimos a contar mejor las calorías la próxima vez. (A mí me ha pasado.) Los libros de dietas individuales y los planes de dietas personalizadas se convirtieron en la primera respuesta ofrecida por la cultura a una crisis que tiene, en primer lugar, unas causas sociales.

¿Y cómo nos funciona este planteamiento? Los científicos que lo han estudiado han descubierto que el 95 % de la gente en nuestra cultura que pierde peso mediante una dieta lo recupera en un periodo de uno a cinco años.[18] Eso son diecinueve de cada veinte personas. ¿Por qué? Porque no tiene en cuenta la mayor parte de las razones por las que hemos ganado peso de entrada. No lleva a cabo análisis sistémicos. No aborda la crisis en nuestro suministro de alimentos, que nos rodea de comida adictiva, altamente procesada que no guarda la menor relación con lo que las generaciones anteriores de seres humanos comían. No explica la crisis de estrés y ansiedad que nos lleva a comer. No se enfrenta al hecho de que vivimos en ciudades en las que no tenemos más remedio que meternos en cajas de acero para llegar a cualquier parte. Los libros de dietas ignoran el hecho de que vivimos en una sociedad y una cultura que nos modelan y nos presionan, todos los días, para que actuemos de determinadas maneras. Una dieta no cambia el entorno más amplio en que nos movemos, y es ese entorno más amplio el causante de la crisis. Nuestra dieta termina y nosotros seguimos viviendo en un entorno poco sano que nos empuja a engordar de nuevo. Tratar de perder peso en el entorno que hemos creado es como intentar subir corriendo por una escalera mecánica que constantemente nos lleva hacia abajo. Es posible que unas pocas personas, en un esprint heroico, lleguen a lo alto, pero la mayoría de nosotros nos descubrimos de nuevo abajo de todo, y sentimos que es culpa nuestra.

Si hacemos caso de Nir y de personas que piensan como él, me temo que reaccionaremos al aumento de los problemas de atención igual que hemos reaccionado al aumento de los problemas de peso, y acabaremos con los mismos resultados desastrosos. Silicon Valley no es el único que potencia este planteamiento. Prácticamente todos los libros existentes sobre los problemas de atención (y he leído muchos mientras me documentaba para la elaboración de este libro) los presentan simplemente como defectos personales que exigen cambios individuales. Son libros de dietas digitales. Pero los libros de dietas no solucionan la crisis de obesidad, y los libros de dietas digitales no resolverán la crisis de atención. Debemos comprender las fuerzas más profundas que rigen en este caso.

Habríamos podido reaccionar a la crisis de obesidad de otra manera cuando esta se inició, hace cuarenta años, aproximadamente. Habríamos podido hacer caso de las evidencias según las cuales la mera práctica de la abstinencia individual, en un entorno sin modificar, casi nunca funciona, salvo en uno de cada veinte casos como el de Nir. Habríamos podido recurrir a lo que sí funciona: modificar el entorno de maneras muy concretas. Habríamos podido aplicar políticas gubernamentales para abaratar el coste de alimentos frescos, nutritivos y accesibles, y para encarecer y dificultar el acceso a comidas basura y llenas de azúcares. Habríamos podido reducir los factores que llevan a la gente a estresarse tanto que come para sentirse reconfortada. Habríamos podido construir ciudades en las que la gente pueda caminar o ir en bicicleta con facilidad. Habríamos podido prohibir los anuncios explícitos de comida basura que la publicidad dirige a los niños y que conforman su gusto de por vida. Por eso, los países que sí han actuado de ese modo, al menos parcialmente —como Noruega, Dinamarca o los Países Bajos—, presentan unos niveles de obesidad mucho menores, y los países que se han centrado en decirle a las personas con sobrepeso, individualmente, que se controlen, como Estados Unidos y Reino Unido, sufren altos niveles de obesidad.[19] Si toda la energía que personas como yo ponemos en sentirnos avergonzados y en pasar hambre se hubiera puesto en exigir esos cambios políticos, actualmente habría mucha menos obesidad, y mucha menos tristeza.

Tristan cree que necesitamos un cambio de conciencia similar en relación con la tecnología. Cuando testificó en el Senado, manifestó: «Puedes intentar autocontrolarte, pero al otro lado de la pantalla hay mil ingenieros que trabajan en tu contra». Es precisamente lo que Nir se niega a reconocer plenamente, a pesar de haber sido él mismo uno de esos diseñadores. Vuelvo a insistir en ello: estoy a favor de todos los consejos concretos que ofrece. Sí, realmente debemos coger el teléfono ahora mismo y quitar las notificaciones. Debemos averiguar cuáles son nuestros desencadenantes internos. Y así sucesivamente. (Tristan también lo cree.) Pero no es «bastante fácil» pasar de eso a ser capaces de prestar atención en un entorno diseñado —en parte por el propio Nir— para invadir y atacar nuestra atención.

A medida que hablaba con Nir, nuestra conversación se volvía más acalorada. Dado que esta es una de las pocas entrevistas polémicas que aparecen en el libro, para ser justo con él, he colgado el audio completo en la página web del libro para que el lector pueda oír sus respuestas, incluidas aquellas que, por falta de espacio, no he podido transcribir en su totalidad. Nuestra conversación me sirvió para aclararme las ideas de una manera muy útil. Me llevó a darme cuenta de que, para recuperar nuestra atención, vamos a tener que adoptar algunas soluciones individuales, sin duda, pero debemos ser lo bastante honestos como para decirle a la gente que, sola, probablemente no podrá salir del hoyo. Y también vamos a tener que enfrentarnos colectivamente a las fuerzas que nos están robando la capacidad de enfocar y obligarlas a cambiar.

La alternativa al optimismo cruel —contarle a la gente una historia simplista que los lleva al fracaso— no es el pesimismo, la idea de que no puede cambiarse nada. No. La alternativa es el optimismo auténtico, que es aquel por el que reconocemos sinceramente las barreras que se alzan en el camino hacia nuestra meta y establecemos un plan para trabajar junto con otras personas para, paso a paso, derribarlas.

Entonces me di cuenta de que, a partir de ese momento, me encontraba ante una pregunta realmente difícil. ¿Cómo empezamos a hacerlo exactamente?

Capítulo 9

Los primeros atisbos de la solución profunda

Después de haber aprendido tanto sobre el funcionamiento de la tecnología, dos preguntas claras e imperiosas quedaban sin respuesta: en primer lugar, ¿cuáles son los cambios específicos ante esa tecnología invasiva que pueden ponerse en práctica para evitar que esta perjudique nuestra atención y capacidad de concentración? Y en segundo lugar, ¿cómo obligamos a esas inmensas empresas a aplicar esos cambios en el mundo real?

Tristan y Aza, basándose en sus propias experiencias, y en la obra esencial de la profesora Shoshana Zuboff, creen que si hemos de hallar una solución duradera, debemos llegar hasta la raíz del problema. Por eso, una mañana, Aza me comentó sin rodeos: «Podríamos simplemente prohibir el capitalismo de vigilancia». Permanecí unos momentos callado intentando procesar lo que estaba diciendo. Según amplió, ello implicaría que el Gobierno prohibiría cualquier modelo de negocio que nos rastree en internet a fin de averiguar cuáles son nuestras debilidades y después venda esos datos privados al mejor postor para que este pueda modificar nuestra conducta. Para Aza, ese modelo es «fundamentalmente antidemocrático y antihumano» y debe desaparecer.

La primera vez que oí hablar de ello me pareció extremo y francamente imposible, pero Tristan y Aza me explicaron que existen numerosos precedentes históricos de cosas que se generalizan mucho antes de que la sociedad descubra que, de hecho, causan muchos perjuicios y acabe prohibiendo mercadear con ellas. Pensemos en la pintura a base de plomo. Estaba en la mayoría de los hogares estadounidenses, pero entonces se descubrió que dañaba el cerebro de niños y adultos, que les dificultaba la concentración. Como me señaló Jaron Lanier, uno de los mentores de Tristan, cuando eso se supo, no dijimos que nadie podría volver a pintar las paredes de su casa en la vida. Simplemente, se prohibió el plomo en la pintura. Nuestras casas siguen pintadas hoy en día, pero con productos de mucha mejor calidad. Pensemos, si no, en los CFC. Como ya he comentado, cuando yo era niño, en aquella década de 1980 obsesionada con la laca para el pelo, se descubrió que una sustancia de esta destruía la capa de ozono que nos protege de los rayos del sol. Todos quedamos aterrados. Prohibimos los CFC. La laca aún existe pero funciona de otra manera, y la capa de ozono se está recuperando. En tanto que sociedad civilizada, son muchas las cosas que hemos decidido que no pueden comprarse ni venderse, como por ejemplo los órganos humanos.

Así pues, les pregunté: pongamos que prohibimos el capitalismo de vigilancia. ¿Qué ocurriría con mis cuentas de Facebook y Twitter el día siguiente, la semana siguiente, el año siguiente? «Creo que vivirían un momento de crisis, de la misma manera en que Microsoft vivió un momento de crisis», me respondió Aza. En 2001, el Gobierno de Estados Unidos dictaminó que Microsoft se había convertido en un monopolio. La empresa se reinventó y ahora «son algo así como los adultos benévolos de la sala. Creo que la misma transformación podría darse en Facebook».

En la práctica, el día después de la prohibición, esas compañías deberían buscar otras vías de financiación. Existe un modelo que es evidente, y una forma alternativa de capitalismo del que todos los que estén leyendo este libro habrán tenido alguna experiencia: la suscripción. Imaginemos que todos y cada uno de nosotros debiéramos pagar entre cincuenta centavos y un dólar para usar Facebook. De pronto, Facebook ya no trabajaría para anunciantes ni ofrecería nuestros deseos y preferencias secretas como su verdadero producto. Su cometido, por primera vez, sería averiguar qué nos hace felices a nosotros, y no qué hace felices a los anunciantes ni cómo pueden manipularnos para que se lo entreguemos. Así pues, si, como la mayoría de la gente, nosotros también queremos ser capaces de concentrarnos, el sitio debería ser rediseñado para facilitarlo. Y si queremos estar conectados socialmente, en lugar de aislados en nuestra propia pantalla, debería buscar la manera de posibilitarlo.

Esas empresas podrían sobrevivir de otra manera, también evidente, que pasaría por que el Gobierno las adquiriese y pasaran a ser de propiedad pública. Ello sacaría las redes sociales de la parte capitalista de la economía. Puede sonar muy drástico, pero todas y cada una de las personas que están leyendo este libro se benefician hoy, de manera directa, exactamente de ese mismo modelo. Todos coincidimos en que deben existir sistemas de alcantarillado; son una necesidad incuestionable, a menos que queramos volver al mundo de los brotes de cólera y los excrementos en las calles. Así pues, prácticamente en todos los países del mundo, el Gobierno es propietario, mantiene y regula las alcantarillas, e incluso los más convencidos defensores de la no intervención gubernamental aceptan que se trata de un buen uso del poder estatal.

Recurriendo a ese mismo modelo, nuestros gobiernos reconocen que los medios sociales constituyen hoy un bien esencial de utilidad pública, y explican que cuando se gestionan a partir de incentivos erróneos, causan perjuicios psicológicos equivalentes a los brotes de cólera. Sería mala idea que los Gobiernos las gestionaran (no cuesta imaginar que los líderes autoritarios podrían hacer un mal uso de ellas). Afortunadamente, existe una opción mejor. Puede darse una titularidad pública que sea independiente del Gobierno. En Gran Bretaña, la BBC es propiedad del pueblo británico, que es el que la financia, pero su gestión diaria es independiente del Gobierno. No es perfecto, pero ese modelo funciona tan bien que la BBC es el medio de comunicación más respetado del mundo.[1]

Una vez que los incentivos económicos cambian —a través de la suscripción, de la titularidad pública o de algún otro modelo—, la naturaleza de esos sitios puede cambiar, de maneras que, de hecho, ya podemos empezar a visualizar. Aza me explicó que «en realidad... no es difícil» rediseñar las grandes redes sociales para que, en lugar de dañar nuestra atención y nuestras sociedades, se diseñaran para sanarlas, una vez que los incentivos económicos para hacerlo están en su sitio. Al principio, a mí me costaba entenderlo, por lo que le pregunté qué apariencia tendrían esas redes sociales tras los cambios que ellos desearían que se aplicaran. Tristan, Aza y otros empezaron a exponer cambios menores, después pasaron a modificaciones importantes y finalmente me contaron qué es lo que debe ocurrir para hacer que cualquiera de esos cambios se produzca.

Empezaron explicándome que esas compañías podrían, de la noche a la mañana, eliminar muchos aspectos de esas aplicaciones y sitios que deliberadamente nos aturden la mente y nos mantienen conectados a internet más de lo que realmente queremos. Aza dijo: «Por ejemplo, Facebook podría, mañana mismo, empezar a agrupar notificaciones, de manera que solo las recibiéramos, todas juntas, una vez al día... Eso podrían hacerlo a partir de mañana». (Se trataba de algo que Tristan ya había propuesto en su explosivo pase de diapositivas cuando todavía trabajaba en Google.) Así pues, en lugar de «ese constante goteo de cocaína conductual», en lugar de informarte cada pocos minutos de que a alguien le ha gustado tu foto, o ha comentado algo en tu entrada, o cumple años mañana, y así sucesivamente, recibirías una actualización diaria, como con un periódico, resumiéndolo todo. Te verías empujado a consultar una vez al día, en vez de ser interrumpido varias veces cada hora.

«Y este es otro —añadió—. El *scroll* infinito.» Lo inventó él, y como hemos visto consiste en que, cuando llegamos al final de una pantalla, automáticamente carga más y más contenido, sin fin. «Lo que ocurre en este caso es que atrapa nuestros impulsos antes de que el cerebro tenga la oportunidad de implicarse realmente y tomar una decisión.» Facebook, Instagram y las demás podrían, sencillamente, desactivar el *scroll* infinito, de modo que cuando lleguemos al final de la pantalla, tengamos que tomar la decisión consciente de seguir consultando.

De modo similar, esos sitios podrían, simplemente, desconectar las cosas que, según se ha demostrado, polarizan más a las personas desde el punto de vista político, robándoles la capacidad de prestar atención colectivamente. Dado que existen evidencias de que el motor de recomendaciones de YouTube está radicalizando a la gente, Tristan le comentó a un periodista: «Pues se elimina. Puede suprimirse en un abrir y cerrar de ojos».[2] Y remarca que no es que el día antes de que se introdujeran esas recomendaciones la gente se sintiera perdida y exigiera clamorosamente que alguien le dijera qué debía ver a continuación.

Una vez que las formas más evidentes de contaminación mental hayan cesado, decían, podremos empezar a analizar más en profundidad cómo podrían rediseñarse esos sitios para que nos sea más fácil controlarnos y pensar en metas a más largo plazo. «No hace falta esforzarse mucho para empezar a imaginar lo que serían diferentes interfaces», comentó Aza. El ejemplo más evidente nos devuelve a mi punto de partida con Tristan, durante nuestra primera conversación: podría haber un botón que diga «aquí están todos tus amigos que se encuentran cerca de ti y que indican que les gustaría quedar hoy». Pinchamos, nos conectamos, aparcamos el teléfono y salimos con ellos. En lugar de ser un vacío que nos chupa la atención y nos aleja del mundo exterior, las redes sociales serían un trampolín que nos devolvería al mundo de la manera más eficiente posible, que nos uniría a las personas a las que nos apetece ver.

De manera análoga, cuando abriéramos una cuenta de Facebook (por poner un ejemplo) podrían preguntarnos cuánto tiempo queremos pasar al día o a la semana en el sitio. Podríamos establecer diez minutos o dos horas —dependería de nosotros—, y agotado el tiempo, la red en cuestión podría ayudarnos a alcanzar nuestra meta. Una manera podría ser que, al llegar al límite de tiempo, la página podría ir muy, muy lenta. Amazon ha llevado a cabo estudios que demuestran que incluso cien milisegundos de retraso en la velocidad de carga de una página se traducen en un abandono sustancial de personas que esperan para comprar un producto.[3] Al respecto, Aza comentó: «Así a tu cerebro le da tiempo a atrapar al impulso y a preguntar "¿realmente quiero estar aquí? No"».

Además, Facebook podría preguntarnos a intervalos regulares qué cambios queremos introducir en nuestra vida. Quizá queramos hacer más ejercicio, o empezar a cuidar plantas, o hacernos vegetarianos, o crear un grupo de música *heavy metal*. A partir de ahí, podría ponernos en contacto con otras personas cercanas —amigos, o amigos de amigos, o desconocidos del barrio interesados— que digan que también quieren un cambio y que hayan indicado que están buscando compañeros de gimnasio equivalentes.

Aza asegura que Facebook se convertiría «en una manera de rodearte socialmente del comportamiento que quieres». Una cantidad considerable de evidencias científicas demuestra que si deseamos introducir un cambio en nuestra vida y tener éxito en el intento, debemos contactar con grupos de personas que hagan lo mismo.

Según decían, en este momento las redes sociales están diseñadas para captar nuestra *atención* y vendérsela al mejor postor, pero podría diseñarse para entender nuestras *intenciones* y para ayudarnos mejor a convertirlas en realidades. Tristan y Aza me explicaron que tan fácil es diseñar y programar ese Facebook que reafirma la vida como lo es diseñar y programar el Facebook que tenemos ahora y que chupa la vida. A mí me parece que la mayoría de las personas, si las parásemos por la calle y les expusiéramos una visión de esos dos Facebook, dirían que prefieren el que sirve a nuestras intenciones.

Entonces ¿por qué no sucede? Tristan y Aza opinaban que tiene que ver, una vez más, con el modelo de negocio. Si las compañías de las redes sociales aplicaran los cambios que acabamos de exponer, perderían grandes cantidades de dinero. En la estructura económica existente de las empresas, estas no pueden actuar correctamente para mejorar nuestra atención o la sociedad en general. Esa es la contundente razón, que destaca sobre todas las demás, por la que debemos cambiar el modelo de negocio si queremos cambiar la manera en que nos afectan las redes sociales.

Según ellos, el modelo de negocio solo puede cambiarse mediante regulaciones gubernamentales sobre las empresas. A partir de ahí, los cambios que acabo de describir dejarían de ser amenazas imposibles sobre la cuenta de resultados para convertirse en maneras muy atractivas de atraer a suscriptores.

De momento, existe un choque fundamental entre nuestros intereses —ser capaces de concentrarnos, tener amigos a los que veamos fuera de internet, poder abordar las cosas con calma— y los intereses de las compañías de las redes sociales. Introduciendo una prohibición en el capitalismo de vigilancia y actuando para modificar el modelo de negocio, ese choque desaparece. En palabras de Tristan, estaríamos pagando por los intereses de estar en consonancia con los productos que usamos. De pronto, el equipo de ingenieros de Silicon Valley que están tras la pantalla no trabajaría en contra de nosotros y de nuestras intenciones más profundas; trabajaría a nuestro favor, intentando satisfacer nuestras intenciones más profundas.

Un día, Aza me comentó: «Lo fundamental es que, con la tecnología tal como es hoy en día, a nadie le gusta la manera que tiene de pasar el tiempo o tomar decisiones. Es difícil pasar de esa montaña a esta, porque hay que atravesar un valle. Ese es el papel de las regulaciones: facilitar el paso por ese valle. Pero la montaña que hay del otro lado es mucho más bonita».

Gran parte de lo que me habían enseñado Aza y Tristan me resultaba persuasivo, pero desconfiaba del argumento según el cual debe recurrirse a la ley para impedir que esas empresas sigan siendo como son. Los motivos de mis reservas eran diversos. En primer lugar, me planteaba si no estarían sobredimensionando el problema. Cuando hablé con Nir Eyal, este me dijo: «Cada generación experimenta esos pánicos morales, y nos dedicamos solo a contemplar los aspectos negativos de un problema». Me contó que «Tristan está haciendo una lectura textual, literal, del debate que en la década de 1950 se dio en relación con los cómics», cuando mucha gente creía que a los niños los volvía violentos aquella oleada de tebeos llenos de sangre y vísceras. «En esa década, la gente como Tristan acudía al Senado y exponía ante los senadores que los cómics estaban convirtiendo a los niños en unos [zombis] adictos, secuestrados... es literalmente lo mismo... Y hoy nos parece que los cómics son inofensivos.»

Sobre esa base, argumenta —y no es el único— que las conclusiones de Tristan y Aza, así como de otros críticos del actual modelo de negocio tecnológico, son incorrectas. Él cree que algunas de las conclusiones sobre la sociedad a las que he llegado en los dos capítulos anteriores son confusas o están equivocadas.

Paso a poner un ejemplo detallado para que se entienda mejor la controversia. Tristan argumenta que YouTube está radicalizando a la gente, y lo hace sobre la base de las diversas evidencias expuestas anteriormente. Nir lo rebate señalando el estudio reciente de un programador, Mark Ledwich,[4] que sugería que, de hecho, ver contenidos en YouTube tiene un efecto ligeramente «desradicalizador» en sus usuarios. Tristán por su parte, responde a ello dando a conocer a la gente al profesor de Princeton Arvind Narayanan,[5] así como a muchas otras personas que se han mostrado críticas con el mencionado estudio y que afirman que la investigación que cita Nir no es válida. Veámoslo paso por paso. La gente que dice que YouTube nos radicaliza defiende que ese efecto se da con el tiempo. Creamos un perfil, iniciamos sesión y, gradualmente, YouTube va conociendo nuestras preferencias y, a fin de conseguir que sigamos mirando, el contenido que nos suministra se vuelve más extremo. Pero la investigación que cita Nir no estudió a ningún usuario que iniciara sesión. Lo que hacía era ir a un vídeo de YouTube —pongamos por caso, de Boris Johnson pronunciando un discurso— y, sin iniciar sesión, consultaba las recomendaciones que aparecían en el lateral. Si YouTube se usa de esta manera tan poco habitual, los vídeos no se vuelven más extremos con el tiempo, y sería razonable decir que YouTube «desradicaliza». Pero una enorme cantidad de usuarios de YouTube sí acceden iniciando sesión. (No se sabe exactamente cuántos, porque YouTube mantiene el dato en secreto.)

En cada caso concreto en que las empresas tecnológicas podrían estar afectándonos negativamente, se da una controversia de este tipo en que tanto Tristan como Nir citan a rigurosos especialistas en ciencias sociales que han llegado a conclusiones opuestas. Tristan se basa en académicos de Yale, de la Universidad de Nueva York y de Harvard; Nir recurre a académicos como el profesor Andrew Przybylski de la Universidad de Oxford, que coincide con Nir en que las advertencias de Tristan son exageradas. Así pues, ¿qué es lo que está ocurriendo? No es que ninguno de ellos esté siendo falsario, sino que medir los cambios que desencadenan esos sitios es una cuestión realmente complicada y difícil de determinar. Debemos ser sinceros y afirmar que, en este caso, estamos tomando decisiones sobre la base de mucha incertidumbre. La historia dirá que, probablemente, en ciertos aspectos, Nir tenía razón, y que en otros la tenía Tristan. Ello nos deja ante un dilema básico. Es ahora mismo cuando debemos tomar decisiones sobre si hay que permitir que las compañías de las redes sociales sigan comportándose como hasta el momento. Debemos determinar el equilibrio de riesgos.

Son dos las cosas que a mí me han ayudado a decidirme sobre lo que creo que hay que hacer al respecto. Una fue un experimento mental, y la otra una prueba irrefutable surgida del interior del propio Facebook.

Imaginemos que Nir está equivocado pero que todos seguimos sus consejos igualmente: permitimos que el capitalismo de vigilancia siga manteniéndonos «ferozmente enganchados», con apenas ligeras regulaciones. A continuación, imaginemos que Tristan está equivocado pero que todos seguimos sus consejos igualmente: regulamos a las grandes empresas tecnológicas para que cesen en sus prácticas invasivas.

Si Tristan se equivocara y aun así siguiéramos sus consejos, nos habríamos convencido de la necesidad de crear un mundo en el que nos llegarían muchos menos anuncios publicitarios, gastaríamos menos y, a cambio, tendríamos que pagar una pequeña suma todos los meses para suscribirnos a algunas redes sociales, o estas, de alguna manera, se habrían convertido en entes de utilidad pública gestionadas según nuestros intereses colectivos, como las alcantarillas o las autopistas. Imaginemos ahora que hacemos lo que quiere Nir. ¿Qué ocurre si está equivocado? ¿Con qué nos quedamos? La atención disminuye aún más, el extremismo político aumenta, y las tendencias perturbadoras que vemos a nuestro alrededor no dejan de crecer.

El segundo elemento que terminó de convencerme me resultó aún más decisivo. Un día, en la primavera de 2020, se me reveló lo que el propio Facebook piensa realmente sobre estas cuestiones, en privado, cuando creen que no los oímos.[6] Un gran número de documentos internos y comunicaciones de Facebook se filtraron y llegaron al *Wall Street Journal*. Y resultó que, a puerta cerrada, la empresa había reaccionado a las acusaciones de que sus algoritmos habían dañado nuestra atención colectiva y habían contribuido al ascenso de Trump y a la implantación del Brexit creando un equipo formado por algunos de sus mejores científicos, a los que encomendaron la misión de determinar si eso era así y, en caso de afirmativo, ver qué se podía hacer al respecto. Bautizaron a esa unidad con el nombre de Common Ground [Denominador Común].

Tras estudiar todos los datos ocultos —las cosas que Facebook no quiere hacer públicas—, los científicos de la empresa llegaron a una conclusión definitiva. Y la pusieron por escrito: «Nuestros algoritmos explotan la atracción que el cerebro humano siente por la división» y «si no se controlara», el sitio seguiría suministrando a sus usuarios «contenido cada vez más divisivo en un intento de obtener la atención del usuario y aumentar el tiempo que pasa en la plataforma». Otro equipo interno de Facebook, cuyos trabajos también se filtraron al *Journal*, había llegado, independientemente, a las mismas conclusiones. En su caso, descubrieron que el 64 % de todas las personas que se unían a grupos extremistas llegaban a ellos porque los algoritmos de Facebook se los recomendaban directamente. Ello implicaba que, en todo el mundo, la gente veía en sus contenidos de Facebook a grupos racistas, fascistas e incluso nazis junto a las palabras: «Grupos a los que deberías unirte». Advertían de que, en Alemania, una tercera parte de todos los grupos políticos en el sitio eran extremistas. El propio equipo de Facebook era claro al concluir: «Nuestros sistemas de recomendación potencian el problema».

Tras analizar detalladamente todas las opciones, los científicos de Facebook llegaron a la conclusión de que existía una solución: afirmaban que Facebook tendría que abandonar su actual modelo de negocio. Dado que su crecimiento estaba tan vinculado a unos resultados tóxicos, la empresa debía abandonar los intentos de crecer. La única salida pasaba por que la empresa adoptara una estrategia de «anticrecimiento», que de manera deliberada menguara, y que optara por ser una compañía menos rica que no se dedicara a cargarse el mundo.[7]

Una vez que Facebook mostró —en un lenguaje llano, por parte de su propio personal— lo que estaba haciendo, ¿cómo reaccionaron los ejecutivos de la empresa? Según el reportaje en profundidad del *Journal*, se burlaron de aquella investigación, tachándola de bienintencionada e ingenua. Introdujeron algún cambio menor, pero desestimaron la mayoría de las recomendaciones. El equipo Common Ground fue desmantelado y ha dejado de existir. El *Journal* afirmaba con parquedad: «Zuckerberg también ha indicado que estaba perdiendo interés en ese esfuerzo por recalibrar la plataforma en nombre del bien social... y ha pedido que no vuelvan a hacerle llegar ese tipo de iniciativas». Al leerlo, pensé en mi amigo Raull Santiago en su favela de Río de Janeiro, aterrorizado por los helicópteros enviados por el Gobierno de extrema derecha elegido gracias a la ayuda de esos algoritmos, unos algoritmos tan poderosos que los partidarios de Bolsonaro reaccionaron a su victoria coreando: «¡Facebook, Facebook!».

Me daba cuenta de que si Facebook no deja de promover el fascismo —el nazismo en Alemania—, nunca va a preocuparse por proteger nuestra capacidad para la atención y la concentración. Esas empresas nunca van a controlarse ellas solas. Los riesgos de permitir que sigan comportándose como lo hacen son mucho mayores que los riesgos de pasarse de la raya con ellas. Hay que ponerles freno. Y debemos hacerlo nosotros.

Me sentía acobardado. Durante un tiempo, me parecía que no tenía ni idea de cómo conseguir esa meta. Mucha gente llega hasta este punto en el argumento, y a partir de ahí se detiene, en un balbuceo pesimista. Dicen: sí, este sistema nos perjudica de manera terrible, pero vamos a tener que adaptarnos porque nada ni nadie puede impedirlo. Vivimos en una cultura en que existe una sensación de profundo fatalismo político a cada esquina. Es algo que constaté cuando escribía *Tras el grito*, mi libro sobre la guerra contra las drogas, y viajé por todo el mundo promocionándolo. No dejaba de oír, sobre todo en Estados Unidos: sí, tienes razón en que la guerra contra las drogas es un desastre y un fracaso. (Más del 80 % de los estadounidenses coinciden en ello.) Sí, tienes razón en que la descriminalización o la legalización serían mejores. Pero no, eso no ocurrirá nunca, así que... ¿Conoces a un buen abogado, o algún centro de desintoxicación para un familiar afectado? El pesimismo político mantiene a la gente atrapada en una búsqueda de soluciones puramente personales e individuales.

Pero la verdad es esta: esa desesperación no es solo contraproducente; a mí me parece empíricamente errónea. Me recordaba a mí mismo que fuerzas tan poderosas como las empresas tecnológicas han sido derrotadas muchas veces a lo largo de la historia de la humanidad, y es algo que sucede de la misma manera. Sucede cuando la gente corriente crea movimientos y exige algo mejor, y no se rinde hasta que lo consigue. Sé que puede sonar vago o idealista, por lo que me gustaría aportar un ejemplo muy práctico de cambio que ha tenido lugar en mi familia y, seguramente, también en la tuya, en el curso de las tres generaciones anteriores.

Yo tengo cuarenta y un años. En 1962, mis abuelas tenían la edad que tengo yo ahora. Ese año, mi abuela escocesa, Amy McRae, residía en un bloque de viviendas de clase obrera en Escocia, y mi abuela suiza, Lydia Hari, vivía en una montaña de los Alpes. A Amy la obligaron a dejar la escuela a los trece años porque a nadie le parecía que mereciera la pena dar una educación a las niñas. Mientras su hermano seguía estudiando, a ella la pusieron a limpiar váteres, lo que siguió haciendo durante toda su vida laboral. Ella habría querido dedicarse a las personas sin hogar, pero en la práctica las mujeres quedaban excluidas de ese tipo de empleos, y a ella le dijeron que tenía que saber qué lugar le correspondía como mujer y que debía aprender a mantener la boca cerrada. Por su parte, Lydia se crio en una aldea suiza y, cuando era adolescente, se pasaba el día dibujando y pintando. Quería ser artista plástica. Le dijeron que las chicas no podían ser artistas. Se casó joven y le dijeron que debía obedecer a su marido. Yo, años después, me sentaba en su cocina, y veía que su marido le alargaba una taza vacía y le gritaba: «*Kaffee!*», y esperaba que ella se levantara y fuera a buscarlo. A veces hacía bocetos de algo, pero decía que en realidad la deprimía, porque le hacía pensar en lo que podría haber sido su vida.

Mis abuelas vivieron en una sociedad en la que las mujeres quedaban excluidas de prácticamente todos los sistemas de poder y de casi todas las decisiones que tenían que ver con sus vidas. En 1962 no había mujeres en los Gobiernos británico, estadounidense y suizo. Las mujeres representaban menos del 4 % de los miembros del Parlamento británico y del Senado estadounidense, y menos del 1 % en Suiza, donde a las mujeres ni siquiera les estaba permitido votar en diecisiete de los veinte cantones (incluido el que era lugar de residencia de mi abuela). Ello implicaba que las reglas estaban escritas por hombres y para hombres. A las mujeres británicas y estadounidenses no se les permitía contratar hipotecas ni abrir cuentas bancarias a menos que estuvieran casadas y contaran con el permiso por escrito de sus maridos. Las mujeres suizas no podían conseguir empleo sin el permiso escrito de sus cónyuges. No existían hogares para mujeres víctimas de violencia de género en ninguna parte del mundo, y en todas partes era legal que un hombre violara a su esposa. (Cuando, en los años ochenta del siglo pasado surgieron movimientos para prohibir la violación en el seno del matrimonio, un miembro de la Asamblea de California se opuso diciendo: «Pero, si uno no puede violar a su esposa, ¿a quién puede violar?».[8]) En la práctica, los hombres podían agredir a sus mujeres porque la policía no lo consideraba un delito, y podían abusar de sus hijas, porque era un tabú tan grande hablar de ello que nadie acudía a la policía a denunciarlo.

Mientras redacto estas líneas, no dejo de pensar en mi sobrina de quince años. Como su bisabuela, a ella también le encanta dibujar y pintar, y cada vez que la veo hacerlo pienso en Lydia, haciendo lo mismo en su aldea suiza hace ochenta y cinco años. A Lydia le dijeron que dejara de perder el tiempo y empezara a servir a los hombres. A mi sobrina le dicen: «Vas a ser una gran artista plástica... Empecemos a buscar escuelas de arte». Mi sobrina no llegó a conocer a mi abuela, pero creo que Lydia se habría alegrado mucho al saber hasta qué punto el feminismo ha cambiado el mundo.

Sé que resulta extraordinariamente molesto que un hombre haga *mansplaining* exponiendo el tema de esta manera, sobre todo cuando aún persiste tanto machismo y tanta misoginia, y cuando las mujeres aún se enfrentan a inmensas barreras. Sé que el avance en los derechos de la mujer dista mucho de ser total y que existe riesgo de involución en muchos de los progresos que se han hecho. Solo sé una cosa que es absolutamente cierta: la diferencia entre las vidas de mis abuelas y la de mi sobrina es un logro asombroso, que se ha producido única y exclusivamente por una cosa: surgió un movimiento organizado de mujeres corrientes que se aliaron y lucharon por conseguirlo, y que siguieron luchando aun cuando era durísimo.

Existen, claro está, numerosas diferencias entre la lucha feminista y la lucha por recuperar la concentración. Pero aun así, yo seguía regresando mentalmente a ese ejemplo por una razón muy básica: el movimiento feminista nos enseña que la gente corriente puede desafiar unas fuerzas enormes y aparentemente inamovibles y que, cuando lo hace, ello puede conducir a un cambio real. La concentración de poder en los hombres en 1962 era mucho mayor que el poder de las grandes tecnológicas en el momento en que redacto estas líneas, en 2021. Los hombres lo controlaban casi todo, cada parlamento, cada empresa, cada fuerza policial, y lo habían hecho desde que existían esas instituciones. Habría podido ser muy fácil, en esa situación, decir: es imposible que cambie algo; rendíos; las mujeres, simplemente, tendrán que aprender a vivir una vida de subordinación. Mucha gente está tentada de pensar así en la actualidad cuando contempla las inmensas fuerzas que nos roban la capacidad de concentrarnos. Pero eso es lo que hay que tener en cuenta ante la creencia pesimista según la cual somos impotentes y no podemos cambiar nada. Que es falsa.

Pensemos en otro ejemplo histórico. Yo soy gay. En 1962, me habrían encarcelado por serlo. Ahora puedo casarme. La homofobia ha dominado durante 2.000 años. Y después ya no. La diferencia, la única diferencia, la trajo consigo un movimiento de personas corrientes que exigieron el fin de unas fuerzas que destruían sus vidas. Soy libre porque la gente que vivió antes que nosotros no se rindió; plantó cara. También en este caso existen grandes diferencias entre la lucha por la igualdad de derechos de los homosexuales y esta lucha. Pero sí se da un paralelismo clave: ninguna fuente de poder, ningún conjunto de ideas, es tan grande que no pueda ser cuestionado. A Facebook le encantaría que creyéramos que su poder es inexpugnable y que no tiene sentido luchar por cambiar las cosas, porque eso nunca funciona. Esas empresas son tan frágiles como lo era cualquier otra fuerza poderosa que, al final, fue doblegada.

Si no creamos un movimiento y luchamos, ¿cuál es la alternativa? Tristan y Aza me advirtieron que, en este momento, nos hallamos solo al inicio de lo que un capitalismo de vigilancia sin regular hará con nosotros. Las cosas se volverán más sofisticadas y más invasivas. Me pusieron un montón de ejemplos. He aquí uno de ellos. Existe una tecnología conocida como «transferencia de estilo». Si la usamos, podemos mostrarle a un ordenador muchas pinturas de Van Gogh y, después, señalar una nueva escena y hacer que la recree con el estilo de Van Gogh. Aza me contó que esa «transferencia de estilo» podría usarse en poco tiempo en nuestra contra: «Google, ya hoy, podría leer todos tus correos electrónicos, extraer de ellos un modelo capaz de imitar tu estilo y después vendérselo a un anunciante. [Tú, en tanto que usuario] ni siquiera sabes qué está ocurriendo», pero empezarás a recibir correos curiosamente atractivos y persuasivos, porque suenan exactamente como tú. Aza me explicó: «Aún peor, podrían buscar por toda tu cuenta de Gmail, leer los correos electrónicos a los que has respondido rápidamente y de manera positiva, y aprender ese estilo. Así, aprenden cuál es el estilo que te resulta más persuasivo. No hay nada ilegal en ello. No existen leyes que te protejan en contra de ello. ¿Viola tu privacidad? Ellos no están vendiendo tus datos. Se limitan a vender un conocimiento asimétrico sobre tu manera de trabajar —que es más de lo que tú sabes sobre ti mismo— al mejor postor».

Se trata de una asimetría tan extrema que descubrirá vulnerabilidades que ni siquiera sabes que lo son. Están por llegar innovaciones tecnológicas que harán que las formas actuales del capitalismo de vigilancia resulten tan rudimentarias como los marcianitos, los Space Invaders, lo son para un niño que ha crecido con Fortnite. Facebook, en 2015, registró la patente de una tecnología que será capaz de detectar nuestras emociones desde las cámaras del ordenador portátil y el móvil. Aza advierte que, si no lo regulamos, «nuestros superordenadores van a buscar la manera de encontrar nuestras vulnerabilidades sin que nadie se detenga a preguntar: ¿eso está bien? Nosotros lo veremos casi como que seguimos tomando nuestras propias decisiones», pero será «un ataque directo contra el libre albedrío y la voluntad propia».

Jaron Lanier, el mentor de Tristan e ingeniero veterano de Silicon Valley, me contó que había sido asesor de un montón de películas distópicas de Hollywood, entre ellas *Minority Report*, pero que había tenido que dejarlo porque no paraba de diseñar unas tecnologías cada vez más terroríficas con la intención de advertir a los espectadores de lo que estaba por venir; pero los diseñadores reaccionaban diciendo: «¡Qué guay! ¿Y cómo hacemos eso?».

«A veces oigo a gente decir que es demasiado tarde para aplicar ciertos cambios en internet, en las plataformas o en la tecnología digital», me explicó William James. Pero añadió que el hacha existió durante 1.400 millones de años antes de que a alguien se le ocurriera ponerle un mango. En cambio, internet «no tiene ni diez mil días de existencia».

Iba dándome cuenta de que estamos en una carrera. A un lado está el poder de las tecnologías invasivas, que crece rápidamente y que va descubriendo cómo funcionamos y fracturando nuestra atención. Al otro tiene que haber un movimiento que exija unas tecnologías que trabajen a nuestro favor, no en nuestra contra; unas tecnologías que alimenten nuestra capacidad de concentración en vez de fraccionarla. Hasta hoy, el movimiento en favor de una tecnología humana está formado por unas pocas personas valientes como la profesora Shoshana Zuboff, Tristan y Aza. Son el equivalente de aquellos grupos diseminados de valerosas feministas de principios de la década de 1960. Todos nosotros debemos decidir si pensamos sumarnos a ellos y plantar cara. O si vamos a permitir que las tecnologías invasivas ganen por defecto.

CAPÍTULO 10

Causa 8: el estrés se dispara
y se desencadena la alerta

Cuando me admití a mí mismo por primera vez que tenía un problema de atención y me largué a Provincetown, iba con un relato simple sobre lo que le había ocurrido a mi capacidad de concentración: que internet y los teléfonos móviles habían acabado con ella. Ahora, en cambio, sabía que ese enfoque resultaba simplista en exceso —que el modelo de negocio de las tecnológicas era más importante que la tecnología misma—, pero estaba a punto de aprender algo aún más importante. Esas tecnologías llegaron a nuestras vidas en un momento en que éramos especialmente susceptibles de quedar secuestrados por ellas, cuando nuestro sistema inmunitario estaba bajo, por razones totalmente independientes de la tecnología y su diseño.

A un nivel u otro, muchos de nosotros somos capaces de intuir algunas de las razones que lo explican. A principios de 2020, decidí formar equipo con el Council for Evidence-Based Psychiatry (Consejo para una Psiquiatría Basada en Evidencias) y, juntos, encargamos a YouGov, una de las empresas de encuestas líderes del mundo, que llevara a cabo la que, según tengo entendido, fue la primera encuesta científica de opinión sobre la atención, tanto en Estados Unidos como en Gran Bretaña. La encuesta empezó identificando a personas que sentían que su atención estaba empeorando y posteriormente les preguntó por qué creían que les estaba ocurriendo. Les ofrecía diez opciones entre las que escoger. La primera razón que daba la gente para explicar sus problemas no eran los teléfonos móviles. Era el estrés, escogida por el 48 %. La segunda razón eran los cambios en sus circunstancias vitales, como por ejemplo tener un hijo o envejecer, también escogida por el 48 % de los encuestados. El tercer problema eran las dificultades para dormir, o una mala calidad del sueño, citado por el 43 %. Los teléfonos aparecían en cuarto lugar, escogidos por el 37 %.

Cuando empecé a estudiar los datos con más detalle, descubrí que las intuiciones de las personas corrientes no son erróneas. En la pérdida de la atención intervienen unas fuerzas que son más profundas que internet y el teléfono, y esas fuerzas, a su vez, nos llevan a desarrollar una relación disfuncional con la red. Fui comprendiendo la primera dimensión de todo ello cuando empecé a frecuentar a la mujer que con el tiempo llegaría a ser directora general de Salud Pública de California, y que ha realizado hallazgos fundamentales relacionados con estas cuestiones. De todas las personas a las que he conocido para la elaboración de este libro, ella es quizá la que más admiración despierta en mí. Al principio, cuando leas su historia, quizá te parezca que la situación que describe es tan extrema que no tiene mucho que ver con tu vida, pero no dejes de acompañarme, porque lo que ella ha descubierto puede ayudarnos a entender una fuerza que está fraccionando la atención de muchos de nosotros.

En la década de 1980, en la periferia de Palo Alto, California, una joven negra llamada Nadine se sentía inquieta durante su camino de regreso a casa desde la escuela. Quería a su madre, quien le había enseñado algunos pases muy agresivos en la pista de tenis, y siempre le insistía en que se tomara en serio su educación porque, cuando la tienes, ya nadie puede quitártela. Pero algunas veces su madre, aunque no fuera culpa suya, se comportaba de manera muy distinta. «El problema era —escribió Nadine más adelante— que nunca sabíamos con qué madre nos íbamos a encontrar. Todos los días, llegar a casa era jugar a las adivinanzas: ¿nos encontraríamos con la madre contenta o con la que daba miedo?»[1]

Dos décadas después, la doctora Nadine Burke Harris contemplaba a los dos niños sentados frente a ella en la consulta y sentía algo en el cuerpo, un dolor antiguo, conocido. Aquellos niños tenían siete y ocho años y, hacía pocas horas, su padre los había montado en el coche y, sin abrocharles expresamente los cinturones de seguridad, había arrancado y no había parado hasta encontrar un muro. Entonces había acelerado al máximo. Nadine veía a aquellos niños y pensaba en el miedo que debían de haber pasado. «Yo conocía de manera intuitiva cómo era esa clase de miedo —me contó cuando nos sentamos juntos a conversar—. Podía empatizar a nivel fisiológico, no sé si me entiendes. Yo sé lo que ocurre en esos momentos.» Resultó que esos niños también tenían un padre con esquizofrenia paranoide.

Nadine había lidiado con la enfermedad mental de su madre siendo siempre una magnífica estudiante, que era lo que su madre, en sus momentos de buena salud mental, siempre le había inculcado. La aceptaron en Harvard y estudió Salud Pública y Pediatría. Cuando tuvo que decidir qué hacer con todo lo que había aprendido, entendió que lo que quería era ayudar a niños. Mientras muchos de sus compañeros de facultad decidían ofrecer atención médica a gente rica, Nadine se fue a Bayview, una de las últimas zonas no gentrificadas de San Francisco, un barrio realmente pobre con elevados índices de violencia. Poco después de iniciar allí su actividad profesional, Nadine estaba con unos amigos cuando oyó un ruido seco. Salió corriendo y se encontró a un joven de diecisiete años al que habían pegado un tiro y que se desangraba. Poco después se enteró de que las abuelas de su nuevo vecindario dormían a veces en las bañeras por miedo a que una bala perdida las matara cuando dormían. Tiempo después, reflexionaba sobre qué es vivir siempre en medio de una violencia gratuita como aquella. Era consciente de que vivir en Bayview era encontrarse inmersa constantemente en el miedo y el estrés.

Un día, un muchacho de catorce años al que habían diagnosticado TDAH, y al que llamaré Robert, acudió a visitarse con Nadine. (He modificado también algunos otros detalles a lo largo del capítulo, a petición de Nadine, para respetar la confidencialidad médica de sus pacientes.) Durante un tiempo, a Robert le habían recetado Ritalin, un medicamento estimulante, pero en su caso no parecía hacerle ningún efecto. Le explicó que no le gustaba cómo le hacía sentirse, y que quería dejar de tomarlo, pero los médicos que lo habían tratado antes habían insistido en que siguiera tomándolo en dosis cada vez más elevadas.

Nadine les preguntó a él y a su madre cuándo habían empezado sus problemas de atención. Le contaron que cuando tenía diez años. Ella quiso saber qué había ocurrido entonces. Bueno, le respondieron, fue cuando lo enviaron a vivir a casa de su padre. Conversaron sobre el divorcio, y sobre la vida del niño en general, y en ese momento Nadine preguntó tranquilamente: ¿por qué enviaron a

Robert a vivir con su padre? A los dos les costó un poco contar la historia, pero a trompicones fue saliendo. La madre de Robert tenía un novio, y un día, al volver a casa, ella se lo encontró en la ducha, abusando sexualmente de su hijo. De ella también habían abusado durante toda su infancia, y la habían acostumbrado a sentir terror de los abusadores y a someterse a sus exigencias. En ese momento, se sintió impotente, por lo que hizo algo de lo que estaba profundamente avergonzada. En lugar de llamar a la policía, envió a su hijo a vivir con su padre. Cada vez que Robert iba a su casa a visitarla, su abusador seguía ahí, esperando.

Nadine pensó mucho sobre ese caso, y empezaba a preguntarse si tendría alguna conexión con un problema más amplio con el que se iba encontrando. A su llegada al centro médico de Bayview, se había dado cuenta de que el índice de diagnósticos de problemas de atención en niños era altísimo, mucho mayor que en barrios acomodados, y la primera y por lo general única respuesta era drogarlos con estimulantes muy potentes como Ritalin o Adderall. Nadine cree en la administración de fármacos para solucionar un amplio abanico de problemas (por eso estudió Medicina), pero empezó a preguntarse: ¿y si estamos diagnosticando erróneamente el problema al que se enfrentan muchos de estos niños?

Nadine sabía que, hacía unas décadas, unos científicos habían descubierto algo significativo. Cuando los seres humanos se encuentran en un entorno aterrador —como una zona en guerra—, suelen entrar en un estado diferente. Me puso un ejemplo, al que ya me he referido brevemente. Imaginemos que vamos caminando por el bosque y se nos encara un oso pardo que parece enfadado y a punto de atacarnos. En ese momento, nuestro cerebro deja de preocuparse por lo que vamos a comer esa noche, o por cómo vamos a pagar el alquiler. Se concentra única y exclusivamente en una cosa: el peligro. Reseguimos todos los movimientos del oso, y nuestra mente empieza a buscar maneras de alejarse de él. Nos ponemos extremadamente alerta.

Ahora imaginemos que esos ataques de osos ocurrieran muy a menudo. Pongamos que, tres veces a la semana, un oso enfadado apareciera de pronto en nuestra calle y le diera un zarpazo a uno de nuestros vecinos. Si ello ocurriera, probablemente desarrollaríamos un estado conocido como de «hipervigilancia». Empezaríamos a buscar peligros constantemente, tanto si tuviéramos un oso delante como si no. Nadine me explicó: «La hipervigilancia se da básicamente cuando pasamos a buscar el oso en todas las esquinas. Tu atención se concentra en avisos de peligro potencial, en lugar de concentrarte en estar presente en lo que está ocurriendo, o en la lección que se supone que deberías estar aprendiendo, o en hacer el trabajo que se supone que deberías estar haciendo. No es que [la gente en ese estado] no preste atención. Es que presta atención a cualquier indicio o señal de amenaza o peligro en su entorno. Ahí es donde está su atención».

Imaginó a Robert sentado en un aula intentando aprender matemáticas, pero sabiendo que en cuestión de días volvería a ver al hombre que había abusado sexualmente de él y que quizá volviera a hacerlo. Se preguntaba cómo iba a dedicar el poder de su mente a las sumas en aquellas circunstancias. No, su mente se orientaba a una sola cosa: detectar el peligro. No había nada que funcionara mal en su cerebro; se trataba de una respuesta natural y necesaria a unas circunstancias intolerables. Empezó a interesarse por averiguar cuántos de los niños a los que trataba, niños a los que se decía que tenían un defecto inherente, podían encontrarse en una posición como esa. Junto con su equipo del hospital decidió investigar científicamente la cuestión. Empezó a leer estudios relacionados con ella y descubrió que existía una manera estandarizada de identificar si un niño estaba traumatizado y en qué grado. Se conoce como el Cuestionario sobre Experiencias Adversas en la Infancia y es bastante directo.[2] En él se pregunta: ¿has experimentado alguna de las siguientes diez cosas en tu infancia? (factores como maltrato físico, crueldad y abandono). A continuación, indaga sobre cualquier problema que el sujeto pueda experimentar en el presente, como obesidad, adicciones y depresión.

Nadine decidió que su equipo iba a estudiar a los más de mil niños a su cuidado recurriendo a ese cuestionario para determinar cuánto trauma infantil habían sufrido y para ver si ello se correspondía con cualquier otro problema que pudieran tener, incluidos los dolores de cabeza y abdominales y (fundamentalmente) problemas de atención. Así pues, los evaluaron a todos con detalle.

Los niños que habían sufrido cuatro o más tipos de trauma tenían un 32,6 % más de probabilidades de ser diagnosticados con problemas de atención o de conducta que los que no habían experimentado ningún trauma.[3]

Otros científicos de todo el territorio de Estados Unidos avalan ese hallazgo general según el cual las probabilidades de que los niños tengan problemas de concentración son mucho mayores si han vivido traumas. Por ejemplo, la doctora Nicole Brown, en una investigación independiente, constató que los traumas infantiles hacían que se triplicara el desarrollo de síntomas de TDAH. Un ambicioso estudio llevado a cabo por la Oficina Nacional de Estadística del Reino Unido llegó a la conclusión de que si una familia pasa por una crisis económica, las probabilidades de que al niño se le diagnostiquen problemas de atención aumentan un 50 %.[4] Si hay una enfermedad grave en la familia, la cifra asciende hasta el 75 %. Si uno de los progenitores debe comparecer en un juicio, sube casi hasta el 200 %.

La base de la evidencia es pequeña, pero está creciendo y parece avalar ampliamente lo que Nadine descubrió en Bayview.

Ella creía haber descubierto una verdad fundamental sobre el foco: para poder prestar atención normalmente debemos sentirnos seguros. Debemos poder desconectar las partes de la mente que están oteando el horizonte en busca de osos, o leones, o sus equivalentes modernos, y permitirnos el lujo de zambullirnos en un tema seguro. En Adelaida, Australia, me entrevisté con el doctor Jon Jureidini, un psiquiatra infantil que se ha especializado en esta cuestión. Me contó que reducir el foco es «una estrategia muy buena en un entorno seguro, porque implica que podemos aprender cosas, progresar y desarrollarnos. Pero si nos encontramos en un entorno peligroso, la atención selectiva [aquella en la que enfocamos solo una cosa] es una estrategia poco inteligente. Lo que necesitamos en ese caso es repartir la alerta de manera uniforme alrededor de nuestro entorno en busca de indicios de peligro».

Cuando supo que eso era así, Nadine se dio cuenta de que, con Robert, la respuesta de sus médicos anteriores había sido un error grave. Me dijo: «¡Qué sorpresa! El Ritalin no trata el abuso sexual». Para esos niños, «las medicaciones tratan los síntomas superficiales y no la causa de base... Si un niño se porta muy mal, casi siempre es una manera muy buena que tiene de alertar al sistema de que hay algo que no va bien». Llegó a creer que cuando los niños no pueden prestar atención, suele ser una señal de que viven una situación de estrés espantosa. Jon, el médico de Adelaida especializado en el tema, me explicó: «Si medicas a un niño en esa situación, aceptas que siga viviendo una situación violenta o inaceptable». Un estudio comparaba niños de los que se había abusado sexualmente con un grupo de la misma edad que no había sufrido abusos, y llegó a la conclusión de que entre los supervivientes de abusos sexuales la tasa habitual de TDAH diagnosticable era el doble.[5] (Esa no es la única causa de TDAH; más adelante volveré con las demás.)

El planteamiento seguido con Robert puede llevar a unos resultados terroríficos. Me desplacé a Noruega a entrevistar a la política Inga Marte Thorkildsen, que había empezado a investigar estas cuestiones —y que ha escrito un libro sobre el tema— después de sentirse conmovida por el caso de una persona de su circunscripción electoral. Se trataba de un niño de ocho años cuyos maestros consideraban que mostraba todos los síntomas de la hipervigilancia. No era capaz de sentarse y quedarse quieto; no paraba de correr de un lado a otro; se negaba a hacer lo que le pedían. Le diagnosticaron TDAH y le administraron estimulantes. Poco después lo hallaron muerto, con una brecha de diecisiete centímetros en el cráneo. Lo había asesinado su padre, que según se supo, llevaba todo ese tiempo maltratándolo. Cuando me encontré con ella en Oslo, me explicó: «Nadie hizo nada porque decían: vaya, tiene problemas de atención, y bla, bla, bla. Ni siquiera hablaron con él durante [el tiempo en que le administraron] la medicación».

Nadine empezaba a preguntarse: si ese es el planteamiento equivocado, ¿cuál es la manera correcta de responder? ¿Cómo podía ayudar a Robert, y a todos los demás niños a su cuidado que estaban en su misma situación? Me dijo que ella empieza por explicárselo a los padres: «Creo que esa [incapacidad para concentrarse] tiene la causa en el exceso de hormonas de estrés que segrega el cuerpo de vuestro hijo. Y eso se soluciona de la siguiente manera. Debemos crear un entorno. Debemos limitar la cantidad de cosas estresantes o temibles que vuestro hijo está experimentando y presenciando. Y debemos aplicar muchas capas amortiguadoras, debemos ofrecerle muchos cuidados, apoyarlo mucho. Para que podáis hacerlo, tú, su madre, debes reconocer y abordar la historia de lo que te ha ocurrido en la vida».

Decir algo así no tiene sentido si no puedes ofrecerles maneras prácticas de hacerlo. Así que Nadine se esforzó todo lo que pudo para obtener financiación de filántropos del Área de la Bahía de San Francisco y poder convertir su propuesta en realidad. Me explicó que, en un caso como el de Robert, son muchos los pasos que hay que dar. Concretamente, tuvieron que ayudar a la madre a asistir a terapia para que pudiera entender por qué se sentía impotente para enfrentarse a quien abusaba de su hijo. Tuvieron que facilitar asistencia legal a la familia para obtener una orden de alejamiento para el maltratador y que este se alejara para siempre de la vida de Robert. Tuvieron que prescribirles clases de yoga a los dos, al niño víctima de abuso sexual y a su madre, para que volvieran a conectar con sus cuerpos. Tuvieron que ayudarles a mejorar en sueño y alimentación.

Nadine me contó que hay que «equiparar las herramientas que ofreces a los problemas a los que se enfrenta la gente». Enfatizó que esas soluciones más profundas implican un trabajo realmente duro, pero ella ha visto cómo transforman a los niños. «Creo que es fácil para la gente oír que, cuando has experimentado un trauma infantil, estás roto o dañado», pero en realidad «tenemos la capacidad de cambiar». Ella lo ve constantemente durante su práctica profesional: «Es increíble la cantidad de niños que han pasado del suspenso a la matrícula de honor con un diagnóstico adecuado y con el apoyo indicado». Por eso, para ella, se trata de un «trabajo feliz» porque «nos muestra el profundo potencial de cambio. Eso es lo que yo veo en mi práctica clínica. Es en gran medida tratable. Es increíble lo tratable que es. Y en muchos casos es fácil». Cree que si trabajamos lo bastante duro para informar a la gente, «llegaremos; llegaremos a ese punto en el que habremos transformado el paisaje de la respuesta que la sociedad y la medicina —todos nosotros— dan a esta cuestión».

Nadine cree que si puede dedicarse a ese trabajo es porque ella misma, hace años, fue una niña asustada que vivía en la periferia de Palo Alto. Según me contó: «Hay un refrán budista que dice: "Agradece tu sufrimiento porque te permite empatizar con el sufrimiento de los demás"».

Poco antes de verla por última vez, a Nadine acababan de nombrarla directora general de Salud Pública de California, el cargo de máxima responsabilidad en el estado. Pero por más prestigio y poder que conlleve ese puesto, ella me aseguró que estaba más orgullosa de otra cosa. Hacía poco tiempo había visto a Robert y a su madre. Y había constatado que, como consecuencia de la ayuda prolongada que se les había ofrecido, empezaban a cambiar lentamente. A él ya no lo medicaban por sus problemas de atención, ni mostraba dificultades de concentración. Estaban desarrollando empatía mutua. Se estaban curando a un nivel profundo, de un modo que nunca habrían podido conseguir medicando al niño. La madre de Robert empezaba a entender que los abusos sexuales que ella misma había sufrido la habían incapacitado para proteger a su propio hijo, y pudo, por primera vez en su vida, verse de otra manera, y compadecerse de sí misma. Ello, a su vez, se tradujo en que pudo empezar a sentir compasión por su hijo. Nadine me explicó que los dos reconocen que la historia, a partir de ahora, podrá desarrollarse de otra manera.

Nadine veía que el trauma severo que Robert experimentaba había resultado devastador, pero también había llegado a creer que la vida corriente en Bayview, con el estrés que comporta, erosiona la atención. A sus pacientes que no habían sido víctimas de abusos infantiles, también les invadían las preocupaciones por los desahucios, la desnutrición o los tiroteos. Vivían bajo una presión soterrada constante.

Cuando me lo explicaba, a mí me interesó entender si otras formas de estrés también afectaban a la atención. ¿Y las que resultan muchísimo menos aterradoras que el abuso sexual? Descubrí que las evidencias científicas en este sentido son algo complicadas. Las pruebas realizadas en laboratorio muestran que si al sujeto se lo coloca en una situación de estrés entre ligero y moderado, su rendimiento será mejor en determinadas tareas que exigen atención a corto plazo.[6] Todos lo hemos experimentado: antes de salir a un escenario a pronunciar un discurso, siento un chute de presión, pero eso me hace estar despierto, me pone en mi sitio y me lleva a hacerlo mejor.

Pero ¿qué ocurre si el estrés es prolongado? En esas circunstancias, incluso los niveles ligeros de estrés «pueden alterar significativamente los procesos de atención», como un equipo científico concluyó tras un estudio típico.[7] La ciencia también es clara en relación con lo que explicaba un informe reciente: «Actualmente resulta obvio que el estrés puede producir cambios estructurales en el cerebro con efectos a largo plazo».[8]

Empezaba a preguntarme: ¿y eso por qué? Una de las razones es que el estrés desencadena a menudo otros problemas que sabemos que erosionan la atención. El profesor Charles Nunn, por ejemplo, destacado antropólogo evolutivo, ha investigado el aumento del insomnio y ha descubierto que nos cuesta dormir cuando experimentamos «estrés e hipervigilancia».[9] Si no nos sentimos seguros, no podremos relajarnos, porque nuestro cuerpo nos dice: estás en peligro, mantente alerta. Así pues, según explicaba, la incapacidad para dormir no es una disfunción, sino «un rasgo adaptativo en unas circunstancias de amenaza percibida».[10] Para abordar realmente el insomnio, Charles había llegado a la conclusión de que «debemos aliviar las fuentes de la ansiedad y el estrés para tratar eficazmente el insomnio». Hay que abordar las causas.

¿Y qué causas profundas pueden ser esas? He aquí una. Seis de cada diez ciudadanos estadounidenses tienen menos de quinientos dólares ahorrados por si llega una crisis, y muchos otros países del mundo occidental van en la misma dirección. Como consecuencia de los grandes cambios estructurales en la economía, la clase media se está desmoronando. A mí me interesaba comprender qué le ocurre a nuestra capacidad para pensar con claridad cuando sufrimos un mayor estrés financiero. Descubrí que es un aspecto estudiado en profundidad por Sendhil Mullainathan, profesor de ciencia computacional de la Universidad de Chicago.[11] Formó parte de un equipo que llevó a cabo un estudio con recolectores de caña de azúcar en la India. Pusieron a prueba sus aptitudes de pensamiento antes de la cosecha (cuando estaban sin blanca) y después de la cosecha (cuando tenían cierta cantidad de dinero). Y resultó que cuando tenían la seguridad económica que traía el fin de la cosecha, su cociente intelectual medio era trece puntos superior, una diferencia extraordinaria.[12] ¿Por qué era así? Cualquiera que esté leyendo estas líneas y que haya sufrido estrés económico conoce instintivamente parte de la respuesta. Cuando nos preocupa cómo vamos a sobrevivir financieramente, todo —desde una lavadora estropeada al zapato que el niño ha perdido— se convierte en una amenaza a nuestra posibilidad de llegar al final de la semana. Nos volvemos más vigilantes, como los pacientes de Nadine.

Al tiempo que estudiaba esa gran causa del estrés, no dejaba de pensar en algo que Nadine me había explicado: «Hay que equiparar las herramientas que ofreces con los problemas que tiene la gente». Me preguntaba: ¿en qué se traduciría eso si lo aplicáramos a nuestro estrés financiero? Pues resulta que en un lugar han respondido precisamente a esa pregunta. En Finlandia, en 2017, una coalición de gobierno formada por partidos centristas y de derechas decidió poner en práctica un experimento. Cada cierto tiempo, políticos y ciudadanos de todo el mundo sugieren que debería otorgarse a todo el mundo, mensualmente, un ingreso básico garantizado. El Gobierno nos diría: te entregamos una pequeña cantidad de dinero que cubra las necesidades básicas (alimentos, vivienda, calefacción), pero no más. Para recibirla, no hace falta que hagas nada; queremos simplemente que sientas seguridad y cuentes con lo mínimo necesario para sobrevivir. Esa idea la han valorado todos, desde el presidente republicano Richard Nixon, hasta el candidato demócrata a la presidencia de Estados Unidos Andrew Yang. Finlandia decidió que había que dejar de hablar de ello y ponerlo en práctica.[13] Seleccionaron aleatoriamente a dos mil ciudadanos de entre veinticinco y cincuenta y ocho años, y les informaron de que, durante los dos años siguientes, todos los meses recibirían 560 euros, sin contraprestaciones. El Gobierno inició simultáneamente un riguroso programa científico para averiguar qué ocurría a continuación, y una vez el proyecto terminó, se publicaron los resultados. Yo entrevisté a dos de los principales especialistas encargados del estudio: Olavi Kangas, profesor del Departamento de Investigación Social de la Universidad de Turku, y la doctora Signe Jauhiainen, y ambos me pusieron al corriente de sus hallazgos.

Olavi me contó que, en lo relativo a la atención y la concentración, «las diferencias eran muy significativas» una vez que la gente recibía una renta básica, su capacidad de concentrarse mejoraba significativamente. Signe me contó que no entendían exactamente la causa, pero descubrieron que «los problemas de dinero no van nada bien para la concentración... Si tienes que preocuparte de tu situación económica... eso le quita mucha capacidad a tu cerebro. Si no has de preocuparte, mejorará tu capacidad para pensar en otras cosas».

Lo que parece haber hecho la renta básica garantizada, aunque fuera bastante modesta, es proporcionar a quienes la percibían la sensación de que, por fin, pisaban terreno firme. ¿Cuántas personas en el mundo lo sienten así en este momento? Cualquier cosa que reduzca el estrés mejora nuestra capacidad para prestar una atención profunda. Finlandia ha demostrado que un ingreso universal básico, suficiente para proporcionar un mínimo de seguridad, pero no tan elevado como para desincentivar el trabajo, mejora la concentración de las personas al atajar una de las causas de nuestra hipervigilancia.

Ello me llevó a pensar de nuevo en nuestros problemas con internet y los móviles. Internet llegó, para la mayoría de nosotros, a finales de la década de 1990, en una sociedad en que la clase media empezaba a resquebrajarse y en que la inseguridad económica aumentaba, y en que dormíamos una hora menos que en 1945. Una sociedad más estresada será menos capaz de resistirse a las distracciones. En cualquier caso, habría sido difícil plantar cara al espionaje humano del capitalismo de vigilancia, pero al parecer ya nos estábamos debilitando y, por tanto, éramos más fáciles de espiar de lo que lo hubiéramos sido en otras circunstancias. Yo me disponía a investigar otras causas que también nos vuelven cada vez más vulnerables.

Llegados a este punto, quisiera ser sincero sobre un aspecto que complica el argumento que vengo planteando a lo largo del libro. Existe un aspecto en que lo que Nadine iba a enseñarme —así como los conocimientos más generales sobre el estrés que iba a adquirir más adelante— plantea un desafío al punto clave sobre el que escribo.

Como vimos en la introducción, creo que es razonable afirmar que nuestros problemas de atención están empeorando, por más que no contemos con estudios de largo recorrido que resignan los cambios que con el tiempo se han producido en la capacidad de la gente para concentrarse. Yo he llegado a esa conclusión porque puedo demostrar que concurren diversos factores que perjudican nuestra concentración y nuestra atención, y que dichos factores van en aumento.

Pero existe un contraargumento. Podríamos preguntarnos: ¿y si hubiera tendencias en sentido contrario que estuvieran produciéndose simultáneamente y que causaran una mejora en nuestra atención? Nadine ha mostrado que experimentar violencia perjudica la capacidad de concentración. Pero a lo largo del pasado siglo se ha producido una importante disminución de la violencia en el mundo occidental. Sé que es algo que va en contra de lo que leemos en las noticias, pero es verdad; el profesor Steven Pinker, en su obra *Los ángeles que llevamos dentro: el declive de la violencia y sus implicaciones*, expone con claridad las evidencias. Se trata de algo que parece ir en contra de la intuición, en parte porque nos llegan constantemente imágenes de violencia y amenaza por televisión y en internet, pero el hecho es que las probabilidades de que nos agredan con violencia o nos asesinen son mucho menores que en el caso de nuestros antepasados. No hace tanto, el mundo entero —en términos de violencia y temor— se parecía más a Bayview, o a algo aún peor.

La amenaza de ser agredida físicamente o asesinada es sin duda la mayor fuente de estrés a que una persona puede enfrentarse. Dado que esta ha disminuido, cabría esperar que esa tendencia ha llevado a una mejora de la atención y la concentración. Mi intención es ser franco llegados a este punto.

¿Creo que esa única —pero altamente significativa— tendencia de mejora de nuestra concentración contrarresta todos los demás factores que la perjudican? ¿Contrarresta los efectos del gran incremento de la alternancia de tareas, la disminución de horas de sueño, los efectos de la maquinaria del capitalismo de vigilancia, el aumento de la inseguridad económica? A mí me parece que, en conjunto no la contrarresta. Pero no se trata de algo que podamos introducir en un ordenador para obtener resultados; se hace demasiado complejo cuantificar y comparar todos y cada uno de esos efectos. Así pues, hay personas razonables que podrían discrepar de mí. Es posible que las pruebas que aporta Nadine apunten que nuestra atención, en tanto que sociedad, debería estar mejorando.

Pero posteriormente he tenido conocimiento de otra fuerza que interviene en nuestra cultura y que tiene un efecto destructivo sobre nuestra atención, una fuerza que, a lo largo de mi vida, no ha dejado de crecer.

En tanto que cultura, en el mundo occidental, con el paso de las décadas cada vez trabajamos más. Ed Deci, profesor de psicología al que entrevisté en la Universidad de Rochester, en el estado de Nueva York, ha demostrado que hemos añadido un mes de trabajo al año con respecto a lo que, en 1969, se consideraba una jornada completa.[14] Cuando empezó el siglo XXI, el servicio sanitario canadiense decidió estudiar cómo pasaba su jornada laboral la gente del país. Se concentraron en más de treinta mil personas de más de un centenar de lugares de trabajo —públicos y privados, grandes y pequeños—, y acabaron realizando una de las investigaciones más detalladas del mundo sobre nuestra manera de trabajar. Explicaron que, a medida que las horas de trabajo aumentan sin parar,[15] la gente se distrae más y se vuelve menos productiva, y llegaron a la conclusión de que: «Esas cargas de trabajo no son sostenibles».[16]

Yo no comprendí plenamente las implicaciones de ello para nuestra atención hasta que visité dos lugares que habían experimentado con maneras de reducir radicalmente la cantidad de estrés que la gente vive en su puesto de trabajo. Se encuentran separados por diez mil kilómetros, y sus experimentos son bastante diferentes, pero me parece que aportan grandes implicaciones sobre cómo podría revertirse el daño que, actualmente, le estamos haciendo a nuestra atención.

CAPÍTULO 11

Los lugares que han encontrado la manera de revertir el aumento de la velocidad y el agotamiento

Andrew Barnes no paraba nunca. Trabajaba en la City de Londres (el Wall Street de la capital británica) después de la desregulación del sector financiero de 1987. Las empresas echaban el resto y se vivía una explosión de chulería financiera: hombres trajeados comprando y vendiendo a gritos miles de millones en el parqué de la Bolsa. En ese mundo, eras un pusilánime si llegabas después de las siete y media de la mañana, y estabas loco si te ibas antes de las siete y media de la tarde. Así pues, durante la mitad del año, Andrew se levantaba cuando todavía no había amanecido y llegaba a casa de noche. Echaba de menos el sol en la cara.

En la City, todos creían que trabajar mejor equivalía a trabajar más, hasta que el trabajo consumía toda su vida. Él cambió varias veces de empleo, pasando de una empresa a otra, a cuál más exigente. En una de ellas, a todos los empleados nuevos se los convocaba el primer día y se los conducía hasta su escritorio, donde encontraban una carta de despido ya redactada. Se les pedía que la firmaran y se les decía: si alguna vez contrariáis al jefe, sacaremos la carta y estaréis despedidos. Andrew, gradualmente, iba dándose cuenta de que detestaba esa existencia agotadora. «Volviendo la vista atrás, veo que sacrifiqué mis veinte años en el altar de la ambición y, tiempo después, probablemente sacrifiqué a mi familia», me dijo. Su exceso de trabajo «me llevó a dejar relaciones por el camino», y solo muchos años después descubrió que «ahora tengo que reconstruir la relación con mis hijos».

Andrew abandonó Inglaterra rumbo a Australia y Nueva Zelanda, donde con el tiempo llegó a tener mucho éxito en la creación de varios negocios propios. Cuando me desplacé hasta allí para conocerlo, nos vimos en su ático con vistas a la ciudad de Auckland, pero el recuerdo de aquellos días sin sol en la City de Londres no lo abandonaba nunca.

Un día, en 2018, mientras viajaba en avión se tropezó con un reportaje, en una revista económica, sobre productividad laboral. En él se incluían unas cifras que lo intrigaron. Según la investigación, de promedio, el trabajador británico solo se implicaba de verdad con su trabajo menos de tres horas al día.[1] Ello se traducía en que la mayor parte del tiempo que la gente pasaba en el trabajo, lo pasaba desconectada mentalmente. Pasaba muchas horas en la oficina, y se le iba la vida, pero no hacía gran cosa.

Andrew no dejaba de pensar en ello. La empresa que dirigía en Nueva Zelanda, llamada Perpetual Guardian, contaba con más de doce oficinas que empleaban a doscientas cuarenta personas, y era un negocio dedicado a la redacción de testamentos y a la gestión de fideicomisos. Se preguntaba si aquellas cifras de baja productividad también afectaban a su empresa. Cuando esta se produce, todo el mundo sale perdiendo. Los trabajadores se aburren, se distraen y se ocupan de otras cosas, sobre todo de las familias a las que no ven tanto como debieran. Paralelamente, el empresario no cuenta con una plantilla centrada en la tarea que ha de desarrollar. Andrew mantenía el recuerdo de los años que él mismo había pasado trabajando de manera disfuncional, cuando notaba que su concentración y su capacidad de juicio se echaban a perder.

Así pues, un día se preguntó: «¿Y si hiciera cambios en mi empresa para que todos y cada uno de los empleados trabajaran solo cuatro días por semana por el mismo salario?». De ese modo dispondrían de más tiempo para descansar, tener una vida social adecuada y pasar ratos con su familia, cosas que, muchas veces, se esforzaban por encajar entre los resquicios de sus jornadas laborales. ¿Y si, al concederles ese día de fiesta, a cambio, los empleados eran capaces de concentrarse en sus tareas aunque solo fuera cuarenta y cinco minutos más al día? Sus cálculos aproximados apuntaban a que, si ello era así, la productividad de la empresa aumentaría. Quizá conceder más tiempo a la gente para descansar y disfrutar de la vida implicara que trabajarían más productivamente cuando estuvieran en los despachos.

Para averiguar si podía ser cierto, empezó a revisar la historia de experimentos llevados a cabo en relación con la modificación de los horarios de los trabajadores. Por ejemplo, en Gran Bretaña, durante la Primera Guerra Mundial, existía una fábrica de municiones que hacía trabajar a sus empleados siete días a la semana. Cuando redujeron la jornada a seis días, descubrieron que la productividad general aumentaba. A Andrew le interesaba saber hasta qué extremo podía extenderse ese principio.

De modo que decidió probar algo muy atrevido. Organizó una llamada colectiva y comunicó a sus empleados que, en poco tiempo, les pagarían el mismo salario que recibían por trabajar cinco días a la semana pero solo tendrían que acudir cuatro. También les pidió que, a cambio, debían buscar la manera de terminar sus respectivas tareas en ese espacio de tiempo. «Tengo la intuición de que seréis más productivos, pero tenéis que demostrarme que estoy en lo cierto. Haremos la prueba durante tres meses. Si, en ese periodo, no constatamos una disminución de la productividad, el cambio será permanente.» «Yo me quedé... ¿cómo dice? ¿Lo he entendido bien?», me comentó Amber Taare cuando acudí a entrevistar a todos en las oficinas que Perpetual tiene en una localidad llamada Rotorua, bastante alejada de la sede de la empresa. Los empleados se mostraron entusiasmados pero también algo cautos. ¿Cómo iba a salir bien un plan como ese? ¿Había trampa y no se daban cuenta? Gemma Mills, que también trabaja en las oficinas de Rotorua, me explicó: «No confiaba mucho en que la cosa fuese a funcionar». El equipo directivo de Andrew también se mostraba muy escéptico. «Mi jefe de recursos humanos se cayó al suelo, literalmente», recordaba Andrew. Los directores estaban seguros de que la productividad se vería afectada y acabarían por echarle la culpa a ellos.

Dio un mes a la empresa para prepararse, y todos tuvieron que pensar en maneras de trabajar mejor. Convocó a un equipo de investigadores universitarios para que midieran los resultados reales. Se identificaron fugas de productividad que se arrastraban desde hacía años, y finalmente se abordaron. Una persona, por ejemplo, se dedicaba a introducir datos, y perdía una hora de trabajo todos los días porque debía teclearlos dos veces en dos sistemas diferentes que eran incompatibles entre sí. Durante ese mes, informó al departamento de informática y pidió que lo solucionaran. Se produjeron centenares de cambios como ese en toda la empresa.

En otras oficinas, los empleados se hicieron con una caja de banderines, y convinieron en que, si alguien no deseaba ser interrumpido, debía colocar un banderín en su escritorio, demostrando así que estaba concentrado.

«La gente tardó un poco en acostumbrarse al nuevo concepto, porque planteaba un desafío —me contó Russell Bridge, otro empleado de Perpetual Guardian—. Si has trabajado mucho tiempo con una mentalidad horaria de 8 a 5, es algo que tienes asumido y muy arraigado.» Pero llegó el cambio. Con un día extra para ellos, la gente lo pasaba de maneras muy distintas. Amber no llevaba a su hija de tres años a la guardería ese día y jugaba más con ella. Gemma me explicó que «te da ese día de más para recuperarte» y, como consecuencia de ello, «simplemente me sentía mejor en general». Russell empezó a dedicarse al bricolaje en su casa, y a pasar «tiempo de calidad con la familia». Me dijo que aquello a él le ayudó a darse cuenta de que «los seres humanos estamos diseñados para tener tiempos de descanso y [entonces] seremos más productivos». Descubrió que cuando regresaba a su puesto estaba más «fresco».

De las personas que se sometieron a ese experimento, casi todas hacían hincapié en que había un cambio que destacaba sobre los demás. Como expresó Gemma: «Tenía menos probabilidades de distraerme». ¿Por qué? Explicó que, en su caso, tenía que ver con la descompresión. «Creo que el cerebro no desconecta necesariamente cuando sigues, y sigues, y sigues. No te tomas ese tiempo para desconectar y relajarte... El cerebro se acostumbra a pensar constantemente.» Pero descubrió que con «ese día extra para relajarse» podía empezar a bajar el ritmo... y así, cuando volvía a la oficina, se notaba la mente más clara.

Es evidente que los empleados tenían una razón de peso para creer lo que creían: deseaban mantener ese día libre. Lo que más importaba, pues, eran las mediciones objetivas. ¿Qué habían averiguado los especialistas que habían estudiado los cambios? Pues descubrieron que todas las señales de distracción disminuían.[2] Por ejemplo, el tiempo que la gente pasaba metida en las redes sociales durante la jornada laboral —y que se midió monitorizando sus ordenadores— descendió un 35 %. Paralelamente, los niveles de implicación, de tareas en equipo y de estímulo en el trabajo —que en parte se medía observando a los trabajadores, y en parte por lo que estos describían de sí mismos—, aumentaron entre el 30 y el 40 %. Los niveles de estrés disminuyeron un 15 %. La gente me dijo que dormía más, que descansaba más, que leía más, que se relajaba más. El equipo directivo de Andrew, que tan escéptico se había mostrado inicialmente, llegó a una conclusión asombrosa: admitían que la empresa conseguía tanto en cuatro días como hasta entonces en cinco. Y esos cambios se han vuelto permanentes.

La doctora Helen Delaney, que estudió esos cambios en su trabajo en la Facultad de Ciencias Empresariales y Económicas de la Universidad de Auckland, me explicó entre risas: «No fue un fracaso estrepitoso... creo que puede afirmarse. Se acababa el trabajo, los clientes estaban contentos, el personal estaba contento». Al entrevistarlos en profundidad, constató que «a una abrumadora mayoría de los empleados le gustaba de verdad la jornada de cuatro días... Les encantaba. ¿Y a quién no?». Helen descubrió que ese tiempo de más les proporcionaba dos cosas. En primer lugar, «les permitía alimentar relaciones con otras personas que se pierden en el ritmo frenético de la vida moderna». Un cargo directivo le contó que hasta ese momento había tenido dificultades para conectar con su hijo, pero que había empezado a pasar mucho tiempo libre con él y se había dado cuenta «de que en realidad me gusta estar con mi hijo, y que le caigo bastante bien, y es una buena medida para estar juntos». En segundo lugar, «también hablaban mucho de tener lo que denominaban "tiempo para mí"». Le contaban que «al no tener a nadie a mi alrededor, sin niños, sin pareja, sin nadie... Podía estar conmigo».

En muchos otros lugares se han intentado cosas parecidas, e incluso aunque los experimentos eran bastante diferentes entre sí, arrojaban resultados similares. En la Gran Bretaña de la década de 1920, W. K. Kellogg —el fabricante de cereales— redujo la jornada laboral de personal de ocho a seis horas diarias, y los accidentes laborales (un buen dato para medir la atención) descendieron un 41 %.[3] En 2019, en Japón, Microsoft se pasó a la jornada de cuatro días y declaró una mejora del 40 % en su productividad.[4] En Gotemburgo, Suecia, más o menos por las mismas fechas, una residencia de ancianos pasó de una jornada laboral de ocho horas a otra de seis, sin reducción del salario, y, como consecuencia de ello, sus trabajadores pasaron a dormir más, experimentaron menos estrés y pidieron menos bajas por enfermedad.[5] En la misma ciudad, Toyota redujo dos horas diarias la jornada laboral, y se constató que sus mecánicos producían el 114 % más que antes, y que los beneficios aumentaban un 25 %.[6]

Todo ello sugiere que cuando la gente trabaja menos, su capacidad de concentración mejora significativamente. Andrew me dijo que debemos plantar cara a la lógica según la cual más trabajo equivale a mejor trabajo. «Hay un tiempo para trabajar y hay un tiempo para no trabajar —expresó, pero actualmente, para la mayoría de la gente—, el problema es que no tenemos tiempo. El tiempo, la reflexión y algo de descanso nos ayudan a tomar mejores decisiones. Así pues, simplemente creando esa oportunidad, la calidad de lo que hago, de lo que hace el personal, mejora.»

Andrew siguió su propio consejo. Actualmente se toma libres todos los fines de semana —algo que no había hecho en su vida—, y se traslada a la casa que tiene en una isla cercana, sin ningún dispositivo conectado a internet. Gemma, una de las empleadas que me confesó que, al principio, había tenido reservas, me contó con voz serena: «Es que no todo es trabajar hasta las doce de la noche... Hay que tener vida más allá».

Tiempo después, en la Universidad de Stanford, debatí estas cuestiones con Jeffrey Pfeffer, profesor de comportamiento organizativo. Me dijo que la razón por la que esa reducción horaria funciona es más que evidente. «Pregúntaselo a cualquier aficionado al deporte. Si quiero ganar un partido de fútbol [o] si quiero ganar un partido de baloncesto, ¿quiero de veras que mi equipo esté agotado?» Hizo una pausa y la pregunta quedó flotando unos instantes en el aire. «Entonces ¿por qué habríamos de ser distintos el resto de nosotros?», añadió.

Un día, salí a dar un paseo junto al mar en Auckland, pensando en lo que había visto, y me sorprendió caer en la cuenta de que ese era el primer lugar que había visto desafiar la lógica de nuestra sociedad cada vez más acelerada. Vivimos en una cultura que nos hace caminar más deprisa, hablar más deprisa, trabajar más, y nos enseñan a pensar que la productividad y el éxito nacen de ahí. Pero ahí había surgido un grupo de personas que decían: no, nosotros vamos a bajar el ritmo y a crear más espacio para el descanso y la atención.

De momento, esa sensata decisión parece ser un lujo imposible para la mayoría de nosotros. Son muchos los que no pueden bajar el ritmo porque temen que, si lo hacen, perderán el empleo o el estatus. Hoy, solo el 56 % de estadounidenses se toma aunque sea una semana de vacaciones al año. Por ello, decirle a la gente lo que debe hacer para mejorar su atención —dedicarse solo a una cosa a la vez, dormir más, leer más libros, dejar que la mente divague— puede convertirse muy fácilmente en una forma de optimismo cruel. El funcionamiento actual de nuestra sociedad implica que no se puede proceder de ese modo. Pero las cosas no tienen por qué ser así. Nuestra sociedad puede cambiar. A medida que reflexionaba sobre ello me sentía algo incómodo, porque existen algunos motivos por los que contar la historia de lo que ocurrió en Nueva Zelanda como acabo de hacerlo podría llevar al lector a una impresión equivocada. A mí Andrew Barnes me cae muy bien; es un empresario ilustrado como pocos y una persona muy decente, pero no pretendo que llegues a creer que tu jefe también va a tener una revelación como esa y te va a proponer una semana de cuatro días. Si queremos que esos cambios se produzcan, seguramente deberemos emprender un camino distinto.

Pensemos en el fin de semana, que durante más de cien años ha proporcionado a la mayoría de los trabajadores un periodo garantizado para el descanso y la reflexión. ¿Cómo llegó a conseguirse? En el siglo XVIII, a medida que surgía la Revolución industrial, muchos trabajadores se veían obligados por sus jefes a trabajar diez horas al día, seis días a la semana. Era algo que los destrozaba física y mentalmente. De modo que empezaron a agruparse y a exigir tiempo libre para vivir. La primera huelga que exigió una reducción del tiempo de trabajo tuvo lugar en Filadelfia en 1791. La policía golpeó duramente a los obreros, y a continuación muchos de ellos fueron despedidos. Pero ellos no se rindieron. Lucharon con más ahínco. En 1835 organizaron una huelga general para conseguir una jornada laboral de ocho horas. Solo decenios de campañas como esa llevaron finalmente a la jornada de ocho horas y al fin de semana libre para casi todo el mundo.

Con unas pocas honrosas excepciones como la de Andrew, los dueños de empresas no aceptan voluntariamente contar con una cantidad menor de nuestro tiempo, como no lo hace Facebook. Han de ser obligados a hacerlo. La implantación del fin de semana supuso el mayor desafío a la aceleración de la sociedad que ha tenido lugar nunca. Solo una lucha comparable nos traerá la semana laboral de cuatro días.

Esa consciencia se relaciona con otro gran obstáculo a la hora de conseguir el mismo objetivo. La semana laboral de cuatro días puede aplicarse a los trabajadores asalariados, pero cada vez más gente llega a un mundo laboral precario de autoempleo y contratos temporales en el que debe aceptar varios empleos a la vez sin contratos ni horas fijas. Ello ocurre como consecuencia de un cambio muy específico: en países como Estados Unidos y Gran Bretaña, los Gobiernos han dividido y en gran medida destruido los sindicatos obreros. Han puesto cada vez más difícil a los trabajadores unirse y exigir cosas como contratos y horarios fijos de trabajo. Ante esto, la única solución a largo plazo es reconstruir de manera estable los sindicatos para que la gente tenga el poder de exigir esos derechos básicos. En realidad, se trata de algo que ya ha empezado. Por ejemplo, por todo Estados Unidos, los trabajadores de restaurantes de comida rápida se están sindicando y exigen un salario mínimo de quince dólares por hora, con gran éxito. Ya han garantizado aumentos de sueldo a más de veintidós millones de trabajadores, y han conseguido la difícil hazaña de obtener apoyos mayoritarios tanto en estados que han votado por Donald Trump como en estados que apoyan a Joe Biden.

Aun así, creo que no solo vamos a tener que enfrentarnos a los empresarios; deberemos también luchar contra algo en nuestro interior. Cuando pasé aquellos días con los trabajadores de Perpetual Guardian, lo que me decían me resultaba convincente, pero en mi fuero interno no dejaba de resistirme, le buscaba fallos a lo que me decían. En un primer momento no entendía por qué lo hacía, pero después me di cuenta de que, con frecuencia, solo me parece que he trabajado lo bastante si, al final de mi jornada laboral, me siento agotado y sin fuerzas. El equipo que diseñó los primeros Macintosh llevaba unas camisetas en las que se leía: «¡Trabajamos 90 horas a la semana y nos encanta!».[7] Podría tratarse del eslogan absurdo de nuestra clase profesional. Muchos de nosotros nos hemos construido la identidad en torno a un trabajo llevado al extremo del agotamiento. Y lo llamamos éxito. En una cultura construida sobre una velocidad cada vez mayor, reducir el ritmo es difícil, y casi todos nosotros nos sentimos culpables si lo hacemos. Esa es una de las razones por las que es importante que lo hagamos todos juntos para conseguir un cambio social, estructural.

Cuando el COVID-19 empezó a propagarse por el mundo, mucha gente pensó —entre toda la tragedia y el horror— que al menos de ahí saldría algo bueno. Mucha gente (no todo el mundo) se sintió liberada de tener que desplazarse al trabajo todos los días, y de la presión de pasar toda la jornada laboral sentada a su escritorio. De modo que se dio por sentado que a partir de entonces habría algo más de espacio para un mayor descanso. Pero, de hecho, las horas de trabajo han aumentado durante la pandemia; solo en el primer mes y medio de confinamiento, el trabajador estadounidense medio trabajó tres horas extras diarias.[8] En Francia, España y Gran Bretaña, la gente trabajó, de promedio, dos horas más al día.[9] El porqué no está del todo claro. Hay gente que cree que la causa es la duración interminable de las reuniones por Zoom. Otros consideran que, dada la inseguridad económica general, la gente tenía más interés que nunca en demostrar que trabajaba para que no la despidieran.

Lo que demuestra eso es que no va a venir ninguna fuerza exterior a liberarnos de la rueda que nos lleva a trabajar cada vez más horas, ni siquiera una pandemia. Solo lo conseguiremos a través de la lucha colectiva para cambiar las reglas.

Pero el COVID también nos ha demostrado algo que tiene que ver con la semana laboral de cuatro días. Ha demostrado que los negocios pueden modificar radicalmente sus prácticas laborales en un breve periodo de tiempo y seguir funcionando bien. Cuando me reuní con él por Zoom a principios de 2021, Andrew Barnes me comentó: «Si el cargo ejecutivo de un banco británico hubiera dicho "es posible dirigir un banco de sesenta mil personas desde casa" hace un año y medio, habríamos dicho que eso era imposible, ¿verdad?». Y sin embargo ha ocurrido, y sin demasiadas fisuras... «Así pues... sin duda ha de poder llevarse una empresa con semanas de cuatro días y no de cinco, ¿no?» Andrew me contó que otros directores le decían que las semanas de cuatro días no funcionarían porque no podrían confiar en su personal si no lo veían. Andrew volvió a llamarlos y les pidió que lo reconsideraran a la luz de lo ocurrido. «Todos trabajan desde casa. Y por sorprendente que parezca, el trabajo sale adelante.»

El trabajo parece algo fijo e inamovible hasta que cambia, y entonces nos damos cuenta de que, de entrada, no tenía por qué ser así.

A más de quince mil kilómetros de allí, en París, a los trabajadores se les había ocurrido una propuesta paralela para bajar un poco el ritmo de sus vidas. Antes del auge de los *smartphones*, era raro que un jefe se pusiera en contacto con su empleado una vez que este había salido de la oficina y se había ido a su casa. Cuando yo era niño, muchos de mis amigos tenían padres con empleos muy exigentes, pero casi nunca los vi al teléfono con sus jefes una vez que llegaban a casa. Era algo excepcional en la década de 1980: cuando la jornada laboral terminaba, terminaba. Las únicas personas disponibles a cualquier hora por teléfono eran los médicos, los presidentes y los primeros ministros.

Pero desde que nuestra vida laboral ha empezado a estar dominada por el correo electrónico, cada vez se espera más que los trabajadores respondan en cualquier momento del día o de la noche. Un estudio reveló que una tercera parte de los profesionales franceses sentía que nunca podía desconectar por miedo a no estar al día ante un correo electrónico al que se suponía que debían responder.[10] En otro estudio se concluía que el mero hecho de que se espere de los trabajadores que han de estar disponibles les genera ansiedad, incluso cuando no se contacta con ellos ninguna tarde al término de su jornada laboral.[11] En la práctica, la idea misma de las «horas de trabajo» ha desaparecido, y ahora todos estamos constantemente de guardia. En 2015, unos médicos franceses hicieron público que empezaban a encontrarse con una explosión de pacientes que sufrían lo que denominaban *le burnout*, y los votantes empezaron a exigir medidas, por lo que el Gobierno francés encargó a Bruno Mettling, director de la empresa de telecomunicaciones Orange, que estudiara las pruebas y buscara una solución. Este concluyó que esa manera de trabajar, estando siempre de guardia, resultaba desastrosa para la salud de la gente y para su capacidad de desarrollar su actividad profesional. Y propuso una reforma significativa: dijo que todo el mundo debería tener «derecho a desconectar».

Se trata de un derecho muy sencillo. Establece que tenemos derecho a unas horas de trabajo claramente definidas, y que tenemos derecho, una vez que esas horas han terminado, a desconectar y no tener que consultar el correo electrónico ni mantener ningún otro contacto con el trabajo. Así pues, en 2016, el Gobierno francés elevó ese derecho a rango de ley. En la actualidad, todas las empresas con más de cincuenta empleados deben negociar formalmente con estos las horas en las que pueden contactar con ellos, y el resto del tiempo se considera excluido. (Las empresas de menor tamaño pueden crear sus propias tablas, pero no tienen por qué consultar formalmente a los trabajadores.) Desde entonces, varias empresas se han enfrentado a sanciones por intentar obligar a la gente a responder correos electrónicos fuera de las horas establecidas. Por ejemplo, Rentokil, una empresa de control de plagas, tuvo que pagar a un director de sucursal 60.000 euros en concepto de compensación por haberse quejado de que este no respondía los correos electrónicos recibidos fuera de las horas estipuladas.

En la práctica, cuando fui a París y hablé con amigos que trabajan allí en empresa, me comentaron que los cambios se están produciendo con demasiada lentitud en este aspecto, que no se vela demasiado por el cumplimiento de la ley, por lo que la mayor parte del pueblo francés aún no ha experimentado un gran cambio. Pero se trata de un primer paso que va en la dirección que todos debemos seguir.

Sentado en un café, en París, reflexionaba sobre lo que había visto. No tiene sentido ofrecer a la gente agradables conferencias de autoayuda sobre los beneficios de desconectar a menos que le proporcionemos también el derecho a hacerlo. De hecho, sermonear a unas personas, a las que sus jefes no les dejan desconectar, sobre los beneficios de desconectar, acaba siendo una especie de provocación loca; es como sermonear a las víctimas de las hambrunas sobre lo mejor que se sentirían si cenaran en el Ritz. Si dispones de fortuna propia y no te hace falta trabajar, probablemente puedas aplicar inmediatamente esos cambios. Pero los demás debemos participar en una lucha colectiva a fin de reclamar el tiempo y el espacio que nos ha sido arrebatado, para poder descansar al fin, dormir y restaurar nuestra atención.

CAPÍTULO 12

Causas 9 y 10: nuestras dietas empeoran y aumenta la contaminación

Todos los veranos de mi infancia y mi adolescencia me sacaban de mi casa, a las afueras de Londres, y me llevaban a un lugar que a mí me parecía tan ajeno como los anillos de Saturno. Mi padre había nacido en una granja de madera de las montañas, en los Alpes suizos. «¡Tienes que ir a la granja! —me gritaba mi padre—. ¡Allí aprenderás a ser hombre!» Así pues, durante seis semanas al año, despertaba todas las mañanas con el canto del gallo, desorientado, en el diminuto dormitorio que mi padre, cuando era niño, compartía con sus cuatro hermanos.

Tenía nueve años cuando pasé el primer verano solo con mis abuelos suizos. Descubrí que, durante toda su vida, habían comido la comida que ellos mismos cultivaban, criaban o sacrificaban. Tenían un huerto enorme en el que plantaban sus propios árboles frutales y sus verduras, y criaban animales para consumo propio. Pero cuando ponían la comida en la mesa, frente a mí, yo la contemplaba y hacía esfuerzos por determinar siquiera si aquello era comestible. En Londres, mi madre y mi otra abuela eran dos escocesas de clase trabajadora que me habían criado a base de patatas fritas, alimentos fritos, comida procesada adquirida en el supermercado e ingentes cantidades de huevos Kinder de chocolate. Cuando tenía unos siete años, compraron un microondas, y a partir de ese momento pasé a alimentarme sobre todo a base de pizza y patatas fritas recalentadas. Así pues, durante mis primeras semanas en Suiza, yo suplicaba que me dieran patatas fritas, pizza, cualquier cosa que para mí era comida, y me negaba a comer lo que preparaba mi abuela. «*Ce n'est pas nourriture!*», exclamaba yo sinceramente. «Eso no es comida.»

Mis abuelos estaban desconcertados. Un día ella cedió y me llevó a la ciudad que quedaba a varias horas de allí para que fuera a un McDonald's. No pidió nada, y se limitó a verme comer mi Big Mac y mis patatas con una cara que era mezcla de compasión y asco. Años después, en Las Vegas, un día me tropecé con un sintecho mentalmente muy perturbado que se alimentaba de comida podrida y llena de bichos que había sacado de la basura del casino Rio. Pensé que la cara que puse yo era exactamente la misma que había puesto mi abuela ese día en el McDonald's de Zúrich.

En las dos generaciones que habían transcurrido entre mis padres y yo, se había producido una transformación espectacular en uno de los elementos más básicos que nos hace ser humanos: el combustible que introducimos en nuestro organismo. He entrevistado a expertos en todo el mundo, y afirman que todos sabemos que ese cambio ha sido negativo para nuestra línea y nuestros corazones, pero que hemos descuidado otro efecto fundamental, también negativo: que nos está quitando gran parte de nuestra capacidad para prestar atención.

Dale Pinnock es uno de los nutricionistas británicos más conocidos, y cuando quedamos para almorzar en Londres, me prohibí a mí mismo fijarme en las jugosas hamburguesas del menú y pedí un tofu con verduras para impresionarlo. Él me planteó que si queremos entender por qué hay tantas personas con dificultades para concentrarse, deberíamos ver las cosas de la siguiente manera: «Si le echamos champú al motor de un coche, no nos sorprenderá que se estropee», dijo. Sin embargo, todos los días, en el mundo occidental, le echamos a nuestros cuerpos sustancias «muy alejadas de lo que estaba pensado como combustible humano». Alcanzar una atención sostenida, añadió, es un proceso que exige que nuestro cuerpo sea capaz de hacer unas determinadas cosas. Así pues, si alteramos el cuerpo —privándolo de los nutrientes que necesita, o llenándolo de contaminantes—, nuestra capacidad para prestar atención se verá alterada.

Dale, así como otros expertos en la cuestión con los que he pasado tiempo en distintas partes del mundo, ha detallado tres aspectos generales por los que nuestra manera de comer está afectando negativamente a nuestra capacidad de concentrarnos. El primero es que actualmente seguimos una dieta que produce constantes picos y desplomes de energía. Si, por poner un ejemplo, nos comemos un Twinkie, explicó, nuestro «azúcar en sangre alcanza un tope para volver a desplomarse. Y eso va a afectar a nuestra manera física de concentrarnos, porque si tenemos la energía por los suelos, no seremos capaces de prestar una atención plena a las cosas». Pero es que muchos de nosotros empezamos el día con un equivalente del Twinkie, aunque no nos demos cuenta. «Piensa en ese patrón tan típico. La gente, quizá, se toma un cuenco de cereales y una tostada por las mañanas. Suelen ser Frosties y pan blanco.» Como tienen muy poca fibra, la glucosa —que nos aporta energía— «se libera muy, muy deprisa. De manera que el azúcar en sangre sube mucho y muy rápidamente, lo que está genial... durante unos veinte minutos». Y entonces «se desploma, y cuando lo hace es cuando te sientes agotado», y en ese punto «el cerebro se nubla».

Cuando ocurre, nos sentamos al escritorio y hacemos esfuerzos por pensar. Nuestros hijos experimentan ese desplome cuando están en el colegio, y no son capaces de atender al profesor. Ocurre cuando «tiene muy poca energía y constantemente le parece que le hace falta un estimulante... Es por el azúcar en sangre, que se desploma». Cuando se produce esa situación, tanto a nosotros como a nuestros hijos nos apetecen caprichos azucarados y con carbohidratos para alcanzar otro breve momento de concentración. «Si consumes esos carbohidratos malos, baratos, a cada comida, vivirás siempre en una montaña rusa perpetua.» Y añadió que si consumimos esa clase de alimentos acompañados de cafeína, el efecto sobre el azúcar en sangre se incrementa aún más. «Si te comes un cruasán y nada más, el azúcar en sangre alcanzará un pico, sin duda, pero si además te lo tomas con un café, ascenderá aún más, y el desplome será mucho más agresivo.» Esos picos y esos desplomes tienen lugar a lo largo de todo el día, dejándonos tan agotados que no somos capaces de concentrarnos durante largos periodos. Me explicó que todo eso, recurriendo a una metáfora, era «como echarle combustible de cohete a un Mini. Se quemaría y se desgastaría muy rápido, porque no lo admite. En cambio, si le echas la gasolina que le corresponde, funcionará suave».

Existe un consenso científico tan sólido sobre las dietas actuales como causantes de esos desplomes de energía, que la página web del Servicio Nacional de Salud del Reino Unido, cuidadosamente contrastada, advierte de ello.[1] Así pues, según Dale, si queremos mejorar la concentración y la atención de nuestros hijos, nuestro primer paso debería ser «dejar de darles Coca-Cola para desayunar y cuencos de leche azucarada. Intentad, antes que nada, darles comida de verdad». Y añadió que si lo hacemos, veremos resultados rápidos porque «el cerebro en desarrollo responde muy bien a los cambios». (Más adelante dijo que, en este momento, los padres deben luchar contra un ejército de publicistas que intentan que sus hijos coman mal, y contra un sistema de distribución alimentaria diseñado para enterarse de nuestras debilidades; en un momento volveré a ello.)

En segundo lugar, las dietas también afectan a nuestra concentración porque la mayoría de nosotros, actualmente, comemos de una manera que nos priva de los nutrientes que necesitamos para que nuestro cerebro se desarrolle y funcione a pleno rendimiento.[2] Prácticamente a lo largo de toda nuestra historia, los seres humanos hemos comido más o menos como mis abuelos: consumiendo alimentos frescos cuyo origen conocíamos. Tal como ha expuesto Michael Pollan, el gran autor gastronómico que ha influido muchísimo en Dale, en las dos generaciones que separan la suya de la mía, la comida ha experimentado una profunda degeneración. A mediados del siglo XX se pasó rápidamente de la comida fresca a la precocinada y procesada que se vendía en supermercados y se elaboraba para ser recalentada. Esa comida debía prepararse para su venta de una manera completamente distinta. Se le introducían toda clase de estabilizantes y conservantes para asegurar que no se estropeara mientras se encontraba en los estantes del supermercado, y ha resultado que ese proceso industrial despoja a la comida de gran parte de su valor nutricional.

Después, a medida que nos acostumbrábamos cada vez más a una comida radicalmente diferente de la que existía hasta entonces, la industria alimentaria empezó a buscar maneras más sofisticadas de dirigirse directamente a nuestros centros de placer primitivos. Llenaron de azúcares nuestros alimentos, en unas cantidades que nunca se dan en la naturaleza, y de grasas trans, y de otros varios inventos nuevos sin precedentes. En Estados Unidos y Gran Bretaña, la mayor parte de lo que comemos actualmente pertenece a la categoría de la «comida ultraprocesada», que está, como ha señalado Michael Pollan, tan alejada de cualquier cosa que existe en la naturaleza que cuesta saber siquiera cuáles eran sus ingredientes originales.

Existe incertidumbre sobre cómo ha afectado ello a nuestra concentración exactamente, pero tenemos algunas pistas bastante claras. Desde la década de 1970 se han llevado a cabo diversos estudios científicos diseñados para determinar qué le ocurre a la atención cuando cambiamos de dieta. Por poner un ejemplo, en 2009 un equipo de científicos neerlandeses escogió a un grupo de veintisiete niños que se había considerado que tenían problemas para concentrarse y se subdividió en dos grupos.[3] A quince de ellos se les asignó una dieta «eliminacionista», consistente en prohibirles el consumo de la comida basura que casi todos nosotros comemos todos los días —conservantes, aditivos, colorantes artificiales—, de manera que, a cambio, debían comer la clase de alimentos que mis abuelos habrían reconocido. Los otros doce siguieron comiendo la misma dieta occidental habitual. El equipo les hizo un seguimiento durante varias semanas para ver qué ocurría. Resultó que más del 70 % de los niños que dejaron de ingerir conservantes y colorantes mejoraron en su capacidad de prestar atención, y la media de mejora llegó a un nada desdeñable 50 %.

Pero se trataba de un estudio pequeño, por lo que ese mismo equipo decidió seguir investigando. En esa ocasión tomaron una muestra de cien niños y repitieron el experimento, siguiendo su evolución durante cinco semanas. Una vez más, los resultados indicaron que, en su mayoría, los niños que seguían la dieta eliminacionista vieron una gran mejora en su atención y su concentración, y más de la mitad mejoraron drásticamente.

Los científicos que llevaron a cabo esos estudios se han dedicado sobre todo a investigar la idea de que esos niños no pueden concentrarse porque son alérgicos a algo presente en nuestras dietas cotidianas. Es posible. Pero a mí me parece que es más probable que sus experimentos encajen mejor con esa manera de pensar más general sobre la que seguía aprendiendo: que cuando consumimos los alimentos que hemos evolucionado para comer, el cerebro funciona mejor. En Nueva York, salí a desayunar con el doctor Drew Ramsey, uno de los pioneros de la «psiquiatría nutricional», un nuevo campo de estudio que busca la relación entre nuestra manera de comer y nuestros desafíos psicológicos. Me explicó que si alguien duda sobre esos hallazgos, les preguntaría de dónde «creen que viene la atención... El cerebro se construye a partir de los alimentos. Así pues, esa conexión fundamental existe». Añadió que el cerebro solo puede crecer y prosperar si obtiene una amplia variedad de nutrientes clave. Por poner un ejemplo bien estudiado, si seguimos una dieta exenta de omega-3, que se encuentra sobre todo en el pescado, nuestro cerebro sufrirá. Y no basta con sustituir esos alimentos con suplementos: nuestro cuerpo absorbe los nutrientes mucho más eficazmente a partir de comida real que a partir de cápsulas.

La tercera razón es diferente. A nuestras dietas actuales no solo les falta lo que necesitamos, es que también contienen de manera activa elementos químicos que parecen actuar sobre nuestro cerebro casi como drogas. Por ejemplo, en 2007, un grupo de científicos de Southampton, en Gran Bretaña, reunió a 297 niños que tenían o bien tres años, o bien entre ocho y nueve, y los separó en dos grupos.[4] A uno se le suministró una bebida que contenía aditivos alimentarios comunes que aparecen normalmente en nuestras dietas, y al otro se les dio una bebida que no los contenía. Posteriormente hicieron un seguimiento de sus conductas. Los niños que consumieron colorantes alimentarios eran significativamente más proclives a volverse hiperactivos. Las pruebas de ello eran sólidas y lo suficientemente determinantes como para que, tras el hallazgo, muchos países europeos prohibieran dichos colorantes, pero los reguladores estadounidenses se negaron a hacerlo, y estos siguen consumiéndose todos los días incorporados a los cereales y aperitivos más populares del país. Yo no sabía si ello ayudaba a explicar parte de la diferencia entre las tasas de TDAH en Europa y Estados Unidos.

Dale me explicó que si queremos entender lo que está ocurriendo en realidad en este caso, debemos fijarnos en los lugares en los que, por todo el mundo, la gente está más en forma física y mentalmente y experimenta unos niveles inferiores de TDAH diagnosticado y de demencia. Según él, si lo hacemos, al principio nos parecerá desconcertante, porque las dietas que siguen son de hecho muy distintas entre sí: en unas abunda el pescado y en otras este es escaso; en algunas se consumen muchas plantas y en otras no; en unas están muy presentes los carbohidratos y en otras estos no se comen para nada. Si vamos en busca de un ingrediente mágico, no lo encontraremos. «Pero hay una cosa que sí las une. Todas ellas prescinden de la mierda que de entrada nos pone enfermos. Todas prescinden de los carbohidratos refinados, de la comida procesada y de los aceites malos. Esa es la clave. Ese es el remedio milagroso: volver a los alimentos reales. A la comida tal como se concebía originalmente.» Citó a Michael Pollan, que afirma que deberíamos comer solo la comida que nuestros abuelos habrían reconocido como tal, y comprar sobre todo lo que se vende en los laterales de los supermercados; las frutas y verduras que se muestran en la parte delantera, y la carne y el pescado que se ofrecen al fondo. Según su advertencia, todo lo que queda en medio no es realmente comida.

Aun así, en lugar de promover el consumo de alimentos saludables en la infancia, a menudo damos a los niños la peor de las comidas. En Boston, otra psiquiatra nutricional, la doctora Umadevi Naidoo, me explicó que hace unos años se había recortado la financiación de los comedores escolares en Estados Unidos, y que entonces «las empresas alimentarias hicieron acto de presencia y facilitaron la instalación de máquinas expendedoras». Hoy, «la conexión evidente es que, si están consumiendo chocolatinas y galletas, que eran procesadas», se dará «claramente» un vínculo entre eso y el aumento de los problemas de atención de los niños.

Esas razones, y muchas más, son las que han llevado al profesor Joel Nigg, el experto en TDAH al que entrevisté en Portland, a escribir: «Está en marcha una profunda transformación... Si crees que el TDAH de tu hijo puede tener algo que ver con la comida, actualmente la ciencia coincide contigo».[5]

Me caían bien todas las personas con las que me encontraba, pero una parte de mí se sentía realmente incómoda mientras manteníamos aquellas conversaciones. Muchas de mis emociones están vinculadas a las comidas que, según me explicaban, eran asesinas de la atención. A mí me educaron para hallar consuelo en alimentos nada saludables. Mientras reflexionaba sobre cómo podía estar afectándome la dieta, empecé a pensar una vez más en el tiempo que había pasado en Provincetown. Allí no hay cadenas de comida rápida, ¡ni McDonald's ni KFC! ¡Ni siquiera Burger King! Solo existe un local de pizzas, Spiritus Pizza. Así que, durante tres meses, comí casi exclusivamente alimentos saludables y frescos (dos meses y treinta días más que en cualquier otro momento de mi vida, exceptuando aquellos largos veranos suizos). Me preguntaba si también aquello habría desempeñado un papel que explicaba por qué me había costado tan poco concentrarme mejor cuando me encontraba allí.

Mientras investigaba sobre ello, no dejaba de pensar en la última vez que había visto a mi abuela suiza. Tenía unos ochenta y cinco años, y salimos a caminar por su montaña, y ella caminaba más deprisa que yo. Me llevó a su gran huerto, que aún cuidaba, y se puso a arrancar malas hierbas y a observar el crecimiento de zanahorias y puerros, mientras los pollos correteaban libres a nuestro alrededor. Después, con precisos movimientos de mano, escogió los alimentos que nos comeríamos juntos esa noche, y que yo vi cómo cocinaba horas más tarde. Para ella, aquello era tan natural como respirar. Ahora me doy cuenta de que para mí debería haber sido una revelación.

Y aun así no me cuesta imaginar que, al presentar estas pruebas a la gente, puedo hacerlo de manera que destile un optimismo cruel. Podemos visualizar a *influencers* de Instagram adaptando estos argumentos y publicando: «¡Mira! ¡Cambia lo que comes y volverás a concentrarte! ¡Yo lo hice y tú también puedes!». Pero lo cierto es que eso es —como gran parte de lo que iba aprendiendo para la elaboración del libro— un problema principalmente estructural. Nadie de las personas que conozco tiene una montaña y una granja, como sí tenían mis abuelos; la gente debe ir a buscar comida a los supermercados. Y esos supermercados están llenos de comidas baratas, procesadas, que se nos anuncian desde que nacemos gracias a enormes presupuestos publicitarios. Si pretendemos superar este problema, es cierto que todos tenemos un papel individual en esos cambios, pero es mayor la necesidad de enfrentarse a las fuerzas que subyacen, y que son de mayor envergadura. Hoy, de la misma manera que (como me había enseñado Tristan) cada vez que intentamos soltar el móvil hay miles de ingenieros tras una pantalla intentando que volvamos a cogerlo, cada vez que intentamos dejar la comida procesada hay un equipo de expertos en *marketing* que intenta que recaigamos y volvamos a ella. Desde mucho antes incluso de que fuéramos conscientes de ello, esos expertos trabajan para que relacionemos sentimientos positivos con comida poco saludable. A mí me programaron a la perfección para que alimentara sus márgenes de beneficio más que mi salud mental, y no soy el único. Esa maquinaria debe ser desconectada para que deje de distorsionar los sabores y robarle también a otra generación su capacidad de concentrarse.

La siguiente causa que explica nuestra crisis de atención es, de entre todos los factores sobre los que he escrito en el presente libro, potencialmente la mayor. Todos sabemos que la exposición a la contaminación y a los productos químicos industriales —en el aire, o en los productos que adquirimos— es mala. Si me lo hubieran preguntado cuando empecé a investigar con vistas a la preparación del libro, podría haber explicado, con una terminología muy básica, que la contaminación atmosférica causa asma y otros problemas respiratorios, por ejemplo. Pero me sorprendió descubrir que están surgiendo evidencias cada vez mayores que apuntan a que esa misma contaminación perjudica seriamente nuestra capacidad de concentración.

Para comprenderlo mejor, me zambullí en la lectura de textos científicos que abordan la cuestión y entrevisté a científicos punteros que se encuentran a la vanguardia del descubrimiento de dichos efectos. La profesora Barbara Demeneix, prestigiosa científica que, en Francia, ha obtenido importantes galardones, entre ellos la Legión de Honor, el premio civil más relevante, me explicó: «En cada etapa de nuestra vida, distintas formas de contaminación afectarán a nuestro margen de atención», y ha llegado a la conclusión de que se trata de un factor que explica por qué «los trastornos del desarrollo neurológico están aumentando exponencialmente... [incluido] el TDAH, de manera global». Me comentó que en la actualidad vivimos rodeados de tantos contaminantes que «es imposible que hoy tengamos un cerebro normal».

La forma de contaminación de la que nosotros, en tanto que ciudadanos corrientes, tenemos un mayor conocimiento es la del aire que nos rodea, por lo que me fui a entrevistar a Barbara Maher, profesora de ciencias ambientales de la Universidad de Lancaster, en Inglaterra, donde ha llevado a cabo una investigación potencialmente revolucionaria sobre cómo afecta a nuestro cerebro.[6] Me explicó que si actualmente uno vive en una ciudad grande respira a diario un caldo químico, una mezcla de numerosos contaminantes, entre ellos los que expulsan los motores de los vehículos. Nuestro cerebro no ha evolucionado para absorber esos productos químicos, como el hierro, a través del sistema respiratorio, y no sabe cómo manejarlos. Así pues, prosiguió, al vivir en una ciudad contaminada, recibimos un «insulto repetido y crónico contra nuestro cerebro», que reacciona inflamándose. ¿Qué ocurre si la cosa se alarga durante meses y años?, le pregunté. Y ella me respondió que «va a desembocar en lesiones en las células nerviosas, las neuronas. Dependiendo de la dosis (es decir, de lo grave que sea la contaminación), dependiendo de nuestra predisposición genética, con el tiempo las neuronas quedarán dañadas».[7]

La doctora Maher ha descubierto que cuanto peor es la contaminación, peores son los daños cerebrales. Y después de absorber esas lesiones durante años, somos más susceptibles de desarrollar una de las peores formas de degeneración cerebral, la demencia. En Canadá, un estudio concluyó que la gente que vive a menos de cincuenta metros de una carretera principal tiene una probabilidad un 15 % mayor de desarrollar demencia.[8] Pero entonces ¿qué provoca esa inflamación en nuestro funcionamiento mental en etapas anteriores de la vida?, le pregunté a Barbara. «Es probable que, si el impacto es crónico, pueda causar agresividad, pérdida de control y déficit de atención.»

Las evidencias resultan especialmente preocupantes en los cerebros infantiles, que aún están en fase de desarrollo, añadió.[9] «Actualmente ya se han hallado pruebas de la aparición de enfermedades degenerativas en niños muy pequeños que viven en entornos altamente contaminados. Eso en la siguiente generación a la tuya... Mi colega de México ha practicado resonancias magnéticas, y ya se detecta una reducción en el volumen del tejido cerebral en jóvenes muy afectados.»[10] A mayor contaminación de un área, mayor es el daño, hasta el punto de que algunos presentan «lesiones. De hecho, llegan a verse placas y nudos [en el cerebro, como en los pacientes con demencia], incluso en casos de personas muy jóvenes». Un científico de

Barcelona, el profesor Jordi Sunyer, ha examinado la capacidad de atención de escolares de toda la ciudad y ha llegado a la conclusión de que, cuanto mayor es la polución, peores son los resultados.[11]

La cuestión parecía bastante seria. Se me estaba diciendo que, literalmente, existe a nuestro alrededor algo que nos mata la atención. Me sentía abrumado. ¿Cómo podíamos combatirlo?

Me llegaron las primeras pistas una vez que me puse al día de ciertos datos históricos. Empecé a estudiar el efecto de un contaminante en concreto sobre la atención: el plomo. Ya en la antigua Roma se sabía que el plomo resultaba venenoso para los seres humanos. El arquitecto Vitruvio, por ejemplo, suplicaba a las autoridades romanas que no lo usaran para construir las tuberías de la ciudad. Aun así, el plomo se ha usado durante siglos para pintar viviendas, y en la fabricación de cañerías, y posteriormente, a principios del siglo xx, empezó a añadirse a la gasolina, lo que implicó que se liberara en el aire de todas las ciudades del mundo, y que sus habitantes lo respiraran. Los científicos advirtieron casi de inmediato que, con total probabilidad, la gasolina con plomo iba a conducir a un desastre. Cuando, en 1925, General Motors anunció que añadir plomo a la gasolina era «un regalo de Dios», la doctora Alice Hamilton, máxima experta en plomo en Estados Unidos, advirtió a su director general que estaba jugando con fuego. «Allí donde hay plomo —dijo—, tarde o temprano se produce algún caso de intoxicación por plomo.»[12] Estaba claro que aquello tendría un efecto muy nocivo para los cerebros de la gente: en dosis elevadas, la intoxicación por plomo produce alucinaciones, demencia y muerte. Las fábricas en las que se desarrollaba la gasolina con plomo vivieron episodios en que algunos de sus trabajadores sufrían demencias violentas y morían como consecuencia de su exposición al metal.

Siempre existió una variedad de gasolina sin plomo disponible que no acarreaba esos riesgos, pero las grandes empresas se resistían a utilizarlo por todos los medios, al parecer por razones comerciales: la versión con plomo podía patentarse, y de ese modo obtener más dinero. Durante cuarenta años, la industria del plomo financió todas las investigaciones científicas tendentes a descubrir si era seguro, y aseguraba al mundo que sus científicos habían descubierto que, en efecto, lo era.

Parece ser que esa decisión de permitir que la gasolina con plomo dominara el mercado causó una gran pérdida de concentración en personas de todo el mundo. Me fui a entrevistar a Bruce Lanphear, profesor de ciencias de la salud de la Universidad Simon Fraser, en Canadá. Él me explicó que, en la década de 1980, cuando apenas empezaba a trabajar en la universidad, le ofrecieron una plaza en Rochester, en el estado de Nueva York, para que estudiara los efectos del plomo en las capacidades cognitivas de niños. Sabía que estos seguían expuestos a mucho plomo, a pesar de que las pinturas a base de ese metal se habían prohibido en 1978, porque millones de personas seguían viviendo en domicilios llenos de él, y porque la gasolina con plomo seguía usándose en todas partes. Y a él le interesaba saber qué efectos les causaba.

Como parte del proyecto en el que trabajaba, a todos los niños de Rochester se les realizaron analíticas de sangre para ver cuánto plomo llevaban en sus cuerpos. Cuando Bruce tuvo acceso a los resultados, su asombro fue mayúsculo.[13] Uno de cada tres niños de Rochester sufría intoxicación por plomo. En el caso de los niños negros, la proporción era de uno de cada dos. Y Rochester no era un caso aislado: en otras investigaciones llevadas a cabo unos años antes se descubrió que los americanos de la década de 1970 tenían 600 veces más plomo en el cuerpo que los seres humanos de la era preindustrial, y la Agencia para la Protección Ambiental calcula que 68 millones de niños se vieron sometidos a niveles tóxicos de plomo en Estados Unidos, solo por exposición a gasolina con plomo, entre 1927 y 1987.

Bruce y otros científicos han demostrado que el plomo perjudica seriamente la capacidad de concentrarse y prestar atención. Si de niños nos vemos expuestos al plomo, me explicó, tenemos «una probabilidad dos veces y media mayor de presentar síntomas compatibles con la TDAH». El efecto es aún mayor si se combina con otras formas de contaminación. Por ejemplo, si una madre se ha visto expuesta al plomo durante el embarazo y además es fumadora, su hijo tendrá una probabilidad ocho veces mayor de ser diagnosticado de TDAH.[14]

Antes de la llegada de Bruce, las madres de Rochester, como las de todo el país, ya habían sido advertidas de los peligros del plomo, y después se les había dicho que la culpa era suya. Las autoridades les decían: vuestros hijos están expuestos así al plomo porque vosotras, en tanto que madres, no quitáis el polvo a vuestras casas con la frecuencia debida. Ocupaos más de las tareas del hogar y enseñad a vuestros hijos a que se laven más las manos. Aquello formaba parte de una tendencia más general: la propia industria del plomo afirmaba que el problema radicaba, sobre todo, en los padres «negros y puertorriqueños ineducables» que «eran incapaces» de proteger a sus hijos del plomo presente en sus hogares.[15]

Pero cuando Bruce se dedicó a estudiar el caso, descubrió que sacar el polvo y lavarse las manos no cambiaba nada.[16] Constató que toda una ciudad y toda una generación de niños había resultado intoxicada y que a sus familias se les dijo que la responsabilidad era suya por no ser lo bastante limpios. Había científicos que habían ido incluso más allá en esa culpabilización de las víctimas. Según ellos, el problema no era que las familias vivieran con elevados niveles de un metal que causaba daños cerebrales, sino que aquellos niños sufrían enfermedades mentales. Afirmaban que los niños padecían un trastorno psicológico conocido como «pica», que llevaba a los bebés de pocos meses a meterse en la boca pedazos de pintura con plomo. Se consideraba que aquellos pequeños tenían el «apetito pervertido» y, una vez más, se aseguraba que, al parecer, era un problema que afectaba sobre todo a los niños negros y mulatos.

A partir de la década de 1920, en las distintas etapas del proceso, la industria del plomo creó y alentó esas prácticas de distracción. Asimismo, compraron la lealtad de algunos científicos que de manera sistemática sembraban dudas sobre las evidencias que apuntaban a que el plomo lesionaba los cerebros de las personas. Desde el principio, ya en los años veinte, un especialista llamado Thomas Midgley manifestó durante una conferencia de prensa que usar productos con plomo no era peligroso. Lo que no les reveló a los periodistas fue que él mismo acababa de recuperarse de una intoxicación por una exposición extrema al plomo causada por los mismos productos que después se dedicaba a promocionar. Y en todo momento, de hecho, la industria del plomo insistía en que, en caso de duda sobre el peligro, se les permitiera seguir introduciendo ese metal en el cuerpo de la gente.

A lo largo de toda mi investigación para la elaboración del libro he mantenido una lucha constante por no perder de vista en ningún momento la naturaleza estructural de nuestra crisis de atención. Vivimos en una cultura extremadamente individualista en la que se nos presiona en todo momento para que veamos nuestros problemas como fracasos individuales y para que busquemos soluciones individuales. ¿Eres incapaz de concentrarte? ¿Tienes sobrepeso? ¿Eres pobre? ¿Estás deprimido? En esta cultura, se nos enseña a pensar: es culpa mía. Debería haber encontrado yo la manera de superarlo y de escapar de estos problemas ambientales. Pero ahora, yo, cada vez que me siento así, pienso en las madres de Rochester a cuyos hijos intoxicaban con plomo y les decían que le sacaran más el polvo a sus casas, o que sus hijos experimentaban el deseo «pervertido» de meterse en la boca pedazos de pintura con plomo. Actualmente vemos con claridad que se trataba de un problema profundo con una causa profunda en el entorno, y aun así la primera reacción pasaba por decirle a la gente que pusiera toda su energía en una actividad de distracción individual que no servía para nada o, peor aún, que culparan a sus propios hijos intoxicados.

Cuando el problema se atribuía a individuos aislados y se les pedía que lo solucionaran simplemente modificando su propio comportamiento, el problema no hacía sino empeorar. Así pues, me dediqué a investigar cómo se le había puesto fin. Y me enteré de que había sido gracias a una cosa, a una sola cosa. Se le puso fin cuando los ciudadanos de a pie tuvieron conocimiento de cuáles eran las pruebas científicas y se aliaron para exigir que los Gobiernos cambiaran la ley a fin de impedir que esas empresas siguieran intoxicándolos. En el Reino Unido, por ejemplo, la campaña contra la gasolina sin plomo la encabezó un ama de casa llamada Jill Runnette, que en 1981 consiguió que el Gobierno redujera en dos terceras partes la cantidad de plomo en la gasolina. (Posteriormente se prohibió del todo.) Lo hizo para protegerse ella misma y a los niños de su sociedad.

En cierto modo, aquello me parecía una metáfora de toda nuestra crisis de atención. Nuestra atención y nuestra concentración han sido asaltadas, saqueadas e intoxicadas por fuerzas externas, y a nosotros nos han pedido que hagamos el equivalente de quitar el polvo de casa y lavarnos más las manos, cuando lo que nosotros deberíamos haber hecho es el equivalente de prohibir el plomo de la pintura y la gasolina. En muchos sentidos, la historia de la resistencia a la intoxicación por plomo es un modelo a seguir por todos nosotros. Los peligros estaban claros desde hacía décadas (la doctora Alice Hamilton los documentó con precisión a mediados de la década de 1920), pero las cosas no cambiaron hasta que se organizó un movimiento democrático de ciudadanos de a pie que plantaron cara a las fuerzas que les robaban la concentración. En 1975, el estadounidense medio tenía 15 microgramos por decilitro de plomo en sangre. En la actualidad son 0,85 microgramos por decilitro. Y se calcula que el CI del alumno de preescolar medio, según científicos de los Centros para el Control y la Prevención de Enfermedades de Estados Unidos, ha aumentado cinco puntos como consecuencia de dicha prohibición.[17] Y ello demuestra que pueden lograrse avances espectaculares en la lucha contra los asesinos de la atención.

Pero Barbara Demeneix me advirtió de que, desde entonces, «en el mercado van apareciendo tantos productos químicos [perjudiciales para la atención]...» que teme que los beneficios de librarnos del plomo estén menguando. Así pues, le pregunté a qué sustancias estamos expuestos en la actualidad con posibles efectos negativos sobre la atención. «Empecemos con los principales culpables: los pesticidas. Los plastificantes. Los ignífugos. Los cosméticos.» Me informó de que «de los más de doscientos pesticidas que existen en el mercado en Europa, unos dos tercios afectan al desarrollo cerebral o al funcionamiento de la tiroides». Cuando a los monos se los expone a los mismos niveles de bifenilos policlorados (PCB), un contaminante común, al que actualmente estamos expuestos los seres humanos, desarrollan serios problemas de memoria funcional y desarrollo mental.[18] Un equipo de científicos ha estudiado la cantidad de un contaminante llamado bisfenol A, o BPA, que se usa para recubrir el 80 % de las latas de metal, al que están expuestas las madres.[19] Y averiguaron que la exposición a dicho componente químico sirve para predecir cuáles de ellas tendrán hijos con problemas de comportamiento.

Barbara lleva casi veinte años implicada en ensayos de neurotoxicidad del desarrollo, la ciencia encargada de determinar de qué manera los productos químicos a los que estamos expuestos, tanto en los productos que adquirimos como en los alimentos que consumimos, afectan al desarrollo de fetos y bebés. El Parlamento Europeo le ha encargado una ambiciosa investigación sobre la cuestión, y además ha coordinado muchos otros proyectos de estudio y, en el transcurso de sus trabajos, un área en concreto ha sido la que más preocupación le ha suscitado. Según me explicó, desde el momento mismo de la concepción, el desarrollo lo conforman las hormonas, que «regulan el desarrollo temprano». Así pues, empezó a investigar si esos componentes químicos tienen algún efecto sobre esas señales endocrinas.[20] Y lo que descubrió fue que muchas de ellas crean un efecto que es como una «interferencia de radio» que afecta al sistema que guía el modo en que un ser humano debería desarrollarse, sobre todo el cerebro, y causa que algunas partes se pierdan. Ello, según me explicó, afecta a la atención, porque todo ese sistema guía el futuro desarrollo del cerebro de la persona. Si el cerebro no se desarrolla con normalidad, la atención puede sufrir de manera considerable.

Entre 2005 y 2012, hizo pruebas con muchas sustancias corrientes que se encuentran por todas partes, y cuantas más pruebas llevaba a cabo su equipo, más evidencias obtenían de que el sistema endocrino se está viendo alterado por nuestro entorno actual. Barbara advierte de que todos los niños, en la actualidad, nacen «precontaminados» por un «cóctel tóxico».[21]

Se trata de algo sobre lo que existe cierta controversia: hay científicos que creen que se está exagerando el peligro. Sin ir más lejos, el Consejo Estadounidense de Ciencia y Salud ha ridiculizado las afirmaciones de Barbara argumentando que habría que exponerse a dosis altísimas de algunos de esos componentes químicos para que estos causaran los efectos que ella describe. Ese grupo ha recibido financiación de empresas químicas y grandes corporaciones agrícolas con intereses particulares en el debate, lo que implica que deberíamos recibir su escepticismo con cierto escepticismo nosotros también, pero eso no significa necesariamente que se equivoquen.[22] Han de financiarse más estudios para analizar esas cuestiones con detalle.

A veces parece que la misma historia que se vivió con el plomo se está dando ahora con otros productos químicos que dañan la atención. Las industrias que se aprovechan al usarlos financian la mayoría de las investigaciones que se realizan sobre ellos, y sistemáticamente siembran dudas sobre los posibles daños. Su postura es que, si existe alguna duda sobre el peligro de sus productos, debe permitírseles seguir usándolos.

Al tener conocimiento de todo eso, estuve tentado de seguir preguntando a los científicos a los que entrevistaba: «Está bien, ¿qué productos contienen esos contaminantes, y cómo puedo erradicarlos de mi vida? Decís que las latas están recubiertas de BPA; ¿debo evitar las latas?». Pero Barbara Demeneix me comentó que intentar evitar hoy en día los contaminantes a nivel individual es una misión absurda en un paisaje tan lleno de ellos. «Podemos comer bio (es decir, orgánico). Podemos ventilar nuestros hogares lo más posible. [Podemos] vivir en el campo.» Pero por lo que se refiere a esos alteradores endocrinos, «no hay escapatoria. No hay escapatoria». No a nivel individual, aisladamente.

Para comprender mejor qué puede hacerse para revertir el daño que la contaminación causa a nuestra atención, me desplacé para encontrarme con Bruce Lanphear en Horseshoe Bay, en la costa oeste de Canadá, en un día neblinoso. Él acababa de salir en kayak, y en las aguas que teníamos delante había focas retozando y desapareciendo entre las olas. «Mira —me dijo—. Las nubes. El agua. El verdor.»

A raíz de nuestra conversación deduje que, a partir de ahora, debemos reaccionar de dos maneras. En primer lugar, por lo que se refiere a los productos químicos, debemos adoptar un nuevo enfoque. Bruce me dijo que, por el momento, «se da por sentado que los componentes químicos son inocuos hasta que en un estudio tras otro se demuestra que son tóxicos». Así pues, si alguien quiere sacar un producto al mercado que contiene un nuevo producto químico, puede usar lo que quiera y, en los años siguientes, unos científicos mal financiados van a tener que esforzarse para averiguar si es seguro o no. «Y eso es porque la que tiene la sartén por el mango es la industria.» Según él, debemos hacer las cosas de otra manera. «Básicamente, deberíamos tratar los nuevos componentes químicos, los nuevos contaminantes, como si fueran medicamentos.» Habría que someterlos a pruebas de seguridad antes de que la gente pudiera empezar a usarlos, y solo si aprobaran unas pruebas muy estrictas, podrían acabar en nuestros hogares y en nuestra sangre.

En segundo lugar, en el caso de los componentes químicos que ya se usan ampliamente, debemos someterlos a esos exámenes, y las investigaciones deben llevarlas a cabo científicos no financiados por la industria. A partir de ahí, si se determina que alguno de ellos es nocivo, debemos aliarnos en tanto que ciudadanos y exigir su prohibición. Barbara Demeneix lo expuso sin rodeos. «Todo esto ha de ponerse bajo control muy pronto.»

Por su parte, Barbara Maher me dijo que, en lo tocante a su área de conocimiento, la contaminación atmosférica, tenemos que presionar a nuestros gobiernos para que legislen en favor de acelerar la transición al vehículo eléctrico, porque este reduce drásticamente el problema. E hizo hincapié en que, además, podemos presionar a nuestros líderes para que den algunos pasos intermedios: si plantamos árboles en puntos de mucha contaminación, estos la absorberán en gran medida y limpiarán el aire de muchas toxinas.

Mientras asimilaba todo aquello, no dejaba de pensar en las palabras de Barbara Demeneix: «Hoy en día es imposible tener un cerebro normal». Es posible que, dentro de cien años, cuando vuelvan la vista atrás y se pregunten por qué nos costaba tanto prestar atención, digan: «Estaban rodeados de contaminantes y productos químicos que les inflamaban el cerebro y afectaban a su capacidad de concentración. Vivían expuestos a PBA y a PCB, y respiraban metales. Sus científicos sabían qué causaban estos en sus cerebros y en su capacidad para enfocar. ¿Por qué les sorprendía que les costara tanto prestar atención?». Esas personas, en el futuro, sabrán si, después de que averiguáramos todo lo que sabemos, nos aliamos para proteger nuestros cerebros, o si por el contrario dejamos que siguieran degradándose.

Capítulo 13

Causa 11: el aumento de TDAH
y cómo respondemos a él

Hace unos quince años, coincidiendo con la infancia de mis sobrinos, empezó a ocurrir algo raro. Sus maestros creían que un importante número de niños en sus clases se mostraban más inquietos e incapaces de concentrarse. No querían sentarse, ni estarse quietos, ni atender a las clases. Más o menos en esa misma época, una idea que no existía cuando yo era pequeño —o que, al menos, resultaba excepcional— empezó a propagarse por el país. Algunos investigadores y doctores defendían que aquellos niños sufrían un trastorno biológico que explicaba por qué no eran capaces de prestar atención. La idea prosperó con increíble rapidez por todo el mundo de habla inglesa. Solo entre 2003 y 2011, los diagnósticos del trastorno de déficit de atención e hiperactividad (TDAH) aumentaron un 43 % en Estados Unidos entre la población infantil general, y un 55 % entre las niñas. En la actualidad, se ha llegado a un punto en que el 13 % de los adolescentes estadounidenses han sido diagnosticados de TDAH, y a la mayoría de ellos, como consecuencia de dicho diagnóstico, se les administran medicamentos que son potentes estimulantes.

En Gran Bretaña, el aumento también ha sido extraordinario: por cada niño diagnosticado con TDAH cuando yo tenía siete años, en 1986, actualmente son cien los niños que se encuentran en esa situación. Solo entre 1998 y 2004, el número de niños a los que se administraba estimulantes se ha duplicado.

Cuando se trata de nuestros propios problemas de atención como adultos, a menudo reconocemos de plano todo un abanico de influencias en nosotros: el aumento de tecnologías invasivas, el estrés, la falta de sueño, etcétera. Pero cuando han sido nuestros hijos los que se han enfrentado a esas mismas dificultades, durante los últimos veinte años nos hemos visto atraídos por una historia de una gran simpleza: que el problema se debe en gran medida a un desastre biológico. A mí me interesaba investigarlo en profundidad. De todos los capítulos que componen el libro, este es el que me ha costado más escribir, pues es el tema sobre el que más discrepan científicos serios. Al entrevistarlos he descubierto que no se ponen de acuerdo siquiera en las cuestiones más básicas, entre ellas la de si el TDAH existe de la manera en que a mucha gente se le explica que existe, esto es, como una enfermedad biológica. Así pues, mi intención es avanzar despacio y cautelosamente por el capítulo. Se trata del tema para el que he entrevistado a más expertos —más de treinta en total—, y sobre el que durante más tiempo he formulado preguntas. Pero deseo dejar claras algunas cosas desde el principio, cosas sobre las que se han mostrado de acuerdo todos los expertos con los que he hablado: todas las personas diagnosticadas de TDAH tienen un problema real. No se lo inventan ni fingen. Sea cual sea la causa, si tú o tu hijo tenéis dificultades de concentración, no es culpa vuestra; no sois incompetentes ni indisciplinados ni ninguna otra de las etiquetas que estigmatizan y que quizá os hayan atribuido. Merecéis comprensión y ayuda práctica para encontrar soluciones. La mayoría de los expertos a los que entrevisté creen que, en el caso de algunos niños, puede existir una aportación biológica que explique su limitada capacidad de concentración, pero discrepan en el alcance de dicha aportación. Deberíamos ser capaces de mantener una conversación sosegada y sincera sobre los demás aspectos de la controversia sobre el TDAH sin dejar de tener en cuenta estas verdades.

La cuestión de si los niños incapaces de concentrarse tienen un problema biológico es, de hecho, un debate bastante nuevo, y ha cambiado mucho en los últimos años. En 1952, la Asociación Estadounidense de Psiquiatría redactó una primera guía con todas las cosas que pueden salir mal con la salud mental de una persona, y la idea de que los niños con dificultades de concentración padecen un trastorno biológico no fue incluida. En 1968, la idea ya había alcanzado la suficiente popularidad entre los psiquiatras como para incorporarla, aunque estos creían que afectaba a un número muy bajo de niños. Con el paso de los años, el número de niños que se considera que están afectados por este problema se ha disparado, hasta el punto de que en muchas zonas del sur de Estados Unidos, al 30% de los menores se les ha diagnosticado TDAH antes de cumplir dieciocho años. En el momento de escribir estas líneas, la cifra ha crecido aún más, y actualmente a un número inmenso de adultos se les anuncia que sufren esta discapacidad, y a más de tres millones de ellos se les recetan estimulantes por un importe total de como mínimo 10.000 millones de dólares.

Paralelamente a todo ese estallido, ha surgido un argumento muy polarizado al respecto. Por una parte están quienes afirman que el TDAH es un trastorno causado en gran medida por algo que no funciona en los genes y el cerebro del individuo, y que grandes cantidades de niños y adultos han de tomar esos estimulantes para tratarse. Esa facción tiene una gran preeminencia en Estados Unidos. Por otra parte están los que aseguran que los problemas de atención son reales y dolorosos, pero que es erróneo y dañino atribuirlos a un trastorno biológico que requiere la ingente prescripción de medicamentos, y que deberíamos ofrecer otras formas de ayuda. Ese planteamiento se ha impuesto en lugares como Finlandia.

Empecemos por el relato puramente biológico, y preguntándonos por qué tanta gente halla verdad y alivio en él. Un día, en un tren de la estadounidense Amtrak, me puse a conversar con una mujer que me preguntó a qué me dedicaba. Cuando le dije que estaba escribiendo un libro sobre personas con dificultades para prestar atención, ella empezó a hablarme de su hijo. Como en su día no lo anoté, recuerdo solo los detalles generales de lo que me contó, pero la experiencia del chico era la típica. Años antes le había costado mucho la vivencia escolar: no era capaz de prestar atención en las clases y se metía en muchos líos. Finalmente, los maestros la instaron a llevarlo al médico. Este conversó con su hijo y después le informó que lo diagnosticaba de TDAH. Le dijo que su hijo tenía una genética distinta a la de otros niños y que, como consecuencia de ello, había desarrollado un cerebro distinto, que no era como el de la mayoría de la gente. Ello se traducía en que al pequeño le resultaba mucho más difícil estarse quieto y concentrarse. Stephen Hinshaw, profesor de psicología de la Universidad de Stanford, me explicó, de manera similar, que la genética es la responsable de entre un «75 y un 80 %» del TDAH, una cifra aproximada que se basa en gran cantidad de estudios científicos.[1]

Que te digan que tu hijo sufre una discapacidad es todo un impacto, y aquella mujer también lo sintió. Pero, al tiempo que les transmiten ese mensaje, a los padres también les están diciendo un montón de cosas positivas: el comportamiento de vuestro hijo no es culpa vuestra. De hecho, merecéis comprensión; habéis estado enfrentándoos a algo que realmente es muy duro. Y lo mejor de todo es que hay solución. A su hijo le recetaron un medicamento estimulante, Ritalin. Cuando empezó a tomarlo, dejó de mostrarse tan inquieto y a subirse por las paredes. Pero él aseguraba que no le gustaba cómo le hacía sentirse —un niño al que conozco me contó que él, cuando tomaba el medicamento, sentía como si le apagaran el cerebro—, por lo que su madre vivía un conflicto permanente. Finalmente decidió seguir administrándole estimulantes hasta que cumpliera dieciocho años, porque le parecía que así, al menos, evitaría que lo echaran del colegio. En esta anécdota no existe ningún elemento dramático: el niño no tuvo ningún infarto ni se pasó a las metanfetaminas. En conjunto, a ella le parecía que estaba haciendo lo correcto.

Yo siento una gran compasión por ella. Pero por diversas razones también me preocupa que cada vez haya más gente como ella, que actualmente cree que se trata de un problema genético que debe abordarse sobre todo con estimulantes. Creo que la mejor manera de empezar a explicar por qué, podría ser hacer una pausa momentánea y fijarnos en lo que ocurrió cuando el concepto de TDAH empezó a extenderse más allá de los niños, e incluso más allá de los adultos, hasta alcanzar a una nueva categoría de criaturas vivas.

Un día, en la década de 1990, llevaron al veterinario a una perra de la raza beagle de nueve años de edad. Su dueña, bastante estresada, explicó que tenía un problema. Su perra comía sin parar, y a veces se ponía histérica, rebotaba por las paredes de la casa y no dejaba de ladrar. Si la dejaban sola, se volvía loca. Aquella dueña repitió varias veces una palabra para describir a su mascota Emma: «hiperactiva». Y le imploraba al veterinario que la ayudara a resolver la situación.

El veterinario al que acudió era Nicholas Dodman, un emigrante inglés que, tras más de treinta años de carrera profesional, se había convertido en uno de los especialistas más destacados de Estados Unidos, además de profesor de la Universidad Tufts. Al principio, Nicholas le recomendó que fueran las dos a adiestramiento canino para aprender nuevas habilidades que las ayudaran a interactuar. Y la recomendación funcionó, aunque no del todo. La dueña refirió que los problemas de Emma se redujeron en un 30 %. Al tener conocimiento de ello, Nicholas llegó a la conclusión de que la perra, en efecto, sufría TDAH, un concepto que, hasta que él mismo innovó en la interpretación del comportamiento animal, solo se había aplicado a los seres humanos. Le recetó Ritalin, y le aconsejó a su dueña que se lo triturase y se lo mezclase con la comida dos veces al día. Cuando esta regresó poco después, estaba exultante. Explicó que el problema estaba resuelto. La perra había dejado de dar tumbos por toda la casa, y ya no se pasaba el día comiendo. Era cierto que Emma seguía aullando mucho cuando se quedaba sola, pero más allá de ello, se había convertido en el animal que su dueña siempre había esperado.

Cuando fui a entrevistar a Nicholas en su casa de Massachusetts, aquello se había convertido en una rutina en su clínica. Suele recetar Ritalin y otros estimulantes a animales a los que diagnostica de TDAH. Nicholas es pionero, y se le ha llamado «el flautista de Hamelín» de los animales medicados por problemas psiquiátricos.[2] Sentía curiosidad por saber cómo había llegado a adoptar aquella postura. Me contó que todo había empezado por casualidad, como ocurre con muchos descubrimientos científicos. A mediados de la década de 1980, cuando ya era veterinario, requirieron sus servicios para que examinara a un caballo llamado Poker, que tenía un problema. El animal «tragaba aire», un espantoso comportamiento compulsivo que desarrolla aproximadamente un 8 % de los caballos cuando pasan la mayor parte del día encerrados en establos. Se trata de una curiosa acción repetitiva por la que el animal se aferra con los dientes a algo sólido —como un poste o una valla que tenga delante—, arquea el cuello, traga aire y gruñe con fuerza. Lo hace una y otra vez, compulsivamente. Los denominados tratamientos contra ese hábito, en aquella época, eran de una crueldad espantosa. En ocasiones los veterinarios practicaban agujeros en la cara del caballo para evitar la aerofagia, o les ponían anillas de latón en los labios para que no pudieran rascar las vallas con los dientes. A Nicholas le horrorizaban aquellas prácticas, y en su búsqueda de alternativas, de pronto tuvo una idea. ¿Y si le suministraba un medicamento? Decidió inyectarle naloxona, que es un bloqueante de opiáceos. «En cuestión de minutos, el caballo abandonó por completo la conducta —me explicó—. El dueño se quedó... Dios mío, Dios mío.»

Transcurridos unos veinte minutos, el animal volvió a rascar la valla con los dientes y a tragar aire, pero «repetimos [la inyección] muchas veces con muchos animales posteriormente, y el resultado era siempre el mismo». Y añadió: «Me fascinaba que pudiera cambiarse un comportamiento

303

de manera tan espectacular modificando la química cerebral... Y bueno, eso cambió mi carrera».

A partir de ese momento, Nicholas empezó a creer que podían resolverse los problemas de muchos animales respondiendo a ellos mediante procedimientos que, hasta ese momento, solo se habían aplicado a personas. Por ejemplo, el zoo de Calgary le consultó sobre un oso polar que caminaba arriba y abajo sin parar, y él recomendó administrarle una dosis masiva de Prozac. El animal dejó de caminar y empezó a pasar el tiempo dócilmente sentado en su jaula.

Hoy en día, gracias en parte al cambio de perspectiva de Nicholas, hay loros que toman Xanax y Valium, muchas especies, desde pollos a morsas, consumen antipsicóticos, y se administra Prozac a gatos. Uno de los trabajadores del zoo de Toledo (Ohio) contó a un periodista que los fármacos psiquiátricos son «sin duda una herramienta de manejo maravillosa, y así las vemos. Ser capaces de apaciguar nos facilita un poco más las cosas».[3] Casi la mitad de los zoos de Estados Unidos admiten que administran fármacos psiquiátricos a sus animales, y entre el 50 y el 60% de los dueños que acuden a la clínica de Nicholas buscan medicamentos psiquiátricos para sus mascotas. A veces la cosa se parece un poco a *Alguien voló sobre el nido del cuco* pero para cucos de verdad.

Antes de conocer a Nicholas, esperaba que él me lo justificara de alguna manera concreta. Creía que me contaría la historia que muchos médicos cuentan a los padres cuando estos tienen hijos con problemas de atención: que se trata de un trastorno de causas biológicas, y que por eso requieren soluciones biológicas en forma de medicamentos. Pero no. Él no me dijo nada de eso. De hecho, su explicación se inició donde había empezado su propio viaje por esa especialidad: con aquellos caballos que mordían vallas y tragaban aire. «Nadie ha visto a un caballo salvaje tragando aire. Se trata de un comportamiento que nace de la "domesticación", de mantener a los caballos en situaciones no naturales —me explicó—. Si no los hubieran metido nunca en un establo y no los hubieran sometido a presión psicológica prematuramente, no lo habrían desarrollado.» Mientras describía lo que les sucedía a aquellos caballos, recurrió a una expresión que me impresionó mucho. Dijo que esos animales sufren de unos «objetivos biológicos frustrados». Los caballos quieren moverse, correr y pacer. Cuando no pueden expresar su naturaleza innata, su comportamiento y su concentración se echan a perder y empiezan a portarse de manera extraña. Nicholas me contó que «la presión de ver frustrados los objetivos biológicos es tal que se abre la caja de Pandora» e intentan encontrar cualquier comportamiento que «alivie esa dura presión psicológica o esa incapacidad para hacer nada... Los caballos, en estado salvaje, pasan el 60 % del tiempo pastando, por lo que no sorprende que una de las cosas que les procure alivio sea una especie de falso pacer, que en el fondo es lo que hacen cuando mordisquean los postes y tragan aire».

El veterinario admitía abiertamente que su planteamiento al medicar a los animales por lo que ha dado en denominarse «zoocosis» (la locura que con frecuencia desarrollan los animales cuando están enjaulados) es una solución extraordinariamente limitada. Yo le pregunté si, por ejemplo, medicando a aquel oso polar se había resuelto el problema. «No —me respondió—. Es un parche. El problema es haber sacado a un oso polar de su medio y haberlo metido en un zoo. Los osos polares, en la naturaleza, andan kilómetros y kilómetros por la tundra ártica. Van en busca de zonas frecuentadas por focas y nadan y comen focas. La jaula [de exhibición donde el oso vivía atrapado] no se parece en nada a la vida real. Así pues, al igual que un hombre encarcelado, el animal también camina arriba y abajo para calmar el dolor interno que le causa que le nieguen una vida real... Tiene todos esos instintos intactos y es incapaz de usarlos.»

La solución a largo plazo es cerrar los zoos, comentó, y dejar que todos los animales vivan en un medio que sea compatible con su naturaleza. Me habló de un perro que no podía concentrarse en nada y que se pasaba el rato persiguiendo obsesivamente su propia cola. Vivía en un diminuto apartamento de Manhattan. Pero un día sus dueños se separaron y lo enviaron a vivir a una granja en el campo, y el animal dejó de dar vueltas y más vueltas persiguiéndose la cola, y sus problemas de concentración desaparecieron. Todos los perros deberían correr al menos una hora al día sin correa, pero «no muchos» perros-mascota en Estados Unidos lo hacen, me dijo. Están frustrados, y eso causa problemas.

Él solo no puede crear ese mundo. En ausencia de esas soluciones a largo plazo, me preguntó qué quería que hiciera. Conversamos largo y tendido sobre la cuestión. Yo intenté explicarle que, aunque entendía de dónde venía, me sentía instintivamente incómodo con ello. Para esos animales mostrar esos comportamientos es una manera de expresar angustia: el caballo Poker detestaba que lo encerraran, y la beagle Emma odiaba que la dejaran sola, porque los caballos necesitan correr y los perros vivir en manada. Temía que amortiguando con medicamentos aquellas señales pudiera estar animando a sus dueños a vivir una especie de fantasía: que era posible coger una criatura, ignorar su naturaleza y hacerle vivir una vida que encaja con las necesidades del dueño, no con las del animal, sin ningún coste. Lo que debemos hacer no es tapar la angustia del animal, sino atenderla.

Él me escuchó atentamente y me respondió hablándome de los cerdos que viven y mueren en granjas industriales en condiciones brutales, separados de sus madres cuando nacen, y que pasan toda su vida en cubículos en los que no pueden ni volverse. Y me preguntó: «Yo podría hacer que ese cerdo se sintiera mucho mejor y tolerase su intolerable situación con menos dolor psicológico si le administrara Prozac con el agua que bebe. ¿Tú te opondrías a ello?». Yo le dije que las elecciones a las que me enfrentaba no deberían existir. Sus hipótesis presuponen demasiado, dan por sentado un entorno disfuncional y admiten que lo único que podemos hacer es intentar adaptarnos a él y reducir su intensidad. Pero es que necesitamos elegir entre mejores opciones. «Quiero decir que la realidad no debería ser la opción —replicó él—. Es lo que tenemos, ¿verdad? Así pues, hay que trabajar con lo que uno tiene.»

Empezaba a preguntarme: ¿es posible que los niños con dificultades para concentrarse sean como Emma, la perra beagle, y que los estén medicando por lo que en realidad es un problema del medio en el que viven? Descubrí que los científicos discrepan radicalmente de ese planteamiento. Sabemos que el gran aumento de niños diagnosticados de problemas de atención ha coincidido con otros grandes cambios en el modo de vida infantil. Ahora a los niños se les deja correr mucho menos; en lugar de jugar en las calles y en los barrios, se pasan casi todo el tiempo dentro de sus casas, o en las aulas. Ahora los niños se alimentan con una dieta muy distinta, que carece de muchos nutrientes necesarios para el desarrollo cerebral y que está llena de azúcares y colorantes que perjudican la atención. La escolarización de los pequeños también ha cambiado, y actualmente se centra casi por completo en prepararlos para unos exámenes muy estresantes, con muy poco espacio para alimentar su curiosidad. ¿Es coincidencia que los diagnósticos de TDAH aumenten a la vez que se dan esos grandes cambios, o existe relación entre ambas cosas? Ya he abordado las evidencias según las cuales nuestros cambios drásticos en nuestras dietas y el aumento de la contaminación están causando un aumento de los problemas de atención en los niños, y en el próximo capítulo voy a concentrarme en las pruebas que indican que otros cambios pueden estar afectando a la atención de estos.

Pero quisiera empezar con alguien que ha sido pionero en una nueva manera de reaccionar al TDAH en niños. A lo largo de tres años entrevisté en repetidas ocasiones al doctor Sami Timimi, destacado psiquiatra infantil en Gran Bretaña y uno de los críticos más prominentes y claros en el mundo sobre nuestra manera actual de hablar sobre el TDAH. Fui a visitarlo en Lincoln, la ciudad que se construyó hace más de mil años en torno a su catedral y que desde entonces parece haber vuelto a sucumbir bajo tierra. Las partes antiguas de la ciudad se han visto tomadas por franquicias que pagan el salario mínimo a sus trabajadores, y cuando Sami se instaló en ella descubrió que su consulta se llenaba de personas que, aunque no fuera culpa suya, se enfrentaban a bajos salarios y poca esperanza. Se daba cuenta de que a la gente de Lincoln le hacía falta mucha ayuda práctica, pero le sorprendió averiguar que lo que esa gente parecía esperar de él era una cosa muy concreta. Según me dijo, esa gente creía que «un psiquiatra es básicamente alguien que receta medicación», y a él lo trataban como dispensador de pastillas. De su predecesor heredó a veintisiete niños a los que se recetaba estimulantes para tratar el TDAH, y en los colegios de la zona se presionaba para medicar a más niños. A Sami le habría resultado fácil seguir con ese mismo planteamiento.

Pero le dio por pensar. Creía que si iba a asumir aquella responsabilidad como médico y a tomarse en serio a aquellos niños, debía tomarse la molestia de investigar en profundidad su vida y su entorno. Uno de los pequeños diagnosticados con TDAH, al que el predecesor de Sami había recetado estimulantes, era un muchacho de once años al que llamó Michael para preservar la confidencialidad. Una vez su madre lo arrastró hasta la consulta, Michael se negó a hablar con él siquiera. Se quedó ahí sentado, con cara de pocos amigos, mientras su madre explicaba que no sabía qué hacer. Le dijo que a Michael le iba mal en el colegio, que se negaba a concentrarse y que estaba cada vez más agresivo. Mientras se lo contaba. Michael no dejaba de interrumpirla y le pedía en voz baja que se fueran de allí.

Sami se negó a decidir nada sobre la base de aquella única sesión. Le parecía que debía saber más, por lo que siguió entrevistando a la madre y al hijo durante varios meses. Deseaba entender cuándo habían empezado aquellos problemas. Al seguir indagando, de manera gradual, fue enterándose de que hacía dos años el padre de Michael se había ido a vivir a otra ciudad y ya casi no hablaba con su hijo. Fue a partir de ahí que Michael empezó a portarse mal en el colegio. Sami no sabía si se sentía rechazado. «Cuando eres niño —me explicó—, no estás desarrollado intelectualmente para dar un paso atrás y ver las cosas desde un punto de vista más racional y objetivo... Cuando un padre dice que va a venir a verte pero nunca aparece, te imaginas que es porque tú has hecho algo mal. Que es porque no quiere verte. Que es porque no eres bueno. Que es porque creas problemas.»

Así que, un día, Sami decidió telefonear al padre de Michael. Este aceptó acudir a la consulta para ver a Sami, y hablaron de la situación. Tras el escarmiento al padre, este decidió que volvería a estar presente en la vida de su hijo de manera continuada, organizada. Sami convocó a Michael y le dijo que no había nada malo en él. Que no era culpa suya que su padre se hubiera desinteresado. Que no sufría ningún trastorno. Lo habían decepcionado y eso no era culpa suya. Pero a partir de ese momento las cosas iban a cambiar. A medida que Michael volvía a conectar con su padre, en el transcurso de varios meses, fueron reduciéndole las dosis de los estimulantes que tomaba. Sami optó por hacerlo de manera gradual porque los efectos de la abstinencia pueden ser severos y muy desagradables. Con el paso del tiempo, las cosas empezaron a cambiar. Ahora contaba con un modelo masculino. Sabía que no era una mala persona que alejaba a su padre. Dejó de portarse mal en el colegio y volvió a aprender. A Sami le parecía que había identificado la causa subyacente del problema y la había solucionado, por lo que los problemas de atención, de manera gradual, iban desapareciendo.

Otro de los niños que llegaron a la consulta de Sami era un muchacho de nueve años al que llamó Aden, que en casa se portaba bien pero que parecía mostrar mala conducta en la escuela. Su maestra decía que era hiperactivo y que distraía a los demás niños, e instaba a que le administraran estimulantes.

Sami decidió visitar la escuela, y lo que vio lo dejó anonadado. La maestra se pasaba el rato gritando a los niños para que se callaran, y castigaba de manera irracional a Aden y algunos otros alumnos a los que parecía tener manía. El aula era un caos y le echaban la culpa a Aden. Al principio, Sami intentó ayudar a la maestra a cambiar su relato sobre el pequeño, pero ella no le hacía caso, de modo que optó por ayudar a los padres de Aden a trasladarlo a otra escuela menos caótica. A partir de ese cambio, las cosas empezaron a irle mucho mejor, y también sus problemas de atención fueron difuminándose.

Sami sigue recetando ocasionalmente estimulantes a niños, pero se trata de algo excepcional y de una medida a corto plazo una vez que ha probado todas las demás opciones. Me comentó que, en la inmensa mayoría de los casos los niños con problemas de atención que acuden a su consulta, si los escucha con atención y les ofrece apoyo práctico para cambiar su entorno, casi siempre consigue reducir o acabar con el problema.

Y me explicó que cuando la gente oye que a un niño le han diagnosticado TDAH, muchas veces imagina que es algo así como un diagnóstico de neumonía, que un médico ha identificado un patógeno subyacente o una enfermedad, y que a partir de ahí le recetará algo para tratar ese problema físico. Pero en el caso del TDAH no existen test físicos que un profesional de la medicina pueda aplicar. Lo máximo que puede hacer es hablar con el niño y con la gente que lo conoce para ver si el comportamiento del pequeño se corresponde con una lista elaborada por psiquiatras. Y nada más. Sami comenta: «El TDAH no es un diagnóstico. Es solo una descripción de ciertas conductas que en ocasiones se dan juntas. Eso es todo». Lo que decimos, cuando a un niño le diagnostican TDAH, es que a ese niño le cuesta concentrarse. «No se explica nada sobre el porqué.» Es como si dijeran que un niño tiene tos. Si un médico identifica a un niño con problemas de atención, ese debería ser el primer paso de un proceso, no el último.

Las experiencias de Sami me conmovieron pero, además, le pregunté cómo sabemos si este enfoque —escuchar al niño, intentar resolver el problema subyacente— funciona realmente, más allá de esas conmovedoras anécdotas. Profundicé más en la cuestión. Y resulta que existe un gran número de estudios en los que se investiga qué ocurre cuando se administra a un niño un fármaco estimulante (más adelante presento los resultados). Existen algunos estudios que se fijan en lo que ocurre cuando se proporciona a los padres herramientas para fijar límites, estar pendientes de manera sistemática, etcétera (las evidencias no son claras, pero a menudo se constata una ligera mejoría). Pero a mí me interesaba saber si existía alguna investigación sobre lo que ocurre cuando se realizan intervenciones del nivel de las de Sami.

Y resultó que, al menos por lo que yo pude averiguar, en todo el mundo parecía haber solamente un grupo de científicos que habían abordado algo parecido a esa cuestión, mediante un ambicioso estudio a largo plazo, por lo que me desplacé hasta Minneapolis, que es donde llevaron a cabo sus trabajos, para conocerlos. En 1973, Alan Sroufe, que se convirtió en profesor de psicología infantil en la ciudad, inició un ambicioso proyecto colectivo de investigación, pensado para responder a una pregunta ciertamente importante: ¿qué factores de la vida nos conforman realmente? Acordamos vernos en el café de un centro de jardinería, a las afueras de la ciudad. Alan es un hombre amable, de voz sosegada que, al término de nuestra conversación, iba a ir a buscar a sus nietos al colegio. Alan y su equipo llevan más de cuarenta años estudiando a las mismas doscientas personas, todas ellas nacidas en el seno de familias pobres.[4] Les han seguido la pista y las han analizado desde su nacimiento hasta bien entrada la mediana edad. Esos científicos se han dedicado a medir un amplio abanico de factores de la vida de esas personas, desde sus cuerpos hasta sus vidas domésticas, desde sus personalidades hasta sus padres. Una de las muchas cosas que les interesaba averiguar era: ¿qué factores de la vida de una persona pueden llevarle a desarrollar problemas de atención?[5]

Al principio, Alan confiaba bastante en la respuesta con la que iban a encontrarse. Creía —como la mayoría de los científicos en ese momento— que el TDAH estaba causado totalmente por algún problema biológico congénito del cerebro del niño, por lo que estaba seguro de que una de las mediciones más importantes que tomarían sería la del estado neurológico del bebé al nacer. También midieron el temperamento del pequeño durante sus primeros meses de vida y después, con el tiempo, fueron midiendo toda clase de cosas, como por ejemplo el grado de estrés de la vida de sus padres, y cuánto apoyo social recibía su familia. Alan no le quitaba la vista de encima a aquellas mediciones neurológicas.

Cuando los niños alcanzaron los tres años y medio de edad, los científicos empezaron a realizar predicciones sobre cuáles de ellos desarrollarían TDAH. Lo que les interesaba ver era qué factores hacían que fuera más probable. Quedó asombrado ante lo que encontró, a medida que los niños crecían y, a algunos de ellos, en efecto, les diagnosticaban problemas de atención. Según se demostró, su estado neurológico en el momento del nacimiento no servía en absoluto para predecir qué niños desarrollarían problemas de atención graves. ¿Qué era, pues, lo que lo determinaba? Según descubrieron, «el contexto del entorno es lo más importante», en palabras de Alan, y un factor crucial era «la cantidad de caos del entorno». Si un niño se educa en un entorno en el que existe mucho estrés, las probabilidades de que desarrolle problemas de atención y le diagnostiquen TDAH son significativamente mayores. Por lo que se ve, los elevados niveles de estrés en las vidas de sus padres suelen figurar en primer lugar. Alan me explicó que «era algo que podía verse en tiempo real».

Pero ¿por qué un niño que crecía en un entorno estresante tenía más probabilidades de desarrollar el problema? A mí, por supuesto, me vino a la mente todo lo que había descubierto gracias a Nadine Burke Harris. Alan empezaba a aportarme una capa adicional de explicación, compatible con los hallazgos de ella. Según me contó, cuando eres muy pequeño, si te disgustas o te enfadas, necesitas que un adulto te calme y te tranquilice. Con el tiempo, a medida que creces, si te han calmado lo bastante, aprendes a calmarte tú mismo. Interiorizas la reafirmación y la relajación que tu familia te ha aportado. Pero a los padres estresados, por más que no sea su culpa, les cuesta calmar a sus hijos, porque ellos mismos se sienten sobreexcitados. Ello implica que sus hijos no aprenden a calmarse ni a centrarse a sí mismos de la misma manera. Como consecuencia de ello, es más probable que sus hijos reaccionen a situaciones difíciles enfadándose o alterándose, sentimientos ambos que perjudican su capacidad de concentrarse. «Por poner un ejemplo extremo —me dijo—, si te desahucian de tu vivienda un día, intenta esa noche calmar y apaciguar a tu hija, como necesita.» Y añadió que no es solo la pobreza la causante: los padres de clase media también se enfrentan al estrés. «Actualmente —me explicó—, muchos padres se ven desbordados por las circunstancias de su vida, como no poder proporcionar un entorno de sosiego y apoyo a sus hijos.» La peor respuesta a este hallazgo es «señalar como culpables a los padres». Ello solo causa más estrés y más problemas a los niños, y falta a la verdad. «Esos padres hacían todo lo que podían. Te aseguro que querían mucho a sus hijos.» Los padres y las madres lo son en un entorno concreto, y si ese entorno inunda de estrés a los padres, eso, inevitablemente, afectará a los hijos.

Tras acumular pruebas de ello durante décadas, Alan llegó a la conclusión de que «nada de lo que creía en un principio resultó ser cierto», y de que «una clara mayoría» de niños a los que posteriormente se les diagnosticó «no habían nacido con TDAH.[6] Desarrollaron esos problemas como reacción a sus circunstancias».

Alan también me comentó que existía una cuestión fundamental, clave para determinar si los padres podían acabar superando esos problemas, una cuestión que, en mi opinión, decía mucho de la labor de Sami: «¿Hay alguien que los apoya?». Las familias a las que estudió, a veces, recibían ayuda de personas cercanas. Por lo general no era de profesionales; simplemente, contaban con una pareja que las apoyaba, o con un grupo de amigos. Según vieron, cuando el apoyo social recibido se veía potenciado de ese modo, «las probabilidades de que los niños tengan problemas en la siguiente etapa son menores». ¿Por qué? Alan escribió que «los padres que experimentan menos estrés pueden mostrarse más reactivos con sus bebés; y estos, después, pueden llegar a ser más seguros». El efecto era tan considerable que «el elemento predictor potente de un cambio positivo era el aumento de apoyo social disponible para los padres durante los años intermedios».[7] A mí me parecía que ese apoyo social era precisamente lo más importante que Sami ofrece a las familias con hijos que presentan dificultades de atención.

Aun así, en este punto existe una dificultad. No hay duda de que cuando a un niño se le administra un estimulante como Adderall o Ritalin, su atención mejora significativamente a corto plazo.[8] Todos los expertos a los que he entrevistado, fuera cual fuese su postura en el debate, estaban de acuerdo en ello, y es algo que yo he visto con mis propios ojos. Conocí a un niño pequeño que no paraba de corretear de un lado a otro, gritando, dándose golpes contra las paredes y que, tras administrarle Ritalin, empezó a sentarse, quieto, y empezó a mantener la mirada en los ojos de la gente por primera vez en su vida. Las pruebas de que el efecto es real y de que se debe a los fármacos son claras. Yo tengo bastantes amigos adultos que usan estimulantes cuando deben ponerse las pilas para terminar un proyecto de trabajo, y a ellos les causa el mismo efecto. En Los Ángeles, en 2019, retomé el contacto con mi amiga Laurie Penny, autora y guionista británica que trabaja en varios programas de televisión en la ciudad, y ella me contó que recurre a estimulantes con receta cuando tiene que escribir mucho, porque le ayudan a concentrarse. En el caso de los adultos, me parece una decisión razonable.

Pero por algo la mayoría de los médicos de todo el mundo es muy cauta a la hora de recetar estimulantes a niños, y ningún otro país (con la única excepción de Israel) se acerca ni de lejos a la prodigalidad con que estos se recetan en Estados Unidos.

Mis temores al respecto empezaron a cristalizar cuando conocí a Nadine Ezard, directora clínica de la unidad de alcoholismo y drogadicciones del Hospital Saint Vincent de Sídney. Es médica, y trabaja con personas que sufren problemas de adicción, y cuando nos conocimos, en 2015, en Australia se daba un repunte grave de adicción a la metanfetamina. Durante un tiempo, los médicos no sabían bien cómo responder a él. En el caso de la heroína, existe un fármaco que podían recetar legalmente a personas adictas y que funcionaba como sustituto razonablemente eficaz, la metadona, pero en el caso de la metanfetamina no parecía existir un equivalente. Así pues, Nadine, junto con un grupo de médicos, formó parte de un importante experimento autorizado por el Gobierno.[9] Empezaron a administrar a personas adictas a la metanfetamina un estimulante que, en Estados Unidos, se receta más de un millón de veces al año a niños: la dextroanfetamina.

Cuando hablé con ella, ya lo habían probado en cincuenta personas, y los resultados de un experimento de mayor envergadura saldrán a la luz después de la publicación de mi libro. Ella me explicó que, cuando toman esos estimulantes, las personas adictas a la metanfetamina parecen sentir menos ganas de consumir, porque les alivia parte de la misma ansia. «Refieren que cuando empiezan a tomarla, sienten por primera vez en mucho tiempo que su cerebro no se concentra exclusivamente en la metanfetamina. Que de pronto notan esa libertad.» En referencia a un paciente, recordaba: «Pensaba en la metanfetamina constantemente, Estaba en el supermercado [o] en cualquier parte [y] su decisión, todo el rato, era: "¿Me quedará bastante dinero para comprar cristal?". Y después [de administrarle dextroanfetamina] eso se le calmó». Ella lo comparaba con dar parches de nicotina a los fumadores.

No es la única científica que ha descubierto similitudes entre la metanfetamina y las otras anfetaminas que en Estados Unidos se recetan a niños de manera rutinaria. Posteriormente acudí a conversar con Carl Hart, profesor de psicología de la Universidad de Columbia, que había llevado a cabo experimentos en los que administraba Adderall a personas adictas a la metanfetamina.[10] Cuando la recibían en el laboratorio, esas personas con adicciones prolongadas a la metanfetamina reaccionaban de maneras casi idénticas al Adderall y a la metanfetamina.

El programa de Nadine supone una manera considerada y compasiva de tratar a personas con adicción a la metanfetamina, pero lo que a mí me perturbó fue saber que los medicamentos que administramos a los niños resultan ser un sustituto razonablemente eficaz de la metanfetamina. Sami me contó: «Resulta un poco raro darse cuenta de que estamos recetando legalmente las mismas sustancias que, por otra parte, afirmamos que son muy peligrosas si se consumen ilegalmente... Químicamente son similares. Funcionan de una manera similar. Actúan sobre neurotransmisores similares». Pero, como recalcó Nadine cuando hablé con ella, existen algunas diferencias importantes. Las dosis que se administran a personas que están rehabilitándose de una adicción a la metanfetamina son mayores que las que reciben los niños para el tratamiento de la TDAH. Se las administran en forma de pastillas, lo que libera sus componentes al cerebro de manera más lenta que si se fumaran o se inyectaran. Y las drogas callejeras, por estar prohibidas y ser vendidas por delincuentes, contienen toda clase de contaminantes que no están presentes en las pastillas que se obtienen en las farmacias. Aun así, todo aquello me llevó a querer seguir investigando un poco más sobre el recetado masivo de esos fármacos a niños.

Durante años, a muchos padres se les decía que podían averiguar si sus hijos tenían TDAH de una manera muy directa, relacionada con esos fármacos. Muchos médicos les explicaban que un niño normal se pondría muy nervioso y «colocado» si le administraran esos medicamentos, mientras que los niños con TDAH se calmaban, se concentraban y prestaban atención. Pero cuando los científicos administraron realmente esos medicamentos tanto a niños con problemas de atención como a otros que no los tenían, aquella idea resultó equivocada. Todos los niños (y, de hecho, todo el mundo) que toman Ritalin se concentran y prestan atención mejor durante un tiempo.[11] El hecho de que el fármaco funcione no demuestra que uno tenga, de entrada, un problema biológico; solo demuestra que uno está tomando un estimulante. Esa es la razón por la que, durante la Segunda Guerra Mundial, a los radaristas el ejército les administraba estimulantes, pues estos les facilitaban una concentración prolongada en un trabajo aburridísimo que consistía sobre todo en observar una pantalla que casi nunca cambiaba. Y esa es también la razón por la que la gente que esnifa rayas de estimulante se vuelve muy aburrida y suelta unos monólogos larguísimos: se concentran mucho en su propia línea de pensamiento y pasan por alto las caras de sopor de sus interlocutores.

Existen pruebas científicas que indican que hay diversos riesgos asociados a administrar esos fármacos a niños. El primero es un riesgo de tipo físico: hay evidencias que apuntan a que el consumo de estimulantes frena el crecimiento del niño.[12] Los que toman dosis estandarizadas de estimulantes son unos tres centímetros más bajos, en un periodo de tres años, de lo que serían si no los hubieran consumido.[13] Varios especialistas también han advertido que los estimulantes causan un aumento del riesgo de que el niño desarrolle problemas cardíacos y muera como consecuencia de ellos.[14] Evidentemente, los problemas cardíacos son muy poco frecuentes en niños, pero cuando son millones los pequeños que consumen esos fármacos, incluso un ligero incremento del riesgo acaba traduciéndose en un aumento real de los fallecimientos.

Pero James Li, un profesor asociado de psicología al que acudí a entrevistar en la Universidad de Wisconsin, en

Madison, me habló de algo que me resultó lo más preocupante de todo. Según me dijo: «Sencillamente, no sabemos cuáles son los efectos a largo plazo. Eso es un hecho». La mayoría de la gente da por sentado (yo entre ellos, sin duda) que esos medicamentos han sido sometidos a pruebas que han concluido que son seguros, pero él me aclaró que «no se ha investigado mucho sobre las consecuencias a largo plazo para el desarrollo cerebral». En su opinión, se trata de algo particularmente preocupante porque «nos cuesta muy poco administrarlos a niños pequeños. Los niños son nuestra población más vulnerable, porque su cerebro está en desarrollo... Se trata de fármacos que actúan directamente sobre el cerebro, ¿no? No son antibióticos».

Me mostró que la mejor investigación a largo plazo con la que contamos se realizó en animales, y que los resultados no eran para tomarlos a broma. Al leerlos vi que demostraban que si se administra Ritalin durante tres semanas a ratas adolescentes —el equivalente a administrarlos a humanos durante varios años—, se observa que el cuerpo estriado, una parte crucial del cerebro que se ocupa de experimentar las recompensas, se encoge significativamente.[15] En otro estudio, también se observa necrosis en el hipocampo. Eso significa muerte cerebral en una zona fundamental del cerebro. Según él, no puede darse por sentado que esos fármacos afectarán a los humanos de la misma manera en que afectan a las ratas, y recalcó que existen ciertos beneficios en el uso de estos; pero debemos ser conscientes de que «existen beneficios y existe riesgo. Y en estos momentos estamos funcionando a partir de los beneficios a corto plazo».

Al entrevistar a otros científicos, también descubrí que los efectos positivos de esos medicamentos, si bien son reales, resultan sorprendentemente limitados. En la Universidad de Nueva York, Xavier Castellanos, profesor de psiquiatría infantil y adolescente, me explicó que la mejor investigación llevada a cabo sobre los efectos de los estimulantes reveló algo importante. Estos mejoran el comportamiento del niño en tareas que exigen repetición, pero no suponen una mejoría en el aprendizaje. Si soy sincero, no me lo creí, pero me molesté en consultarlo en el estudio que los defensores de recetar estimulantes me habían recomendado como regla de oro para la investigación sobre TDAH.[16] Tras catorce meses consumiendo estimulantes, el rendimiento de los niños en exámenes académicos era un 1,8 % mejor. Pero la mejora en niños que, durante el mismo periodo de tiempo, recibían asesoría sobre su comportamiento, era del 1,6 %.

Igual de importante resulta constatar que, según sugieren las pruebas, los efectos positivos iniciales de los estimulantes no son duraderos. Todo el que toma estimulantes desarrolla tolerancia al fármaco; el cuerpo se acostumbra a él, por lo que necesita una dosis mayor para obtener los mismos resultados. Y tarde o temprano los niños llegan a la dosis máxima permitida en su caso.

Uno de los científicos con el que conversé que se mostró más alarmado al respecto era el doctor Charles Czeisler, experto en sueño de la Facultad de Medicina de Harvard, que me explicó que uno de los efectos secundarios principales de los estimulantes es que llevan a dormir menos. Y, según me dijo, ello presenta unas implicaciones preocupantes para el desarrollo de los cerebros jóvenes, sobre todo en el de toda esa gente joven que ve que los usan para estudiar más y durante más horas. «Suministrar todas esas anfetaminas a niños me recuerda a la crisis de los opioides, con la diferencia de que en este caso nadie habla de ello —comentó—. Cuando yo era niño, si alguien me hubiera dado anfetaminas, si se las hubiera vendido a niños, habría ido a la cárcel. Pero, como ocurre con la crisis de los opioides... nadie hace nada. Es un secreto inconfesable de nuestra sociedad.»

La mayoría de los científicos a los que entrevisté en Estados Unidos (hablé con muchos de los más prestigiosos especialistas en TDAH del país) me dijeron que creen que recetar estimulantes es seguro y proporciona numerosos beneficios, que superan los riesgos. En efecto, muchos científicos estadounidenses defienden que presentar los contraargumentos —como hago yo aquí— es directamente peligroso: según ellos, es la causa de que los padres tiendan menos a llevarles a sus hijos para que les receten estimulantes y, como consecuencia de ello, esos niños sufrirán innecesariamente y les irá peor en la vida. Asimismo, creen que de ese modo se consigue que ciertas personas dejen de manera brusca los medicamentos, lo que resulta peligroso, pues pueden pasar por unos síndromes de abstinencia muy duros. Pero en el resto del mundo, la opinión científica está más dividida y es frecuente escuchar planteamientos escépticos o de franca oposición a ese otro enfoque.

Existe una razón decisiva por la que mucha gente —como la mujer a la que conocí en el tren— se convence de que los problemas de atención de sus hijos son sobre todo el resultado de un trastorno físico. Y es porque les han contado que se trata de un problema causado fundamentalmente por la constitución genética del niño. Como ya he expuesto antes, el profesor Stephen Hinshaw me dijo que los genes explican entre «el 75 y el 80 %» del problema, y en ocasiones los porcentajes planteados son aún mayores. Así pues, si se trata principalmente de un problema biológico, entonces, de manera intuitiva, tiene sentido que se busque una solución biológica, y la clase de intervenciones que defienden Sami y otros especialistas solo pueden ser refuerzos. Al investigar un poco más sobre ello, llegué a la convicción de que la verdad es complicada y no encaja del todo con las vehementes afirmaciones que se pronuncian a ambos lados de este polarizado debate.

A mí me interesaba mucho entender de dónde salían esas estadísticas que mostraban que un elevado porcentaje del TDAH está causado por un trastorno genético. Y me sorprendió descubrir, por los científicos que las aportan, que no parten de ningún análisis directo del genoma humano. Casi todas surgen de un método mucho más simple conocido como «estudios de gemelos». Se toma a dos gemelos idénticos. Si a uno le han diagnosticado TDAH, se pregunta si al otro gemelo también se lo han diagnosticado. A continuación, se toma a otros dos gemelos, en este caso no idénticos. Si a uno de ellos le han diagnosticado TDAH, se pregunta si al otro también se lo han diagnosticado. La operación se repite muchas veces hasta que la muestra es lo bastante grande, y se comparan los resultados.

La razón para hacerlo así es sencilla. En esos estudios, todos los pares de gemelos, sean o no sean idénticos, se crían en el mismo hogar, con la misma familia, por lo que se interpreta que si se hallan diferencias entre los dos tipos de gemelos, estas no pueden atribuirse al entorno. Así pues, dichas diferencias han de explicarlas los genes. Los gemelos idénticos son genéticamente mucho más parecidos entre sí que los gemelos no idénticos, por lo que si se descubre que hay algo que se da más comúnmente en los gemelos idénticos, los científicos concluyen que existe un componente genético.[17] Estudiando el tamaño de la brecha puede establecerse cuánto viene determinado por los genes. Se trata de un método que lleva años utilizando toda clase de especialistas de gran prestigio.

Siempre que los investigadores analizan de ese modo el TDAH, encuentran que las probabilidades de diagnosticarlo en los dos gemelos idénticos son mucho mayores que en los dos gemelos dicigóticos. En más de veinte estudios se ha dado ese resultado. Es consistente.[18] De ahí provienen las altas probabilidades de que el TDAH esté determinado genéticamente.

Pero un pequeño grupo de científicos se ha preguntado si no existirá un problema grave con esa técnica. Tuve ocasión de conversar con una de las personas que lo ha planteado así con gran detalle científico, el doctor Jay Joseph, psicólogo en Oakland, California. Y él me explicó los hechos. Se ha demostrado —en distintas series de estudios científicos— que los gemelos idénticos no experimentan los mismos entornos que los gemelos no idénticos.[19] Los gemelos idénticos pasan más tiempo juntos que los otros. Los tratan más de la misma manera (sus padres, sus amigos, en sus escuelas; de hecho, muchas veces la gente no es capaz de distinguirlos). Son más proclives a sentirse confusos respecto de su identidad y unidos a su gemelo. Psicológicamente están más cerca. Jay me contó que, en muchos aspectos, «su entorno es más similar... se copian más sus comportamientos mutuamente. Los tratan más como iguales. Todo ello lleva a un comportamiento más similar, sea cual sea ese comportamiento».

Así pues, según me explicó, hay otra cosa, además de los genes, que podría explicar la diferencia que se aprecia en todos esos estudios. Podría tener que ver con el hecho de que los «gemelos idénticos» crecen en un entorno conformador de comportamiento mucho más similar que los gemelos no idénticos. Es posible que sus problemas de atención se parezcan no porque sus genes sean similares, sino porque lo son sus vidas. Si existen factores en el entorno que causan problemas de atención, los gemelos idénticos tienen más probabilidades de sufrirlos en el mismo grado que los gemelos no idénticos. Así pues, prosigue, «los estudios con gemelos no sirven para desentrañar las posibles influencias de los genes y el entorno». Ello implica que las estadísticas de las que a menudo tenemos conocimiento (las que muestran que entre el 75 y el 80 % del TDAH se debe a la genética, por ejemplo) se construyen sobre unos cimientos erróneos.[20] Jay afirma que esas cifras «llevan a equívoco y se entienden mal». Algunos otros científicos destacados, como el doctor Gabor Maté, quizá el médico más conocido de Canadá y al que entrevisté en Vancouver, me dijeron que ese planteamiento les había convencido.

A mí no me parecía plausible que tantos científicos prominentes se basaran en esa técnica si estaba tan equivocada. Era consciente de que, en mis libros anteriores, yo mismo había aportado pruebas salidas de estudios con gemelos. Pero cuando pregunté a algunos especialistas que defienden que el TDAH tiene sobre todo causas genéticas sobre los fallos de esos estudios, muchos de ellos admitieron abiertamente que esas críticas presentan cierta legitimidad, y lo hicieron de una manera que me desarmó. Por lo general, pasaban simplemente a explicar otras razones por las que debe parecernos que se trata de un problema de base genética. (En breve volveré a este punto.) Llegué a creer que los estudios con gemelos constituyen una técnica zombi, que la gente sigue citando por más que sepan que no pueden defenderla plenamente, porque nos dice lo que queremos oír, que ese problema está sobre todo en los genes de nuestros hijos.

El profesor James Li me explicó que, cuando se dejan de lado esos estudios con gemelos, «una y otra vez, todos y cada uno de los estudios» que buscan el papel que cada gen individual juega como causa del TDAH, descubren que «lo midamos como lo midamos, este siempre es pequeño. El efecto del entorno siempre es mayor». Así, a medida que iba asimilándolo todo, empezaba a preguntarme: ¿significa eso que los genes no desempeñan ningún papel en el TDAH? Hay personas que prácticamente lo afirman, y es ahí donde, en mi opinión, los escépticos del TDAH van demasiado lejos.

James me explicó que aunque los estudios con gemelos exageran el papel de los genes, existe una nueva técnica llamada «heredabilidad SNP», que averigua cuánto de una característica es de causa genética, y lo hace recurriendo a un método distinto del de los estudios con gemelos. En lugar de comparar tipos de gemelos, esos estudios comparan la composición genética de dos personas sin ningún tipo de relación. Podría escogernos, por ejemplo, a ti y a mí, y ver si las coincidencias en nuestros genes se corresponden con un problema que quizá tengamos los dos, como, por decir algo, la depresión, la obesidad o el TDAH. Esos estudios, actualmente, arrojan que entre un 20 y un 30 % de los problemas de atención están relacionados con nuestros genes.[21] James me contó que se trata de una manera nueva de abordar la cuestión, y que solo se fija en genes de variación común, por lo que, al final, la proporción causada por nuestra genética podría acabar siendo algo superior. Así pues, según me explicó, no es acertado rechazar de plano el componente genético, pero tampoco lo es afirmar que constituye la totalidad o la mayor parte del problema.

Una de las personas que más me han ayudado a entender ciertos aspectos de estas cuestiones ha sido el profesor Joel Nigg, al que entrevisté en la Oregon Health and Science University de Portland. Fue presidente de la Sociedad Internacional de Investigación sobre Psicopatología Infantil y Juvenil, y se trata de una figura destacada en este campo. Él me explicó que antes se creía que había niños que simplemente tenían una genética distinta que los hacía ser diferentes y desarrollar el cerebro de manera diferente. Pero, según él mismo ha escrito, actualmente «la ciencia ha evolucionado».[22] Las últimas investigaciones demuestran que «los genes no predestinan; más bien afectan a la probabilidad».[23] Alan Sroufe, que llevó a cabo el estudio a largo plazo sobre los factores que causan el TDAH, decía lo mismo: «Los genes no actúan en el vacío. Eso es lo más importante que hemos aprendido de los estudios genéticos... Los genes se encienden y se apagan en respuesta al material ambiental». Como expresa Joel, «nuestras experiencias, literalmente, se nos meten bajo la piel» y modifican la expresión de nuestros genes.[24]

Para que reflexionara más sobre ese funcionamiento, Joel me planteó una analogía. Según él: «Si tu hija está cansada, agotada, pillará un resfriado con más facilidad en invierno. Es más susceptible. Pero si "no hubiera un virus del resfriado", ni el niño agotado ni el niño descansado pillarían el resfriado. De manera similar, nuestros genes podrían hacernos más vulnerables a un desencadenante que se halla en el entorno, pero aun así debe existir ese desencadenante en el entorno».[25] Y escribe: «En cierta manera, la gran noticia sobre el TDAH actualmente es que hemos resucitado nuestro interés por el entorno».[26]

Joel cree que los estimulantes pueden tener cierto papel. Afirma que, en una situación mala, según él son mejores que nada, y que pueden aportar a los niños y a los padres cierto alivio. «Le pongo un cabestrillo a un hueso roto en el campo de batalla. No lo estoy curando, ¿no? Pero al menos ese hombre puede caminar, aunque quizá se quede cojo el resto de su vida.»

Pero añadió que, si hemos de hacerlo así, es fundamental que también nos preguntemos: «¿Dónde se ubica el problema? ¿Debemos fijarnos en lo que afrontan nuestros hijos?». Afirma que los niños, en este momento, se enfrentan a muchas fuerzas que sabemos que dañan su atención: el estrés, la mala alimentación, la contaminación, todas ellas cosas que yo iba a investigar más después de que él me las diera a conocer. «Yo diría que no deberíamos aceptar esas cosas. No deberíamos aceptar que nuestros hijos tengan que vivir en una sopa química [de contaminantes], por ejemplo. No deberíamos aceptar que tengan que crecer con unas tiendas de alimentación en las que apenas se venden alimentos de verdad... Todo eso debería cambiar... En el caso de algunos niños, hay algo en ellos que, ciertamente, no funciona porque su entorno los ha dañado. En ese caso, es un poco criminal limitarse a decir: "Vamos a calmarlos con medicamentos para que puedan enfrentarse a este entorno nocivo que hemos creado". ¿Qué diferencia hay entre eso y administrar sedantes a los presos para que puedan tolerar su estancia en prisión?» Él cree que solo pueden administrarse fármacos de manera ética si, al mismo tiempo, se intenta resolver el problema profundo.

Me miró con semblante serio y me dijo: «Hay una vieja metáfora que explica que... un día, junto a un río, unos aldeanos se dan cuenta de que un cadáver viene flotando por el agua. Y ellos hacen lo que tienen que hacer. Sacan el cuerpo sin vida y lo entierran dignamente. Al día siguiente bajan otros dos cadáveres y ellos hacen lo mismo. La situación se prolonga durante un tiempo, y finalmente empiezan a preguntarse... de dónde vienen esos cadáveres, y si deberían hacer algo para impedirlo. De modo que suben río arriba para averiguar qué ocurre».

Se echó hacia delante y añadió: «Podemos seguir tratando a esos niños, pero tarde o temprano tendremos que averiguar qué está ocurriendo».

Me di cuenta de que me había el llegado el momento de seguir río arriba.

Capítulo 14

Causa 12: el confinamiento físico
y psicológico de nuestros hijos

Hace unos años, me estaba tomando un café al atardecer en un pequeño pueblo al borde de la selva, en Cauca, al suroeste de Colombia. Allí vivían unos pocos millares de personas, dedicadas al cultivo del café que consumimos en todo el mundo para mantenernos alerta. Los observaba mientras, lentamente, se preparaban para poner punto final a su jornada. Los adultos habían sacado mesas y sillas a la calle y charlaban y conversaban a la sombra de una montaña frondosa, muy verde. No dejaba de contemplarlos mientras ellos iban de mesa en mesa, cuando me di cuenta de algo que ya rara vez se ve en el mundo occidental: por toda la localidad los niños jugaban libremente, sin que los adultos los vigilaran. Algunos tenían un aro que hacían rodar en grupo por el suelo. Otros jugaban a perseguirse por el límite de la selva, y se retaban unos a otros a entrar en ella, para salir medio minuto después entre gritos y carcajadas. Incluso niños muy pequeños, que parecían no pasar de los cuatro años, corrían con los demás, que se ocupaban de ellos. De vez en cuando uno se caía al suelo y se iba corriendo a ver a su madre. El resto solo regresaba a casa cuando sus padres los llamaban, a las ocho de la tarde, y las calles quedaban finalmente desiertas.

Se me ocurrió que así era la infancia de mis padres, y que así era en muchos sitios, en una aldea de los Alpes suizos, en un bloque de viviendas de clase trabajadora en Escocia. Los niños corrían libres, sin sus padres, durante casi todo el día desde que eran bastante pequeños, y volvían a casa solo para comer y dormir. En realidad, que yo sepa, así había sido la infancia de todos mis antepasados durante miles de años. Hubo periodos en que algunos niños no vivieron de ese modo —cuando los obligaban a trabajar en fábricas, por ejemplo, o durante la pesadilla de la esclavitud—, pero en la larga historia de la humanidad, se trata de excepciones extremas.

Hoy, yo no conozco a ningún niño que viva así. En los últimos treinta años se han producido inmensos cambios en la infancia. En 2003, en Estados Unidos solo el 10 % de los niños pasaba algún tiempo jugando libremente al aire libre de manera regular.[1] Actualmente, en una abrumadora mayoría de los casos, la infancia se desarrolla entre cuatro paredes, y cuando los pequeños consiguen jugar, lo hacen con la supervisión de adultos, o mediante pantallas. En los colegios también ha cambiado drásticamente la manera que tienen los niños de pasar el tiempo. Los sistemas educativos estadounidense y británico han sido rediseñados por políticos, y los maestros se ven obligados a pasar la mayor parte del tiempo preparando a los alumnos para los exámenes. En Estados Unidos, solo el 73 % de las escuelas de primaria cuentan con alguna forma de recreo. Jugar e investigar libremente son cosas que han pasado a la historia.

Esos cambios se han dado tan deprisa, y tan simultáneamente, que cuesta medir científicamente los efectos que esa transformación puede estar provocando en la capacidad de los niños para prestar atención y concentrarse. No podemos llevar a un grupo aleatorio de niños a jugar libremente en el pueblo de Cauca y dejar a otros viviendo entre cuatro paredes en una zona residencial de Estados Unidos, para hacerles volver después y ver lo bien que se concentran. Pero me parece que sí existe un modo en que podemos empezar a descubrir algunos de los efectos de ese cambio. Podremos hacerlo si descomponemos esa gran transformación en sus partes constitutivas y vemos qué nos dice la ciencia sobre esos efectos.

Una de mis maneras de intentarlo fue a través de la historia de una mujer extraordinaria a la que conocí, Lenore Skenazy. No se trata de una científica, sino de una activista. Se vio impulsada a tratar de comprender de qué manera esa transformación afecta a los niños a partir de una experiencia impactante que vivió en primera persona. Esta le llevó a empezar a trabajar con algunos de los mejores sociólogos que se ocupan de estas cuestiones. Junto con ellos, ha sido pionera realizando propuestas prácticas con las que entender por qué parecen ser cada vez más los niños con problemas para prestar atención y encontrar maneras de recuperarla.

En la década de 1960, en un barrio residencial de Chicago, una niña de cinco años salía sola de su casa. El trayecto hasta la escuela de Lenore era de unos quince minutos, y ella lo recorría todos los días sin compañía. Cuando llegaba a la carretera que quedaba junto al centro, la ayudaba a cruzar un niño de diez años con una banda amarilla cruzándole el pecho, encargado de detener el tráfico y guiar a los niños más pequeños hasta la otra acera. Cuando terminaba la jornada escolar, Lenore franqueaba la verja, una vez más sin supervisión de ningún adulto, y recorría el barrio con sus amigas, o iba en busca de tréboles de cuatro hojas, que coleccionaba. Muchas veces, delante de su casa, otros niños jugaban a *kickball* en partidos que organizaban ellos mismos, y ella, en alguna ocasión, se unía a ellos. Cuando tenía nueve años y le apetecía, se montaba en su bicicleta y recorría algún kilómetro hasta la biblioteca en busca de algún libro, y al salir se dirigía a algún sitio tranquilo y se ponía a leer. Otras veces se acercaba hasta la casa de algún amigo y llamaba a la puerta para preguntarle si quería jugar. Si Joel estaba en la suya, jugaban a Batman, y si era Betsy, jugaban a la Princesa y la Bruja. Lenore siempre quería ser la bruja. Finalmente, cuando tenía hambre o empezaba a oscurecer, regresaba a casa.

A muchos de nosotros, esta escena, hoy, nos resulta desconcertante, incluso chocante. Por todo Estados Unidos, a lo largo de la última década, ha habido casos de personas que, al ver a niños de nueve años caminando solos por la calle, han llamado a la policía para denunciarlo como negligencia parental. Pero en la década de 1960, esa era la norma en todo el mundo. Las vidas de casi todos los niños se parecían mucho a eso. Ser niño significaba que salías por tu barrio y lo recorrías, te encontrabas con otros niños e inventabas tus propios juegos. Los adultos solo tenían una idea vaga de dónde te encontrabas. Unos padres que mantuvieran a sus hijos siempre encerrados en casa, o que los vigilaran en todo momento mientras jugaban e intervinieran en sus juegos, se habrían considerado unos locos.

Cuando Lenore se hizo mujer y tuvo sus propios hijos, en el Nueva York de la década de 1990, todo había cambiado. De ella se esperaba que acompañara a sus hijos al colegio a pie y que esperara fuera mientras ellos entraban, y que los recogiera al terminar la jornada. Nadie dejaba que sus hijos jugaran fuera sin supervisión. Jamás. Los niños se quedaban siempre en casa, a menos que hubiera un adulto que los vigilara. En una ocasión Lenore llevó a su familia a un *resort* en México, y los niños se encontraban todas las mañanas en la playa a jugar, por lo general a juegos que inventaban ellos mismos. Esa fue la única vez que vio a su hijo levantarse antes que ella. Salía disparado hacia la playa al encuentro de los demás niños. Nunca lo había visto tan contento. Lenore me contó: «Me di cuenta de que, durante una semana, él tuvo lo que yo había tenido durante toda mi infancia: la posibilidad de salir, de encontrarse con amigos, de jugar».

Al regresar a casa, Lenore pensó que a su hijo de nueve años, Izzy, le hacía falta probar un poco de libertad si quería madurar. Así que cuando, un día, él le preguntó si podían llevarlo hasta un lugar de Nueva York en el que no había estado nunca para que lo dejaran ahí y que tuviera que encontrar él solo el camino de regreso a casa, a ella le pareció una buena idea. Su marido se sentó con él en el suelo y le ayudó a planificar la ruta que seguiría, y un domingo soleado, ella se lo llevó a Bloomingdale's y, con el corazón en un puño, se separaron. Una hora después él apareció por la puerta de casa. Había tomado un metro y un autobús, él solo. «Estaba contentísimo, diría que levitaba», recordaba ella. Parecía algo tan sensato que Lenore, que era periodista, escribió un artículo explicando la historia, para que otros padres hicieran acopio de confianza para hacer lo mismo.

Pero ocurrió algo extraño. El artículo de Lenore fue recibido con espanto y repulsión. En muchos programas informativos se la tildó de «peor madre de América». La consideraban lamentablemente descuidada, y decían que había expuesto a su propio hijo a un riesgo espantoso. La invitaban a programas televisivos donde la sacaban junto a un padre cuyo hijo había sido secuestrado y asesinado, como si las probabilidades de que un hijo montara en el metro con seguridad y las de que fuera asesinado fueran las mismas. Los presentadores le preguntaban siempre, con pocas variaciones: «Pero Lenore, ¿cómo te habrías sentido si no hubiera vuelto a casa?».

«Yo no salía de mi asombro», me contó Lenore el día que nos vimos en su domicilio de Jackson Heights, Nueva York. Ella les decía que se limitaba a darle a su hijo lo que ella (y todos los adultos que la condenaban) daba por sentado cuando era niña, hacía apenas unas décadas. Intentaba explicarle a la gente que vivimos en uno de los momentos más seguros de la historia de la humanidad. La violencia contra adultos y niños ha descendido de manera espectacular, y actualmente la probabilidad de que un menor muera por el impacto de un rayo es tres veces mayor que la de que lo mate un desconocido. Y preguntaba: ¿encarcelarías a tu hijo para impedir que lo alcance un rayo? Desde el punto de vista estadístico, tendría más sentido. La gente reaccionaba con desagrado ante ese argumento. Otras madres le decían que cada vez que volvían la cabeza, se imaginaban que se llevaban a sus hijos. Al oír aquella frase repetirse tantas veces, Lenore se dio cuenta de que «ese había sido mi crimen. Mi crimen había sido no pensar así. No había partido del lugar más oscuro y no había llegado a la conclusión de que: ¡Dios mío, no merece la pena! Hoy en día, para ser una buena madre estadounidense hay que pensar así». Era consciente de que, por algún motivo, en muy poco espacio de tiempo, habíamos terminado por creer que «solo una mala madre le quita la vista de encima a sus hijos».

No le pasó por alto que, cuando salió al mercado un DVD con los primeros episodios de *Barrio Sésamo* de finales de la década de 1960, en pantalla, al principio, incorporaron una advertencia. Allí salían niños de cinco años caminando por la calle, hablando con desconocidos y jugando en solares vacíos. El aviso en cuestión indica: «Las imágenes que siguen están pensadas para ser visionadas solo por adultos, y pueden no resultar adecuadas para nuestros telespectadores más jóvenes». Lenore entendía que el cambio había sido tan drástico que era como si a los niños no se les permitiera ya siquiera ver cómo podría ser la libertad. Y le desconcertaba la rapidez con la que se había dado ese «giro gigantesco». Las vidas de los niños han pasado a estar dominadas por unas ideas «que son muy radicales y nuevas. La idea de que los niños no pueden jugar al aire libre sin que se considere peligroso, algo que, a lo largo de la historia de la humanidad, nunca había sido así. Los niños siempre han jugado juntos, gran parte del tiempo sin supervisión directa de los adultos... Así ha sido para toda la humanidad. Decir no de pronto, creer que es demasiado peligroso, es como decir que los niños deberían dormir boca abajo». Se trata de una inversión de lo que han pensado todas las sociedades humanas anteriores.

Cuanto más tiempo pasaba con Lenore, más me convencía de que para comprender los efectos de ese cambio, debemos descomponerlo en cinco elementos diferenciados y analizar las evidencias científicas que subyacen a cada uno de ellos. El primero es el que resulta más obvio. Durante años, los científicos han ido haciendo acopio de pruebas que muestran que cuando la gente corre (o se implica en cualquier forma de ejercicio), la capacidad para prestar atención mejora.[2] Por ejemplo, en un estudio en el que se investigaba este aspecto se descubrió que el ejercicio proporciona «una inyección excepcional» de atención a los niños.[3] El profesor Joel Nigg, al que entrevisté en Portland, ha resumido esas pruebas con claridad: él explica que «para los niños en desarrollo, el ejercicio aeróbico expande el crecimiento de las conexiones cerebrales, de la corteza frontal y de los elementos químicos cerebrales que sostienen la autorregulación y el funcionamiento ejecutivo».[4] El ejercicio genera unos cambios que «hacen que el cerebro crezca más y se vuelva más eficiente». Las pruebas que lo demuestran son tan amplias que, según escribe, esos hallazgos deberían considerarse «concluyentes». De hecho, no podrían ser más claras: si impedimos que los niños satisfagan su deseo natural de correr, su atención y la salud general de sus cerebros, de media, se resentirán.

Pero Lenore sospechaba que todo aquello podía estar perjudicando a los niños de una manera más profunda. Se puso en contacto con especialistas destacados que han estudiado esas cuestiones, entre ellos el profesor de psicología Peter Gray, la doctora en primatología evolutiva Isabel Behncke y el psicólogo social Jonathan Haidt. Ellos le enseñaron que, de hecho, es jugando como los niños aprenden sus habilidades más importantes, las que van a necesitar a lo largo de toda su vida.

Para comprender este segundo componente del cambio que ha tenido lugar —la privación del juego—, volvamos a imaginar esa escena en la calle de Lenore cuando era niña, en aquel barrio residencial de Chicago, o la que yo presencié en Colombia. ¿Qué habilidades aprendían los niños allí, mientras jugaban libremente unos con otros? Para empezar, si eres niño y estás solo con otros niños, «buscas la manera de hacer que pase algo», afirma Lenore. Debes recurrir a tu creatividad para que se te ocurra un juego. Debes convencer a los demás niños de que tu juego es el mejor al que pueden jugar. Después «aprendes a entender a la gente lo bastante para que el juego pueda seguir dándose». Debes aprender a negociar cuándo es tu turno y cuándo el turno de los demás, por lo que has de aprender sobre las necesidades y los deseos de los demás y cómo satisfacerlos. Aprender a enfrentarte a la decepción o a la frustración. Todo eso lo aprendes «sintiéndote excluido, inventando un juego nuevo, perdiéndote, trepando a un árbol, y [entonces] alguien dice "¡Sube más alto!", y tú decides si lo haces o no lo haces. Y entonces lo haces, y es emocionante, y trepas un poco más, y un poco más la vez siguiente... o trepas un poco más y te da tanto miedo que lloras... Y aun así llegas a lo más alto. Esas son formas cruciales de atención».

Una de las mentoras intelectuales de Lenore, la doctora Isabel Behncke, la experta chilena sobre el juego, me explicó un día en que estábamos juntos en Escocia que las evidencias científicas de que disponemos hasta hoy sugieren que «existen tres áreas principales [del desarrollo infantil] en las que el juego tiene un mayor impacto. Una es la creatividad y la imaginación»: es como aprendemos a pensar en los problemas y a resolverlos. La segunda son los «vínculos sociales»: cómo aprendemos a interactuar con otras personas y a socializar. Y la tercera es la «viveza»: cómo aprendemos a experimentar la alegría y el placer. Isabel me explicó que las cosas que aprendemos cuando jugamos no son añadidos triviales a la hora de convertirnos en seres humanos funcionales. Constituyen el núcleo de ese proceso. El juego pone los cimientos de una personalidad sólida, y todo lo que los adultos se sientan a explicarle a los niños después se crea sobre esa base.[5] Según me dijo, si queremos ser adultos capaces de prestar atención plenamente, nos hace falta esa base de juego libre.

Y sin embargo, de manera brusca, «hemos retirado todo eso de las vidas de los niños», añade Lenore. Hoy, incluso cuando estos, finalmente, consiguen jugar, su actividad se ve casi siempre supervisada por adultos, que establecen las reglas y les dicen qué deben hacer. En la calle de Lenore, cuando era niña, todos jugaban a *softball* y establecían las reglas ellos mismos. Hoy, en cambio, asisten a actividades organizadas en las que los adultos intervienen constantemente para explicarles cuáles son las reglas. El juego libre se ha convertido en juego supervisado, y así —como ocurre con la comida procesada—, se ha visto despojado de gran parte de su valor. Lenore me comentó que ello implica que actualmente, los niños «no tienen [la oportunidad de desarrollar esas habilidades] porque les llevan en coche a jugar a algo donde alguien les dice en qué posición deben jugar, cuándo han de agarrar la bola y cuándo deben tirar y quién llevará la merienda, y no pueden ser uvas porque hay que cortarlas en cuartos y eso tiene que hacerlo la madre... Es una infancia muy distinta, porque esos niños no experimentan el toma y daca de la vida que les preparará para las vivencias adultas». Como consecuencia de ello, los niños «no viven los problemas y la emoción de tener que llegar ellos solos al sitio». Un día, Barbara Sarnecka, profesora adjunta de ciencias cognitivas de la Universidad de California en Irvine, le comentó a Lenore que hoy «los adultos dicen: "Este es el entorno. Ya te lo he cartografiado. Deja de explorar".[6] Pero eso es lo contrario de lo que es la infancia».

A Lenore le interesaba saber, ahora que los niños, en la práctica, viven bajo arresto, ¿qué hacen con el tiempo que antes pasaban jugando? Un estudio sobre la cuestión reveló que actualmente ese tiempo se pasa, en una proporción abrumadora, haciendo deberes (algo que aumentó un 145 % entre 1981 y 1997), viendo pantallas y comprando con sus padres.[7] En otro estudio de 2004 se señalaba que los niños estadounidenses pasaban 7,5 horas más todas las semanas dedicados a tareas académicas que veinte años antes.[8]

Isabel me dijo que las escuelas que reducen el tiempo de juego «cometen un error inmenso». Y añadió: «Yo, antes que nada, les preguntaría: ¿cuál es vuestro objetivo? ¿Qué intentáis conseguir?». Seguramente, quieren que los niños aprendan. «La verdad es que no entiendo de dónde saca sus ideas esa gente, porque todas las evidencias demuestran que es todo lo contrario: nuestro cerebro es más dúctil, más plástico, más creativo» cuando hemos tenido la ocasión de «aprender a través del juego. La tecnología primaria del aprendizaje es el juego. Aprendemos a aprender jugando. Y en un mundo en que la información siempre es cambiante, ¿por qué habríamos de querer llenarles la cabeza de información? No tenemos ni idea de cómo será el mundo en cuestión de veinte años. Lo que sí queremos es crear unos cerebros que sean adaptables y que tengan la capacidad de evaluar el contexto y pensar de manera crítica. Y todas esas cosas se entrenan a través del juego. Así pues, es un error tan grande que resulta inconcebible».

Todo ello llevó a Lenore a explorar el tercer componente de ese cambio. El profesor Jonathan Haidt, eminente psicólogo social, defiende que se ha producido un gran aumento de la ansiedad entre niños y adolescentes, en parte a causa de esa privación del juego. Cuando el niño juega, aprende las aptitudes que permiten enfrentarse a lo inesperado. Si privamos a los niños de esos retos, a medida que crecen sentirán pánico e incapacidad para asumir las cosas gran parte del tiempo. No se sentirán competentes ni capaces de hacer que sucedan cosas sin la guía de personas mayores que ellos. Haidt defiende que eso explica en parte por qué la ansiedad está disparada, y existen sólidas evidencias científicas que apuntan a que si una persona está ansiosa, su atención se resiente.

Lenore cree que también interviene un cuarto factor. Para comprenderlo, debemos entender un descubrimiento realizado por el científico Ed Deci, profesor de psicología al que entrevisté en Rochester, Nueva York, y por su colega Richard Ryan, con el que también tuve ocasión de hablar. Su investigación reveló que todos los seres humanos tenemos en nosotros dos clases distintas de motivación que explican por qué hacemos cualquier cosa.[9] Imaginemos que somos corredores. Si salimos a correr por las mañanas porque nos encanta lo que sentimos —el viento en la cara, la sensación de que nuestro cuerpo es poderoso y nos lleva—, eso es un motivo «intrínseco». No hacemos lo que hacemos para obtener otra recompensa más adelante: lo hacemos porque nos encanta. Ahora imaginemos que salimos a correr no porque nos encante, sino porque tenemos un padre que parece un sargento y que nos obliga a levantarnos y a correr con él. O imaginemos que salimos a correr para subir vídeos sin camiseta en Instagram y estamos enganchados a los corazones y los comentarios tipo «¡Qué bueno estás!» que recibimos. Esos serían motivos «extrínsecos» para correr. No lo hacemos porque el acto en sí mismo nos proporcione una sensación de placer o plenitud; lo hacemos porque nos han obligado, o para obtener algo más adelante.

Richard y Ed descubrieron que resulta más fácil concentrarse en algo, y no desviarse de ese algo, si los motivos son intrínsecos, si hacemos algo porque tiene sentido para nosotros, que si los motivos son extrínsecos y lo hacemos porque nos obligan o para sacar algo de ahí posteriormente. Cuanto más intrínseca es nuestra motivación, más fácil nos resulta mantener la atención.

Lenore empezaba a sospechar que a los niños, en ese modelo nuevo y radicalmente diferente de infancia, se los priva de la oportunidad de desarrollar motivos intrínsecos. Según ella la mayoría de la gente «aprende a concentrarse haciendo algo que les resulta o bien muy importante o bien interesante». «Aprendemos el hábito de concentrarnos interesándonos en algo lo bastante como para fijarnos en lo que está ocurriendo y procesarlo... Nuestra manera de aprender a concentrarnos es automática si se trata de algo que nos interesa... o nos entusiasma o nos deja absortos.» Pero si somos niños hoy en día, vivimos casi toda nuestra vida según lo que los adultos nos dicen que hagamos. Y me preguntó: «¿Cómo vas a encontrarle sentido a algo cuando tu día está lleno, desde las siete de la mañana hasta las nueve de la noche, la hora de acostarse, con la idea que tienen otras personas de lo que es importante?... Si no dispones de tiempo libre para descubrir qué es lo que te excita (emocionalmente), no estoy segura de que puedas encontrar sentido. No se te da tiempo para que encuentres sentido».

De niña, cuando recorría su barrio, Lenore tenía la libertad de descubrir qué la excitaba —leer, escribir, jugar a disfrazarse— y de practicar esas cosas cuando quería. Otros niños descubrían que les encantaba el fútbol, escalar o practicar pequeños experimentos científicos. Esa era al menos una manera de aprender a prestar atención y a concentrarse. A los niños de hoy se los priva en gran medida de esa ruta. Lenore me preguntó: si tu atención la gestionan constantemente otras personas, ¿cómo va a poder desarro-

343

llarse? ¿Cómo vas a descubrir qué te fascina? ¿Cómo vas encontrar tus motivos intrínsecos, que tan importantes son para desarrollar la atención?

Después de descubrir todo eso, Lenore se sentía tan preocupada por lo que estamos haciendo con nuestros niños que emprendió una gira por el país, instando a los padres a dejar que sus hijos jugaran de manera libre, no estructurada ni supervisada, al menos parte de su tiempo. Creó un grupo llamado Let Grow (Dejadlos Crecer) pensado para promocionar el juego libre y la libertad de explorar de los niños. A los padres les explicaba: «Quiero que todo el mundo piense y recuerde su propia infancia» y que describieran «algo que os encantara, que os encantara absolutamente, y que ahora no permitís hacer a vuestros hijos». Sus ojos se iluminaban al recordar. Y le explicaban: «Construíamos fuertes. Jugábamos al "fugitivo". El otro día conocí a un hombre que jugaba a canicas. Le pregunté: "¿Cuál era tu canica favorita?". Y me respondió: "Oh, era de color granate y tenía una espiral dentro". Se notaba ese amor por algo de hacía tanto tiempo. Le llenaba de alegría». Los padres reconocían que «todos montaban en bicicleta. Todos se subían a los árboles. Todos iban solos al centro y compraban chucherías». Pero acto seguido añadían que actualmente la situación era demasiado peligrosa como para permitir a los niños hacer lo mismo.

Lenore les explicaba lo ínfimo que es el riesgo de secuestro, y que la violencia es hoy más baja que cuando ellos eran jóvenes. Y añadía que no es porque escondamos a nuestros hijos; eso lo sabemos porque la violencia contra los adultos también ha disminuido drásticamente, y estos siguen moviéndose libremente. Los padres asentían, pero aun así mantenían a sus hijos encerrados en sus casas. Ella les exponía los beneficios evidentes de jugar libremente. Los padres asentían, pero aun así no dejaban que sus hijos salieran a la calle. Nada parecía funcionar. Ella se sentía cada vez más frustrada. Empezaba a llegar a la conclusión de que «aunque la gente esté de nuestra parte, o se pregunte qué ha ocurrido, no es capaz de soltarse». Se daba cuenta de que «no puedes ser tú la única que lo haga, porque entonces te conviertes en una loca que deja salir solos a sus hijos» a la calle.

Así pues, se preguntó a sí misma: ¿y si lo hiciéramos de otra manera? ¿Y si dejáramos de intentar hacer cambiar de opinión a la gente y empezáramos a intentar cambiar sus comportamientos? ¿Y si intentáramos cambiarlos no en tanto que individuos aislados, sino en tanto que grupo? Con esa idea en mente, Lenore pasó a formar parte de un experimento crucial.

Un día, la Escuela de Primaria Roanoke Avenue, en Long Island, decidió participar en una iniciativa bautizada como Día de Juego Global, en la que durante un día al año, a los niños se les permitía jugar libremente y crear su propia diversión. Los maestros llenaban cuatro de sus aulas con cajas vacías, Legos y juguetes viejos, y les decían: a jugar. Podéis escoger lo que queréis hacer. Donna Verbeck, que había sido maestra en aquella escuela durante más de veinte años, observaba a los niños, esperando ver alegría y risas, pero no tardó en darse cuenta de que algo iba mal. Había niños que se lanzaban y empezaban a jugar enseguida, tal como ella esperaba, pero un número considerable de ellos se quedaba ahí plantado sin hacer nada. Miraban fijamente las cajas y los Legos, y al puñado de niños que habían empezado a improvisar sus propios juegos, pero no se movían. Y permanecían así largo rato. Finalmente, uno de los pequeños, desconcertado por la experiencia y sin saber bien qué hacer, se acercó a una esquina y se echó a dormir. Como me explicó un tiempo después, Donna se dio cuenta de pronto: «No saben qué hacer. No saben cómo implicarse cuando hay otro niño que está jugando, ni cómo empezar a jugar libremente ellos solos. Sencillamente, no sabían». Thomas Payton, que era el director, añadió: «Y no estamos hablando de uno ni de dos niños. Había muchos así». Donna se sintió impactada y triste. Se daba cuenta de que a aquellos niños nunca les habían dejado jugar libremente hasta ese momento. Su atención siempre había sido gestionada por adultos, durante toda su vida. Así pues, la Escuela de Primaria Roanoake Avenue decidió convertirse en una de las primeras escuelas en apuntarse al programa que dirige Lenore. Let Grow se basa en la idea de que si los niños han de convertirse en adultos capaces de tomar sus propias decisiones y de prestar atención, necesitan experimentar niveles crecientes de libertad e independencia a lo largo de su juventud. Cuando una escuela se apunta al programa, se compromete a que un día a la semana, o una vez al mes, los «deberes» de los niños consistirán en irse a casa y hacer algo nuevo, por su cuenta, sin la supervisión de los adultos, y después contarlo. Debían escoger su propia misión. A todos los niños, cuando salen a explorar el mundo de ese modo, se les entrega una carta que pueden mostrar a cualquier adulto que les pare por la calle para preguntarles dónde están sus padres y en la que se lee: «No me he perdido ni me cuidan mal. Si cree que está mal que esté solo, por favor lea *Huckleberry Finn* y visite la web letgrow.org. Recuerde su propia infancia. ¿Sus padres estaban con usted a cada segundo? Y dado que la tasa de criminalidad es equivalente a la de 1963, hoy resulta más seguro jugar en la calle de lo que lo era a su edad. Déjeme crecer».

Me fui a ver a los niños que habían participado en ese programa de la Escuela Roanoke durante más de un año. Se ubica en un barrio pobre en que la mayoría de los padres pasa por dificultades económicas, y muchos de ellos son emigrantes recién llegados. Los integrantes del primer grupo con el que hablé tenían nueve años, y todos me contaron con gran entusiasmo y energía lo que habían hecho durante el proyecto. Uno de ellos había montado un puesto de venta de limonada en la calle. Otra niña caminó hasta el río de las cercanías y recogió la basura que se había acumulado allí, porque afirmó que eso «salvaría a las tortugas». (Cuando ella lo contó, otros niños intervinieron y gritaron: «¡Salvemos a las tortugas! ¡Salvémoslas!».) Una niña me contó que, antes de participar en el proyecto, «me sentaba todo el día delante de la tele. La verdad es que no se te ocurre ponerte a hacer cosas». Pero, para Let Grow, lo primero que hizo fue cocinarle algo a su madre, ella sola. Emocionada, lo describía agitando mucho las manos. Descubrir que era capaz de hacer algo parecía haberle abierto la mente, y lo transmitía con gran entusiasmo.

También me interesaba conversar con los niños que no me contaron voluntariamente sus historias, por lo que me dirigí a uno pálido de aspecto serio. Me dijo en voz baja: «Tenemos una cuerda [en el patio de atrás] que está atada a un árbol». Nunca se le había ocurrido intentar trepar por ella, «pero finalmente dije, bueno, al menos podría intentarlo». Consiguió subir un poco por ella. Esbozó un atisbo fugaz de sonrisa mientras describía cómo se había sentido trepando por aquella cuerda por primera vez.

Algunos niños describían nuevas ambiciones. En la clase de Donna había un niño al que llamaré L. B. no especialmente estudioso, que se distraía a menudo o se aburría durante las clases. Entre su madre y él la lucha era constante para que leyera esto o aquello o hiciera los deberes. Como proyecto de Let Grow escogió construir la réplica de un barco. Reunió un pedazo de madera, un centro de espuma, una pistola de pegamento, palillos y cuerda, y se pasaba las noches trabajando intensamente en ella. Lo intentó con diversas técnicas, pero el barco se le desarmaba, y sin embargo él seguía intentándolo una y otra vez. Cuando consiguió terminarlo con éxito y se lo enseñó a sus amigos, decidió que iba a construir otra cosa de mayor tamaño: un carro de tamaño real en el que poder dormir en el patio de su casa. Cogió una puerta vieja que había en el garaje, los destornilladores y llaves de su padre y empezó a leer cosas para aprender a armarlo todo. Convenció a sus vecinos para que le regalaran unas cañas de bambú viejas que no usaban y tenían tiradas en su jardín, porque quería usarlas para construir la estructura. Al cabo de poco tiempo ya tenía montado su carro.

A continuación, decidió que quería construir algo más ambicioso aún: un carro anfibio que pudiera meter en el mar. Así que empezó a leer cosas sobre la construcción de elementos flotantes. Cuando yo hablé con L. B. me describió el proceso de construcción con todo detalle. Y me contó que pensaba construir otro más: «Tengo que ver cómo voy a cortar los *hula hoops* que van encima, y después voy a tener que cubrirlo con las láminas de film transparente». Le pregunté cómo se sentía con aquellos proyectos. «Es distinto, porque uso mis manos de verdad con los materiales... Me parece guay tener cosas en las manos, en lugar de verlas en una pantalla y no poder tocarlas.» Después me fui a ver a su madre, que trabajaba en seguros médicos, y ella me dijo: «Creo que como madre no era consciente de todo lo que podía hacer él solo». Lo había visto cambiar: «Me daba cuenta de que confiaba más en sí mismo... y que quería hacer más cosas y descubrirlas por sí mismo». Se notaba que estaba muy orgullosa. Sus peleas constantes para conseguir que leyera habían terminado, porque ahora su hijo no paraba de leer sobre construcciones.

Yo no salía de mi asombro: cuando a L. B. no paraban de decirle qué debía hacer, cuando le obligaban a actuar a partir de motivaciones extrínsecas, no era capaz de concentrarse y estaba constantemente aburrido. Pero cuando, a través del juego, se le dio la oportunidad de descubrir lo que le interesaba, de desarrollar una motivación intrínseca, su capacidad para concentrarse germinó, y se pasaba horas y más horas sin interrupción construyendo sus barcos y sus carros.

Su maestra, Donna, me contó que, a partir de entonces, L. B. también cambió en clase. Su aptitud lectora mejoró enormemente, y «él no lo consideraba "leer", porque era su *hobby*. Era algo que le gustaba muchísimo, de verdad». Empezó a ganar estatus entre sus compañeros, que cada vez que querían construir algo iban a buscarlo a él, porque sabía cómo se hacía. Me contó que, como ocurre con todo aprendizaje profundo, «nadie le enseñó. Su madre se limitó a dejarle hacer... Y él, simplemente, usó su cabeza y se enseñó a sí mismo». Gary Karlson, otro maestro de la misma escuela, me explicó: «Ese aprendizaje va a hacer más por el niño que cualquier enseñanza académica que hayamos podido hacerle llegar durante el tiempo que ha pasado aquí».

A medida que hablaba con L. B. pensaba en otro aspecto de la atención que aquellos científicos me habían enseñado, un aspecto que, me parece a mí, constituye la quinta manera en que actualmente estamos interfiriendo en la atención de nuestros hijos. En Aarhus, Dinamarca, Jan Tonnesvang, profesor de psicología en la localidad, me había contado que todos debemos tener sensación de lo que él denominaba «maestría» o dominio, la conciencia de ser buenos en algo. Se trata de una necesidad psicológica humana. Cuando sentimos que algo se nos da bien, nos resultará mucho más fácil concentrarnos en ello y, por el contrario, si nos sentimos incompetentes, nuestra atención se retraerá como un caracol al que le echan sal encima. Al escuchar a L. B. me di cuenta de que, en la actualidad, el sistema educativo es tan estrecho de miras que hace que muchos menores (sobre todo de sexo masculino, creo yo) sientan que no se les da bien nada. Su experiencia en el colegio los lleva a sentirse incompetentes todo el rato. Pero una vez que L. B. empezó a sentir que dominaba algo, que podía llegar a ser bueno en ello, empezó a conformarse su concentración.

Me fui a conocer otro aspecto del programa, a media hora en coche de allí, concretamente en una escuela de secundaria situada en una zona más acomodada de Long Island. La maestra, Jodi Maurici, me dijo que se dio cuenta de que sus alumnos necesitaban un programa como el de Let Grow cuando a treinta y nueve de un total de doscientos, de entre doce y trece años, les diagnosticaron problemas de ansiedad en un solo año, una cantidad mucho más elevada que cualquier otra que hubiera conocido en cursos anteriores. Aun así, cuando Jodi explicaba que sus alumnos de trece años debían hacer algo ellos solos, por su cuenta, lo que fuera, muchos padres se enfadaban. «Una niña me contó que quería hacer la colada y [su] madre le dijo: "De ningu-

na manera. No vas a hacer ninguna colada. Podrías estropear la ropa". La niña se quedó tan derrotada en ese momento... Y cuando digo derrotada, quiero decir derrotada...»
A Jodi le decían: «Es que ni siquiera confían en mí para que lo intente». Y añadió: «No tienen confianza en sí mismos, porque son las cosas pequeñas las que construyen confianza».

Cuando hablé con los alumnos de Jodi, me sorprendió descubrir lo aterrados que se sentían al inicio del programa. Un chico alto, corpulento, de catorce años, me explicó que siempre había tenido miedo de que lo secuestraran, y «de todas esas llamadas pidiendo rescate», hasta el punto de que no se atrevía a acercarse al centro. Viven en un lugar en el que tienen delante de casa una panadería francesa, y al lado un local especializado en aceites de oliva, pero sus niveles de ansiedad parecían más propios de alguien que viviera en una zona de guerra. El programa Let Grow le proporcionó un anticipo de independencia en pequeños pasos. Primero, se lavó su propia ropa. Un mes después, sus padres le dejaron salir a correr dando la vuelta a la manzana. En menos de un año, ya se había unido a varios amigos y juntos habían construido una cabaña en un bosque cercano, donde ahora pasan bastantes ratos. Me contó: «Nos sentamos a hablar, o celebramos pequeñas competiciones. Nuestras madres no están. No podemos decir: "Eh, mamá, ¿nos traes esto?". No funciona así. Allí es diferente».

Mientras conversaba con él, pensaba en algo que había escrito el autor Neale Donald Walsch: «La vida empieza en el límite de tu zona de confort».

Lenore también estaba presente cuando conocí al chico, y después, cuando nos quedamos solos, me comentó: «Piensa en la Historia, y en la Historia prehumana. Tenemos que perseguir cosas para comer. Tenemos que ocultarnos de cosas que quieren comernos, y [tenemos que] buscar. Debemos construir lugares en los que guarecernos. Todo el mundo lo ha hecho durante un millón de años, y en esta generación va y lo quitamos todo. Los niños ya no pueden construirse refugios, ni esconderse, ni ir en busca de algo con un grupo de otros niños... Y ese joven, cuando se le ha dado la oportunidad, se ha metido en el bosque y se ha construido un refugio».

Un día, después de un año de crecimiento, construcción y concentración, L. B. y su madre se metieron en el mar y depositaron en el agua el vehículo anfibio que él había construido. Lo empujaron un poco. Vieron que flotaba unos momentos... y que se hundía. Regresaron a casa. «Me sentí decepcionado, pero estaba bastante decidido a sacarlo a flote. Así que lo saqué y lo recubrí de silicona», me contó L. B. Regresaron al mar. En esa ocasión el carro flotó, y L. B. y su madre lo vieron alejarse flotando. «Me sentí un poco orgulloso —dijo L. B.—. Me alegró verlo flotar.» Y regresaron a casa, y él empezó a concentrarse en lo que quiere construir a partir de ahora.

Al principio, eran muchos los padres que se sentían nerviosos al dejar participar a sus hijos en el experimento Let Grow. Pero Lenore me explicó que «cuando la niña entra por la puerta orgullosa, contenta, emocionada y quizá algo sudorosa y con hambre, y dice que ha visto una ardilla, o que ha coincidido con un amigo, o que se ha encontrado una moneda en el suelo», esos padres ven que «su hijo ha estado a la altura de las circunstancias». Y una vez que eso ocurre, «se sienten tan orgullosos que los padres cambian de chip. Piensan algo así como "ese es mi niño. Míralo". Eso es lo que hace que cambien. No que yo les diga que va a ser algo bueno para el niño... Lo único que realmente hace cambiar a los padres es ver que sus propios hijos hacen algo sin que ellos los vigilen ni les ayuden. Hay que verlo para creerlo. Ver florecer al niño. Y a partir de ahí ya no entienden por qué no han confiado antes en sus hijos. Hay que cambiar la imagen que la gente tiene en la cabeza».

Después de todo lo que había aprendido de Lenore y los científicos con los que trabaja, empezaba a preguntarme si nuestros hijos no solo viven más confinados en casa, sino también en la escuela. Y me planteaba si la manera que tienen los colegios de estructurarse en la actualidad ayuda realmente a los niños a desarrollar un sentido de la concentración saludable, o si por el contrario lo dificulta.

Pensaba en mi propia educación. Cuando tenía once años, ocupaba un pupitre de madera, en un aula helada, el primera día de mi primer curso de secundaria obligatoria en el Reino Unido. Un profesor iba dejando unos papeles sobre las mesas de todos los alumnos. Me fijé y vi que en mi papel había una especie de tabla llena de casillas. «Es vuestro horario —recuerdo que nos dijo—. Ahí pone dónde tenéis que estar, y a qué hora, todos los días.» Lo estudié. Allí ponía que los viernes a las 9:00 h aprendería Trabajos de Carpintería; a las 10:00 h, Historia; a las 11.00 h, Geografía. Y así sucesivamente. Noté que me invadía la indignación y miré a mi alrededor. Pensé: un momento, ¿qué está ocurriendo aquí? ¿Quiénes son estas personas para decirme a mí qué es lo que voy a hacer un miércoles por la mañana, a las nueve? Yo no he delinquido. ¿Por qué me tratan como a un presidiario?

Levanté la mano y le pregunté a ese profesor por qué tenía que asistir a esas clases en vez de, por ejemplo, aprender cosas que me resultaran interesantes. «Porque sí», respondió él. No me pareció una respuesta satisfactoria, y le pedí que me la explicara. «Porque lo digo yo», soltó, nervioso. A partir de ese día, en todas las clases, yo preguntaba por qué aprendíamos aquellas cosas. Las respuestas eran siempre las mismas: porque tienes que aprobar unos exámenes sobre esas materias; porque sí; porque lo digo yo. Al cabo de una semana, empezaron a decirme: «Cállate y aprende». Cuando estaba solo en casa y podía escoger los materiales, leía días y días sin descanso. En el colegio apenas conseguía seguir una lectura más de cinco minutos. (Eso fue antes de que la idea del TDAH se extendiera por Gran Bretaña, por lo que no me recetaron estimulantes, aunque sospecho que, si estuviera escolarizado hoy en día, sí me los administrarían.)

A mí siempre me gustó aprender, y siempre detesté el colegio. Durante mucho tiempo me pareció que aquello era una paradoja, hasta que conocí a Lenore. Como se basaba sobre todo en un aprendizaje fragmentario y memorístico, en mi educación casi nada me resultaba significativo, y desde mi etapa escolar, hace ya veinticinco años, la educación se ha visto desprovista de sentido todavía más. En todo el mundo occidental, los políticos han reestructurado radicalmente el sistema escolar a fin de priorizar que a los niños se los examine y evalúe mucho más. Casi todo lo demás se ha eliminado, desde el juego hasta la música, pasando por el recreo. No es que antes existiera una edad de oro en que la mayoría de las escuelas fueran progresistas, pero se ha producido un giro hacia un sistema escolar construido en torno a una visión muy reduccionista de lo que es la eficiencia. En 2002, George W. Bush firmó la aprobación de la ley conocida como «Ningún niño se queda atrás», por la que aumentaba espectacularmente la realización de test estandarizados por todo Estados Unidos. En los cuatro años siguientes, los diagnósticos de niños con problemas de atención se incrementaron un 22 %.[10]

Volví a pensar en todos los factores que, según había aprendido, permiten que los niños desarrollen la atención. En nuestros colegios se permite menos que los niños hagan ejercicio físico. Se permite menos el juego. Se les crea más ansiedad a causa de esa sucesión interminable de exámenes. No se crean las condiciones para que los escolares encuentren sus motivaciones intrínsecas. Y, en el caso de muchos niños, no les proporcionamos las oportunidades para que desarrollen la maestría, la sensación de que hay algo que se les da bien. Y, en todo momento, muchos maestros ya advertían de que llevar a las escuelas en esa dirección era mala idea, pero los políticos vinculaban el apoyo económico a los centros a que siguieran por esa vía.

Me preguntaba si no existiría una mejor manera de actuar, por lo que decidí visitar lugares con un enfoque educativo radicalmente diferente, para ver qué podía aprender de ellos. A finales de 1960, un grupo de padres de Massachusetts descontentos con la escolarización de sus hijos decidió hacer algo que, a primera vista, parece una locura. Abrieron una escuela sin maestros, sin aulas, sin programa, sin deberes ni exámenes. Uno de sus fundadores me contó que su meta era crear un modelo completamente nuevo, desde cero, sobre cómo podía ser un colegio. Excluía casi todo lo que concebimos como parte de la escolarización. Más de cincuenta años después, me planté frente a las puertas de aquella creación. Se llama Sudbury Valley School, y desde fuera parece un Downton Abbey venido a menos: una gran mansión algo anticuada rodeada de bosques, graneros y arroyos. La sensación es la de entrar en el claro de un bosque, y el olor a pinos inunda todos los espacios.

Una alumna de dieciocho años, Hannah, se ofreció a mostrarme el lugar y a explicarme el funcionamiento del colegio. Al principio nos quedamos un rato en la sala del piano, en la que unos niños se movían libremente a nuestro alrededor, y ella me contó que antes de llegar a esa escuela había estudiado en un instituto convencional estadounidense. «Me daba pavor. No quería levantarme por la mañana. Estaba tan angustiada... Pero iba al colegio, y pasaba el día como podía, y volvía a casa enseguida —me dijo—. A mí me costaba mucho tener que sentarme y aprender cosas que no me parecía que me servían de nada.» Así que, añadió, cuando llegó a Sudbury, cuatro años antes de que la conociera, «fue todo un impacto». Le explicaron que allí no había más estructura que la que los alumnos creaban con sus compañeros. No hay horarios ni clases. Aprendes lo que quieres. Eliges cómo pasar el tiempo. Puedes pedirle al personal, que se pasea por el centro y conversa con los niños, que te enseñe cosas si quieres, pero no existe presión para que lo hagas.

Así pues, pregunté, ¿qué hacen los niños en todo el día? Desde los cuatro hasta los once años, los alumnos se pasan casi todo el rato jugando a unos juegos muy elaborados que han inventado ellos mismos, y que duran meses, y que elaboran hasta convertirlos en una mitología épica, una especie de versión infantil de *Juegos de tronos*. Hay clanes, luchan contra duendes y dragones, y en las espaciosas zonas exteriores del centro construyen fuertes. Señalando en dirección a unas rocas, Hannah me cuenta que, mediante todos esos juegos «creo que aprenden a resolver problemas, porque construyen esos fuertes, y pueden surgir conflictos en el grupo, y deben resolverlos. Aprenden a ser creativos y a pensar en las cosas de otra manera». Los alumnos mayores tienden a formar grupos y a aprender cosas juntos, ya sea cocina, alfarería o música. La gente entra en arrebatos de aprendizaje, afirma: «Descubro un tema que me interesa mucho y me engancho, e investigo o leo sobre él durante una semana, o unos días seguidos, y después paso a otro... A mí me interesa mucho la medicina, y entonces veo una especialidad médica y leo sobre ella de manera intensiva y aprendo todo lo que quiero. Después paso a los lagartos (los lagartos son mis animales favoritos), y leo mucho sobre lagartos. Ahora mismo hay bastante gente que lleva todo el día practicando origami, que es muy guay». Hannah se había pasado el último año aprendiendo hebreo sola, con ayuda de un miembro del personal.

Tener que crearte un orden tú mismo no significa que no haya orden, me aclaró cuando recorríamos las instalaciones. Todo lo contrario: todas las reglas de la escuela se crean y se votan durante una reunión diaria. Cualquiera puede participar y proponer lo que quiera, y cualquiera puede votar. Todos, desde los pequeños de cuatro años hasta el personal adulto, tienen la misma capacidad de voto, y su voto vale lo mismo. Existe un elaborado código legal que la escuela ha ido creando con los años. Si te pillan infringiendo las normas, te juzga un jurado que representa todo el espectro de edad de los niños del colegio, y es este el que decide el castigo. Por ejemplo, si rompes la rama de un árbol, el jurado puede decretar que no podrás acercarte a los árboles durante unas semanas. La escuela es tan democrática que los niños votan incluso si los miembros del personal han de volver a ser contratados el curso siguiente.

Pasamos por las salas de baile y de ordenadores. Allí las paredes estaban forradas de libros. Parecía claro que en aquella escuela los niños solo hacían cosas que tenían sentido para ellos. «Creo que si no hacen que uses tu imaginación y seas creativo, en realidad te están limitando —me dijo Hannah—. Yo no siento tanto la presión de tener que aprender todos los hechos, y confío en que la idea principal o las cosas más importantes se me quedarán en la mente, y además, no tener exámenes me da la libertad de dedicar el tiempo a aprender cosas.» Como a mí, y toda la gente que conozco, nos han educado en un sistema tan diferente, todo eso me parece rarísimo a primera vista. Si se les da la libertad de no hacer nada, ¿no se volverían locos casi todos los niños y se lo consentirían todo? En Sudbury no hay siquiera lecciones pautadas de lectura, aunque los niños pueden pedir al personal, o a otros niños, que les enseñen a leer. Yo al principio pensé que ese sistema generaría alumnos semianalfabetos.

Me interesaba saber cuál es el resultado de esa clase de educación, por lo que me fui a entrevistar al profesor Peter Gray, un psicólogo que se dedica a la investigación en el Boston College y que ha seguido la pista de los alumnos de la Sudbury Valley School para ver cómo les ha ido. ¿Eran todos ellos unos desastres indisciplinados incapaces de moverse en el mundo moderno? Resultó que más del 50 % ha seguido estudios superiores, y casi todos ellos, según lo que Gray ha publicado, han «tenido un éxito notable a la hora de encontrar un empleo interesante y que les permite ganarse la vida. Han pasado con éxito por diversas profesiones, entre ellas los negocios, las artes, la ciencia, la medicina y otras ocupaciones de servicio a los demás, así como trabajos manuales específicos».[11] Los resultados de otros niños como ellos en otros lugares son similares. Peter ha constatado que los niños «no escolarizados» de esa manera tenían más probabilidades de llegar a la educación superior que otros niños.[12]

¿Cómo puede ser eso? Peter me explicó que, de hecho, a lo largo de casi toda la historia de la humanidad, los niños han aprendido tal como se aprende en Sudbury. Se ha dedicado a estudiar las pruebas reunidas sobre niños en sociedades de cazadores-recolectores, que es cómo, en términos evolutivos, vivía la gente hasta anteayer.[13] En ellas los niños juegan, van de un lado a otro, imitan a los adultos, preguntan mucho y, lentamente, con el tiempo, llegan a adquirir competencias sin que se les instruya demasiado de manera formal. Según me aclaró, la anomalía no es Sudbury, sino la escuela moderna, diseñada en una época muy reciente, en la década de 1870, para enseñar a los niños a sentarse quietos, a callarse y a hacer lo que se les decía, a fin de prepararlos para trabajar en fábricas. Añadió que los niños han evolucionado para ser curiosos y explorar el entorno. Su deseo de aprender es natural, y lo hacen de manera espontánea cuando pueden dedicarse a cosas que les resultan interesantes. Aprenden, sobre todo, jugando libremente. La investigación de Gray concluyó que Sudbury era particularmente eficaz con niños a los que se les ha dicho que tienen problemas de aprendizaje. De los once alumnos a los que estudió y que habían sido considerados como con «serias dificultades de aprendizaje» antes de llegar a Sudbury, cuatro acabaron obteniendo títulos universitarios y otro estaba en proceso de conseguirlo.

Esos hallazgos son importantes pero deben manejarse con cierta cautela. El curso, en Sudbury Valley, cuesta entre 7.500 y 10.000 dólares, por lo que los padres que envían a sus hijos a estudiar allí ya cuentan con una ventaja económica en comparación con el resto de la población. Y ello

359

implica que sus hijos, en cualquier circunstancia, tendrían más probabilidades de cursar educación superior, y que sería más factible que los propios padres pudieran enseñar a sus hijos algunas cosas en casa. Así pues, el éxito de los niños de Sudbury no puede atribuirse solo a su paso por la escuela.

Pero Peter defiende que ese modelo tiene algo que potencia el aprendizaje real, y que lo hace de una manera que no se da en las escuelas tradicionales. Según él, para entender por qué, debemos fijarnos en las pruebas que demuestran lo que ocurre cuando a los animales se los priva del juego.[14] Me contó que, por ejemplo, él empezó a interesarse por la cuestión tras conocer con asombro los resultados de un estudio clásico —que yo mismo he tenido ocasión de leer más tarde— en el que se comparaba a dos grupos de ratas. Al primero se le impedía del todo jugar con otras ratas. Al segundo se le permitía jugar una hora al día. Después, los investigadores observaron su crecimiento para ver si se constataba alguna diferencia. Al llegar a adultas, las que no habían jugado experimentaban mucho más miedo y ansiedad, y eran mucho menos capaces de enfrentarse a acontecimientos inesperados. Las que habían podido jugar eran más valientes, más proclives a explorar y más capaces de enfrentarse a situaciones nuevas. Evaluaron a los dos grupos de ratas en su capacidad de resolver nuevos problemas; organizaron el experimento para que, a fin de obtener comida, los animales tuvieran que adivinar una nueva secuencia. Y resultó que las ratas a las que se había permitido jugar cuando eran más jóvenes, eran significativamente más listas.[15]

En Sudbury, Hannah me contó que una vez que se vio libre de los interrogatorios sin sentido de la escolarización convencional, descubrió que «de hecho aprecio más la educación, me entusiasma aprender y quiero profundizar en cosas distintas. Desde que siento que no me obligan, estoy motivada a hacerlo». Se trata de algo que está en consonancia con un cuerpo más amplio de evidencias científicas según las cuales, cuanto más significativo es algo, más fácil resulta prestarle atención y aprenderlo, tanto para los adultos como para los niños. La escolarización estandarizada, con mucha frecuencia, elimina el sentido del aprendizaje, mientras que la escolarización progresista intenta incorporarlo a todo. Por eso, la mejor investigación llevada a cabo sobre esta cuestión demuestra que los niños de escuelas más progresistas tienen más probabilidades de retener lo que han aprendido a largo plazo, más probabilidades de saber aplicar lo que han aprendido a problemas nuevos. Y a mí me parece que esa es una de las formas más valiosas de la atención.

Cuando nos encontrábamos a las puertas de Sudbury, Hannah me contó que antes deseaba con todas sus fuerzas que terminase la jornada escolar, pero que ahora «no quiero irme a casa». Los otros niños con los que hablé me hablaron de una experiencia similar, antes de salir disparados para unirse a alguna actividad colectiva con otros niños. Me asombraba descubrir que es posible desprenderse de casi todo lo que consideramos inherente a la escolarización —los exámenes, las evaluaciones, incluso la enseñanza formal— y aun así producir personas capaces de leer, escribir y desenvolverse en la sociedad. Ello nos dice que gran parte de lo que obligamos a hacer a nuestros hijos no tiene sentido (en el mejor de los casos).

Personalmente, mi instinto me dice que Sudbury va demasiado lejos. He visitado otras escuelas progresistas para ver si es posible combinar una libertad mucho mayor con cierta guía por parte de adultos. Una que me gustó especialmente está en Berlín y se llama Evangelische Schule Berlin Zentrum. En ella, los niños deciden colectivamente un tema que les interesa investigar (en el momento de mi visita, era si los seres humanos pueden vivir en el espacio). Entonces, durante todo un trimestre, la mitad de sus lecciones se construyen en torno a la investigación de esa cuestión: buscan información sobre los fundamentos físicos de la construcción de cohetes, la historia del viaje a la Luna, aspectos geográficos relacionados con la agricultura en otros planetas. Todo se acumula en un gran proyecto colectivo, hasta el punto de que, literalmente, cuando yo fui se dedicaban a construir un cohete en clase. De esa manera, unas materias que parecían áridas y aburridas cuando se presentaban por separado y se aprendían de memoria, estaban llenas de sentido para aquellos niños, que deseaban saber más sobre ellas.

Como yo me había educado en un sistema tan diferente, seguía teniendo dudas sobre esas alternativas. Pero una y otra vez me topaba con un hecho clave: el país que los *rankings* internacionales suelen considerar más exitoso en educación de todo el mundo, Finlandia, se acerca más a esos modelos progresistas que a cualquier otra cosa que podamos identificar. Sus niños no van al colegio hasta que tienen siete años; hasta ese momento, lo único que hacen es jugar. Entre los siete y los dieciséis años, llegan al colegio a las nueve de la mañana y se van a las dos del mediodía. Casi no les ponen deberes, y casi no se someten a exámenes hasta que terminan la secundaria. Jugar libremente es un aspecto nuclear de las vidas de los niños finlandeses: por ley, los profesores deben ofrecer a los niños quince minutos de juego libre por cada cuarenta y cinco minutos de instrucción. ¿Cuál es el resultado? Solo a un 0,1 % de los niños se les diagnostican problemas de atención, y los finlandeses se cuentan entre los pueblos con más dominio de la lectoescritura y las matemáticas del mundo, además de uno de los más felices.

Hannah me contó, antes de despedirse, que cuando se acuerda de la época que pasó en una escuela convencional, «me veo a mí misma sentada a un pupitre y todo es gris. Es una imagen muy rara». Añadió que le preocupa que sus amigos sigan atrapados en ese sistema. «Lo detestan, y yo me siento mal por no poder hacer nada por ellos.»

Cuando los adultos, en la actualidad, notamos que los niños y los adolescentes parecen tener problemas para concentrarse y prestar atención, solemos expresarlo en un tono de superioridad fatigado y exasperado. La implicación es: «¡Fijaos en esta generación más joven y degradada! ¿Acaso no somos nosotros mejores que ellos? ¿Por qué no pueden ser como nosotros?». Pero tras descubrir todo lo que he descubierto, ahora lo veo de manera muy distinta. Los niños tienen necesidades, y nuestra misión, en tanto que adultos, pasa por crear un entorno en que puedan satisfacerlas. No los dejamos jugar libremente; los encarcelamos en sus casas con poco que hacer salvo interactuar con pantallas; y nuestro sistema escolar, en gran medida, los aburre y los adormece. Les damos una comida que les provoca bajadas de energía, que contiene unos aditivos que son como drogas y que pueden revolucionarlos, y que en cambio no les aportan los nutrientes que necesitan. Los exponemos a unos productos químicos que liberamos en el aire y que alteran los cerebros. En consecuencia, que les cueste concentrarse y prestar atención no es un defecto intrínseco suyo; es un fallo en el mundo que construimos para ellos.

Ahora, cuando Lenore conversa con padres, sigue pidiéndoles que le hablen de los momentos más felices de su infancia. Y ellos casi siempre explican algún momento en que eran libres, construyendo una cabaña, recorriendo un bosque con amigos, jugando en la calle. Ella les dice: «Hacéis esfuerzos y ahorráis para poder pagarles clases de danza», pero en el fondo «no les ofrecéis aquello que a vosotros más os gustaba». No tenemos por qué seguir así, les anuncia. Existe una infancia diferente que aguarda a vuestros hijos, si todos juntos nos comprometemos a reconstruirla, una infancia en la que, como L. B. cuando construía sus barcos, los niños aprenderán a concentrarse profundamente una vez más.

La Rebelión de la Atención

Si este fuera un libro de autoayuda, yo podría situar aquí una conclusión deliciosamente simple a esta historia. Esa clase de libros presentan una estructura muy satisfactoria: el autor identifica un problema —que por lo general ha experimentado él mismo— y nos explica cómo lo ha resuelto personalmente. A continuación dice: y ahora, querido lector, tú puedes hacer lo que yo he hecho y serás libre. Pero esto no es un libro de autoayuda, y lo que tengo que deciros es más complicado y parte de admitir algo: yo no he resuelto por completo este problema para mí mismo. De hecho, en el momento en que redacto estas conclusiones, mi atención se encuentra en su peor momento.

En mi caso, la debacle me llegó durante un mes raro, irreal, como de sueño. En febrero de 2020 llegué al aeropuerto de Heathrow para montarme en un avión rumbo a Moscú. Iba a entrevistar a James Williams, el exestratega de Google que aparece citado varias veces a lo largo del libro. Mientras avanzaba en dirección a la puerta de embarque, me fijé en algo raro. Parte del personal de tierra llevaba mascarilla. Yo, claro está, había leído noticias sobre el nuevo virus que había surgido en Wuhan, China, pero como muchos de nosotros di por sentado que, como con las crisis de la gripe porcina y el ébola, el problema se controlaría en origen antes de que llegara a convertirse en una pandemia. Me sentí algo molesto ante lo que veía como una paranoia por su parte, y me subí al avión. Aterricé en una Rusia excepcionalmente cálida para ser invierno. No había nieve en el suelo, y la gente vestía con camisetas y vendía sus abrigos de pieles por una miseria. Mientras recorría aquellas fantasmagóricas calles exentas de nieve, me sentía insignificante y desorientado. En Moscú todo es enorme, la gente vive en inmensos bloques de apartamentos construidos con hormigón, y trabajan en fortalezas feas, y van de unos a otras por autopistas de ocho carriles. La ciudad está pensada para que lo colectivo se vea gigantesco y para hacer sentir al individuo como una mota de polvo al viento. James vivía en un edificio del siglo xix, y allí sentado con él, frente a aquella gran librería llena de clásicos rusos, me sentía como si acabara de entrar en una novela de Tolstói. Él vivía en la ciudad, en parte, porque su mujer trabajaba para la Organización Mundial de la Salud, y en parte porque le encantaba la cultura y la filosofía rusas. Me contó que después de años estudiando la concentración, ha llegado a creer que la atención adopta tres formas distintas, y que actualmente nos están robando las tres. Al repasarlas conmigo, me fue clarificando gran parte de lo que había aprendido hasta ese momento.

Según él, la primera capa de la atención es el foco. Se da cuando nos enfocamos en «acciones inmediatas», como por ejemplo: «Voy a acercarme hasta la cocina y a preparar café». ¿Quieres encontrar las gafas? ¿Quieres ver qué hay en la nevera? ¿Quieres terminar de leer este capítulo de mi libro? Lo llamamos «foco» porque, como ya expliqué con anterioridad, implica cerrar el objetivo. Si el foco se altera por una distracción o un cambio, dejamos de ser capaces de llevar a cabo acciones a corto plazo como esas.

La segunda capa de nuestra atención es nuestra «luz de estrella». Según él, se trata de la atención que podemos aplicar a nuestras «metas a largo plazo, proyectos que se desarrollan con el tiempo». Queremos escribir un libro. Queremos montar una empresa. Queremos ser buenos padres. La llama «luz de estrella» porque cuando nos sentimos perdidos, alzamos la vista hacia las estrellas y recordamos en qué dirección avanzamos. Como dijo, si nos distraemos de la luz de las estrellas, «perdemos de vista las metas a largo plazo». Empezamos a olvidar a dónde nos dirigimos.

La tercera forma de atención es la «luz del día». Se trata de la forma de atención que nos permite saber cuáles son esas metas a largo plazo. ¿Cómo sabemos que queremos escribir un libro? ¿Cómo sabemos que queremos montar una empresa? ¿Cómo sabemos qué significa ser un buen padre? Si no somos capaces de reflexionar ni pensar con claridad, no podremos averiguar esas cosas. La llamó así porque solo cuando una escena está inundada de luz del día, vemos las cosas con mayor claridad. Si nos despistamos tanto que perdemos el sentido de la luz diurna, afirma James, «en muchos sentidos es posible que ni siquiera averigüemos quiénes somos, qué queríamos hacer [o] a dónde queremos ir».

Según cree, perder la luz del día es «la forma más profunda de distracción», y es posible que empecemos incluso a mostrarnos «incoherentes».

Es entonces cuando dejamos de tener sentido para nosotros mismos porque no contamos con el espacio mental para crear una historia sobre quiénes somos. Nos obsesionamos con metas insignificantes, o nos volvemos dependientes de señales simplistas del mundo exterior, como son los retuits. Nos perdemos en una cascada de distracciones. Solo somos capaces de encontrar la luz de nuestra estrella y la luz del día si contamos con periodos sostenidos de reflexión, divagación mental y pensamiento profundo. James ha acabado por creer que nuestra crisis de atención nos priva de experimentar las tres formas de concentración. Estamos perdiendo nuestra luz.

También me propuso otra metáfora que, según él, podría ayudarnos a entenderlo un poco mejor. En ocasiones, los *hackers* deciden atacar una página web de una manera muy específica. Hacen que un grandísimo número de ordenadores intenten conectarse con un sitio web a la vez y, al hacerlo, desbordan su capacidad de gestionar el tráfico, hasta el punto de que nadie puede acceder a la página y esta se cae. Deja de funcionar. A eso se le llama «ataque de denegación de servicio». James cree que todos estamos viviendo algo parecido a esos ataques de denegación de servicio en nuestras mentes. «Nosotros somos ese servidor, y están todas esas cosas que intentan captar nuestra atención lanzando información sobre nosotros... Es algo que erosiona nuestra capacidad de reaccionar a cualquier cosa. Nos deja en un estado que o bien es de distracción, o bien de parálisis.» Nos vemos tan inundados «que llena por completo nuestro mundo, y no encontramos un sitio para tener una visión de todo y darnos cuenta de que estamos distraídos y buscar la manera de hacer algo al respecto. Es algo que puede llegar a colonizar todo nuestro mundo», comentó. Quedamos tan mermados «que no tenemos el espacio para luchar contra ello».

Salí del apartamento de James y paseé un rato por las calles de la capital de Rusia. Empezaba a plantearme si, de hecho, no existiría una cuarta forma de atención. La llamaría «luz de estadio», y es nuestra capacidad para vernos los unos a los otros, para oírnos los unos a los otros y trabajar juntos para formular metas colectivas y luchar por ellas. Veía a mi alrededor un ejemplo siniestro de lo que ocurre cuando eso se pierde. Me encontraba en Moscú, en invierno, y la gente se paseaba en camiseta porque hacía calor. El país sufría una ola de calor que se había originado en Siberia, una frase que jamás creí que llegaría a escribir. La crisis climática no podía ser más clara; la propia ciudad de Moscú, hacía diez años, se asfixiaba por el humo de unos graves incendios forestales. Pero el activismo climático aún es muy escaso en Rusia y (dada la escala de la crisis) en cualquier parte del mundo. Nuestra atención está ocupada con otras cosas menos importantes. Sabía bien que yo era más culpable en ese aspecto que la mayoría de la gente; pensaba, sin ir más lejos, en mis espantosas emisiones de carbono.

Durante el vuelo de regreso a Londres sentía que, en ese largo viaje, había aprendido mucho sobre la atención, y me parecía que ya podía fijar un poco más la mía propia, paso a paso. Al aterrizar, me di cuenta de que todos los trabajadores del aeropuerto llevaban mascarilla, y de que los quioscos estaban llenos de imágenes de hospitales italianos en que la gente moría en los pasillos. Yo en ese momento no lo sabía, pero aquellos eran los días inmediatamente anteriores a que el tráfico aéreo se interrumpiera en todo el mundo. Muy poco después, Heathrow estaría desierto y el eco resonaría entre sus paredes.

A los pocos días, regresaba a mi domicilio cuando me di cuenta de que me castañeteaban los dientes. En Londres el invierno también estaba siendo benigno, y supuse que me habría expuesto a una corriente de aire, pero al llegar a casa estaba tiritando, sacudiéndome. Me metí en la cama y ya no salí, salvo para ir al baño, hasta transcurridas tres semanas. Tenía fiebre muy alta y casi deliraba. Cuando fui capaz de entender qué me ocurría, el primer ministro británico Boris Johnson apareció en televisión para instar a la gente a no salir de su casa, y poco después era él mismo el que ingresaba en un hospital, casi muerto. Era como uno de esos sueños angustiosos en que las paredes de la realidad empiezan a desmoronarse.

Hasta ese momento, había estado aplicando lo que había aprendido en ese viaje de manera constante, paso a paso, para mejorar mi propia atención. Había puesto en marcha seis grandes cambios en mi vida.

Uno: recurría al compromiso previo para dejar de alternar tanto entre tareas. El compromiso previo se da cuando nos damos cuenta de que, si pretendemos modificar nuestro comportamiento, debemos dar pasos en el presente que encapsulen ese deseo y dificulten traicionarlo más adelante. Para mí, un paso clave consistió en comprarme un kSafe que, como ya he mencionado antes, es una caja fuerte de plástico con una tapa extraíble. Metes en ella el teléfono, la cubres con la tapa y mueves el dial para fijar el tiempo que quieres pasar sin móvil (entre quince minutos y dos semanas), y a partir de ese momento el teléfono queda fuera de tu alcance el tiempo indicado. Antes de emprender mi viaje, usaba el invento solo de vez en cuando. Ahora recurro a él todos los días sin excepción, lo que me garantiza largos periodos de concentración. También uso un programa en mi ordenador portátil bautizado como Freedom, que lo desconecta de internet el tiempo que yo estipulo. (En el momento de redactar estas líneas, me encuentro en una cuenta atrás de tres horas.)

Dos: he cambiado mi manera de reaccionar a mi propia sensación de distracción. Antes me la reprochaba a mí mismo y me decía: eres vago, no eres lo bastante bueno, ¿qué te pasa? Intentaba avergonzarme a mí mismo para concentrarme más. Pero ahora, a partir de las enseñanzas de Mihaly Csikszentmihalyi, en lugar de hacerlo así mantengo una conversación muy distinta conmigo mismo. Me pregunto: ¿qué podría hacer en este momento para entrar en un estado de flujo y acceder a mi propia capacidad mental que me permita concentrarme más profundamente? Recuerdo lo que, según me enseñó Mihaly, son los componentes principales del flujo y me digo a mí mismo: ¿qué sería significativo para mí y que pudiera hacer ahora mismo? ¿Qué está en el límite de mis capacidades? ¿Cómo puedo hacer algo ahora en este momento que encaje con esos criterios? Había aprendido que buscar el flujo es mucho más eficaz que castigarse y avergonzarse uno mismo.

Tres: basándome en lo que había aprendido sobre las redes sociales, diseñadas para secuestrar nuestro espectro de atención, actualmente me desconecto de ellas totalmente durante seis meses al año. (Divido ese periodo en segmentos, generalmente de unas pocas semanas cada uno.) Para asegurarme de que lo cumplo, siempre anuncio públicamente cuándo voy a desconectarme: tuiteo que dejo el sitio durante cierto periodo de tiempo, porque así, si vuelvo de pronto una semana más tarde, quedo como un tonto. Además, le pido a mi amiga Lizzie que me cambie las contraseñas.

Cuatro: empecé a poner en práctica lo que había aprendido sobre la divagación mental. Me di cuenta de que dejar vagar la mente no es una pérdida de atención, sino, de hecho, una forma específica y fundamental de la atención.

Cuando dejamos que nuestra mente se aleje de nuestro entorno más inmediato, esta empieza a pensar en el pasado y empieza a planear el futuro, y establece conexiones entre las distintas cosas que hemos aprendido. Ahora me impongo salir a pasear una hora todos los días sin teléfono y sin nada que pueda distraerme. Dejo flotar mis pensamientos y encuentro conexiones inesperadas. He descubierto que precisamente porque le dejo sitio a mi atención para vagar, mi pensamiento es más agudo y tengo mejores ideas.

Cinco: antes veía el sueño como un lujo, o peor aún, como un enemigo. Ahora soy muy estricto conmigo mismo y me exijo ocho horas de sueño todas las noches. Me someto a un pequeño ritual para desconectar: no miro pantallas dos horas antes de acostarme, y enciendo una vela perfumada, e intento dejar de lado el estrés del día. He adquirido un dispositivo Fitbit para medirme el sueño, y si no duermo un mínimo de ocho horas al día, me obligo a volver a la cama. La diferencia ha sido enorme.

Seis: yo no soy padre, pero estoy muy implicado en la vida de mis ahijados y mis familiares más jóvenes. Antes pasaba mucho rato con ellos haciendo cosas de manera deliberada: actividades educativas que ocupaban tiempo y que yo planificaba con antelación. Ahora dedico casi todos los momentos que paso con ellos simplemente a jugar, o a dejar que jueguen ellos solos sin que nadie les mande, o les vigile o les aprisione. He aprendido que cuanto más juegan libremente, más sólidos son los cimientos sobre los que construyen su atención y su capacidad de concentración. Así pues, intento proporcionárselo tanto como puedo. Me encantaría poder deciros que, además, he puesto en práctica otras de las cosas que he aprendido para mejorar mi concentración: reducir el consumo de comida procesada, meditar todos los días, adoptar otras prácticas lentas como el yoga y tomarme un día libre de trabajo a la semana. La verdad es que todo eso me cuesta porque, en gran parte, mi manera de enfrentarme a la ansiedad corriente la vinculo a la comida reconfortante y al exceso de trabajo. Pero diría que, adoptando esos seis cambios, en el momento de mi viaje a Moscú, había conseguido mejorar mi concentración en un 15 o un 20%, lo que no está nada mal. La diferencia era real y considerable. Merece la pena intentar llevar a la práctica todos esos cambios, y seguramente habrá otros que cada uno deberá plantearse en función de lo que haya leído en este libro. Yo estoy totalmente a favor de que las personas, individualmente, apliquen los cambios que puedan en sus vidas personales. Y también estoy a favor de ser sincero ante el hecho de que esos cambios no producen efectos ilimitados, que no siempre podremos llegar tan lejos como querríamos.

Cuando empezaba a recuperarme del COVID-19, descubrí que era una especie de reflejo del espejo con respecto a donde había iniciado este viaje. Había empezado instalándome en Provincetown durante tres meses para escapar de internet y los teléfonos móviles. Y ahora me encontraba confinado durante tres meses en mi apartamento, casi sin nada más que internet y el móvil. Provincetown había liberado mi concentración y mi atención; la crisis del COVID las puso a unos niveles más bajos que nunca. Pasaba de un canal de noticias a otro y veía el miedo y la fiebre propagarse por todo el mundo. Empecé a pasar horas consultando webcams que emitían en vivo desde todos los lugares en los que había estado mientras investigaba para la preparación de este libro. Fuera donde fuese —en Memphis o Melbourne, en la Quinta Avenida de Nueva York o en la Commercial Street de Provincetown—, todo era igual: las calles estaban casi vacías, salvo por breves apariciones de personas con mascarilla que se desplazaban apresuradamente. Y no era el único al que le resultaba imposible concentrarse. Parte de lo que experimentaba era, seguramente, una secuela biológica del virus, pero había mucha gente que no se había infectado y que refería un problema similar. El número de usuarios que buscaban en Google «cómo conseguir centrar la mente» aumentó un 300 %. En todas las redes sociales, muchos decían que no lograban concentrarse.

Pero a mí me parecía que yo, entonces, contaba con las herramientas para entender por qué nos estaba ocurriendo eso. Nuestros esfuerzos individuales por mejorar la atención pueden verse contrarrestados por un entorno lleno de cosas que la destruyen. Ello había sido así en los años anteriores al COVID-19, y lo era aún más durante la pandemia. El estrés se carga la atención, y todos estábamos más estresados.

Había un virus que no veíamos y que no entendíamos plenamente y que nos amenazaba a todos. La economía se desplomaba y muchos de nosotros nos sentíamos de pronto aún más inseguros. Por si fuera poco, nuestros líderes políticos parecían a menudo de una incompetencia peligrosa, lo que llevaba a un aumento aún mayor del estrés. Por todas esas razones, muchos de nosotros nos mostrábamos de pronto hipervigilantes.

¿Y cómo lo llevábamos? Pues recurriendo más que nunca a nuestras pantallas controladas por Silicon Valley, que nos estaban esperando, nos ofrecían conexión o al menos contacto en versión holograma. Cuanto más las usábamos, nuestra atención parecía empeorar. En Estados Unidos, en abril de 2020, el ciudadano medio se pasaba trece horas al día mirando alguna pantalla. El número de niños mirando pantallas más de seis horas al día se sextuplicó, y el tráfico de las aplicaciones infantiles se triplicó.

En ese aspecto, el COVID nos ha permitido vislumbrar el futuro hacia el que ya avanzábamos. Mi amiga Naomi Klein, autora de obras políticas que ha realizado numerosas y asombrosamente acertadas predicciones sobre el futuro a veinte años vista, me explicó: «Nos encontrábamos en un descenso gradual hacia un mundo en el que todas y cada una de nuestras relaciones se daba por mediación de plataformas y pantallas, y a causa del COVID, ese proceso gradual se ha acelerado enormemente». Las empresas tecnológicas habían planificado sumergirnos en ese mundo virtual en diez años, no ahora. «No estaba previsto un salto tan espectacular —añadió—. Y en realidad ese salto es una oportunidad, porque cuando algo se produce tan rápidamente, nuestro organismo lo recibe como un *shock*.» No nos hemos aclimatado despacio ni nos hemos ido enganchando a sus patrones crecientes de refuerzo. Lo que ha ocurrido es que nos han metido de cabeza en una visión del futuro, y nos hemos dado cuenta de que «lo detestamos. No es bueno para nuestro bienestar. Nos echamos muchísimo de menos los unos a los otros». Con el COVID, más aún que antes, hemos vivido en simulacros de vida social, pero sin vida social real. Era mejor que nada, sin duda, pero se quedaba corto. Y, en todo momento, los algoritmos del capitalismo de vigilancia nos alteraban, nos seguían y nos cambiaban durante muchas horas al día.

Era consciente de que, durante la pandemia, el entorno cambiaba, y que esos cambios destruían nuestra capacidad de concentrarnos. Para muchos de nosotros la pandemia no creaba nuevos factores que echaban a perder nuestra atención, sino que sobrecargaba elementos que ya llevaban años corroyéndola. Me di cuenta de ello cuando hablé con mi ahijado Adam, al que había llevado a Memphis. Su atención, que llevaba un tiempo deteriorándose, estaba destruida. Se pasaba casi todo el día al teléfono, menos cuando dormía, y veía el mundo sobre todo a través de TikTok, una aplicación nueva que, por comparación, hacía que Snapchat pareciera una novela de Henry James.

Naomi me dijo que cuando nos pasábamos todo el día durante el confinamiento en Zoom y en Facebook nos sentíamos mal, pero que también lo veíamos «como una especie de regalo» porque nos mostraba con gran claridad el camino por el que descendíamos. Más pantallas. Más estrés. Más hundimiento de la clase media. Más inseguridad para la clase trabajadora. Más tecnología invasiva. A esa visión del futuro ella la llama «el *New Deal* de las pantallas». Y añadió: «El rayo de esperanza que queda en todo esto es que hemos tenido contacto con lo mucho que nos desagrada esta visión del futuro porque hemos vivido esta especie de periodo de prueba... No estaba previsto que contáramos con este periodo de prueba... La idea era que se produjera un despliegue gradual. Pero esto ha sido un curso intensivo».

Yo ya tenía muy clara una cosa. Si seguimos siendo una sociedad de personas que duermen poco y trabajan demasiado; que cambian de tarea cada tres minutos; que son seguidos y monitorizados por unas redes sociales pensadas para descubrir sus debilidades y manipularlas para que sigan viendo contenidos sin fin; que están tan estresadas que se vuelven hipervigilantes; que adoptan unas dietas que les llevan a tener picos y desplomes de energía; que respiran a diario una sopa química de toxinas que les inflama el cerebro, entonces, sí, seguiremos siendo una sociedad con graves problemas de atención. Pero existe una alternativa. Y pasa por organizarse y plantar cara, por rechazar las fuerzas que incendian nuestra atención y sustituirlas por otras que nos ayuden a sanar.

Se me ocurrió una analogía para explicar por qué debemos hacerlo, una analogía que parecía relacionar gran parte de lo que había aprendido. Imaginemos que adquirimos una planta y queremos contribuir a su crecimiento. ¿Qué haríamos? Asegurarnos de que algunas cosas estuvieran presentes: luz natural, agua y una tierra con los nutrientes adecuados. Asimismo, la protegeríamos de las cosas que pudieran dañarla o matarla: la plantaríamos lejos de zonas transitadas para que la gente no la pisara, y la apartaríamos de plagas y enfermedades. He llegado a creer que la capacidad para desarrollar la concentración es como una planta. Para que crezca y florezca al máximo de sus potencialidades, la concentración necesita que se den ciertas cosas: el juego en niños y los estados de flujo en adultos, leer libros, descubrir actividades con sentido en las que querer concentrarse, disponer de espacio para que la mente divague y de esa manera poder dotar de sentido la vida, hacer ejercicio, dormir correctamente, alimentarse con comida nutritiva que permita el desarrollo de un cerebro sano y experimentar sensación de seguridad. Además, hay ciertas cosas contra las que conviene proteger la atención, porque la perjudican o la merman: demasiada velocidad, demasiada alternancia, demasiados estímulos, unas tecnologías intrusivas pensadas para seguirnos y engancharnos, el estrés, el agotamiento, la comida procesada llena de colorantes que estimulan, el aire contaminado.

Durante mucho tiempo hemos dado por sentada nuestra atención, como si fuera un cactus capaz de crecer hasta en los climas más secos. Pero ahora sabemos que se parece más a una orquídea, una planta que requiere de grandes cuidados para que no se nos marchite.

Con esa imagen en mente, a esas alturas ya tenía cierta idea de cómo debía ser un movimiento para exigir la devolución de nuestra atención. Se iniciaría con tres grandes metas atrevidas. Una: prohibir el capitalismo de vigilancia, porque la gente que se está viendo secuestrada y deliberadamente enganchada no puede concentrarse. Dos: implantar la semana laboral de cuatro días, porque la gente crónicamente agotada no es capaz de prestar atención. Tres: reconstruir la infancia en torno al juego en libertad de los niños, en sus barrios y en sus colegios, porque los niños que viven encarcelados en sus hogares no van a poder desarrollar una capacidad saludable para prestar atención. Si alcanzamos esas metas, la capacidad de la gente para prestar atención mejorará espectacularmente con el tiempo. Y entonces dispondremos de un núcleo sólido de concentración que podríamos usar para avanzar y profundizar en la batalla.

La idea de crear un movimiento seguía pareciéndome, a veces, bastante difícil de visualizar de manera concreta, por lo que me interesaba hablar con personas que hubieran puesto en marcha movimientos por la consecución de unas metas muy ambiciosas, aparentemente inalcanzables y que hubieran llegado a alcanzarlas. Mi amigo Ben Stewart fue director de comunicación de Greenpeace UK durante unos años, y cuando lo conocí, hace más de quince, me habló de un plan que estaba ideando con otros activistas del medio ambiente. Me dijo que Gran Bretaña era el lugar de nacimiento de la Revolución industrial, y que esa revolución se había alimentado de una cosa: el carbón. Dado que el carbón contribuye más que cualquier otro combustible al calentamiento global, su equipo estaba diseñando un plan para obligar al Gobierno a poner fin a todas las nuevas explotaciones de carbón y a las nuevas plantas energéticas carboníferas en Gran Bretaña, y para que el carbón existente permaneciera en su sitio y asegurar que ya nunca más fuera quemado. Cuando me lo expuso, yo me reí en su cara, literalmente: buena suerte, le dije. Estoy de tu parte, pero eres un iluso.

En cinco años, todas las nuevas minas de carbón y las plantas energéticas que usaban ese mineral en Gran Bretaña cesaron su actividad, y se obligó al Gobierno a presentar planes firmes para cerrar las que ya existían. Como consecuencia de su campaña, el país que había abierto el camino al calentamiento global en todo el mundo empezaba a buscar una salida.

Me interesaba hablar con Ben sobre la crisis de la atención y para saber cómo podíamos aprender de otros movimientos que han tenido éxito en el pasado. Me comentó: «Estoy de acuerdo contigo en que es una crisis. Es una crisis para la especie humana. Pero no creo que se esté identificando [como tal] de la misma manera que el racismo estructural o el cambio climático. No creo que nos encontremos aún en ese punto... No creo que se entienda como un problema social ni que esté causado por las decisiones de agentes empresariales, ni que pueda cambiar». Así pues, Ben me dijo que el primer paso para crear un movimiento es provocar «un momento cultural revelador y generador de conciencia con el que la gente diga: "Mierda, estas cosas me han extenuado el cerebro. Por eso ya no vivo los placeres de la vida que antes sí vivía"». Y eso ¿cómo se hace? Según él, la herramienta ideal es lo que denomina «una batalla visible», que es aquella en la que escogemos un lugar que simboliza una lucha más amplia e iniciamos allí un combate no violento. Un ejemplo claro es el de Rosa Parks cuando se sentó en ese autobús de Montgomery, Alabama. «Piensa en cómo lo hicimos con el carbón», añadió. El calentamiento global causado por el hombre está desencadenando el desastre de manera muy rápida, pero —como con nuestra crisis de la atención—, puede parecer algo bastante abstracto y lejano, y difícil de manejar. Incluso después de entenderlo, puede considerarse una misión tan enorme, tan abrumadora, que uno puede sentirse impotente para hacer nada. Cuando Ben empezó a idear sus planes, había una planta energética que funcionaba con carbón en Gran Bretaña, la de Kingsnorth, y el Gobierno tenía previsto autorizar la construcción de otra de las mismas características junto a ella. Ben se dio cuenta de que aquello era un microcosmos del problema global. Así pues, tras mucha planificación, y con el respaldo de sus aliados, entró en la planta y se descolgó por un lateral, donde realizó una pintada advirtiendo sobre los fenómenos meteorológicos extremos que el carbón causa en todo el mundo.

Los detuvieron a todos y los llevaron a juicio, lo que formaba parte de su plan. Pretendían aprovechar la causa penal —en un movimiento propio del *jiu-jitsu*— como oportunidad perfecta para llevar a juicio el carbón. Llamaron a testificar a los expertos más destacados del mundo en la materia. En Gran Bretaña existe una ley según la cual, en caso de emergencia, uno puede incumplir ciertas reglas; no se acusa de allanamiento de morada a alguien que entra en un edificio en llamas para salvar vidas, por ejemplo. Ben y su equipo legal argumentaban que se trataba de una emergencia: intentaban impedir que el planeta ardiera. Doce miembros de un jurado popular británico consideraron los hechos y absolvieron a Ben y a los demás activistas de todos los cargos.

El suyo era un caso muy llamativo del que se informó en todo el mundo. A causa de la publicidad negativa que se generó en torno al carbón durante el juicio, el Gobierno británico abandonó el plan de construir más plantas alimentadas con carbón, y empezó a cerrar las que aún quedaban.

Ben me explicó que una batalla visible permite «contar la historia del problema general», y que cuando se hace así, «se acelera el debate nacional», despertando a mucha gente para que vea lo que está ocurriendo en realidad. Y añadió que, para esa primera etapa, «no hacen falta millones de personas. Basta un pequeño grupo de gente que capte el problema y tenga nociones de confrontación creativa: generar expectación y dramatismo, empezar a despertar conciencias... Se capta la atención de la gente, y a partir de ahí un número mayor de personas empieza a pensar que se trata de una cuestión fundamental a la que están dispuestas a dedicar su tiempo y su energía, y que existe una dirección clara que seguir».

Así pues, Ben me preguntó: «¿Debe la gente rodear la sede de Facebook? ¿De Twitter? ¿Está ahí la batalla visible? ¿Cuál es el tema por el que hay que empezar?». Se trata de algo sobre lo que los activistas deben debatir y que deben decidir. Mientras escribo estas líneas, sé que existe un grupo que se está planteando proyectar un vídeo en una de las fachadas de la sede de Facebook con supervivientes del Holocausto hablando de los peligros de dar una voz excesiva a las ideas de extrema derecha. Ben me comentó que las batallas visibles por sí mismas no traen la victoria, lo que hacen es introducir con claridad la crisis en la cabeza del público y atraer a más personas al movimiento, para poder empezar a luchar a otros niveles distintos y de otras maneras.

Ben opinaba que, sobre el tema de la atención, una batalla visible es una oportunidad de explicarle a la gente que se trata de una lucha «por la liberación personal», que tiene que ver con «liberarnos de la gente que controla nuestras mentes sin nuestro consentimiento». Eso es «algo a lo que la gente puede unirse, y además resulta altamente motivador». Más tarde, eso se convierte en un movimiento al que pueden sumarse millones de personas. Su participación, después, adoptará múltiples formas. Algunas de ellas se darán desde dentro del sistema político, las organizarán los partidos políticos o los grupos de influencia que presionan a los Gobiernos. Otras seguirán existiendo fuera del sistema político, mediante la acción directa y la persuasión a otros ciudadanos. Para tener éxito hay que contar con ambas modalidades.

Mientras conversaba con Ben, me preguntaba si un movimiento para alcanzar esas metas debería llamarse Rebelión de la Atención. Él sonrió cuando se lo planteé. «Es una rebelión de la atención», dijo. Me daba cuenta de que ello requiere un giro en nuestra manera de pensar sobre nosotros mismos. No somos campesinos medievales que suplican a la corte del rey Zuckerberg unas migajas de atención. Somos ciudadanos libres en democracias, somos dueños de nuestras propias mentes y de nuestra propia sociedad y, juntos, vamos a recuperarlas.

A veces me parecía que era un movimiento que iba a costar poner en marcha, pero después recordaba que en realidad ha costado mucho poner en marcha todos los movimientos que han cambiado vuestras vidas y la mía. Por ejemplo, cuando los gais empezaron a organizarse en la década de 1890, podían ser encarcelados solo por decir a quién amaban. Cuando los sindicatos empezaron a luchar por conseguir fines de semana, la policía los golpeaba, y a sus líderes los ahorcaban o los abatían a tiros. Aquí nos enfrentamos a algo que, en muchos sentidos, plantea un desafío mucho menor que ese precipicio que ellos debieron escalar. Y no se rindieron. Con frecuencia, cuando alguien defiende un cambio social, se lo tacha de «ingenuo». Pero en realidad es todo lo contrario. Lo ingenuo es pensar que nosotros, en tanto que ciudadanos, no podemos hacer nada, y que dejando que los poderosos hagan lo que quieran nuestra atención sobrevivirá. Creer que unas campañas democráticas, concertadas, pueden cambiar el mundo no tiene nada de ingenuo. Como me dijo la antropóloga Margaret Mead, es lo único que siempre ha funcionado.

Me daba cuenta de que debemos tomar la decisión ahora: ¿valoramos la atención y la concentración? ¿Nos importa poder desarrollar un pensamiento profundo? ¿Lo queremos para nuestros hijos? En caso afirmativo, vamos a tener que luchar por todo ello. Como dijo un político, no consigues aquello por lo que no luchas.

Aunque cada vez tuviera más claro qué debemos hacer, ciertas ideas sin resolver no dejaban de regresar a mi mente. Ahí, bajo tantas de aquellas causas de esta crisis que había ido descubriendo, parecía subyacer una gran causa, pero me resistía a considerarla porque es, en efecto, de un gran peso y, si soy sincero, aun ahora, al escribir estas líneas, dudo de si debo mencionarla porque no quisiera atemorizaros. En Dinamarca, Sune Lehmann me había mostrado pruebas de que el mundo está acelerando, y de que ese proceso causa una merma de nuestros márgenes de atención. Me demostró que las redes sociales son un importante acelerador. Pero me dejó claro que era algo que llevaba mucho tiempo sucediendo. En su estudio se analizaban datos desde la década de 1880, y se mostraba que, década tras década, nuestra manera de experimentar el mundo se ha ido acelerando y que cada vez más somos incapaces de concentrarnos en un solo tema.

La situación no dejaba de desconcertarme. ¿Por qué? ¿Por qué sucede desde hace tanto tiempo? Se trata de una tendencia muy anterior a Facebook y a la mayoría de los factores sobre los que he escrito en este libro. ¿Cuál es la causa subyacente que se remonta a la década de 1880? Es algo que he abordado con mucha gente, y la respuesta más convincente me la ofreció el científico noruego Thomas Hylland Eriksen, profesor de antropología social. Desde la Revolución industrial, me dijo, nuestras economías se han construido alrededor de una idea nueva y radical: el crecimiento económico. Se trata de la creencia según la cual la economía (y todas las empresas, individualmente) debe crecer más y más todos los años. Esa es la definición del éxito. Si la economía de un país crece, es más probable que sus políticos resulten reelegidos. Si una empresa crece, es más probable que a su director general lo condecoren. Si la economía de un país, o el precio de las acciones de una empresa, se encoge, los políticos o el director general corren un mayor riesgo de ser despedidos. El crecimiento económico es el principio organizador central de nuestra sociedad. Constituye un elemento nuclear de nuestra manera de ver el mundo.

Thomas me explicó que el crecimiento puede darse de dos maneras. La primera de ellas es que una empresa encuentre nuevos mercados, ya sea inventando algo nuevo o exportando algo a una zona del mundo donde aún no está presente. La segunda es que una empresa convenza a los consumidores ya existentes de que consuman más. Si consigues que la gente coma más, o que duerma menos, habrás encontrado una fuente de crecimiento económico.

A su juicio, actualmente el crecimiento se consigue sobre todo a través de esa segunda opción. Las empresas no dejan de buscar maneras de meter más cosas en la misma cantidad de tiempo. Por poner un ejemplo: quieren que veamos la tele y, a la vez, sigamos el espectáculo en las redes sociales. De esa manera miramos el doble de anuncios. Eso es algo que, inevitablemente, acelera la vida. Si la economía debe crecer todos los años, en ausencia de nuevos mercados ha de conseguir que nosotros hagamos cada vez más cosas en el mismo periodo de tiempo.

A medida que profundizaba en la obra de Thomas, me daba cuenta de que esa es una de las razones fundamentales por las que la vida ha ido acelerando más y más con el paso de las décadas desde 1880: vivimos metidos en una maquinaria económica que exige una velocidad cada vez mayor para seguir funcionando, algo que necesariamente degrada nuestra atención con el tiempo. De hecho, al pensar en ello me parecía que esa necesidad de crecimiento económico es la fuerza subyacente que genera muchas de las causas del déficit de atención que he ido descubriendo: nuestro estrés creciente, nuestros prolongados horarios laborales, nuestras tecnologías más invasivas, nuestra falta de sueño, nuestros malos hábitos alimentarios.

Me acordaba de lo que me había explicado el doctor Charles Czeisler en la Facultad de Medicina de Harvard. Si todos volviéramos a dormir tanto como nuestro cerebro y nuestro cuerpo necesitan, «se desencadenaría un terremoto en nuestro sistema económico, porque este ha llegado a depender de personas con falta de sueño. Los fallos en la atención son solamente daños colaterales. Son el coste de hacer negocio». Es algo que puede decirse del sueño, sí, pero también de mucho más que del sueño.

Intimidaba darse cuenta de que algo tan integrado en nuestra manera de vivir resulte, con el tiempo, un elemento corrosivo para nuestra atención. Pero yo ya sabía que no tenemos por qué vivir así. Mi amigo, el doctor Jason Hickel, antropólogo especializado en economía de la Universidad de Londres, es quizá el crítico más destacado del concepto de crecimiento económico en todo el mundo; y lleva mucho tiempo exponiendo que existe una alternativa. Cuando fui a verlo, me explicó que debemos ir más allá de la idea de crecimiento para llegar a algo que se conoce como «economía de estado estacionario». Dejaríamos atrás el crecimiento económico como principio motor de la economía y optaríamos por un conjunto de metas diferente. Por ahora, nos parece que somos prósperos si nos agotamos trabajando para comprar cosas, la mayoría de las cuales ni siquiera nos hacen felices. Me comentó que podríamos redefinir la prosperidad para que significara disponer de tiempo para pasarlo con nuestros hijos, o en la naturaleza, o para dormir, o para soñar, o para tener un trabajo seguro. La mayoría de la gente no quiere una vida acelerada; lo que quiere es una buena vida. Nadie, en su lecho de muerte, se pone a pensar en lo mucho o lo poco que ha contribuido al crecimiento mundial. En absoluto. Una economía de estado estacionario puede permitirnos escoger unas metas que no destruyan nuestra atención ni destruyan los recursos de la tierra.

Mientras Jason y yo conversábamos en un parque público de Londres, en plena crisis del COVID-19, miré a mi alrededor y vi a gente que disfrutaba de la naturaleza, bajo los árboles, en un día laborable. Me di cuenta de que ese era el único momento de mi vida en que el mundo había bajado el ritmo de verdad. Una terrible tragedia nos había obligado a hacerlo, sí, pero para muchos de nosotros había también un atisbo de alivio. Era la primera vez en siglos en que el mundo había decidido, conjuntamente, dejar de correr y hacer una pausa. Decidimos que, como sociedad, queríamos valorar otras cosas y no la rapidez y el crecimiento. Literalmente, alzamos la vista y vimos los árboles.

Sospecho que, a la larga, no será posible rescatar del todo la atención y la concentración en un mundo dominado por la firme creencia de que hay que seguir creciendo y acelerando todos los años. No puedo deciros que tenga todas las respuestas a la pregunta de cómo se hace, pero tengo la certeza de que si se inicia una Rebelión de la Atención, tarde o temprano tendremos que abordar esta cuestión profunda: el crecimiento de la maquinaria misma.

Pero eso es algo que vamos a tener que hacer en cualquier caso, y por otro motivo. La maquinaria del crecimiento ha empujado a los seres humanos más allá de los límites de nuestras mentes, pero también está empujando al planeta más allá de sus límites ecológicos. Y he acabado por convencerme de que esas dos crisis están interrelacionadas.

Existe una gran razón en concreto por la que necesitamos que se dé una Rebelión de la Atención hoy. Es muy simple. Los seres humanos nunca hemos necesitado nuestra capacidad de concentrarnos (nuestro superpoder en tanto que especie) más que en este momento, pues nos enfrentamos a una crisis sin precedentes.

Mientras escribo estas líneas, observo la webcam de San Francisco, donde aparecen las calles por las que paseé con Tristan Harris. Allí él me había contado, hacía apenas un año, que su mayor preocupación, relacionada con la destrucción de nuestra atención, es que esta nos impida abordar la cuestión del calentamiento global. En este momento, en estas calles, es mediodía pero no se ve el sol; lo bloquean las cenizas de los enormes incendios forestales que arrasan California. La casa en la que se crio Tristan, no muy lejos de allí, ha sido devorada por las llamas, y casi todas sus pertenencias han desaparecido. Las calles en las que mantuvimos nuestra conversación sobre la crisis climática están moteadas de cenizas, y el cielo se ha teñido de un tono anaranjado oscuro, resplandeciente.

Los tres años que he pasado trabajando en este libro han sido años de incendios. Varias de las ciudades que he visitado se han visto cubiertas por el humo de unos incendios forestales inéditos: Sídney, São Paulo y San Francisco. Como mucha gente, había leído algo sobre aquellos incendios, pero no demasiado, porque enseguida me sentía abrumado. Pero me di cuenta de lo real de la situación (la sentí en mis entrañas) en un momento que puede parecer menor ahora que lo cuento.

A partir de 2019, Australia experimentó lo que dio en llamarse «verano negro», una serie de incendios tan inmensos que cuesta describirlos. Tres mil millones de animales tuvieron que huir o murieron calcinados, y se perdieron tantas especies que el profesor Kingsley Dixon, especialista en botánica, lo definió como «Armagedón biológico».[1] Algunos australianos tuvieron que refugiarse en las playas, rodeados de un círculo de llamas, mientras se preguntaban si debían subirse a barcos para escapar. Oían los fuegos acercándose. Era como el rugido de una catarata, según los testigos, roto solo por el estrépito de las botellas de cristal que reventaban en el interior de las casas, que iban ardiendo una tras otra. El humo de aquellos incendios resultaba visible a casi dos mil kilómetros de distancia, en Nueva Zelanda, donde los cielos de la isla Sur se tiñeron de naranja.

Unas tres semanas después de que se iniciara la oleada de incendios, estaba hablando por teléfono con un amigo de Sídney cuando oí una especie de chillido prolongado. Era la alarma antiincendios de su apartamento. Por toda la ciudad, en las oficinas y las casas, las alarmas habían empezado a sonar. Había tanto humo en el aire, que viajaba desde las áreas incendiadas, que los detectores creían que todos y cada uno de los edificios estaban en llamas. Ello hizo que, una tras otra, muchas personas en Sídney apagaran sus alarmas antiincendios y se sentaran en silencio, rodeadas de humo. No sabía por qué aquella imagen me resultaba tan perturbadora, y no caí en la cuenta hasta que se lo comenté a un amigo, el escritor suizo Bruno Giussani. Él me explicó que la gente apagaba los detectores de sus hogares, pensados para protegernos, porque los grandes sistemas detectores que se supone que han de protegernos a todos —la capacidad de nuestra sociedad para concentrarse en lo que los científicos nos dicen y actuar en consecuencia— no funcionan.

La crisis climática puede solucionarse. Debemos iniciar rápidamente una transición que nos aleje de los combustibles fósiles y nos lleve a alimentar nuestras sociedades con fuentes de energía limpias y verdes. Para ello deberemos ser capaces de concentrarnos, de mantener conversaciones sanas los unos con los otros y de pensar con claridad. Esas soluciones no las alcanzará una población despistada que cambia de tarea cada tres minutos y cuyos miembros se gritan los unos a los otros constantemente, azuzados por algoritmos que los mueven a la furia. Solo podremos solucionar la crisis climática si somos capaces de resolver nuestra crisis de atención. Mientras pensaba en ello, me puse a reflexionar sobre algo que había escrito James Williams: «Yo creía que ya no quedaban luchas políticas... Qué equivocado estaba. La liberación de la atención humana podría ser la batalla moral y política definitoria de nuestro tiempo. Su éxito es la condición previa para el triunfo de prácticamente todas las demás luchas».[2]

Ahora, cuando contemplo los cielos anaranjados, heridos de fuego, que cubren San Francisco en las imágenes granuladas de esta webcam, no dejo de pensar en la luz del verano que pasé en Provincetown sin teléfono ni internet, en lo puro y perfecto que me pareció entonces. James Williams tenía razón: nuestra atención es una especie de luz, una luz que aclara el mundo y nos lo hace visible. En Provincetown vi con más claridad que nunca en mi vida, mis propios pensamientos, mis propias metas, mis propios sueños. Quiero vivir bajo esa luz —la luz del saber, de la consecución de nuestras ambiciones, del estar plenamente vivos—, y no bajo la luz anaranjada y amenazadora de la destrucción total.

Cuando mi amigo de Sídney colgó el teléfono para ir a desconectar su alarma antiincendios, yo pensé que si nuestra atención sigue destruyéndose, el ecosistema no aguardará pacientemente a que nosotros recuperemos la concentración. Se destruirá y se quemará. Al inicio de la Segunda Guerra Mundial, el poeta inglés W. H. Auden

—ante el espectáculo de las nuevas tecnologías de destrucción creadas por los seres humanos— advirtió: «O nos amamos los unos a los otros, o morimos». Creo que ahora debemos concentrarnos juntos, o nos enfrentaremos solos a los incendios.

Agradecimientos

Solo he podido escribir este libro con la ayuda y el apoyo de un gran número de personas. En primer lugar, y por su relevancia, quiero dar las gracias a la brillante Sarah Punshon, que me ha ayudado con investigaciones adicionales y comprobación de datos, pero también con mucho más: sus ideas y hallazgos me han sido fundamentales a la hora de dar forma a lo que acabáis de leer. Estoy muy en deuda con ella.

También les debo mucho a los sociólogos y otros expertos que han dedicado una parte considerable de su tiempo a explicarme sus investigaciones. Las ciencias sociales, últimamente, están pasando momentos difíciles, pero son una herramienta esencial para nuestra comprensión del mundo, y les estoy profundamente agradecido.

Mis extraordinarios editores, Kevin Doughten de Crown y Alexis Kirschbaum de Bloomsbury, han conseguido que este libro sea mucho mejor, lo mismo que mis agentes, Natasha Fairweather de Rogers, Coleridge & White (RCW) en Londres, y Richard Pine de Inkwell en Nueva York. Lydia Morgan, de Crown, también aportó sugerencias de gran utilidad que dieron nueva forma al texto. Gracias también a Tristan Kendrick, Matthew Marland, Sam Coates, Laurence Laluyaux, Stephen Edwards y Katharina Volckmer de RCW.

Las conversaciones mantenidas con mis amigas Naomi Klein y V, anteriormente conocida como Eve Ensler, han transformado realmente ese libro y les debo mucho, por eso y por mucho más. Mi amiga Lizzie Davidson me ayudó a localizar a muchas de las personas con las que he conversado gracias a sus siniestros poderes de detección más propios de la NSA.

En Provincetown, estoy muy agradecido a Andrew Sullivan, James Barraford, Dave Grossman, Stefan Piscateli, Denise Gaylord, Chris Bodenner, Doug Belford, Pat Schultz, Jeff Peters, y a todo el personal del Café Heaven. Si queréis que Stefan os dé clases de yoga, entrad en <www. outermostyoga.com>.

En mis viajes me ha ayudado muchísima gente: Jake Hess en Washington D. C.; Anthony Bansie, Jeremy Heimans, Kasia Malinowska y Sarah Evans en Nueva York; Colleen Haikes y Christopher Rogers en San Francisco; Elizabeth Flood y Mario Burrell en Los Ángeles; Stephen Hollis en Ohio; Jim Cates en Indiana; Sam Loetscher y John Holder en Miami; Hermione Davis (la reina de los publicistas) y Andy Leonard en Australia; Alex Romain, Ben Birks Ang y todos los integrantes de la NZ Drug Foundation en Nueva Zelanda; Sarah Kay, Adam Biles, Katy Lee y todos los trabajadores de Shakespeare and Company en París; Rosanne Kropman en los Países Bajos; Christian Lerch, Kate McNaughton y Jacinda Nandi en Berlín; Halldor Arnason y todos los miembros de Snarotin en Islandia; Sturla Haugsgyerd y Oda Bergli en Noruega; Kim Norager en Dinamarca; Rebekah Lehrer, Ricardo Teperman, Julita Lemgruber y Stefano Nunes en Brasil; Alnoor Lahda en Costa Rica; y Joe Daniels y Beatriz Vejarano en Colombia.

Te doy las gracias, James Brown, por explicarme la magia. Si deseáis contratarlo en el Reino Unido, entrad en

<www.powa.academy>. Gracias, Ayesha Lyn-Birkets, de YouGov, y a todos los trabajadores del Council for Evidence-Based Psychiatry, en particular al doctor James Davies. Gracias a Kate Quarry por su labor de corrección.

Todas mis transcripciones han sido realizadas por el equipo de CLK Transcription; gracias a CarolLee y a todos los que trabajan allí. Si os hacen falta buenas transcripciones, contactad con ellos en CLKtranscripts@gmail.com.

Y gracias a las personas que llevan años tratando esta cuestión conmigo: Decca Aitkenhead, Stephen Grosz, Dorothy Byrne, Alex Higgins, Lucy Johnstone, Jess Luxembourg, Ronan McCrea, Patrick Strudwick, Jacquie Grice, Jay Johnson, Barbara Bateman, Jemima Khan, Tom Costello, Rob Blackhurst, Amy Pollard, Harry Woodlock, Andrew Gow, Josepha Jacobson, Natalie Carpenter, Deborah Friedell, Imtiaz Shams, Bruno Guissani, Felicity McMahon, Patricia Clark, Ammie al-Whatey, Jake y Joe Wilkinson, Max Jeffrey, Peter Marshall, Anna Powell-Smith, Ben Stewart, Joss Garman, Joe Ferris, Tim Dixon, Ben Ramm, Harry Quilter-Pinner, Jamie Janson y Elisa Hari.

La referencia a W. H. Auden que pone punto final al libro se la debo a David Kinder, mi extraordinario profesor de inglés en el pasado, que fue el que me enseñó a amar su poesía. Gracias también a otros dos de mis profesores de lengua y literatura inglesas: Sue Roach y Sidney McMinn.

Estoy realmente agradecido a los que me han apoyado en Patreon, en especial a Pam Roy, Robert King, Martin Mander, Lewis Black, Lynn McFarland, Deandra Christianson, Fiona Houslip, Roby Abeles, Rachel Bomgaar, Roger Cox y Susie Robinson. Para saber más sobre mi Patreon y acceder a actualizaciones sobre mis próximos trabajos, entrad en <https://www.patreon.com/johannhari>.

Cualquier error que pueda aparecer en el libro es exclusivamente mío. Si detectáis algo que os parece que puede estar mal, poneos en contacto conmigo, por favor, para poder subsanarlo en la página web y en futuras ediciones en chasingthescream@gmail.com. Para acceder a las correcciones que ya he introducido, véase <stolenfocusbook.com/corrections>.

Notas

Las notas que siguen son parciales. Existen más referencias, contexto y materiales explicativos suplementarios, así como los audios de las citas del libro, que pueden encontrarse en <www.stolenfocusbook.com/endnotes>.

Introducción

1. Jill Twenge, *iGen: Why Today's SuperConnected Kids Are Growing Up Less Rebellious, More Tolerant, Less Happy – and Completely Unprepared for Adulthood – and What That Means for the Rest of Us*, Nueva York, Atria Books, 2017, p. 64, citando a L. Yeykelis, J. J. Cummings y B. Reeves, «Multitasking on a Single Device: Arousal and the Frequency, Anticipation, and Prediction of Switching Between Media Content on a Computer», *Journal of Communications*, 64, 2014, pp. 167-192, DOI:10.1111/jcom.12070. Véase también Adam Gazzaley y Harry D. Rosen, *The Distracted Mind: Ancient Brains in a High-Tech World*, Cambridge, MIT Press, 2017, pp. 165-167.

2. V. M. Gonzalez y G. Mark, «Constant, Constant, Multitasking Craziness: Managing Multiple Working Spheres», en *Proceedings of CHI 2004*, Viena, Austria, pp. 113-120. La profesora Mark lo describe con mayor detalle en la siguiente entrevista, y amplió más aún en la conversación que mantuve con ella

años después: «Too Many Interruptions At Work?», *Business Journal*, 8 de junio de 2006, <https://news.gallup.com/businessj ournal/23146/too-manyinterruptions-work.aspx>.Véase también C. Marci, «A (Biometric) Day in the Life: Engaging Across Media», artículo presentado en Re:Think 2012, Nueva York, NY, 28 de marzo de 2012. Para un estudio con resultados similares (no idénticos), véase L. D. Rosen *et al.*, «Facebook and Texting Made Me Do It: Media-Induced Taskswitching while Studying», *Computers in Human Behaviour*, 29 (3), 2013, pp. 948-958.

3. G. Mark, S. Iqbal, M. Czerwinski y P. Johns, «Focused, Aroused, but so Distractible», en la 18.ª Conference ACM, 2015, pp. 903-916, DOI:10.1145/2675133.2675221; James Williams, *Stand Out Of Our Light*, Cambridge, Cambridge University Press, 2018, p. 51. Véase también L. Dabbish, G. Mark y V. Gonzalez, «Why do I keep interrupting myself? Environment, habit and self-interruption», en *Proceedings of the 2011 annual conference on human factors in computing systems*, pp. 3,127-130. Véase también K. Pattison, «Worker, Interrupted: The Cost of Task-Switching», *Fast Company*, 28 de julio de 2008, <https://www.fastcompany.com/944128/worker-interrupted-cost-task-switching>.

4. J. MacKay, «The Myth of Multitasking: The ultimate guide to getting more done by doing les», *RescueTime* (blog), 17 de enero de 2019, <https://blog.rescuetime.com/multitasking/#at work>; y J. MacKay, «Communication overload: our research shows most workers can't go 6 minutes without checking email or IM», *RescueTime* (blog), 11 de julio de 2018, <https://blog. rescuetime.com/communication-multitasking-switches/>.

5. D. Charles William, *Forever a Father, Always a Son*, Nueva York, Victor Books, 1991, p. 112.

CAPÍTULO I

1. J. MacKay, «Screen time stats 2019: here's how much you use your phone during the work day», *RescueTime* (blog), 21

de marzo de 2019, <https://blog.rescuetime.com/screen-time-stats-2018/>.

2. J. Naftulin, «Here's how many times we touch our phones every day», *Insider*, 13 de julio de 2016, <https://www.business insider.com/dscout-research-people-touch-cell-phones-2617-ti mes-a-day2016 7?r=US&IR=T>.

3. «La vida no puede esperar a que las ciencias expliquen científicamente el Universo. No se puede vivir *ad kalendas graecas*. El atributo más esencial de la existencia es su perentoriedad: la vida es siempre urgente. Se vive aquí y ahora sin posible demora ni traspaso. La vida nos es disparada a quemarropa. Ya la cultura, que no es sino su interpretación, no puede tampoco esperar.» J. Ortega y Gasset, *Misión de la Universidad*, 1930.

4. Molly J. Crockett *et al.*, «Restricting Temptations: Neural Mechanisms of Precommitment», *Neuron*, 2013, 79 (2), 391, DOI: 10.1016/j.neuron.2013.05.028. Este artículo de 2012 es un buen resumen del tema y la línea actual de pensamiento: Z. Kurth-Nelson y A. D. Redish, «Don't let me do that! – models of precommitment», *Frontiers in Neuroscience*, 6, 2012, p. 138.

5. T. Dubowitz *et al.*, «Using a Grocery List Is Associated with a Healthier Diet and Lower BMI Among Very High-Risk Adults», *Journal of Nutrition, Education and Behavior*, 47 (3), 2015, pp. 259-264; J. Schwartz *et al.*, «Healthier by Precommitment», *Psychological Science*, 25 (2), 2015, pp. 538-546, DOI:10.1177/09 56797613510950; R. Ladouceur, A. Blaszczynski y D. R. Lalande, «Pre-commitment in gambling: a review of the empirical evidence», *International Gambling Studies*, 12 (2), 2012, pp. 215-230.

6. P. Lorenz-Spreen, B. Mørch Mønsted, P. Hövel y S. Lehmann, «Accelerating dynamics of collective attention», *Nature Communications*, 10 (1), 2019, DOI: 10.1038/s41467-019-09 311-w.

7. M. Hilbert y P. López, «The World's Technological Capacity to Store, Communicate and Compute Information», *Science*, 332, 2011, pp. 60-65.

8. K. Rayner *et al.*, «So Much to Read, So Little Time: How Do We Read, and Can Speed Reading Help?», *Psychological Science in the Public Interest*, 17 (1), 2016, pp. 4-34.

9. S. C. Wilkinson, W. Reader y S. J. Payne, «Adaptive browsing: Sensitivity to time pressure and task difficulty», *International Journal of Human-Computer Studies*, 70, 2012, pp. 14-25; G. B. Duggan y S. J. Payne, «Text skimming: the process and effectiveness of foraging through text under time pressure», *Journal of Experimental Psychology: Applied*, 15 (3), 2009, pp. 228-242.

10. T. H. Eriksen, *Tyranny of the Moment*, Londres, Pluto Press, 2001, p. 71, citando la investigación de Ulf Torgersen, «Taletempo», *Nytt norsk tidsskrift*, 16, 1999, pp. 3-5. Véase también M. Toft, «Med eit muntert blikk p å styre og stell», *Uni Forum* 29 de junio de 2005, <https://www.uniforum.uio.no/ny heter/2005/06/med-eit-muntert-blikk-paa-styre-og-stell.html>. Véase también este interesante debate: M. Liberman, «Norwegian Speed: Fact or Factoid?», *Language Log* (blog), 13 de septiembre de 2010, <https://languagelog.ldc.upenn.edu/nll/?p= 2628>.

11. R. Colville, *The Great Acceleration: How the World is Getting Faster, Faster*, Londres, Bloomsbury, 2016, pp. 2-3, citando a R. Levine, *A Geography of Time*, Nueva York, Basic Books, 1997, y Richard Wiseman, <www.richardwiseman.com/quirkology/pace_home.htm>.

12. G. Claxton, *Intelligence in the Flesh*, New Haven, Yale University Press, 2016, pp. 260-261. Véase también P. Wayne *et al.*, «Effects of tai chi on cognitive performance in older adults: systematic review and meta-analysis», *Journal of the American Geriatric Society*, 62 (1), 2014, pp. 25-39; N. Gothe *et al.*, «The effect of acute yoga on executive function», *Journal of Physical Activity and Health*, 10 (4), 2013, pp. 488-495; P. Lovatt, «Dance psychology», *Psychology Review*, 2013, pp. 18-21; C. Lewis y P. Lovatt, «Breaking away from set patterns of thinking: improvisation and divergent thinking», *Thinking Skills and Creativity*, 9, 2013, pp. 46-58.

13. Se trata de una buena introducción sobre sus posturas respecto a este tema: E. Miller, «Multitasking: Why Your Brain Can't Do It and What You Should Do About It» (grabación de seminario y pase de diapositivas), *Radius*, 11 de abril de 2017, <https://radius.mit.edu/programs/multitasking-why-your-brain-cant-doit-and-what-you-should-do-about-it>.

14. Los costes de la alternancia están muy firmemente establecidos en la literatura académica. He aquí un ejemplo típico: R. D. Rogers y S. Monsell, «The cost of a predictable switch between simple cognitive tasks», *Journal of Experimental Psychology: General*, 124, 1995, pp. 207-231. Y este también presenta un buen resumen: «Multitasking: Switching costs», *American Psychological Association*, 20 de marzo 2006, <https://www.apa.org/research/action/multitask> [autores no facilitados].

15. James Williams, *Stand Out Of Our Light*, Cambridge, Cambridge University Press, 2018, p. 69. El estudio era del doctor Glenn Wilson. No se publicó porque lo encargó una empresa privada. Puede leerse la conversación del doctor Wilson sobre dicho estudio en este enlace, seleccionando la sección que lleva por encabezamiento «Infomanía», <http://drglennwilson.com/links.html>. Véase también P. Hemp, «Death By Information Overload», *Harvard Business Review*, septiembre de 2009, <https://hbr.org/2009/09/death-by-information-overload>. El doctor Wilson ha mostrado su incomodidad por el tratamiento que han dado algunos periodistas a este estudio y yo he intentado incorporar sus críticas al texto. Según él, la comparación con el cannabis solo es cierta a corto plazo; a largo plazo, el cannabis puede perjudicar más el CI. Lo expreso aquí para que quede reflejado este hecho.

16. E. Hoffman, *Time*, Londres, Profile Books, 2010, pp. 80-81; W. Kirn, «The Autumn of the Multitaskers», *The Atlantic*, noviembre de 2017.

17. V. M. González y G. Mark, «Constant, constant, multitasking craziness: Managing multiple working spheres», en *Proceedings of CHI 2004*, Viena, Austria, pp. 113-120. Véase también L. Dabbish, G. Mark y V. González, «Why do I keep

interrupting myself? Environment, habit and selfinterruption», en *Proceedings of the 2011 annual conference on human factors in computing systems*, pp. 3,127-130; T. Klingberg, *The Overflowing Brain*, Oxford, OUP, 2009, p. 4; Colville, *The Great Acceleration*, p. 47.

18. T. Harris, «Episode 7: Pardon the Interruptions», pódcast *Your Undivided Attention*, 14 de agosto de 2019, <https://www.humanetech.com/podcast>; C. Thompson, «Meet The Life Hackers», *New York Times Magazine*, 16 de octubre de 2005.

19. Colville, *The Great Acceleration*, p. 47.

20. B. Sullivan, «Students can't resist distraction for two minutes... and neither can you», NBC News, 18 de mayo de 2013, <https://www.nbcnews.com/technolog/students-cant-resistdistraction-two-minutes-neither-can-you-1C9984270>. Este estudio no ha sido publicado.

21. Gazzaley y Rosen, *The Distracted Mind*, p. 127.

22. D. L. Strayer, «Is the Technology in Your Car Driving You to Distraction?», *Policy Insights from the Behavioral and Brain Sciences*, 2 (1), 2015, pp. 157-165. La formulación «muy similar» la usó él aquí: K. Ferebee, «Drivers on Cell Phones Are As Bad As Drunks», UNews Archive, Universidad de Utah, 25 de marzo de 2011, <https://archive.unews.utah.edu/news_releases/drivers-on-cell-phones-are-as-bad-as-drunks/>.

23. S. P. McEvoy *et al.*, «The impact of driver distraction on road safety: results from a representative survey in two Australian states», *Injury prevention: Journal of the International Society for Child and Adolescent Injury Prevention*, 12 (4), 2006, pp. 242-247.

24. Gazzaley y Rosen, *The Distracted Mind*, p. 11; L. M. Carrier *et al.*, «Multitasking Across Generations: Multitasking Choices and Difficulty Ratings in Three Generations of Americans», *Computers in Human Behavior*, 25, 2009, pp. 483-489.

25. A. Kahkashan y V. Shivakumar, «Effects of traffic noise around schools on attention and memory in primary school children», *International Journal of Clinical and Experimental Physiology*, 2 (3), 2015, pp. 176-179.

CAPÍTULO 2

1. K. S. Beard, «Theoretically Speaking: An Interview with Mihaly Csikszentmihalyi on Flow Theory Development and Its Usefulness in Addressing Contemporary Challenges in Education», *Educational Psychology Review*, 27, 2015, pp. 353-364.

2. Véase B. F. «Skinner, "Superstition" in the pigeon», *Journal of Experimental Psychology*, 38 (2), 1948, pp. 168-172.

3. Beard, «Theoretically Speaking», pp. 353-364.

4. R. Kegan, *The Evolving Self: Problem and Process in Human Development*, Cambridge, Harvard University Press, 1983, p. xii.

5. M. Csikszentmihalyi, *Flow: The Psychology of Optimal Experience*, Nueva York, Harper, 2008, p. 40.

6. *Ibid.*, p. 54.

7. *Ibid.*, pp. 158-159.

8. *Ibid.*, p. 7. Véase también Brigid Schulte, *Overwhelmed: Work, Love and Play When No One Has the Time*, Londres, Bloomsbury Press, 2014, pp. 66-67.

9. R. Kubey y M. Csikszentmihalyi, *Television and the Quality of Life: How Viewing Shapes Everyday Experience*, Abingdon-on-Thames, Routledge, 1990.

10. Csikszentmihalyi, *Flow*, p. 83.

11. Csikszentmihalyi, *Creativity*, p. 11.

CAPÍTULO 3

1. L. Matricciani, T. Olds y J. Petkov, «In search of lost sleep: secular trends in the sleep time of school-aged children and adolescents», *Sleep Medicine Reviews*, 16 (3), 2012, pp. 203-211.

2. H. G. Lund *et al.*, «Sleep patterns and predictors of disturbed sleep in a large population of college students», *Journal of Adolescent Health*, 46 (2), 2010, pp. 124-132.

3. M. E. J. Masson, «Cognitive processes in skimming stories», *Journal of Experimental Psychology: Learning, Memory, and Cognition*, 8, 1982, pp. 400-417. Véase también M. L. Slowiaczek y C. Clifton, «Subvocalization and reading for meaning», *Journal of Verbal Learning and Verbal Behavior*, 19 (5), 1980, pp. 573-582; T. Calef, M. Pieper y B. Coffey, «Comparisons of eye movements before and after a speedreading course», *Journal of the American Optometric Association*, 70, 1999, pp. 171-181; M. Just, M. Masson y P. Carpenter, «The differences between speed reading and skimming», *Bulletin of the Psychonomic Society*, 16, 1980, p. 171; M. C. Dyson y M. Haselgrove, «The effects of reading speed and reading patterns on the understanding of text read from screen», *Journal of Research in Reading*, 23, 2000, pp. 210-223.

4. J. E. Gangwisch, «A review of evidence for the link between sleep duration and hypertension», *American Journal of Hypertension*, 27 (10), 2014, pp. 1235-1242.

5. E. C. Hanlon y E. Van Cauter, «Quantification of sleep behavior and of its impact on the cross-talk between the brain and peripheral metabolism», *Proceedings of the National Academy of Sciences of the United States of America*, 108, suplemento 3, 2011, pp. 15, 609-616; M. Walker, *Why We Sleep*, Londres, Penguin, 2018, p. 3.

6. J. Hamzelou, «People with narcolepsy may be more creative because of how they sleep», *New Scientist*, 18 de junio de 2019.

7. Gracias al sueño se duplican las probabilidades de recordar material que previamente no se recordaba. Véase estudio de la Universidad de Essex: N. Dumay, «Sleep not just protects memories against forgetting, it also makes them more accesible», *Cortex*, 74, 2016, pp. 289-296.

8. El estudio de referencia es de K. Louie y M. A. Wilson, «Temporally Structured Replay of Awake Hippocampal Ensemble Activity during Rapid Eye Movement Sleep», *Neuron*, 29, 2001, pp. 145-156.

9. A. Hvolby, «Associations of sleep disturbance with ADHD: implications for treatment», *Attention Deficit and Hype-*

ractivity Disorders, 7 (1), 2015, pp. 1-18; E. J. Paavonen *et al.*, «Short sleep duration and behavioral symptoms of attention-deficit/hyperactivity disorder in healthy 7- to 8-year-old children», *Pediatrics*, 123 (5), 2009, e857-64; A. Pesonen *et al.*, «Sleep duration and regularity are associated with behavioral problems in 8-year-old children», *International Journal of Behavioral Medicine*, 17 (4), 2010, pp. 298-305; R. Gruber *et al.*, «Short sleep duration is associated with teacher-reported inattention and cognitive problems in healthy school-aged children», *Nature and Science of Sleep*, 4, 2012, pp. 33-40.

10. A. Huffington, *The Sleep Revolution: Transforming Your Life, One Night At A Time*, Nueva York, Penguin Random House, 2016, pp. 103-104.

11. K. Janto, J. R. Prichard y S. Pusalavidyasagar, «An Update on Dual Orexin Receptor Antagonists and Their Potential Role in Insomnia Therapeutics», *Journal of Clinical Sleep Medicine* (JCSM: publicación oficial de la Academia Estadounidense de Medicina del Sueño), 14 (8), 2018, pp. 1399-1408.

12. S. R. D. Morales, «Dreaming with the Zeitgeber, Part I: A Lecture on Moderns and Their Night», *The Wayward School*, <https://journals.uvic.ca/index.php/peninsula/article/view/11518 /3217>.

13. T. Farragher, «Sleep, the final frontier. This guy studies it. Here's what he has to say», *Boston Globe*, 18 de agosto de 2018, <https://www.bostonglobe.com/metro/2018/08/17/sleep-final-frontier-this-guy-studies-here-what-has-say/MCII4NnJyK6t-bOHpvdLgQN/story.html>.

CAPÍTULO 4

1. C. Ingraham, «Leisure reading in the U.S. is at an all-time low», *Washington Post*, 29 de junio de 2018, <https://www. washingtonpost.com/news/wonk/wp/2018/06/29/leisurereading-in-the-u-s-is-at-an-all-time low/>, <https://www.bls.gov/tus/>.

2. D. W. Moore, «About Half Of Americans Reading A Book», *Gallup News Service*, 3 de junio de 2005, <https://news. gallup.com/poll/16582/about-half-americans-reading-book.aspx>. C. Ingraham, «The long, steady decline of literary Reading», *Washington Post*, 7 de septiembre de 2016, <https://www.washingtonpost.com/news/wonk/wp/2016/09/07/the-long-steady-decline-of-literary-reading/?utm_term=.f9d5fec802ad&itid=lk_inline_manual_12>; Pew constató que era ligeramente superior: A. Perrin, «Who doesn't read books in America?», *Pew Research Center*, 26 de septiembre de 2019, <https://www.pewresearch.org/fact-tank/2019/09/26/who-doesnt-read-books-in-america/>.

3. Ingraham, «Leisure reading in the U.S. is at an alltime low».

4. E. Brown, «Americans spend far more time on their smartphones than they think», *ZDnet*, 28 de abril de 2019, <https://www.zdnet.com/article/americans-spend-far-more-timeon-their-smartphones-than-they-think/>.

5. *Reading at Risk*, National Endowment for the Arts, 2002, <https://www.arts.gov/sites/default/files/RaRExec_o.pdf>.

6. A. Flood «Literary fiction in crisis as sales drop dramatically, Arts Council England reports», *Guardian*, 15 de diciembre de 2017, <https://www.theguardian.com/books/2017/dec/15/literary-fiction-in-crisis-assale-drop-dramatically-arts-council-england-reports>.

7. W. Self, «The printed word in peril», *Harpers*, octubre de 2018, <https://harpers.org/archive/2018/10/the-printed-word-in-peril/>.

8. A. Mangen, G. Olivier y J. Velay, «Comparing Comprehension of a Long Text Read in Print Book and on Kindle: Where in the Text and When in the Story?», *Frontiers in Psychology*, 10, 2019, p. 38.

9. P. Delgado *et al.*, «Don't throw away your printed books: a meta-analysis on the effects of reading media on reading comprehension», *Educational Research and Reviews*, 25, 2018, pp. 23-38.

10. Delgado *et al.*, «Don't throw away your printed books».

11. N. Carr, *The Shallows: How the Internet Is Changing the Way We Th ink, Read and Remember*, Londres, Atlantic Books, 2010, p. 6.

12. Gerald Emanuel Stern (ed.), *McLuhan Hot & Cool: A primer for the understanding of and a critical symposium with a rebuttal*, Nueva York, Dial Press, 1967, pp. 20, 23, 65, 212-213, 215.

13. R. A. Mar *et al.*, «Exposure to media and theory-of-mind development in preschoolers», *Cognitive Development*, 25 (1), 2010, pp. 69-78.

14. *Ibid.*

CAPÍTULO 5

1. W. James, *Principios de psicología*, 1890, capítulo XI: disponible *online*.

2. M. E. Raichle *et al.*, «A default mode of brain function», *Proceedings of the National Academy of Sciences*, 98 (2), 2001, pp. 676-682. Supe de su obra gracias al excelente libro de Leonard Mlodinow, *Elastic: Flexible Thinking in a Constantly Changing World*, Londres, Penguin, 2018, pp. 110-121. Véase también G. Watson, *Attention: Beyond Mindfulness*, Londres, Reaktion Books, 2017, p. 90.

3. J. Smallwood, D. Fishman y J. Schooler, «Counting the Cost of an Absent Mind», *Psychonomic Bulletin & Review*, 14, 2007. Supe de ello por W. Gallagher, *Rapt: Attention and the Focused Life*, Londres, Penguin, 2009, p. 149.

4. Y. Citton, *The Ecology of Attention*, Cambridge, Polity, 2016, pp. 116-117.

5. B. Medea *et al.*, «How do we decide what to do? Resting-state connectivity patterns and components of self-generated thought linked to the development of more concrete personal goals», *Experimental Brain Research*, 236, 2018, pp. 2469-2481.

6. B. Baird *et al.*, «Inspired by Distraction: Mind Wande-

ring Facilitates Creative Incubation», *Psychological Science*, 23 (10), octubre de 2012, pp. 1117-1122.

7. J. Smallwood, F. J. M. Ruby, T. Singer, «Letting go of the present: Mind-wandering is associated with reduced delay discounting», *Consciousness and Cognition*, 22 (1), 2013, pp. 1-7. Jonathan, vía correo electrónico, también añadió lo siguiente: «También sería importante destacar que muchos de esos rasgos resultan más claros en personas capaces de controlar cuándo divaga su mente (es decir, cuándo pueden evitar hacerlo en el momento en que el mundo exterior reclama su atención)».

8. M. Killingsworth y D. Gilbert, «A Wandering Mind is an Unhappy Mind», *Science*, 12 de noviembre de 2010. Veáse también Watson, *Attention*, pp. 15, 70.

Capítulo 6

1. T. Ferris, «The Tim Ferris Show Transcripts – Fighting Skynet and Firewalling Attention», *Tim.Blog* (blog), 24 de septiembre de 2019, <https://tim.blog/2019/09/24/the-tim-ferriss-show-transcripts-tristan-harris-fighting-skynetand-firewalling-attention-387/>.

2. *Ibid.*

3. B. J. Fogg, *Persuasive Technology*, Morgan Kaufman, 2003, pp. 7-8.

4. *Ibid*, p. ix.

5. «The scientists who make apps addictive», *1843 Magazine*, 20 de octubre de 2016, <https://www.1843magazine.com/features/the-scientists-who-makeapps-addictive>.

6. Ferris, «The Tim Ferris Show Transcripts».

7. T. Harris, «How a handful of tech companies control billions of minds every day», charlas TED, TED2017, <https://www.ted.com/talks/tristan_harris_how_a_handful_of_tech_companies_control_billions_of_minds_everyday?language=en>.

8. C. Newton, «Google's new focus on wellbeing started

five years ago with this presentation», *The Verge*, 10 de mayo de 2018, <https://www.theverge.com/2018/5/10/17333574/google-android-pupdate-tristan-harris-design-ethics>.

9. A. Marantz, «Silicon Valley's Crisis of Conscience», *The New Yorker*, 19 de agosto de 2019.

10. También se puede leer la presentación completa en <minimizedistraction.com>.

11. N. Thompson, «Tristan Harris: Tech Is Downgrading Humans», *Wired*, 23 de abril de 2019; N. Hiltzik, «Ex-Google Manager Leads A Drive To Rein in Pernicious Impact of Social Media», *Los Angeles Times*, 10 de mayo de 2019.

12. Ferris, «The Tim Ferris Show Transcripts».

13. T. Harris, Testimonio ante el Comité de Comercio del Senado, 25 de junio de 2019, <https://www.commerce.senate.gov/services/files/96E3A739-DC8D-45F1-87D7-EC70A36837 1D>.

14. P. Marsden, «Humane: A New Agenda for Tech», *Digital Wellbeing*, 25 de abril de 2019, <https://digitalwellbeing.org/humane-a-new-agenda-for-tech-speed-summary-and-video/>.

15. Tal como recuerda Aza en su entrevista conmigo.

16. Existe un debate sobre las cifras exactas porque se trata de algo intrínsecamente difícil de medir. Una manera de hacerlo es lo que se conoce como «tasa de rebote» (el número de personas que llega a un sitio e inmediatamente abandona sin entrar en ninguna otra página de internet). Por ejemplo, la «tasa de rebote» de time.com, al parecer, cayó un 15 % cuando introdujeron el *scroll* infinito en 2014; Los lectores de *Quartz* veían un 50 % más de noticias de lo que lo habrían hecho sin el *scroll* infinito. Ambas cifras proceden de S. Kirkland, «Time.com's bounce rate down 15 percentage points since adopting continuous scroll», *Poynter*, 20 de julio de 2014, <https://web.archive.org/web/2015 0507024326>,<http://www.poynter.org:80/news/mediawire/25 7466/timecoms-bounce-rate-down15-percentage-points-since-adopting-continuous-scroll/>.

17. T. Ong, «Sean Parker on Facebook», *The Verge*, 9 de

noviembre de 2017, <https://www.theverge.com/2017/11/9/166
27724/sean-parker-facebookchildrens-brains-feedback-loop>.
Para más citas de cifras tecnológicas, véase A. Alter, *Irresistible:
The Rise of Addictive Technology and the Business of Keeping Us
Hooked*, Londres, Penguin, 2017, p. 1.

18. Roger McNamee, *Zucked: Waking up to the Facebook Ca-
tastrophe*, HarperCollins, 2019, pp. 146-147; R. Seymour, *The
Twittering Machine*, Londres, Indigo Press, 2019, pp. 26-27.

19. James Williams, *Stand Out of Our Light*, Cambridge,
Cambridge University Press, 2018, p. 102.

20. Nir Eyal, *Hooked: How to Build Habit-Forming Products*,
Londres, Penguin, 2014, p. 11; P. Graham, «The Acceleration
of Addictiveness», *Paul Graham* (blog), julio de 2010, <http://
www.paulgraham.com/addiction.html?viewfullsite=1>.

CAPÍTULO 7

1. S. Zuboff, *The Age of Surveillance Capitalism*, Nueva
York, Public Affairs, 2019. Visitad, <www.shoshanazuboff.com>
para obtener más información sobre la lucha del profesor Zuboff
a favor de un «futuro humano».

2. P. M. Litvak, J. S. Lerner, L. Z. Tiedens y K. Shonk,
«Fuel in the Fire: How anger affects decision-making», *Interna-
tional Handbook of Anger*, 2010, pp. 287-310, citando a C. H.
Hansen y R. D. Hansen, «Finding the face in the crowd: An
anger superiority effect», *Journal of Personality and Social Psycho-
logy*, 54 (6), 1988, pp. 917-924. Véase también R. C. Solomon, *A
Passion for Justice*, Reading, MA., Addison-Wesley Publishing
Company, 1990; C. Tavris, *Anger: The Misunderstood Emotion*,
Nueva York, Touchstone Books/Simon & Schuster, 1989.

3. Litvak *et al.*, «Fuel in the Fire», citando a J. M. Haviland
y M. Lelwica, «The induced affect response: 10-week-old in-
fants' responses to three emotion expressions», *Developmental
Psychology*, 23 (1), 1987, pp. 97-104.

4. Para un buen resumen, véase M. Jaworski, «The Negativity Bias: why the bad stuff sticks», *PsyCom*, 19 de febrero de 2020, <https://www.psycom.net/negativity-bias>.

5. Véase <algotransparency.org>. Este sitio web se dedica a rastrear palabras que son tendencia en YouTube.

6. William J. Brady *et al.*, «Emotion shapes the diffusion of moralised content in social networks», *Proceedings of the National Academy of Sciences*, 114, 28, 2017, pp. 7, 313-318.

7. «Partisan Conflict and Congressional Outreach», Pew Research Center, 23 de febrero de 2017, <https://www.pewresearch.org/politics/2017/02/23/partisan-conflict-and-congressional-outreach/pdl-02-23-17_antipathynew-00-02/>.

8. John Major pronunció estos comentarios en 1993 en una entrevista publicada en el *Mail on Sunday*, que tuvo una gran repercusión.

9. Nolen Gertz, *Nihilism and Technology*, Rowman & Littlefield, 2018, p. 97; A. Madrigal, «Many many Facebook users still don't know that their feed is filtered by an algorithm», *Splinter*, 27 de marzo de 2015, <https://splinternews.com/many-many-facebook-users-still-dontknow-that-their-ne-1793846682>; Motahhare Eslami *et al.*, «"I always assumed that I wasn't really that close to [her]": «Reasoning about Invisible Algorithms in News Feeds», *Proceedings of the 33rd Annual ACM Conference on Human Factors in Computing Systems* (CHI '15), Nueva York, Association for Computing Machinery, 2015, pp. 153-162. Texto completo de este artículo disponible en: <http://wwwpersonal.umich.edu/~csandvig/research/Eslami_Algorithms_CHI15.pdf>.

10. Eso se lo dijo Tristan a Decca Aitkenhead, jefe de entrevista del *Sunday Times*. A mí me facilitó la transcripción no publicada de la conversación completa, lo que me ha ayudado a dar forma a esta parte del libro.

11. Litvak *et al.*, «Fuel in the Fire», citando a G. V. Bodenhausen *et al.*, «Happiness and stereotypic thinking in social judgement», *Journal of Personality and Social Psychology*, 66 (4), 1994, pp. 621-636; D. DeSteno *et al.*, «Beyond valence in the percep-

tion of likelihood: the role of emotion specificity», *Journal of Personality and Social Psychology*, 78 (3), 2000, pp. 397-416.

12. S. Vosoughi, D. Roy, D. y S. Aral, «The spread of true and false news online», *Science*, 359, 2018, pp. 1146-1151.

13. C. Silverman, «This Analysis Shows How Viral Fake Election News Stories Outperformed Real News On Facebook», *BuzzFeed*, 16 de noviembre de 2016, <https://www.buzzfeednews.com/article/craigsilverman/viral-fake-election-news-outperformed-real-news-on-facebook>.

14. <https://www.vox.com/2019/3/31/18289271/alex-jones-psychosis-conspiracies-sandy-hookhoax>.

15. Tristan lo expuso ante Decca Aitkenhead. *The Guardian* tuvo alrededor de 286 millones de visitas en los seis meses anteriores a septiembre de 2020; el *New York Times*, casi 254 millones; el *Washington Post* poco más de 185, según SimilarWeb.com. La cifra de 15.000 millones aparece aquí: <https://www.latimes.com/business/hiltzik/la-fi-hiltzik-tristan-tech-20190510-story.html>.

16. A. Jones, «From Memes to Infowars: how 75 Fascist activists were "RedPilled"», *Bellingcat*, 11 de octubre de 2018, <https://www.bellingcat.com/news/americas/2018/10/11/memes-infowars-75-fascist-activists-red-pilled/>.

17. J. M. Berger, «The Alt-Right Twitter Census: defining and describing the audience for Alt-Right content on Twitter», *VOX-Pol Network of Excellence*, 2018, <http://www.voxpol.eu/download/vox pol_publication/AltRightTwitterCensus.pdf>.

18. Tristan se lo dijo a Decca Aitkenhead.

19. C. Alter, «Brazilian Politician tells Congresswoman she's "not worthy" of sexual assault», *Time*, 11 de diciembre de 2014, <https://time.com/3630922/brazil-politics-congresswoman-rape-comments/>.

20. <https://www.independent.co.uk/news/world/americas/jair-bolsonaro-who-is-quotes-brazil-president-election-run-off-latest-a8573901.html>.

21. C. Doctorow, «Fans of Brazil's new Fascist President

chant "Facebook! Facebook! Whatsapp! Whatsapp!" At inauguration», *BoingBoing*, 3 de enero de 2019, <https://boingboing.net/2019/01/03/world-more-connected.html>.

22. Tristan se lo dijo a Decca Aitkenhead.

23. T. Harris, testimonio en el Comité de Comercio del Senado, 25 de junio de 2019, <gov/services/files/96E3A739-DC8D-45F1-87D7-EC70A368371D>.

Capítulo 8

1. Nir Eyal, *Indistractable: How to Control Your Attention and Choose Your Life*, Londres, Bloomsbury Publishing, 2020, p. 213.

2. *Ibid.*, pp. 41-42.

3. *Ibid.*, p. 62.

4. *Ibid.*, p. 113.

5. *Ibid.*, p. 1.

6. N. Eyal, *Hooked: How to Build Habit-Forming Products*, Londres, Penguin, 2014, p. 164. Cuando, tiempo después, le leí esa cita a Nir, me dijo: «Bueno, hay que leer el libro, ¿no? Si la sacas de contexto y solo dices esa frase, por supuesto que puedes hacer que diga lo que tú quieres que diga». Pero yo la leí con el contexto e insto a otras personas a hacerlo. Nada en el contexto que rodea esta frase, o en todo el libro, mitiga el claro significado de esta frase.

7. *Ibid.*, p. 2.

8. N. Eyal, «Want to Hook Your Users? Drive Them Crazy», *TechCrunch* (blog), 26 de marzo de 2012, <https://techcrunch.com/2012/03/25/want-to-hook-your-users-drive-them-crazy/>.

9. Eyal, *Hooked*, p. 47.

10. *Ibid.*, p. 57.

11. *Ibid.*, p. 18.

12. *Ibid.*, p. 25.

13. *Ibid.*, p. 17.

14. También enumera algunos usos saludables de esas téc-

nicas: por ejemplo, el diseño de aplicaciones de *fitness* que animan a la gente a hacer gimnasia, o de otras que nos ayudan a aprender otras lenguas.

15. Ronald Purser, *McMindfulness*, Repeater Books, 2019, p. 138.

16. *Ibid.*, citando a Dana Becker, *One Nation Under Stress: The Trouble with Stress As An Idea*, Oxford, Oxford University Press, 2013.

17. <https://www.nytimes.com/2021/01/09/opinion/diet-re solution-new-years.html>, consultado el 12 de enero de 2020.

18. El estudio original que concluyó que el 95 % de las dietas fallan se llevó a cabo con cien pacientes obesos: A. J. Stunkard y M. McLaren-Hume, «The results of treatment for obesity», *AMA Archives of Internal Medicine*, 103, 1959, pp. 79-85. Otros estudios más recientes arrojan resultados muy similares; en este, solo el 2 % de la gente mantenía una pérdida de peso superior a los 20 kg dos años después: J. Kassirer y M. Angell, «Losing weight – an illfated New Year's resolution» *New England Journal of Medicine*, 338, 1998, pp. 52-54. Algunos científicos defienden que eso es demasiado pesimista, o una definición excesivamente exigente del éxito. Véase, por ejemplo, R. R. Wing y S. Phelan, «Long-term weight loss maintenance», *The American Journal of Clinical Nutrition*, 82 (1), 2005, pp. 222S-225S. Según ellos, debería definirse como éxito que alguien mantenga el 10 % de la pérdida de peso un año después de la dieta. Pero incluso si se recurre a esa definición, solo el 20 % de los que hacen dieta lo consiguen, y el 80 % fracasa. Este artículo aborda el estudio de 1959 y defiende que es demasiado negativo: <https://www.nyti mes.com/1999/05/25/health/95-regain-lost-weight-or-do-they. html>. Véase también T. Mann, *Secrets from the Eating Lab*, Nueva York, Harper Wave, 2017. El autor revisó sesenta años de literatura sobre dietas y descubrió que, de media, los que se someten a ellas pierden el 10 % de su peso inicial, y que antes de dos años, de media, han recuperado todos los kilos que perdieron menos uno, aproximadamente.

19. Más del 42 % de los adultos estadounidenses y el 18,5 % de niños estadounidenses eran obesos en 2018. Se ha dado un incremento constante en veinte años: «Overweight & Obesity Data & Statistics», Centro para el Control y la Prevención de Enfermedades, <https://www.cdc.gov/obesity/data/index. html>.

En 2018, el 15 % de los adultos neerlandeses eran obesos, una cifra mucho menor pero aun así suficiente para ser considerada (con razón) un problema grave de salud pública. Véase C. Stewart, «Share of the population with overweight in the Netherlands», *Statista*, 16 de noviembre de 2020, <https://www. statista.com/statistics/544060/share-of-the-population-with-over weight-in-the-netherlands/>.

Capítulo 9

1. D. Marshall, «BBC most trusted news source 2020», *Ipsos Mori*, 22 de mayo de 2020, <https://www.ipsos.com/ipsosmori/ en-uk/bbc-most-trusted-news-source-2020>; W. Turvill, «Survey: Americans trust the BBC more than the *New York Times*, *Wall Street Journal*, *ABC* or *CBS*», *Press Gazette*, 16 de junio de 2020, <https://www.pressgazette.co.uk/survey-americans-trust-the-bbc-more-than-new-york-times-wall-street-journal-abc-or cbs/>.

2. Tristan se lo dijo a Decca Aitkenhead.

3. G. Linden, «Marissa Mayer at Web.20», *Glinden* (blog), 9 de noviembre de 2006, <http://glinden.blogspot.com/2006/11/ marissa-mayer-at-web-20.html>. Véase también, <http://loads torm.com/2014/04/infographic-web-performance-impacts-conversion-rates/>. Véase también *The Great Acceleration: How the World is Getting Faster, Faster*, Londres, Bloomsbury, 2016, p. 27.

4. M. Ledwich y A. Zaitsev, «Algorithmic Extremism: Examining YouTube's Rabbit Hole of Radicalisation», ar-

Xiv:1912.11211 [cs.SI], Cornell University, 2019, <https://arxiv.org/abs/1912.11211>. Véase también A. Kantrowitz, «Does YouTube Radicalize?», *OneZero*, 7 de enero de 2020, <https://onezero.medium.com/does-youtube-radicalize-a-debate-between-kevin-roose-and-markledwich-1b99651c7bb>; W. Feuer, «Critics slam study claiming YouTube's algorithm doesn't lead to radicalisation», CNBC, 30 de diciembre de 2019, actualizado el 31 de diciembre de 2019, <https://www.cnbc.com/2019/12/30/critics-slam-youtu-be-study-showing-no-ties-to-radicalisation.html>.

5. A. Narayanan, publicación de Twitter, 29 de diciembre de 2019, 12.34pm, <https://twitter.com/random_walker/status/1211264254109765634?lang=en>.

6. J. Horwitz y D. Seetharaman, «Facebook Executives Shut Down Eff orts to Make the Site Less Divisive», *Wall Street Journal*, 26 de mayo de 2020, <https://www.wsj.com/articles/facebook-knows-it-encourages-division-top-executives-nixed-solutions-11590507499>.

7. El artículo en *The Wall Street Journal* compensaba esas afirmaciones citando palabras de Zuckerberg: «El señor Zuckerberg anunció en 2019 que Facebook eliminaría contenido que violara estándares concretos pero que, en lo posible, mantendría el planteamiento de no intervención con materiales políticos que no violaran claramente sus estándares». «No puede imponerse la tolerancia en sentido descendente —afirmó durante un discurso pronunciado en la Universidad de Georgetown—. Esta debe venir de la apertura de la gente, de compartir experiencias y desarrollar una historia compartida para la sociedad, de la que todos sintamos que formamos parte. Así es como progresamos juntos.»

8. A. Dworkin, *Life and Death: Unapologetic Writings on the Continuing War Against Women*, Londres, Simon & Schuster, 1997, p. 210.

Capítulo 10

1. N. Burke Harris, *The Deepest Well: Healing the Long-Term Effects of Childhood Adversity*, Londres, Bluebird, 2018, p. 215.
2. V. J. Felitti *et al.*, «Relationship of childhood abuse and household dysfunction to many of the leading causes of death in adults: The Adverse Childhood Experiences (ACE) study», *American Journal of Preventive Medicine*, 14 (4), 1998, pp. 245-258. En este punto, también me he informado a través de mis entrevistas con el doctor Vincent Felitti, el doctor Robet Anda y el doctor Gabor Maté. Véase el libro de Gabor Maté, *In the Realm of Hungry Ghosts: Close Encounters With Addiction*, Londres, Vermilion, 2018.
3. Harris, *The Deepest Well*, p. 59. La doctora Nicole Brown, en una investigación independiente, constató que los traumas infantiles hacían que se triplicara el desarrollo de síntomas de TDAH: R. Ruiz, «How Childhood Trauma Could Be Mistaken For ADHD», *The Atlantic*, 7 de julio de 2014. Véase también N. M. Brown *et al.*, «Associations Between Adverse Childhood Experiences and ADHD Diagnosis and Severity», *Academic Paediatrics*, 17 (4), 2017, pp. 349-355; Newsroom, «Researchers Link ADHD With Childhood Trauma», *Children's Hospitals Today*, Children's Hospital Association, 9 de agosto de 2017, <https://www.childrenshospitals.org/Newsroom/Childrens-Hospitals-Today/Articles/2017/08/Researchers-Link-ADHD-with-Childhood-Trauma>; K. Szymanski, L. Sapanski y F. Conway, «Trauma and ADHD – Association or Diagnostic Confusion? A Clinical Perspective», *Journal of Infant, Child, and Adolescent Psychotherapy*, 10 (1), 2011, pp. 51-59; R. C. Kessler *et al.*, «The prevalence and correlates of adult ADHD in the United States: results from the National Comorbidity Survey Replication», *The American Journal of Psychiatry*, 163, 4, 2006, pp. 716-723. Se descubrió que los niños criados en orfanatos rumanos (donde se los descuidaba de manera grave) tenían una probabili-

dad cuatro veces mayor de desarrollar con el tiempo problemas de atención. Véase M. Kennedy *et al.*, «Early severe institutional deprivation is associated with a persistent variant of adult-deficit hyperactivity disorder», *Journal of Child Psychology and Psychiatry*, 57 (10), 2016, pp. 1113-1125. Véase también el libro de Joel Nigg, *Getting Ahead of ADHD: What Next-Generation Science Says About Treatments That Work*, Nueva York, Guilford Press, 2017, pp. 161-162. Véase también W. Gallagher, *Rapt: Attention and the Focused Life*, Londres, Penguin, 2009, p. 167; R. C. Herrenkohl, B. P. Egolf y E. C. Herrenkohl, «Pre-school Antecedents of Adolescent Assaultive Behaviour: A Longitudinal Study», *American Journal of Orthopsychiatry*, 67, 1997, pp. 422-432.

4. H. Green *et al.*, *Mental Health of Children and Young People in Great Britain*, 2004, Oficina Nacional de Estadística, Departamento de Salud y Ejecutivo Escocés, Basingstoke, Palgrave Macmillan, 2005. Las estadísticas aparecen en la página 161 y están resumidas en las tablas 7.20 y 7.21 N. Hart y L. Benassaya me dieron a conocer estas estadísticas en «Social Deprivation or Brain Dysfunction? Data and the Discourse of ADHD in Britain and North America», en S. Timimi y J. Leo (eds.), *Rethinking ADHD: From Brain to Culture*, Londres, Palgrave Macmillan, 2009, pp. 218-251.

5. S. N. Merry y L. K. Andrews, «Psychiatric status of sexually abused children 12 months aft er disclosure of abuse», *Journal of the American Academy of Child and Adolescent Psychiatry*, 33 (7), 1994, pp. 939-944. Véase también T. Endo, T. Sugiyama y T. Someya, «Attention-deficit/hyperactivity disorder and dissociative disorder among abused children», *Psychiatry and Clinical Neurosciences*, 60 (4), 2006, pp. 434-438, <https://doi.org/10.1 111/j.1440-1819.2006.01528.x>.

6. Una guía útil para tener acceso a las mejores realizadas sobre esta cuestión, y en la que me he basado para muchos de los estudios de los párrafos siguientes, es la tesis de Charissa Andreotti, «Effects of Acute and Chronic Stress on Attention and

Psychobiological Stress Reactivity in Women», disertación doctoral (Universidad Vanderbilt, 2013). Véase también E. Chajut y D. Algom, «Selective attention improves under stress: Implications for theories of social cognition», *Journal of Personality and Social Psychology*, 85, 2003, pp. 231-248; y P. D. Skosnik *et al.*, «Modulation of attentional inhibition by norepinephrine and cortisol after psychological stress», *International Journal of Psychophysiology*, 36, 2000, pp. 59-68.

7. Skosnik *et al.*, «Modulation of attentional inhibition by norepinephrine and cortisol after psychological stress»; véase también C. Liston, B. S. McEwen y B. J. Casey, «Psychosocial stress reversibly disrupts prefrontal processing and attentional control», *Proceedings of the National Academy of Sciences of the United States of America*, 106 (3), 2009, pp. 912-917.

8. H. Yaribeygi *et al.*, «The impact of stress on body function: A review», *EXCLI Journal*, 16, 2017, pp. 1057-1072.

9. C. Nunn *et al.*, «Shining evolutionary light on human sleep and sleep disorders», *Evolution, Medicine and Public Health*, 2016 (1), 2016, pp. 234, 238.

10. Z. Heller, «Why We Sleep – and Why We Oft en Can't», *The New Yorker*, 3 de diciembre de 2018.

11. S. Mullainathan *et al.*, «Poverty impedes cognitive function», *Science*, 30, 2013, pp. 976-980. Véase también R. Putnam, *Our Kids: The American Dream in Crisis*, Nueva York, Simon & Schuster, 2015, p. 130.

12. Mullainathan *et al.*, «Poverty impedes cognitive function». He aquí una excelente entrevista con el profesor Mullainathan: C. Feinberg, «The science of scarcity: a behavioural economist's fresh perspectives on poverty», *Harvard Magazine*, mayo-junio de 2015, <https://www.harvardmagazine.com/2015/05/the-science-of-scarcity>; el libro de Sendhil Mullainathan y Eldar Shafir, *Scarcity: Why Having Too Little Means So Much*, Londres, Penguin, 2014, aborda la cuestión en gran detalle.

13. J. Howego, «Universal income study finds money for nothing won't make us work les», *New Scientist*, 8 de febrero de

2019, <https://www.newscientist.com/article/2193136-universal-income-study-finds-money-for-nothing-wont-make-us-work-less/>.

14. G. Maté, *Scattered Minds: The Origins and Healing of Attention Deficit Disorder*, Londres, Vermilion, 2019, p. 175; E. Deci, *Why We Do What We Do: Understanding Self-Motivation*, Londres, Penguin, 1996, p. 28; W. C. Dement, *The Promise of Sleep: A Pioneer in Sleep Medicine Explores the Vital Connection Between Health, Happiness, and a Good Night's Sleep*, Nueva York, Bantam Doubleday Dell, 1999, p. 218.

15. R. Colville, *The Great Acceleration: How the World is Getting Faster, Faster*, Londres, Bloomsbury, 2016, p. 59.

16. B. Schulte, *Overwhelmed: Work, Love and Play When No One Has the Time*, Londres, Bloomsbury, 2014, p. 22, citando a L. Duxbury y C. Higgins, *Work-Life Conflict in Canada in the New Millennium: Key Findings and Recommendations from the 2001 National Work-Life Conflict Study*, Informe 6, Health Canada, enero de 2009; L. Duxbury y C. Higgins, *Work-Life Conflict in Canada in the New Millennium: A Status Report*, Informe final, Health Canada, octubre de 2003, <http://publications.gc.ca/collections/Collection/H72-21-186-2003E.pdf>. Véase la tabla F1 para conocer las estadísticas de sobrecarga de trabajo.

CAPÍTULO 11

1. B. Cotton, «British employees work for just three hours a day», *Business Leader*, 6 de febrero de 2019, <https://www.businessleader.co.uk/british-employees-work-for-just-three-hours-a-day/59742/>.

2. La profesora Helen Delaney de la Universidad de Auckland también me facilitó su siguiente artículo sobre la cuestión, que todavía se estaba revisando, y de él he extraído evidencias.

3. A. Harper, A. Stirling y A. Coote, *The Case For a Four Day Week*, Londres, Polity, 2020, p. 6.

4. K. Paul, «Microsoft Japan tested a four day work week and productivity jumped by 40%», *Guardian*, 4 de noviembre de 2019, <https://www.theguardian.com/technology/2019/nov/04/microsoft-japan-fourday-work-week-productivity>; Harper *et al.*, *The Case For a Four Day Week*, p. 89.

5. Harper *et al.*, *The Case For a Four Day Week*, pp. 68-71.

6. *Ibid.*, pp. 17-18.

7. K. Onstad, *The Weekend Effect*, Nueva York, Harper-One, 2017, p. 49.

8. M. F. Davis y J. Green, «Three hours longer, the pandemic workday has obliterated work-life balance», *Bloomberg*, 23 de abril de 2020, <https://www.bloomberg.com/news/articles/2020-04-23/working-from-home-in-covid-era-means-three-more-hours-on-the-job>.

9. A. Webber, «Working at home has led to longer hours», *Personnel Today*, 13 de agosto de 2020, <https://www.personnelto day.com/hr/longerhours-and-loss-of-creative-discussions-among-home-working-side-effects/>; «People are working longer hours during the pandemic», *The Economist*, 24 de noviembre de 2020, <https://www.economist.com/graphic-detail/2020/11/24/people-are-working-longer-hours-during-the-pandemic>; A. Friedman, «Proof our work-life balance is in danger (but there's hope)», *Atlassian*, 5 de noviembre de 2020, <https://www.atlassian.com/blog/teamwork/data-analysis-length-of-workday-covid>.

10. F. Jaureguiberry, «Déconnexion volontaire aux technologies de l'information et de la communication», Rapport de recherche, Agence Nationale de la Recherche, 2014, hal-00925309, <https://hal.archives-ouvertes.fr/hal-00925309/document>.

11. R. Haridy, «The right to disconnect: the new laws banning after-hours work emails», *New Atlas*, 14 de agosto de 2018, <https://newatlas.com/right-to-disconnectafter-hours-work-emails/55879/>, citando a W. J. Becker, L. Belkin y S. Tuskey, «Killing me softly: Electronic communications monitoring and employee and spouse well-being», *Academy of Management Annual Meeting Proceedings*, 2018 (1), 2018.

CAPÍTULO 12

1. «Sleep and tiredness», página web del NHS, <https://www.nhs.uk/live-well/sleep-and-tiredness/eight-energy-stealers/>.

2. M. Pollan, *In Defence of Food*, Londres, Penguin, 2008, pp. 85-89.

3. L. Pelsser *et al.*, «Effect of a restricted elimination diet on the behaviour of children with attention-deficit hyperactivity disorder (INCA study): a randomised controlled trial», *Lancet*, 377, 2011, pp. 494-503; J. K. Ghuman, «Restricted elimination diet for ADHD: the INCA study», *Lancet*, 377, 2011, pp. 446-448. Véase también Joel Nigg, *Getting Ahead of ADHD: What Next Generation Science Says About Treatments That Work*, Nueva York, Guilford Press, 2017, pp. 79-82.

4. Donna McCann *et al.*, «Food additives and hyperactive behaviour in 3-year-old and 8/9-year-old children in the community: a randomised, double-blinded, placebocontrolled trial», *Lancet*, 370, 2007, pp. 1560-1567; B. Bateman *et al.*, «The effects of a double blind, placebo controlled, artificial food colourings and benzoate preservative challenge on hyperactivity in a general population sample of preschool children», *Archives of Disease in Childhood*, 89, 2004, pp. 506-511. Véase también M. Wedge, *A Disease Called Childhood: Why ADHD Became an American Epidemic*, Nueva York, Avery, 2016, pp. 148-159.

5. Joel Nigg, *Getting Ahead of ADHD*, p. 59.

6. B. A. Maher, «Airborne Magnetiteand Iron-Rich Pollution Nanoparticles: Potential Neurotoxicants and Environmental Risk Factors for Neurodegenerative Disease, Including Alzheimer's Disease», *Journal of Alzheimer's Disease*, 71 (2), 2019, pp. 361-375; B. A. Maher *et al.*, «Magnetite pollution nanoparticles in the human brain», *Proceedings of the National Academy of Sciences of the United States of America*, 113 (39), 2016, pp. 10797-10801.

7. F. Perera *et al.*, «Benefits of Reducing Prenatal Exposure to Coal-Burning Pollutants to Children's Neurodevelopment

in China», *Environmental Health Perspectives*, 116 (10), 2008, pp. 1396-1400; M. Guxens *et al.*, «Air Pollution During Pregnancy and Childhood Cognitive and Psychomotor Development: Six European Birth Cohorts», *Epidemiology*, 25, 2014, pp. 636-647; P. Wang *et al.*, «Socioeconomic disparities and sexual dimorphism in neurotoxic effects of ambient fine particles on youth IQ: A longitudinal analisis», *PLoS One*, 12 (12), 2017, e0188731; Xin Zhanga *et al.*, «The impact of exposure to air pollution on cognitive performance», *Procedures of the National Academy of Science*, USA, 115 (37), 2018, pp. 9193-9197; F. Perera *et al.*, «Polycyclic aromatic hydrocarbons-aromatic DNA adducts in cord blood and behavior scores in New York city children», *Environmental Health Perspectives*, 119 (8), 2011, pp. 1176-1181; N. Newman *et al.*, «Traffic-Related Air Pollution Exposure in the First Year of Life and Behavioral Scores at 7 Years of Age», *Environmental Health Perspectives*, 121 (6), 2013, pp. 731-736.

8. Weiran Yuchi *et al.*, «Road proximity, air pollution, noise, green space and neurologic disease incidence: a population based cohort study», *Environmental Health*, 19 (8), 2020.

9. N. Rees, «Danger in the Air: How air pollution can affect brain development in young children», *UNICEF Division of Data, Research and Policy Working Paper*, Nueva York, United Nations Children's Fund (UNICEF), 2017; Y-H. M. Chiu *et al.*, «Associations between traffic-related black carbon exposure and attention in a prospective birth cohort of urban children», *Environmental Health Perspectives*, 121 (7), 2013, pp. 859-864.

10. L. Calderón Garcidueñas *et al.*, «Exposure to severe urban air pollution influences cognitive outcomes, brain volume and systemic inflammation in clinically healthy children», *Brain and Cognition*, 11 (3), 2011, pp. 345-355.

11. J. Sunyer *et al.*, «Traffic-related air pollution and attention in primary school children: short-term association», *Epidemiology*, 28 (2), 2017, pp. 181-189.

12. T. Harford, «Why did we use leaded petrol for so long?»,

BBC News, 28 de agosto de 2017, <https://www.bbc.co.uk/news/business-40593353>.

13. M. V. Maffini *et al.*, «No Brainer: the impact of chemicals on children's brain development: a cause for concern and a need for action», informe de CHEMTrust, marzo de 2017, <https://www.chemtrust.org/wp-content/uploads/chemtrust-no brainer-mar17.pdf>; Comité de control de la Cámara de los Comunes, «Toxic Chemicals in Everyday Life», 20.º informe de Sesión 2017-2019. (Londres, Cámara de los Comunes, 2019), <https://publications.parliament.uk/pa/cm201719/cmselect/cmen vaud/1805/1805.pdf>.

14. T. E. Froehlich *et al.*, «Association of Tobacco and Lead Exposures with Attention-Deficit/Hyperactivity Disorder», *Pediatrics*, 124, 2009, e1054. Ese metaanálisis de 18 estudios constató que 16 de ellos mostraban que el plomo tenía un papel relevante en el TDAH en los niños estudiados: M. Daneshparvar *et al.*, «The Role of Lead Exposure on Attention-Deficit/Hyperactivity Disorder in Children: A Systematic Review», *Iranian Journal of Psychiatry*, 11 (1), 2016, pp. 1-14. Bruce lo aborda aquí: <https://vimeo.com/154266125>.

15. D. Rosner y G. Markowitz, «Why It Took Decades of Blaming Parents Before We Banned Lead Paint», *The Atlantic*, 22 de abril de 2013, <https://www.theatlantic.com/health/archive/2013/04/why-it-took-decades-of-blaming-parents-before-we-ban ned-lead-paint/275169/>. Para más información sobre el racismo de estas políticas, véase este excelente trabajo: L. Bliss, «The long, ugly history of the politics of lead poisoning», *Bloomberg City Lab*, 9 de febrero de 2016, <https://www.bloomberg.com/news/articles/2016-02-09/the-politics-of-lead-poisoning-a-long-ugly history>. Véase también M. Segarra, «Lead Poisoning: A Doctor's Lifelong Crusade to Save Children From It», *NPR*, 5 de junio de 2016, <https://www.npr.org/2016/06/05/4805950 28/lead-poisoning-a-doctors-lifelong-crusade-to-save-children-from-it?t=1615379691329>.

16. B. Yeoh *et al.*, «Household interventions for preventing

domestic lead exposure in children», *Cochrane Database of Systematic Reviews*, 4, 2012, <https://core.ac.uk/download/pdf/143864 237.pdf>.

17. S. D. Grosse, T. D. Matte, J. Schwartz y R. J. Jackson, «Economic gains resulting from the reduction in children's exposure to lead in the United States», *Environmental Health Perspectives*, 110 (6), 2002, pp. 563-569.

18. Joel Nigg, *Getting Ahead of ADHD: What Next-Generation Science Says About Treatments That Work*, Londres, Guilford Press, 2017, pp. 152-153. Para un compendio estremecedor sobre experimentos con animales, véase H. J. K. Sable y S. L. Schantz, «Executive Function following Developmental Exposure to Polychlorinated Biphenyls (PCBs): What Animal Models Have Told Us», en E. D. Levin y J. J. Buccafusco (eds.), *Animal Models of Cognitive Impairment*, Boca Ratón, Florida, CRC Press/Taylor & Francis, 2006, capítulo 8. Disponible en: <https://www.ncbi.nlm.nih.gov/books/NBK2531/>. Barbara Demeneix aborda los PCB y las evidencias sobre ellos en su libro *Toxic Cocktail*, OUP, 2017, pp. 55-56.

19. Joel Nigg, *Getting Ahead of ADHD*, pp. 146, 155; News Desk, «BPA rules in European Union now in force: limit strengthened 12 fold», *Food Safety News*, 16 de septiembre de 2018, <https://www.foodsafetynews.com/2018/09/bparules-in-european-union-now-in-force-limit-strengthened-12-fold/>.

20. B. Demeneix, «Endrocrine Disruptors: From Scientific Evidence to Human Health Protection», Departamento de Políticas para los Derechos de los Ciudadanos y Asuntos Constitucionales, directorio general de políticas internas de la Unión, PE 608.866, 2019, <https://www.europarl.europa.eu/thinktank/en/document.html?reference=IPOL_STU%282019%29608866>.

21. B. Demeneix, «Letter: Chemical pollution is another "asteroid threat"», *Financial Times*, 11 de enero de 2020; B. Demeneix, «Environmental factors contribute to loss of IQ», *Financial Times*, 18 de julio de 2017. Véase también Demeneix, *Toxic Cocktail*, p. 5.

22. A. Kroll y J. Schulman, «Leaked Documents Reveal The Secret Finances of a Pro-Industry Science Group», *Mother Jones*, 28 de octubre de 2013, <https://www.motherjones.com/politics/2013/10/american-council-science-health-leaked-documents-fundraising/>.

CAPÍTULO 13

1. Cuanto le pregunté por una cita al respecto, respondió: «Una cita de autoridad es la de S. Faraone y H. Larsson, "Genetics of attention deficit hyperactivity disorder", *Molecular Psychiatry*, 2018. Ellos estiman que la heredabilidad es del 74 %, cifra ligeramente más conservadora que ese 75-80 %». S. V. Faraone y H. Larsson, «Genetics of attention deficit hyperactivity disorder», *Molecular Psychiatry*, 24, 2018, pp. 562-575.

2. L. Braitman, *Animal Madness: Inside Their Minds*, Nueva York, Simon & Schuster, 2015, p. 211.

3. *Ibid.*, p. 196.

4. A partir de esa investigación ha surgido un gran número de estudios. Los más destacados en este caso son D. Jacobvitz y L. A. Sroufe, «The early caregiver-child relationship and attention deficit disorder with hyperactivity in kindergarten: A prospective study», *Child Development*, 58, 1987, pp. 1496-1504; E. Carlson, D. Jacobvitz y L. A. Sroufe, «A developmental investigation of inattentiveness and hyperactivity», *Child Development*, 66, 1995, pp. 37-54. Véase también A. Sroufe, «Ritalin Gone Wrong», *The New York Times*, 28 de enero de 2012.

5. Véase el extraordinario libro de Alan Sroufe, *A Compelling Idea: How We Become the Persons We Are*, Brandon, Vermont, Safer Society Press, 2020, pp. 60-65. Véase también, de Sroufe, *The Development of the Person: The Minnesota Study of Risk and Adaptation from Birth to Adulthood*, Nueva York, Guilford Press, 2009.

6. Sroufe, *A Compelling Idea*, p. 63.

7. *Ibid.*, p. 64.

8. L. Furman, «ADHD: What Do We Really Know?», en S. Timimi y J. Leo (eds.), *Rethinking ADHD: From Brain to Culture*, Londres, Palgrave Macmillan, 2009, p. 57.

9. N. Ezard *et al.*, «LiMA: a study protocol for a randomised, double-blind, placebo controlled trial of lisdexamfetamine for the treatment of methamphetamine dependence», *BMJ Open*, 2018, 8:e020723.

10. M. G. Kirkpatrick *et al.*, «Comparison of intranasal methamphetamine and d-amphetamine selfadministration by humans», *Addiction*, 107 (4), 2012, pp. 783-791.

11. Esta investigación clásica fue llevada a cabo por Judith Rapoport: J. L. Rapoport *et al.*, «Dextroamphetamine: Its cognitive and behavioural effects in normal prepubertal boys», *Science*, 199, 1978, pp. 560-563; J. L. Rapoport *et al.*, «Dextroamphetamine: Its Cognitive and Behavioral Effects in Normal and Hyperactive Boys and Normal Men», *Archives of General Psychiatry*, 37 (8), 1980, pp. 933-943; M. Donnelly y J. Rapoport, «Attention Deficit Disorders», en J. M. Wiener (ed.), *Diagnosis and Psychopharmacology of Childhood and Adolescent Disorders*, Nueva York, Wiley, 1985. Véase también S. W. Garber, *Beyond Ritalin: Facts About Medication and other Strategies for Helping Children*, Nueva York, Harper Perennial, 1996.

12. D. Rabiner, «Consistent use of ADHD medication may stunt growth by 2 inches, large study finds», *Sharp Brains* (blog), 16 de marzo de 2013, <https://sharpbrains.com/blog/2018/03/16/consistent-use-of-adhd-medication-may-stun-growth-by-2-inches-large-studyfinds/>; A. Poulton, «Growth on stimulant medication; clarifying the confusion: a review», *Archives of Disease in Childhood*, 90, 2005, pp. 801-806. Véase también G. E. Jackson, «The Case against Stimulants», en Timimi y Leo, *Rethinking ADHD*, pp. 255-286.

13. J. Moncrieff, *The Myth of the Chemical Cure: A Critique of Psychiatric Drug Treatment*, Londres, Palgrave Macmillan, 2009, p. 217, citando a J. M. Swanson *et al.*, «Effects of stimulant me-

dication on growth rates across 3 years in the MTA follow-up», *Journal of the American Academy of Child and Adolescent Psychiatry*, 46 (8), 2007, pp. 1015-1027.

14. A. Sinha *et al.*, «Adult ADHD Medications and Their Cardiovascular Implications», *Case Reports in Cardiology*, 2016, 2343691; J.-Y. Shin *et al.*, «Cardiovascular safety of methylphenidate among children and young people with attention-deficit/ hyperactivity disorder (ADHD): nationwide self-controlled case series study», *British Medical Journal*, 2016, p. 353.

15. K. van der Marel *et al.*, «Long-Term Oral Methylphenidate Treatment in Adolescent and Adult Rats: Differential Effects on Brain Morphology and Function», *Neuropsychopharmacology*, 39, 2014, pp. 263-273. Curiosamente, el mismo estudio concluyó que, en adultos, el cuerpo estriado había crecido.

16. Véase tabla 4 aquí: el MTA Cooperative Group, «A 14-Month Randomised Clinical Trial of Treatment Strategies for Attention-Deficit/Hyperactivity Disorder», *Archives of General Psychiatry*, 56 (12), 1999, pp. 1073-1086.

17. J. Joseph, *The Trouble with Twin Studies: A Reassessment of Twin Research in the Social and Behavioral Sciences*, Abingdon-on-Thames, Routledge, 2016, pp. 153-178.

18. Véase, por ejemplo, P. Heiser *et al.*, «Twin study on heritability of activity, attention, and impulsivity and assessed by objective measures», *Journal of Attention Disorders*, 9, 2006, pp. 575-581; R. E. Lopez, «Hyperactivity in twins», *Canadian Psychiatric Association Journal*, 10, 1965, pp. 421-426; D. K. Sherman *et al.*, «Attention-deficit hyperactivity disorder dimensions: A twin study of inattention and impulsivity-hyperactivity», *Journal of the American Academy of Child and Adolescent Psychiatry*, 36, 1997, pp. 745-753; A. Thapar *et al.*, «Genetic basis of attention-deficit and hyperactivity», *British Journal of Psychiatry*, 174, 1999, pp. 105-111.

19. J. Joseph, *The Trouble with Twin Studies*, pp. 153-178. Jay ha compilado todos los estudios que muestran que eso es así: J. Joseph, «Levels of Identity Confusion and Attachment Among

Reared-Together MZ and DZ Twin Pairs», *The Gene Illusion* (blog), 21 de abril de 2020, <https://thegeneillusion.blogspot.com/2020/04/levels-of-identity-confusion-and_21.html>. Para un ejemplo típico, véase A. Morris-Yates *et al.*, «Twins: a test of the equal environments assumption», *Acta Psychiatrica Scandinavica*, 81, 1990, pp. 322-326. Véase también J. Joseph, «Not in Their Genes: A Critical View of the Genetics of Attention-Deficit Hyperactivity Disorder», *Developmental Review*, 20 (4), 2000, pp. 539-567.

20. El debate al respecto es largo. La respuesta de Jay a las defensas más comunes de los estudios con gemelos, y sus refutaciones, se encuentran aquí (a mí me resultan convincentes): «It's Time To Abandon the "Classical Twin Method" in Behavioral Research», *The Gene Illusion* (blog), 21 de junio de 2020, <https://thegeneillusion.blogspot.com/2020/06/its-time-to-abandon-clasical-twin_21.html>.

21. D. Demontis *et al.*, «Discovery of the first genome-wide significant risk loci for attention deficit/hyperactivity disorder», *Nature Genetics*, 51, 2019, pp. 63-75.

22. Nigg, *Getting Ahead of ADHD*, pp. 6-7.

23. *Ibid.*, p. 45.

24. *Ibid.*, p. 41.

25. *Ibid.*, p. 39.

26. *Ibid.*, p. 2.

Capítulo 14

1. S. L. Hofferth, «Changes in American children's time – 1997 to 2003», *Electronic International Journal of Time-use Research*, 6 (1), 2009, pp. 26-47. Véase también B. Schulte, *Overwhelmed: Work, Love and Play When No One Has the Time*, Londres, Bloomsbury, 2014, pp. 207-208; P. Gray, «The decline of play and the rise of psychopathology in children and adolescents», *American Journal of Play*, 3 (4), 2011, pp. 443-463; R. Cle-

ments, «An Investigation of the Status of Outdoor Play», *Contemporary Issues in Early Childhood*, 5 (1), 2004, pp. 68-80. «En América, la mitad de los niños iban a pie o en bicicleta a la escuela en 1969, y solo la mitad lo hacían en coche; en 2009, las proporciones se han invertido exactamente. En Gran Bretaña, la proporción de niños que iban a pie a la escuela pasó del 80% en 1971 a apenas el 9% en 1990.» Véase también L. Skenazy, *Free Range Kids: How to Raise Safe, Self-Reliant Children (Without Going Nuts with Worry)*, Hoboken, Nueva Jersey, Jossey-Bass, 2010, p. 126.

2. L. Verburgh *et al.*, «Physical exercise and executive functions in preadolescent children, adolescents and young adults: a meta-analysis», *British Journal of Sports Medicine*, 48, 2014, pp. 973-979; Y. K. Chang *et al.*, «The effects of acute exercise on cognitive performance: a meta-analysis», *Brain Research*, 1453, 2012, pp. 87-101; S. Colcombe y A. F. Kramer, «Fitness effects on the cognitive function of older adults: a meta-analytic study», *Psychological Science*, 14 (2), 2003, pp. 125-130; P. D. Tomporowski *et al.*, «Exercise and Children's Intelligence, Cognition, and Academic Achievement», *Educational Psychology Review*, 20 (2), 2008, pp. 111-131.

3. M. T. Tine y A. G. Butler, «Acute aerobic exercise impacts selective attention: an exceptional boost in lower-income children», *Educational Psychology*, 32, 7, 2012, pp. 821-834. Ese estudio en concreto se fijaba en niños de familias con bajos ingresos que tenían dificultades para prestar atención, pero como explica el profesor Nigg, se trata de un efecto que se observa de manera más amplia.

4. Nigg, *Getting Ahead of ADHD*, p. 90.

5. Para más evidencias del argumento que expone Isabel aquí, véase A. Pellegrini *et al.*, «A short-term longitudinal study of children's playground games across the first year of school: implications for social competence and adjustment to school», *American Educational Research Journal*, 39 (4), 2002, pp. 991-1015. Veáse también C. L. Ramstetter, R. Murray y A. S. Gar-

ner, «The crucial role of recess in schools», *Journal of School Health*, 80 (11), 2010, pp. 517-526, PMID:21039550; Asociación Nacional de Especialistas de la Primera Infancia en Departamentos Estatales de Educación, *Recess and the Importance of Play: A Position Statement on Young Children and Recess*, Washington, D. C., 2002, disponible en <www.naecs-sde.org/recessplay.pdf>; O. Jarrett, «Recess in elementary school: what does the research say?», *ERIC Digest*, ERIC Clearinghouse on Elementary and Early Childhood Education, 1 de julio de 2002, disponible en <www.eric.ed.gov/PDFS/ED466331.pdf>.

6. L. Skenazy, «To Help Kids Find Their Passion, Give Them Free Time», *Reason*, diciembre de 2020, <https://reason.com/2020/11/26/to-help-kids-find-their-passion-give-them-free-time/>.

7. S. L. Hofferth y J. F. Sandberg, «Changes in American Children's Time, 1981-1997», en T. Owens y S. L. Hofferth (eds.), *Children at the Millennium: Where Have We Come From? Where Are We Going? Advances in Life Course Research*, 6, 2001, pp. 193-229, citado en P. Gray, «The Decline of Play and the Rise of Psychopathology in Children and Adolescents», *American Journal of Play*, primavera de 2011.

8. Skenazy, «To Help Kids Find Their Passion, Give Them Free Time»; F. T. Juster, H. Ono y F. P. Stafford, «Changing Times of American Youth, 1981-2003», *Child Development Supplement*, Universidad de Michigan, noviembre de 2004, <http://ns.umich.edu/Releases/2004/Nov04/teen_time_report.pdf>.

9. R. J. Vallerand *et al.*, «The Academic Motivation Scale: A Measure of Intrinsic, Extrinsic, and Amotivation in Education», *Educational and Psychological Measurement*, 52 (4), 1992, pp. 1003-1017.

10. M. Wedge, *A Disease Called Childhood: Why ADHD Became an American Epidemic*, Nueva York, Avery, 2016, p. 144. Véase también J. Henley *et al.*, «Robbing elementary students of

their childhood: the perils of No Child Left Behind», *Education*, 128 (1), 2007, pp. 56-63.

11. P. Gray, *Free to Learn: Why Unleashing the Instinct to Play Will Make Our Children Happier, More Self-Reliant and Better Students For Life*, Nueva York, Basic Books, 2013, p. 93; P. Gray y D. Chanoff, «Democratic Schooling: What Happens to Young People Who Have Charge of Their Own Education?», *American Journal of Education*, 94 (2), 1986, pp. 182-213.

12. G. Riley y P. Gray, «Grown unschoolers' experiences with higher education and employment: Report II on a survey of 75 unschooled adults», *Other Education*, 4 (2), 2015, pp. 33-53; M. F. Cogan, «Exploring academic outcomes of homeschooled students», *Journal of College Admission*, 2010; G. W. Gloeckner y P. Jones, «Reflections on a decade of changes in homeschooling», *Peabody Journal of Education*, 88 (3), 2013.

13. P. Gray, «Play as a Foundation for Hunter-Gatherer Social Existence», *American Journal of Play*, 1 (4), 2009, pp. 476-522. Véase también P. Gray, «The value of a play-filled childhood in development of the hunter- gatherer individual», en D. Narvaez, J. Panksepp, A. Schore y T. Gleason (eds.), *Evolution, Early Experience and Human Development: From Research to Practice and Policy*, Nueva York, Oxford University Press, 2012, pp. 352-370.

14. P. Gray, «Evolutionary Functions of Play: Practice, Resilience, Innovation, and Cooperation», en P. K. Smith y J. Roopnarine (eds.), *The Cambridge Handbook of Play: Developmental and Disciplinary Perspectives*, Cambridge, UK, Cambridge University Press, 2019, pp. 84-102.

15. D. Einon, M. J. Morgan y C. C. Kibbler, «Brief periods of socialisation and later behavior in the rat», *Developmental Psychobiology*, 11, 1978, pp. 213-225.

Conclusión

1. L. Albeck-Ripka, «Koala Mittens and Baby Bottles: Saving Australia's Animals After Fires», *The New York Times*, 7 de enero de 2020. Para otras estimaciones curiosas, véase, por ejemplo, «Australia's fires killed or harmed three billion animals», BBC News, 28 de julio de 2020, <https://www.bbc.co.uk/news/world-australia-53549936>.

2. James Williams, *Stand Out Of Our Light*, Cambridge, UK, Cambridge University Press, 2018, p. xii.

Índice analítico

Haidt, Jonathan, 338, 341
Hamilton, Alice, 286, 291
Hari, Lydia, 231
Harris, Nadine Burke, 186,
    239-250, 252-254, 314
Harris, Tristan, 148-165, 170,
    173-175, 177-185, 189-190,
    195-201, 204, 214-227,
    234-236, 283, 388
Hart, Carl, 317
Hawking, Stephen, 56
heredabilidad SNP, 326
Hewlett-Packard, 59
Hickel, Jason, 386-387
Hilbert, Martin, 50
Hinshaw, Stephen, 300, 322
hiperactividad, 70, 97, 280, 302,
    310, 361 (*véase también*
    TDAH)
hipervigilancia, 194, 242, 245,
    249, 252, 379
Holocausto, 189, 381
Homero, 36
homosexualidad, 193, 234
hormonas del estrés, 246
Huckleberry Finn, 346
huelgas, 265

incendios forestales, 388-389
infancia, 331-364, 378 (*véase
    también* educación; juego)
«inferioridad de pantalla», 117
información, volumen creciente
    de, 50-51, 384
InfoWars, sitio web, 189
Instagram, 20, 36, 71, 78, 84,
    120-121, 154, 159, 170, 204,
    221, 282, 342

iPad, 14, 16-18, 208
iPhone, 35, 67, 69, 145 170, 201,
    204
iPod, 35, 69, 131

Jackson, Shirley, 113
James, Henry, 376
James, William, 129
Jauhiainen, Signe, 251
Jitterbug, teléfono, 35
Jobs, Steve, 165
Johnson, Boris, 226, 370
Jones, Alex, 189-190
jornada laboral, 254, 257-271,
    378
Joseph, Jay, 324-325
juego, 338-246, 362, 378
jugadores de ajedrez, 79
Jung, Carl, 76
Jureidini, Jon, 244

Kangas, Olavi, 251
Karlson, Gary, 349
Kellogg, W. K., 263
Killingsworth, Matthew, 140
Kingsnorth, central de, 380
Klein, Naomi, 375-376
Kooij, Sandra, 101
Krieger, Mike, 153, 159

Laboratorio de Tecnologías
    Persuasivas, 151, 154
Laboratorio de Interacción
    Humano-Ordenador de la
    Universidad Carnegie
    Mellon, 62
Laguna Azul (Islandia), 19
Lanier, Jaron, 218, 35